Jutta Angelika Wonschik-Steege
Wolfgang Stribrny

Ein Vermächtnis

Prinz Louis Ferdinand von Preussen

Ein Leben in Licht und Schatten der Monarchie im 20. Jahrhundert

Wonschik „Media World“
Communication.Producing.Consult.Agency GmbH
Remagen

2007

Bibliografische Information der Deutschen Nationalbibliothek
Die Deutsche Nationalbibliothek verzeichnet diese Publikation in der Deutschen Nationalbibliografie; detaillierte bibliografische Daten sind im Internet über http://dnb.d-nb.de abrufbar.

1. Auflage 2007

Gesamtgestaltung, Layout, Lektorat: Dr. Friedrich W. Steege
Umschlaggestaltung: Wonschik „Media World" C.P.C.A.GmbH, Remagen;
B.o.s.s Druck und Medien GmbH, Goch; Horus Design, Bonn
Foto Rückseite: Jürgen Worlitz, Bad Segeberg
Druck: B.o.s.s Druck und Medien GmbH, Goch
Printed in Germany

Internet-Auftritt zum Buch: Horus Design, Bonn

Die Website zum Buch: www.einvermaechtnis-von-louisferdinand.de

ISBN 978-3-00-022789-9

Inhalt

Teil I

„Nennen Sie mich einfach Prinz Louis Ferdinand…“

von Jutta Angelika Wonschik-Steege

Teil II

Das Exklusiv-Interview mit Louis Ferdinand Prinz von Preußen

Teil III

Prinz Louis Ferdinand (1907-1994) – Preußen im 20. Jahrhundert

von Wolfgang Stribrny

Anhang

DANKSAGUNG

An dieser Stelle möchten wir sehr herzlich all den Menschen danken, die die Arbeit der Autoren bei der Realisierung dieses Buches seither begleitet und unterstützt haben.

Ein besonderer Dank gilt Frau Erika Stribrny und Frau Elke Ackermann.

Ein herzliches Dankeschön möchten wir meinem Ehemann Dr. Friedrich Wilhelm Steege aussprechen. Für seine fachliche Unterstützung und Beratung, das Lektorat und Redigieren der Manuskripte, für die Erstellung der elektronischen Druckvorlage des Buches, für die Bildkompositionen und die Gesamtgestaltung des Werkes. Und – vor allem – für sein gütiges Verstehen in den vergangenen Jahren für meine zeitintensive Arbeit an diesem Buch.

EINLEITUNG

Am 9. November 2007 jährt sich zum 100. Mal der Geburtstag von SKKH[1] Dr. Dr. h.c. Louis Ferdinand Prinz von Preußen, dem Enkel des letzten deutschen Kaisers Wilhelm II.

Aus diesem Anlass erscheint dieses Buch, auf der Basis des – 1993/1994 von der Wonschik "Media World" Communication. Producing.Consult.Agency GmbH, Remagen („Wonschik Media World"), gedrehten – und bisher unveröffentlichten – Exklusiv-Film-Portraits über Prinz Louis Ferdinand von Preußen mit dem Arbeitstitel *„Ein Leben in Licht und Schatten der Monarchie im 20. Jahrhundert – Der Weg des Hauses Hohenzollern durch das 20. Jahrhundert*".

Das vorliegende Werk „Ein Vermächtnis" ist kein politisches Buch, obwohl es die landläufige Geschichtsschreibung um neue Aspekte ergänzt und damit historisch-wissenschaftliche Akzente setzt. Es ist insgesamt ein zeit- und kulturhistorisches Dokument, das die Epoche des 20. Jahrhunderts aus dem persönlichen Erleben des Prinzen heraus zeichnet. Aus dem Blickwinkel der bewegten Lebensgeschichte einer faszinierenden Persönlichkeit und eines der bedeutenden Zeitzeugen des 20. Jahrhunderts, ohne den Deutschland und „Preußen" im 20. Jahrhundert nicht denkbar gewesen wäre.

Unser Buch gliedert sich in drei verschiedene Teile:

Der erste Teil, *„Nennen Sie mich einfach Prinz Louis Ferdinand…"*, von der Journalistin und Filmproduzentin Jutta Angelika Wonschik-Steege, bildet den „atmosphärischen" Einstieg in das Thema. Er skizziert die Entstehung des einmaligen Filmprojektes, beschreibt das Leben von Prinz Louis Ferdinand in seiner letzten Lebensphase, während der Dreharbeiten, im Interview, in der Familie, privat als Mensch und bei einem seiner letzten öffentlichen Auftritte. Alles geschildert aus dem persönlichen Blickwinkel der Autorin, die diese seine letzte Lebens-Zeit miterleben durfte.

Ergänzt wird dieser Teil durch Stimmen bekannter Persönlichkeiten und Zeitzeugen, die den Prinzen als Mensch wie auch als Chef des Hauses Hohenzollern im 20. Jahrhundert kennen gelernt haben.

---

[1] Seine Kaiserliche und Königliche Hoheit

Der zweite Buchteil – "*Das Exklusiv-Interview mit Louis Ferdinand Prinz von Preußen*" – enthält das letzte, bisher unveröffentlichte Exklusiv-Fernseh-Interview mit Louis Ferdinand Prinz von Preußen, das die Autorin Jutta Angelika Wonschik-Steege 1993, ein Jahr vor seinem Tod[1], mit ihm führte. Die *Stimme* Prinz Louis Ferdinands in seinem letztgültigen Interview, sein „Vermächtnis" – als Chef des Hauses Hohenzollern und als Mensch.

Das Interview enthält für die Geschichtsschreibung neue und ergänzende Aussagen. Es wird von dem Historiker Prof. Dr. phil. Wolfgang Stribrny im gesamthistorischen Kontext kommentiert.

Der dritte Teil des Buches – *„Prinz Louis Ferdinand (1907-1994) – Preußen im 20. Jahrhundert"* – von Wolfgang Stribrny stellt die erste Biografie über Prinz Louis Ferdinand dar – als Chef des Deutschen Kaiserhauses und Preußischen Königshauses. Sie beginnt mit einem Abriss seines Lebens bis zum Jahre 1951, befasst sich, als einem Schwerpunkt, mit seiner Beteiligung am Widerstand gegen den Nationalsozialismus, der im Attentat vom 20. Juli 1944 gipfelte, beschreibt weiter den 9. November – das Schicksalsdatum deutscher Geschichte – im Leben des Prinzen (1918, 1938, 1989), und stellt den Musiker – in der Tradition der Preußischen Komponisten – vor wie auch den Menschen und Christen Louis Ferdinand.

Arrondiert werden die einzelnen Textteile durch bisher überwiegend unveröffentlichtes Bildmaterial, das den Prinzen privat wie auch in seiner Funktion als Chef des Hauses Hohenzollern zeigt.

Das Buch möchte „Ein Vermächtnis" von Prinz Louis Ferdinand von Preußen beschreiben, das in der Öffentlichkeit seit seinem Tod – wegen dynastischer Fragen und materieller Streitigkeiten um das Erbe des Hauses, die im Blickpunkt standen – bisher nicht so augenfällig geworden ist.

Prinz Louis Ferdinand hat ein wertvolles menschliches Erbe hinterlassen, das viel mit gelebten Werten, Anstand und einem menschenwürdigen, toleranten Verhalten dem Anderen gegenüber zu tun hat. „Ein Jeder muss nach seiner Façon selig werden" lautet eine Lebens-

[1] Prinz Louis Ferdinand starb am 25. September 1994 in Bremen

philosophie von ihm[1]. Ein Motto, das von Friedrich dem Großen stammte[2]. Wie andere Dinge auch, die der König während seiner Regierungszeit begründet hatte.

Prinz Louis Ferdinand war daher stolz darauf, über Preußen als *ersten* Staat sprechen zu können, „der ein moderner Rechtsstaat war, der als erster Religionsfreiheit besaß, in dem als erstem Land der Welt die Folter abgeschafft worden war, ein Land, in dem meine Vorfahren 1717 die Allgemeine Schulpflicht eingeführt hatten – bis in die letzten Dörfer Ostpreußens. Und das von Preußen geprägte Kaiserreich von 1871 war die erste Großmacht mit demokratischem Wahlrecht und der erste Sozialstaat". Der Prinz bewunderte zudem den „aufgeklärten Geist Friedrichs des Großen".

Prinz Louis Ferdinand erzählte davon, dass in der Preußischen Verfassung von 1850 der längste Katalog der Grundrechte in der deutschen Verfassungsgeschichte zu finden ist. Dort hieß es auch, „eine Pressezensur findet nicht statt"![3]

Insgesamt vertrat der Prinz die Ansicht, dass die wahren preußischen Leistungen – und dazu gehörte zweifelsohne auch die Werteskala – bisher in der Öffentlichkeit immer noch nicht richtig bekannt geworden sind. Er konzedierte, dass dies zum Teil durchaus auch an der etwas „ungeschickten Meinungsbildungs- und Public Relations-Arbeit des Hauses" gelegen haben kann.[4]

„Ein Vermächtnis" birgt weiterhin das letzte Interview des Prinzen, das Zeugnis über sein Leben, das er kurz vor seinem *Heimgang* ablegte. Das er ablegen wollte. Er sagte in einem unserer Gespräche: „Es ist der Moment der Geschichte gekommen, über Dinge zu reden."[5]

Ein Ausspruch, den auch schon der Freund Alex Carmel aus Haifa – dem die Verfasserin im Mai 1998 in Düsseldorf zu Gesprächen begeg-

---

[1] Der junge König Friedrich II. hat 1740 mit dieser Devise die Religionsfreiheit in Preußen festgelegt, die sich unmittelbar darauf bei der Integration der Schlesischen Katholiken bewährte. Das ging weit über das Toleranzedikt von 1685 hinaus.

[2] Originalzitat von Friedrich dem Großen: „Hier muss ein Jeder nach seiner Façon selig werden".

[3] Festgeschrieben wurde die Pressefreiheit in der Verfassungs-Urkunde vom 31.1.1850

[4] Im persönlichen Gespräch zur Verfasserin

[5] Persönliche Mitteilung von Prinz Louis Ferdinand an die Verfasserin

net ist –, an der Gedenkstätte Jad Vaschem von ihm gehört hatte[1]. Und der Prinz äußerte ihm gegenüber auch, „unter dem Kaiser hätte es keinen Holocaust gegeben."

Die Zeit zwischen 1914 und 1945 bezeichnete Prinz Louis Ferdinand in einem Gespräch mit der Verfasserin einmal als „den 30jährigen Krieg des 20. Jahrhunderts". Und weiter: „Hitler ist in Versailles geboren, nicht in Braunau".

Und so sagte er im Film-Interview[2] Dinge, die die bisherige Geschichtsschreibung um neue Aspekte ergänzen werden. Wie zum Beispiel seine „Distanz zum Vater", seine „Rolle in der Widerstandsbewegung beim Hitler-Attentat vom 20. Juli 1944", das „Leben des Kaisers in Doorn", „Hindenburg", die „Rolle des Kronprinzen 1932", „zur Parlamentarischen Demokratie", die „PR des Hauses" oder seinen „Berufswunsch Musiker".

Prinz Louis Ferdinand sprach nicht nur über Tugenden und Werte. Die vielzitierten „Preußischen Tugenden"[3] schienen dem weltoffenen Kosmopoliten Louis Ferdinand – „von Amerika bis Russland" – von der Essenz her von Anfang an lebens-wert. Freiheit, Toleranz, Wahrheit, Menschenwürde zählten zu seinen Grundfesten.

Wohl erst viele der vermeintlich unabdingbaren Errungenschaften, Verhaltens- und Kommunikationsweisen unserer modernen Zeit mögen die vielzitierten Tugenden mit einer dicken Schicht Staub bedeckt haben. Auch Prinz Louis Ferdinand konstatierte einen drastischen Verfall der Werte im 20. Jahrhundert, in seinem Jahrhundert. Er repräsentierte sein Haus in kritischer Distanz zum Zeitgeist, er war ein streitbarer Geist mit tiefer Glaubensbasis. Er hat sich im Strom der Geschichte seines Hauses bewegt, Licht und Schatten seiner *Zeiten* durchlebt und

---

[1] Der Historiker Prof. Dr. Dr. h.c. Alex Carmel, am 17. Juni 1931 in Berlin geboren, gründete 1987 das „Gottlieb Schumacher-Institut zur Erforschung der christlichen Tätigkeit im Palästina des 19. Jahrhunderts", war seit 1992 Präsident der israelischen Alexander-von-Humboldt-Stiftung und wurde 1993 mit dem Bundesverdienstkreuz ausgezeichnet. Carmel starb im Jahr 2002. Der Prinz und er kanten sich seit 1978.

[2] Teil II dieses Buches

[3] Zu den Preußischen Tugenden gehören u. a. die Toleranz, Bescheidenheit, Geradlinigkeit, Anstand, Sparsamkeit, Pünktlichkeit, Treue, Unbestechlichkeit, Zurückhaltung, Fleiß, Aufrichtigkeit, Zuverlässigkeit, Pflichterfüllung, Mut, Gerechtigkeitssinn, „mehr sein als scheinen", Disziplin, „die Sache vor die Person stellen".

akzeptiert. Aber er hat sich nie mit den Werte-freien und Seelen-armen Sphären der Moderne abgefunden.

Auch vor diesem Hintergrund mag unser Buch „Ein Vermächtnis" einen kleinen Einblick geben in Leben und Grundhaltung des Menschen Louis Ferdinand.

Zu den Autoren

Die Autoren dieses Buches kommen aus sehr unterschiedlichen Berufs-Welten und ebenso verschiedenen *Ecken* des Lebens.

Kennen gelernt haben sich der Historiker und die Fernsehjournalistin im Rahmen des Filmprojektes im Jahr 1997.

Die Verschiedenartigkeit der beiden Menschen spiegelt sich auch in der recht divergierenden Art des Schreibens und der Erkenntnisse in diesem Buch. Verbindendes Element war und ist – aus dem persönlichen Erleben des Prinzen – die Wertschätzung für den Menschen Louis Ferdinand und der Respekt gegenüber der Lebensleistung des Hohenzollern-Chefs durch das 20. Jahrhundert. Dies gab Anlass zur Entscheidung, zum 100. Geburtstag des Prinzen ein gemeinsames Buch herauszubringen.

Die Autoren arbeiten in ihrem Berufsfeld völlig unabhängig voneinander. In diesem Sinne sind auch die einzelnen Teilbereiche des Werkes und das dargelegte Gedankengut zu verstehen. Die einzelnen Buchteile – Teil I und Teil III – stehen für sich, obwohl es natürlich viele Querverbindungen aufgrund ähnlichen Erlebens und sachlicher Fakten gibt.

Die geäußerten Meinungen entsprechen nicht unbedingt immer der Ansicht des jeweiligen Co-Autors. Also auch an dieser Stelle gilt: „Hier muss ein Jeder nach seiner Façon selig werden" – um es noch einmal mit den Worten Friedrichs des Großen zu sagen! Oder mit der Philosophie, die dem französischen Freigeist Voltaire zugeschrieben wird: „Ich stimme mit dem, was Sie sagen, nicht überein, werde aber bis zum Tode Ihr Recht, es zu äußern, verteidigen".

Wir würden uns darüber freuen, wenn Sie in der Unterschiedlichkeit der Buchteile dennoch, oder gerade deretwegen, die historisch-wissenschaftliche Basis und die sinngebenden Elemente entdecken, die diese übergreifend verbinden.

Wir wünschen uns, dass Sie Gefallen an unserem Buch „Ein Vermächtnis – Prinz Louis Ferdinand von Preußen“ finden.

Remagen

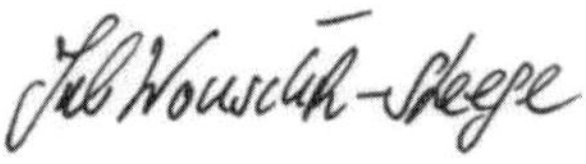

Jutta A. Wonschik-Steege

Bad Sobernheim

Wolfgang Stribrny

9. November 2007

TEIL I

„NENNEN SIE MICH EINFACH…
PRINZ LOUIS FERDINAND…"

VON

JUTTA ANGELIKA WONSCHIK-STEEGE

Dem Andenken meiner Lieben

und Prinz Louis Ferdinand

im

Himmel

Dankesworte

Bevor ich zum eigentlichen Thema komme, ist es mir ein Bedürfnis, an dieser Stelle Dank zu sagen, denn mit der Veröffentlichung dieses Buches wird der erste Teil einer langen Wegstrecke gemeinsamer Arbeit abgeschlossen

Ein herzliches Dankeschön aussprechen möchten wir Herrn Job F. von Strantz, dem Generalbevollmächtigten von Prinz Louis Ferdinand und ehemaligem Leiter der Generalverwaltung des vormals regierenden Preußischen Königshauses in Bremen sowie Frau Feldmann, für die gute und vertrauensvolle Zusammenarbeit in den Entstehungsjahren des Filmprojektes.

Ein besonderer Dank gilt hier auch Frau Korttenhoff und den Verantwortlichen der Stiftung Huis Doorn in den Niederlanden, Herrn Professor Dr. Hans-Joachim Giersberg von der „Stiftung Preußische Schlösser und Gärten", Frau Dr. Ulrike Liedke von der Musikakademie Rheinsberg, dem Deutsch-Polnischen Freundeskreis in Breslau und Herrn Ringmann von der Brandenburgischen Staatskanzlei in Potsdam.

Großer Dank geht auch an all die Menschen, die dem Film- Projekt in den ganzen Jahren mit Rat und Tat – bis heute – zur Seite gestanden haben, insbesondere an meine Kamerateams und Technikpartner. Hier sei vor allem der Kameramann Vlastimil Zan angesprochen. Ein spezieller Dank geht auch an Herrn Alexander Isadi.

Ein herzliches Dankeschön für ihre tatkräftige Unterstützung gilt – posthum – besonders meiner Familie. Insbesondere meiner Großmutter Elisabeth Braunsch und meiner Mutter, für ihre verstehende Liebe, Hilfe und Begleitung durch all die Jahre, in denen ich mit diesem Thema befasst war. Ein Dankeschön an dieser Stelle auch Herrn Gerd Schmidt.

Immerwährender Dank für ihre Hilfe, ihre Fürsorge und das Engagement in meiner Media World, auf so vielen Ebenen, gilt Frau Irmgard Wonschik-Schmidt, ohne die die Realisation des – sich zur *Herzenssache* entwickelten – Projektes nicht denkbar gewesen wäre. Auch dies sei posthum erwähnt, denn sie verließ uns im Jahr 1998 nach längerer schwerer Krankheit. Mitten aus dem aktiven Leben heraus, um ihre Reise ins „Licht“ fortzusetzen. Sie hinterließ ihre Liebe und ihre Gedanken zu allem Wahren, Schönen und Großen im Leben, für das es sich lohnt, zu leben…

Kapitel 1

Bahnhof Wildpark

Nun stand ich also am berühmten Bahnhof Wildpark in Potsdam[1]. Dem Hofbahnhof von Kaiser Wilhelm II.[2] Dort, wo er seine Bahnreisen – im berühmten *Kaiserlichen Salonwagen* – angetreten hatte. Dort, wo unweit die Allee zum Neuen Palais führte, das Friedrich der Große[3] nach dem Siebenjährigen Krieg gebaut hatte.

Hier wollten wir nun in ein paar Tagen die Staffel der Dreharbeiten in Potsdam und Berlin beginnen, nach Einstiegs-Tagen in Doorn[4] und Hamburg. Eine Strecke von Wochen, Monaten lag vor uns, mit Dreharbeiten in Polen, den Niederlanden, Deutschland, von Nord bis Süd, von West nach Ost, von Ost nach West. Mein Kamerateam reiste gerade aus Prag an, exzellente Könner auf ihrem Gebiet.

Noch einmal wollte ich mit meiner Frau Schmidt im Hamburger Büro an der Lutherbuche telefonieren, um zu hören, welche Neuigkeiten es seit meiner Abreise gegeben hatte.

Was ich erfuhr, versetzte mir einen Schock. Die Generalverwaltung des vormals regierenden Preußischen Königshauses hatte gerade angerufen, mit der Hiobsbotschaft, dass der Prinz – auf nicht absehbare Zeit – schwer erkrankt, das geplante Interview mit ihm abgesagt und die Frage im Raum stünde, ob das Filmprojekt – nach dem Ausfall des Hauptakteurs – überhaupt noch weiterzuführen sei…?

Und nun?

Was tun oder nicht tun in dieser dramatischen Situation zu Drehbeginn? Das war damals die einzige Frage, die ich schnell zu beantworten hatte. Dies wurde mir unvermittelt klar.

---

1 Heute Bahnhof Potsdam Sanssouci. Am 17.8.1991 wurden hier auch die Särge Friedrich Wilhelms I. und Friedrichs II. vorbeigeleitet – nach ihrer Ankunft im Güterbahnhof Wildpark-West, um dann nach Sanssouci gebracht zu werden.

2 Er wurde scherzhaft auch der „Reisekaiser“ genannt.

3 Friedrich II.

4 in den Niederlanden, und Exilsitz Kaiser Wilhelms II. (1859 – 1941)

1 Allee am Neuen Palais

Eine Dramatik der Entscheidungsfindung zeichnete sich ab, als ich wieder in Richtung Bahnhof Wildpark ging. Ich hatte mir ein wenig Zeit ausgebeten, um erst einmal durchzuatmen und zu überlegen.

Ich stand vor dem alten Bahnhofsgemäuer[1], etwas verfallen, angegraut und unansehnlich geworden durch lange DDR-Zeiten – die sichtlich pflegende Einflüsse für Kulturgüter deutscher Tradition und Güte haben stark vermissen lassen. Der alte Glanz Preußens war hier nicht mehr zu sehen. Und in diesen speziellen Minuten für mich sowieso nicht.

Die Sonne strahlte trotzdem sehr hell vom blauen Himmel, und ich stellte mich ein wenig links vor das Gebäude. Auf einmal blitzte mir der helle Sandboden entgegen! Als ich mich bückte, sah ich etwas Silbernes aus dem Sand hervor scheinen. Ich kniete mich hin und legte ein klei-

[1] Inzwischen von der Deutschen Bahn wiederhergestellt.

nes Geldstück frei. Ich hielt eine alte Blechmünze aus DDR-Zeiten in der Hand. War das ein Zeichen für mich?

In Gedanken strich ich weiter über den Sandboden – und eine Münze nach der anderen kam zum Vorschein, erblickte wieder das Licht der Sonne! Wer hatte sie wohl dort verscharrt? Wann? Warum?

Ich staunte nicht schlecht, als ich auf einmal die ganze Hand voll alter Geldstücke hatte. Dies war für mich *das* Zeichen von *Oben*! *ES* doch zu tun, auch mit der völlig ungewissen Perspektive, überhaupt jemals ein Interview mit Louis Ferdinand Prinz von Preußen zu bekommen. Denn dies sollte ja die Grundlage des ganzen Filmprojektes bilden! Die monatelangen und kostenintensiven Dreharbeiten zu beginnen – ohne zu wissen, ob es je einen Film geben wird?

Die Entscheidung zu treffen, das Interview mit dem Prinzen – das Herzstück des gesamten Filmes – ganz auf das Ende der Dreharbeiten zu verlegen, es dann durchzuführen, wenn er wieder genesen war.

In diesem Moment hatte ich also – nach dem „Wink des Himmels" – letztlich meine Entscheidung getroffen. Im Vertrauen auf Gott, im Glauben, dass ER die Dinge zu einem guten Ende führen würde. Mit der Hoffnung auf die Sicherheit, dass alles überhaupt – wie seit langem vorgeplant – auch klappen würde…

Und so begannen wir die Dreharbeiten am Kaiserbahnhof Wildpark bei herrlichem Wetter, das uns im Übrigen auch während der nächsten Monate hold bleiben und begleiten sollte! Wie meine alten DDR-Münzen – die fortan als Talisman mitreisten.

Ich wusste, dass es gut gehen würde. Und? Es klappte dann schließlich auch alles! Wie Sie in diesem Buch lesen und in unserem Film sehen werden.

Kapitel 2

Wie alles anfing

Bremen, 1992. Fast legendär schon könnte man heute die Treffen mit meinem Vater Werner Wonschik im Schwachhausener Restaurant *Legendär* nennen, wo alles seinen Anfang nahm.

Bei einer unserer Begegnungen sprachen wir wieder einmal über meine Arbeit, das Filme machen und aktuelle Vorhaben. Seit zwei Jahren war ich in Hamburg mit meiner eigenen Firma für Film-, Fernseh- und Industriefilm-Produktionen selbständig. Nachdem ich zuvor – sieben Jahre lang von 1984 bis 1990 – als eine *Pionierin* des Privatfernsehens in Deutschland, den neuen Sender SAT.1 als Redakteurin mit aufgebaut hatte. Das Abenteuer *Neue Medien* war in vollem Gange!

2 Prinz Louis Ferdinand bei der Überreichung des Schlesierschildes durch Herbert Hupka, rechts Werner Wonschik

Mein Vater war seinerzeit Vorsitzender der Landsmannschaft Schlesien in Bremen[1] und in seiner Funktion sehr aktiv. Besuche beim Prinzen Louis Ferdinand von Preußen gehörten zu den angenehmen Aufgaben. Anlässlich des Geburtstags am 9. November 1993 wurde dem

[1] Landsmannschaft Schlesien, Nieder- und Oberschlesien, Landesgruppe Bremen e. V.

Prinzen dann auch – gemeinsam vom damaligen Bundesvorsitzenden Herbert Hupka und meinem Vater – der „Schlesierschild“ überreicht.

Mein Vater war geborener Schlesier und hatte 1922 im niederschlesischen Oels das Licht der Welt erblickt. Als Soldat wurde er mehrfach verwundet, kam in russische Gefangenschaft, bevor ihn dann sein Weg nach Norddeutschland, in die Nähe von Hamburg führte. Dort lernte er Anfang der 50er Jahre meine Mutter kennen, die – in Beuthen (Oberschlesien) geboren – mit ihrer Familie 1945 fliehen musste. Mit dem „letzten“ Zug verließen sie damals die *Heimat* Beuthen. Erinnerungen an die schlesische Vergangenheit, Tradition und der Neuanfang im Norden – all das verband sie, nach den Schrecken des durchlebten Krieges und der Vertreibung.

3 Prinz Louis Ferdinand und Werner Wonschik

Doch eines hatte mein Vater über all die Zeit hinübergerettet – seinen trockenen schlesischen Humor. So fragte er mich an diesem Nachmittag eher scherzhaft, ob ich “nicht mal einen Film über die Burgen und Schlösser der Hohenzollern in Europa machen möchte?“ Mein Vater war jüngst von einer Polenreise aus Breslau zurückgekehrt.

Ich überlegte kurz, in dem Bewusstsein und vor dem Hintergrund, dass ich ja seit jeher ein Faible für alte Burgen und Schlösser hatte! Zugegebenermaßen war mir die Burg Hohenzollern zwar noch aus Schulzeiten geläufig, aber mehr hatte ich mich bis dato nicht mit den Hohenzollern beschäftigt. Schon gar nicht mit Schlössern und Burgen in Europa. Ich antwortete ebenfalls im Scherz: "Nur alte Steine? Das reicht nicht. Da fehlen ja die Menschen."

„Nur alte Steine?", erwiderte mein Vater. „Die Schlösser und Burgen der über 900-jährigen Dynastie der Hohenzollern zählen zu den schönsten, wichtigsten und bedeutendsten Kulturgütern Europas, mit großer und bewegter Geschichte. Aber Du hast recht, nur Steine?"

„Welche Menschen gibt es denn heute überhaupt noch bei den Hohenzollern? Gibt es so was wie ein *Oberhaupt?*"

4 Im Wohnzimmer von Prinz Louis Ferdinand auf dem Wümmehof

„Wir hatten ihm gerade zu seinem Geburtstag im November von der Landsmannschaft Schlesien unsere Aufwartung gemacht! Der Chef des Hauses Hohenzollern heißt Louis Ferdinand Prinz von Preußen und wohnt in Bremen-Borgfeld auf dem Wümmehof."

„Ich denke, ein Portrait über ihn und sein Leben, in Kombination mit einem Überblick über die Kulturgüter, wie sie sich heute darstellen, und mit einem Seitenblick auf die Geschichte – daraus könnte ein Thema werden, dass sich filmisch gut umsetzen ließe und vielleicht Interesse finden könnte..."

Je intensiver wir über weitere Details sprachen, Ideen entwickelten, uns die einzelnen Kulturgüter vor Augen führten – die mein Vater natürlich fast alle kannte, viele schon besucht hatte – desto mehr packte mich das Thema. Die Begeisterung wuchs und ich fing schon an, in *Bildern* zu denken. Ein *Gesamtbild* formte sich, wie immer in meiner kreativen Phase. Vor allem aber interessierte mich die Person des Prinzen. Und – das Wichtigste schien mir zunächst ein persönliches Gespräch mit ihm. Davon würde ich alle weiteren Entscheidungen abhängig machen.

Und so bot mein Vater mir an, den Kontakt zur Generalverwaltung des vormals regierenden Preußischen Königshauses in Bremen herzustellen, die für den Prinzen und das Haus Hohenzollern die Geschäfte führte.

So nahm seinerzeit alles seinen Anfang. Wie auch meine Recherchen, die nun begannen.

Kapitel 3

Die erste Begegnung

Unsere erste persönliche Begegnung fand Anfang Juni 1993 in Bremen-Borgfeld auf dem *Wümmehof* statt, dem Privathaus von Prinz Louis Ferdinand.

Doch dem voraus gegangen war schon die „Begegnung" einer anderen Art!

Nach den Gesprächen meines Vaters mit Job F. von Strantz, dem Generalbevollmächtigten des Prinzen und ehemaligen Leiter der Generalverwaltung des vormals regierenden Preußischen Königshauses, teilte dieser mir mit, dass Prinz Louis Ferdinand zunächst einmal mit mir telefonieren wolle.

Ich war aufgeregt! Und wurde zunehmend unsicherer. Eher ungewöhnlich für mich, denn als einstige *Pionierin* bei SAT.1 in Hamburg und seit meiner Selbständigkeit im Jahr 1990, hatte ich – retrospektiv betrachtet – Hunderte von Interviews mit Prominenten geführt, Fernsehsendungen oder Reportagen über sie gedreht[1], bin quer durch Europa gereist, um sie zu treffen. Oft durfte ich sie – in ruhigeren Stunden nach den Dreharbeiten – auch als Mensch, näher kennen lernen. Die – leider viel zu früh verstorbene – Journalistin Margret Dünser[2], mit ihrer – in den 70er Jahren berühmten Fernsehsendung „V.I.P.-Schaukel"[3], war seinerzeit mein großes journalistisches Vorbild.

Doch nun sollte ich das erste Mal im Leben einem Mitglied des ehemaligen deutschen Kaiser- und Königshauses begegnen. Fragen über Fragen tauchten auf einmal vor meinem geistigen Auge auf: Wie redete man den Prinzen korrekt an? Wie verhält man sich richtig? Welche Etikette galt es zu beachten? Und welchen Kleidungskomment?

Alles Fragen, auf die ich keine Antwort wusste. Der vereinbarte Telefontermin rückte immer näher. Zu einem Helfer in dieser kniffligen

---

[1] In den Jahren zwischen 1984 und 1990 bei APF-Aktuell Presse Fernsehen, später auch bei SAT.1

[2] Margret Dünser wurde am 27. Juli 1926 in Dornbirn, Vorarlberg geboren und starb am 5. Juni 1980 im schweizerischen Basel an Krebs. Sie schrieb das Buch „Highlife".

[3] Die erste Sendung wurde 1971 im ZDF ausgestrahlt. „V.I.P." steht für engl. „Very Important People"

Situation wurde mir damals Herr von Strantz. Selbst einem alten Adelsgeschlecht entstammend, gab er mir sehr subtil erste, hilfreiche Orientierungshilfen für den Weg in die „Welt der Kaiser und Könige". Nach Jahren der intensiven Zusammenarbeit im Rahmen des Filmprojektes gilt Herrn von Strantz – als Generalbevollmächtigtem des Prinzen – auch heute noch mein Respekt als sachkundigem Berater und vertrauensvollem Gesprächspartner in dieser Zeit. Ein nicht unwesentlicher Teil des Zustandekommens des Gesamtprojektes wurzelt in seiner taktvoll-freundlichen Art sowie in seinen diplomatischen Fähigkeiten.

Zum vereinbarten Telefontermin also wählte ich die Nummer von Prinz Louis Ferdinand von Preußen, Chef des Hauses Hohenzollern, in Bremen. Der Hörer wurde abgenommen. Eine sehr freundliche, jugendlich-frisch anmutende Stimme meldete sich am anderen Ende der Leitung!

Nach der einführenden Vorstellung meiner Person, meiner Firma, der Projektidee und meines Wunsches nach einem persönlichen Gespräch, fragte mich Prinz Louis Ferdinand sehr unvermittelt:

„Haben Sie schon meine Biografie gelesen?"

„Ja, aber noch nicht ganz."

„Dann können wir uns erst treffen, wenn Sie mein Buch *ganz* gelesen haben und meine Geschichte kennen. Denn das ist mein Leben, die Basis für unser Gespräch" antwortete er sehr freundlich.

„So schnell *schießen* die Preußen also nicht", dachte ich bei mir. Etwas enttäuscht, aber mit einem guten Gefühl im Bauch schlug ich das nächste Kapitel der 395 Seiten langen Autobiografie des Prinzen mit dem Titel „Im Strom der Geschichte" auf.

Kurze Zeit darauf, bei unserem ersten Gespräch auf dem Wümmehof, zeigte ich ihm dann mein eigenes handschriftliches *Manuskript* mit all den Notizen zu seiner Biografie – das selbst fast den Umfang eines kleinen Büchleins hatte! Es diente uns fortan als Leitfaden für den Einstieg in das geplante Filmportrait über ihn und das Haus Hohenzollern im 20. Jahrhundert. Der Prinz sagte damals, wie er es auch schon im Vorwort zu seiner Biografie geschrieben hatte: „Nicht erst Bücher, sondern schon Manuskripte haben ihre Schicksale"![1]

---

[1] Louis Ferdinand Prinz von Preußen, Im Strom der Geschichte, 5.A. 1993, S. 9

5 Prinz Louis Ferdinand und die Autorin auf dem Wümmehof

Herr von Strantz teilte mir später nach meiner ersten Begegnung mit dem Prinzen später mit, dass dieser „sehr angetan war, das es ihn positiv gepackt hätte. Und das so ein Filmprojekt ja auch für das Haus Hohenzollern eine Imagesache wäre“[1].

Fortan folgten regelmäßig ganztägige Projekt-Besprechungen mit Prinz Louis Ferdinand. Langsam entwickelten sich eine gegenseitige Wertschätzung füreinander und großes Vertrauen zueinander. Eine persönliche Basis, die über den geschäftlichen Rahmen hinausging.

Das Projekt „rundete“ sich immer mehr durch den intensiven Austausch mit dem Prinzen, so dass wir bald mit der Planung der Dreharbeiten in Europa beginnen konnten.

Eines Tages sagte ich spontan zum Prinzen: „Jetzt würde zur Abrundung des Ganzen eigentlich nur noch eine Titelmelodie zum Film fehlen. Hätten Sie nicht Lust, etwas zu komponieren? In der Tradition Ihres Hauses und Ihrer Vorfahren? Und Ihrer eigenen?“

Damit überraschte ich ihn! Er erstaunte, überlegte lange. „Wie mein Vorfahr gleichen Namens, Louis Ferdinand der „Große“? Aber ich habe doch schon lange nichts mehr komponiert. Meinen Sie wirklich?“ So recht konnte er sich jedoch mit dem Gedanken nicht anfreunden. Versprach mir aber beim Abschied, es sich bis zum nächsten Treffen einmal zu überlegen.

---

[1] persönlich zur Verfasserin

Als wir uns das nächste Mal in Bremen sahen, öffnete er mir die Tür mit einem verschmitzten Lächeln in den Augen. Und ich spürte, dass der Prinz nervöser war als sonst. Nach dem Begrüßungs-Sherry sagte er freudig:

„Nun möchte ich Ihnen aber etwas vorspielen, bitte hören Sie zu."

6 Der Prinz spielt die Titelmelodie

Er stand auf und setzte sich an seinen Flügel, der im hinteren Teil des Wohnzimmers vor dem Fenster stand und den er vorher schon vorbereitet hatte und begann zaghaft zu spielen. Nach Noten, die vor ihm lagen.

Diesmal hatte *er* es geschafft, mich zu überraschen. Ich lauschte wie gebannt. Es fällt schwer, das, was ich damals fühlte, zu beschreiben. Es war wie ein magischer Moment, ein Erleben außerhalb einer Raum- und Zeitdimension. Die Töne entsprangen den Tasten. Die Harmonie der Melodie hatte ihre eigene eindringliche Sprache. Ein reifes Werk. Ich hörte in diesem Moment nicht die Titelmelodie unseres Filmes, sondern die *Lebensmelodie* des Louis Ferdinand Prinz von Preußen. Er hatte in hohem Alter die Erfahrungen, die Liebe, das Leiden seines Lebens in Noten verarbeitet. Sein Spätwerk, ein Resümee. Ein Wundervolles.

7 Von Prinz Louis Ferdinand handgeschriebenes
Notenblatt zur Filmmusik

Mir kam Chopin, der Lieblingskomponist des Prinzen, in den Sinn und sein in die Seele dringendes Spätwerk.

8 Prinz Louis Ferdinand am Flügel

Ich lauschte ergriffen, war tief berührt. Auch von dem *Bild*, das ich vor mir sah. Der Prinz saß auf einem Stuhl, aufrecht, doch mit vom Alter leicht gebeugtem Rücken, sehr konzentriert auf das Notenblatt. Er trug seine Brille. Er war sehr nervös und die Hände konnten der Schnelligkeit des Geistes manchmal nicht mehr so geschwind folgen. Doch in diesen Minuten ahnte man noch den Könner. Wie mochte er erst in jungen Jahren gespielt haben!

Hier konzertierte ein Mann, dessen Leidenschaft lebenslang die Musik gewesen war! Sein Hobby, das er so gern auch zu seinem Beruf hätte machen wollen. Ein Begeisterter – mit eigener Handschrift und persönlicher Note, doch ganz im Sinne der preußischen Familientradition.

Und – auf den Spuren seiner berühmten musikalischen Vorfahren Louis Ferdinand (1772–1806) und Friedrich II. mit seinen Flötenkonzerten, die übrigens heute noch mit großer Beliebtheit in den Schlössern aufgeführt werden[1].

9 Prinz Louis Ferdinand am Flügel

Der gefühlvolle Komponist Prinz Louis Ferdinand, der sich hinter keiner Note seiner berühmten Vorfahren zu verstecken brauchte! Denn auch seine Werke erfreuen sich immer noch großer Beliebtheit, in Konzerten wie als Hörgenuss von Tonträgern. Seine ersten drei Werke, erzählte er, hatte er bereits in den Jahren 1946/1947 komponiert.

Anlässlich der – für die Familiengeschichte so bedeutsamen – Überführung der Särge Friedrichs II. und Friedrich Wilhelms I. von der Burg Hohenzollern nach Sanssoucis im Jahr 1991, schuf Prinz Louis Ferdinand eigens den Trauermarsch „Fridericus Rex". Auch der „Hohenzollern-Marsch" stammt aus seiner Feder.

Und – wussten Sie eigentlich, dass das Glockenspiel der berühmten *Kaiser Wilhelm Gedächtniskirche*, die am Anfang des Berliner Kurfürstendammes steht, seiner Feder entspringt?

Nur mit einer Musikrichtung hatte er ernsthafte Probleme. Und formulierte dies in unserem Interview auch sehr deutlich! „...Ich bin al-

[1] Wie zum Beispiel im Neuen Palais in Potsdam oder von der Musikakademie Rheinsberg im Schloss Rheinsberg.

so ein Freund der Harmonie! Und ein absoluter Feind der Kakophonie, wie ich sage. Kakophonie heißt Missklang auf Griechisch. Das hat einen so komischen Anklang…".[1]

10 Prinz Louis Ferdinand komponiert, 1952

Er, der harmoniebetonte Mensch Louis Ferdinand, konnte so gar nichts mit a-tonaler Musik anfangen. Sie war ihm fast zuwider.

Aus Begeisterung bat ich den Prinzen, mir seine Komposition gleich noch einmal vorzuspielen. Als wir uns wieder gesetzt hatten, sagte er „Nun können wir ja auch einen Sound Track zum Film machen!" Und mit großer Freude überreichte er mir dazu die von ihm handgeschriebenen Noten seiner „Lebens und Hoffnungsmelodie" – wie er sie nannte – mit dem Titel „Im Strom der Geschichte", die er gern in meinem Musikverlag Media World Music Company verlegt sehen wollte. Ich war überwältigt.

---

[1] siehe unten Teil II, Interview, S. 21

Spontan antwortete ich: „Dieses Werk sollten wir aber einmal im Rahmen Ihrer alljährlichen Wohltätigkeitskonzerte zugunsten der Prinzessin Kira von Preußen-Stiftung, im Grafensaal auf der Burg Hohenzollern, uraufführen lassen."

Und dies geschah einige Wochen später auch so! Vor dem offiziellen Programm des Wohltätigkeitskonzertes auf der Burg Hohenzollern, am 11. September 1993, wurde seine Komposition – als Titelthema für unseren Film im Rahmen der Dreharbeiten – vom Duo Reiner Ginzel, Violoncello, und Michael Schneidt, Klavier, live uraufgeführt. Und den zahlreichen Gästen im Grafensaal mit einer entsprechenden Anmoderation, die wir für Reiner Ginzel vorbereitet hatten, entsprechend angekündigt. Prinz Louis Ferdinand hatte dem Konzert aus Krankheitsgründen leider nicht beiwohnen können. Doch die Musikkassette mit Hörprobe spielte ich ihm bei unserem nächsten Treffen vor.

Später, an diesem so ereignisreichen Tag auf dem Wümmehof, sprach ich den Prinzen doch noch einmal auf seine Nervosität am heutigen Vormittag, vor dem Klavierspiel, an. Ich wollte gern verstehen, was ihn so bewegt hatte.

„Es ist das Lampenfieber, immer wieder, das jeder Künstler vor einem Auftritt hat. Vor allem aber vor einer Premiere"!

Das traf ins Herz. „Sie haben die Uraufführung Ihres Werkes mit Bravour bestanden", sagte ich bewundernd. „So gut, dass wir sie demnächst vor laufender Kamera noch einmal wiederholen werden!" Und – dass der Künstler Louis Ferdinand bei den Dreharbeiten vor seinem Klavierspiel noch aufgeregter war als am heutigen Tag, bräuchte eigentlich gar nicht betont zu werden!

11 Aufzeichnung der Titelmelodie während der Dreharbeiten
auf dem Wümmehof

Kapitel 4

Wie ich den Prinzen erleben durfte…

Bei meinen Besuchen auf dem *Wümmehof* machte mich jedes Mal ein Gedanke schon im vornherein glücklich: Es gab in Bremen nun auch in Borgfeld noch einen Menschen, der sich wirklich auf meinen Besuch freute! Und ich freute mich, einem wertvollen Menschen begegnet zu sein, der die in unserer Zeit selten gewordene Gabe besaß, das Gefühl *echter* Freude empfinden zu können!

Obwohl immer viel Geschäftliches zum Filmprojekt auf der Agenda stand, blieb dennoch genügend Raum für persönliche Gespräche und Privates. Wir nahmen uns die Zeit.

Der gemeinsame Besprechungs-Tag begann oft um 10 oder 11 Uhr. Prinz Louis Ferdinand öffnete mir die Tür persönlich. Er lebte allein in seinem großen Haus. Eine Haushälterin versorgte ihn zumeist.

Die arbeitsreichen Stunden begannen jedes Mal – traditionell – mit einem Gläschen Sherry, in edlen Gläsern mit „eingraviertem" Preußischem Königsadler Friedrichs des Großen. „Und im Osten trinken sie gern *Türkensekt*, das ist eine Mischung aus Rotwein und Sekt" erzählte der Prinz.

12 Eine Filmbesprechung mit Prinz Louis Ferdinand

Auseinander gingen wir erst, wenn – auch traditionell – die „Whisky-Time" um 18 Uhr stattgefunden hatte. Ein gesundheitsförderndes Relikt aus Kaiser Wilhelms Zeiten, dem ein Arzt täglich ein Glas schottischen Whisky zur Erhaltung der Gesundheit verordnet hatte!

Und – Prinz Louis Ferdinand versäumte es nie, mir bei jedem Abschied Gottes Segen als Wegbegleiter mit auf die Fahrt zu geben: „God bless you!“, sagte er.

Es macht mich heute noch stolz, sagen zu dürfen, dass sich im Laufe unserer unseres Kennenlernens eine wunderbare Freundschaft entwickelte.

Prinz Louis Ferdinand, wie ich ihn erleben durfte, war ein sehr liebenswürdiger und liebenswerter Mensch, der viel Humor besaß und eine feine Selbstironie. Man konnte mit ihm lachen. Oder auch nur lächeln.

Geradeaus sagte er, was er meinte – wenn er jemandem vertraute, geprägt durch seinen gradlinigen Charakter und seine Offenheit, Menschen und Dingen gegenüber. Ein Feingeist und ein Realist mit viel Feingefühl für die schönen Dinge des Lebens. Vor allem für sein Hobby, die Musik.

13 Prinz Louis Ferdinand mit der Autorin auf dem Wümmehof

Durch seine zurückhaltende Art wirkte er auf mich – auch im hohem Alter von 84 Jahren – noch jungenhaft, ja manchmal sogar fast etwas schüchtern. Wenn man sein Gesicht näher betrachtete – die Krankheit hatte natürlich ihre Spuren hinterlassen – fielen die unverkennbaren Preußischen Züge auf, vor allem die typisch hohenzollernsche Nase, die besonders bei Friedrich dem Großen sehr ausgeprägt war.

14 Gespräch über die Dreharbeiten

Der Prinz war ein vollendeter Kavalier Frauen gegenüber, man spürte seine Zuvorkommenheit, fühlte sich gut in seiner Nähe.

Prinz Louis Ferdinand interessierte sich für Menschen, Entwicklungen, Politik, Kultur, für das Leben an sich – mit seinen wichtigen und weniger wichtigen Ereignissen. Er war aufgeschlossen geblieben, weitsichtig. Er hatte nie die Sicht des weiten Horizontes verloren. Und er hatte für seine Visionen gelebt – die deutsche Wiedervereinigung zum Beispiel oder das Vereinte Europa.

Dies alles besonders mit Blick auf die junge und nachrückende Generation. Wie seinen Enkel – und seinerzeit bereits designierten Nachfolger – Georg Friedrich Prinz von Preußen. Sehr stolz war der Prinz, als er mir bei einem unserer Treffen seinen Enkel und Nachfolger in der Position des künftigen *Chefs* des Hauses Hohenzollern *persönlich* vorstellen konnte. Er hatte die Zusammenkunft selbst arrangiert. Wir filmten dann auch Szenen, die den Großvater mit seinem Enkel gemeinsam auf dem Wümmehof zeigten, im Garten, im Gespräch. Vielleicht ein einzigartiges, unwiederbringliches filmisches Dokument.

Das an den alten hohenzollernschen Ausspruch erinnert:

„Die Stätte, die ein guter Mensch betrat,
ist eingeweiht, nach 100 Jahren klingt
Sein Wort und seine That
dem Enkel wieder“.

Unsere Suche nach einem passenden Foto für ein Plakat wurde für den Prinzen zur Chefsache! Er organisierte ein wunderbares Bild, das ihn mit seinem Enkel Prinz Georg Friedrich im Schloss Sanssouci zeigte – im Hintergrund die weiße Büste des berühmten Vorfahren Friedrich des Großen.

Mit regem Interesse verfolgte Prinz Louis Ferdinand auch den Fortgang der Dreharbeiten zum Filmprojekt über ihn und das Haus Hohenzollern. Er freute sich sehr, wenn ich ihn auf Reisen von unterwegs anrief. Ich ließ ihn teilhaben an „seinem" Projekt, das er mit seinen Möglichkeiten unterstützte, informierte ihn über den Stand der Dinge.

15 Die „1000jährige" Eiche in Cadinen

Unvergesslich blieb in diesem Zusammenhang für ihn sicher unser Telefongespräch, als ich vor seinem alten Haus im westpreußischen Cadinen stand und ihm erzählte, wie ich es vorgefunden und gerade vor Augen hatte. Und, dass die herrliche, angeblich über 1000 Jahre alte Eiche immer noch an ihrem Platz stand!

Der Prinz genoss es, nach Rückkehr gemeinsam die Fotos von den Originalschauplätzen – die er alle ja von früher her kannte – anzuschauen!

16 Frau Schmidt im Büro der Wonschik Media World

Wir telefonierten oft. Der Prinz erkundigte sich nach Neuem, teilte etwas Wichtiges mit, wir sprachen die nächsten Produktionsschritte ab, ich bat ihn auch um Kontakte zu Gesprächs- oder Interviewpartnern. Die *gute Seele* meines Hamburger Büros, Frau Schmidt, nahm den Hörer meistens ab und stellte durch, lächelnd – denn gute Laune steckt halt an!

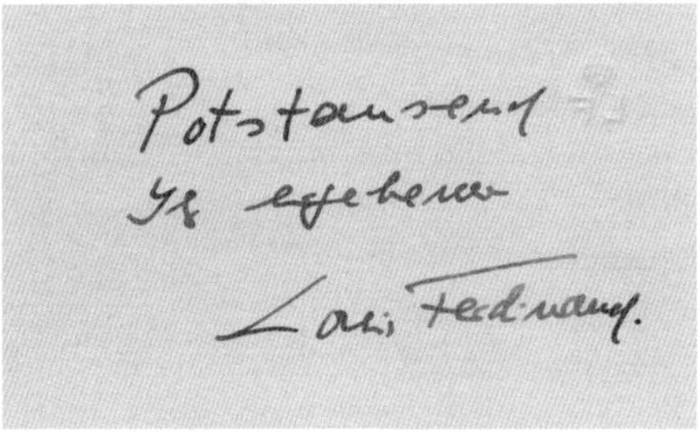

17 „Potstausend"!

„Potstausend" rief Prinz Louis Ferdinand zur Begrüßung durchs Telefon – gefeiert wurde 1993 ja das „Jubeljahr" *1000 Jahre Potsdam*. Das färbte ab!

Und – „God bless you“ hieß es dann beim Auflegen des Telefonhörers. Oder „So Gott will“ – nach einem Spanischen Gruß.

18 Gesprächssituation auf dem Wümmehof

Es war immer dieses warme, herzliche Gefühl, das nach unseren Gesprächen zurückblieb. Und das Bewusstsein, unter Gottes Schutz und Segen zu stehen. Ich nannte es damals schon „die Dinge zwischen Himmel und Erde“.

Und möchte an dieser Stelle hoffen und glauben, dass Prinz Louis Ferdinand es umgekehrt gleichermaßen empfunden hat...

Nie vergessen indes werde ich auch den *anderen* Prinz Louis Ferdinand, den ich in den gemeinsamen Stunden kennen gelernt hatte. Die Traurigkeit in seinem Blick, wenn ich vom Wümmehof wieder abfuhr. Mit mir fuhr das Gefühl, das er sich in manchen Stunden sehr einsam fühlte – trotz der Nähe der Familie, der Enkel. Auch nach seinen Geburtstagen, an denen er die Familie gern um sich scharte. Der Tod seiner geliebten Frau Kira im Jahr 1967 hatte eine nicht zu schließende Wunde in seinem Herzen zurückgelassen. Lebenslang. Selbst in Zeiten, wo er sich dem Leben wieder öffnen konnte.

Und – ich spürte eine merkliche Distanz zwischen ihm und seinen Söhnen, nachdem er seinen Enkel Prinz Georg Friedrich, Sohn seines verstorbenen Louis Ferdinand jun., zu seinem Nachfolger als Chef des Hauses bestimmt und somit seine Kinder in der direkten Erbfolge übergangen hatte. Ich glaube, sagen zu können, dass er vielleicht wusste, was er mit seiner dynastischen Entscheidung auslösen würde. Und dass diese Entscheidung von seinen Söhnen nur schwer akzeptiert werden würde[1].

Aus meinem Gefühl und der Kenntnis der Gefühle des Prinzen heraus, darf an dieser Stelle noch erwähnt werden, dass er für den jahrelangen Erbschaftsstreit und die Prozesse nach seinem Tod, die Art und Weise, wie Familieninterna – auch über die Medien – nach Außen in die Öffentlichkeit getragen wurden, wie er noch selbst – posthum – angegriffen wurde, wenig Verständnis gehabt hätte. Prinz Louis Ferdinand schätzte Diskretion, sie war für ihn ein Zeichen guten Stils.

Dem Prinzen war seine Familie immer sehr wichtig, die Kinder gingen ihm über alles. Durch seine Amerika-Zeit beeinflusst, hatte er ihnen eine freiheitliche Erziehung zukommen lassen, mit kritischer Distanz. Er sah sie „wie andere Kinder auch", die Sichtweise von Außen mag vielleicht andere Nuancen gehabt haben. Nach dynastischem Gesetz war für Prinz Louis Ferdinand – nach dem Tod seines Sohnes Louis Ferdinand, den er zum Nachfolger bestimmt hatte, und der Heirat seines Erstgeborenen Prinz Friedrich Wilhelm von Preußen – die Erbfolge eindeutig[2].

Was den Film betrifft, war ihm sehr daran gelegen, auch seine Kinder und die Familie in den Film mit einzubeziehen. Dies war ja von vornherein – soweit zu realisieren – auch ein Bestandteil unseres Drehbuches.

Seit jeher rührte es mich tief an, mitzuerleben, wenn Menschen älter werden, ja sehr viel älter werden, Alltägliches immer schwerer fällt, die Kräfte nachlassen. Und wenn es im Umfeld niemand gibt, an den sich ein alternder Mensch *anlehnen* kann, wenn *er* es braucht, wenn die existenziellen Bedürfnisse dieser Lebensphase vielfach unbefriedigt bleiben.

Liebe, Glück, Geborgenheit, Gefühle leben; Kommunikation und echter Austausch sind keine Privilegien der Jugend. Auch wenn die Werbeverantwortlichen unserer Zeit und die Kinder der Spaßgesellschaft uns das mit Vehemenz glauben machen wollen.

Im Zuge der immer älter werdenden Gesellschaft in Zukunft wird leider auch der *Mangel* in der dritten Lebensphase als eine feste Größe mit einkalkuliert werden müssen, und bei vielen Menschen zum norma-

---

[1] im persönlichen Gespräch zur Verfasserin
[2] im persönlichen Gespräch zur Verfasserin

len Prozess des Alterns – ungewollt – dazugehören. Vor allem, wenn sie allein leben, die Kinder weit weg sind oder der Kontakt zum Rest der Familie abgebrochen ist.

19 Prinz Louis Ferdinand in seinem Garten an der Wümme

Dies war bei Prinz Louis Ferdinand anders. Er lebte zwar in seinem großen Haus, mit Anwesen an der Wümme, im Alter allein. Und war seine Haushälterin nicht da, musste er sich selbst versorgen und auch kochen. Das fiel schon schwer.

Doch Freude und *Leben* in seinen Alltag brachten auch seine – damals noch – kleinen Enkel, die Kinder seines Sohnes Christian Sigismund Prinz von Preußen, die ihn öfter besuchten. Sein Sohn wohnte mit seiner Frau Nina, geborene Gräfin zu Reventlow, und den beiden Kindern Prinz Christian und Prinzessin Irina auf dem gleichen Grundstück, in direkter Nachbarschaft in ihrem eigenen Haus. Prinz Christian Sigismund kümmerte sich sehr fürsorglich um seinen Vater, begleitete ihn meist auf seinen Reisen. Wir lernten uns seinerzeit in Bremen kennen.

Treuer Begleiter auf dem Wümmehof damals war ihm auch sein Hund Sascha – ganz in Preußischer Familientradition. Man erinnere sich nur an Friedrich den Großen und seine Hunde! Prinz Louis Ferdinand liebte die Natur, ging oft in seinem großen Garten spazieren. Bis zu dem kleinen Flüsschen *Wümme,* an das sein Grundstück grenzte. Ein herrliches Fleckchen Natur, mit wunderbaren alten Bäumen.

Der Mensch Louis Ferdinand war dankbar für die Zuwendung, die ihm entgegengebracht wurde. Für die Echtheit und die Ehrlichkeit, die ihn als *Menschen* meinten, und nicht nur Chef des Hauses Preußen – den viele in ihm sahen. An dieser Stelle darf ich sagen, dass ich den *guten Mächten* dankbar bin, dass sie unsere Wege für eine Zeit zusammengeführt haben…

Kapitel 5

Der Film

5.1 Das Filmportrait von Prinz Louis Ferdinand

Die zeit- und kulturhistorische Exklusiv-Dokumentation über Louis Ferdinand Prinz von Preußen – den Kaiserenkel, Kosmopolit, Kämpfer – mit dem Arbeitstitel *„Ein Leben in Licht und Schatten der Monarchie im 20. Jahrhundert – Der Weg des Hauses Hohenzollern durch das 20. Jahrhundert"* ist ein subtiles Portrait über einen der interessantesten Zeitzeugen, eine der bekannten Persönlichkeiten des 20. Jahrhunderts: Der Weltreisende und Weltbürger, der Mensch und Familienvater, der Widerstandskämpfer vom 20. Juli 1944, der Repräsentant des ehemaligen deutschen Kaiserhauses und Chef der Dynastie der Hohenzollern durch das letzte Jahrhundert.

20 Filmaufnahmen im Haus Monbijou in Berlin

Gezeichnet wird sein bewegter Lebensweg an authentischen Schauplätzen seines Lebens. Mit Betrachtung *der* Schicksalstage seines Lebens: Dem 9. November – seit seinem Geburtstag 1907 – und dem 20. Juli 1944. Schicksalstage auch für Millionen anderer Deutscher. Der Prinz hat die Geschichte des Jahrhunderts persönlich erlebt. Und berichtet als Augenzeuge im Gespräch darüber. Auch über seine Begegnungen mit Monarchen und anderen prominenten Persönlichkeiten des Jahrhunderts.

Es ist kein politischer Film, obwohl er auch für die Geschichtsschreibung neue Aspekte birgt. Es ist ein unverzichtbares Zeit-Dokument mit gesellschaftskritischer Relevanz und Blickrichtung auf das 21. Jahrhundert. Diese ergibt sich nicht zuletzt aus der Einzigartigkeit der Lebensgeschichte des Prinzen wie der der anderen Personen, die zu Wort kommen. Menschen, auch Prominente, die als "Zeit-Zeugen" Geschichte schrieben und selbst ein Teil von ihr geworden sind.

Wer oder was überzeugt in unserer emotions- und wertearmen Zeit überhaupt noch, wenn nicht der Mensch? Mit seiner Persönlichkeit, Lebensphilosophie, Seele, Echtheit, Glaubwürdigkeit?

Die Video-Dokumentation mit dem letztgültigen Fernseh-Interview von Prinz Louis Ferdinand ist ein Dokument, das als Unikat unter journalistisch-ethischen Aspekten für die Öffentlichkeit aufbereitet und publiziert wird.

5.2 Weitere Themen und Inhalte des Filmes

5.2.1 Die Kulturgüter und Bauten der Hohenzollern in Europa

Die bedeutendsten Schlösser, Burgen, Residenzen und Bauten der über 900jährigen Dynastie der 'Zollern und Preußen' in Europa.

Die Kulturgüter des Hauses Hohenzollern sind ein Spiegel architektonischer Meisterwerke im Laufe der Jahrhunderte. Auch sie stehen für Geschichte, Entwicklung, Einfluss und Kulturgeschichte eines für Deutschland und Europa prägenden Herrscherhauses. Zugleich werfen die Monumente ein Licht auf ihre jeweiligen Bewohner – auf die Kaiser und Könige, aber auch auf die weniger Berühmten des Geschlechtes der Hohenzollern und Preußen. Und auf ihre oft genialen Baumeister und Gartenarchitekten.

Erst die Menschen hauchten den baugeschichtlich bedeutenden "Steinen" Seele ein, mit ihrem ganz persönlichen Stil und Anteil an der Weltgeschichte.

Wir werfen einen Blick über die goldenen Zäune und hinter die Mauern. Und wir wagen einen Blick durchs Schlüsselloch der Zeitgeschichte der berühmten Kulturgüter der Hohenzollern in Deutschland, den Niederlanden und Polen…

21 Blick von der Burg Hohenzollern

5.2.2 Die Kultur und Kulturgüter der Hohenzollern in Berlin und Brandenburg

Zwischen „Preußen und Europa“ skizzieren wir die Geschichte und Zukunft einer Region und ihrer Dynastie: Des Stammlandes Brandenburg, mit dem historischen Schwerpunkt und Weltkulturgut Potsdam.

Mit den Kulturgütern dieser Region gewachsen sind auch die *Schönen Künste*, wie Musik, Literatur, Malerei, Bildhauerei, Silber- und Goldschmiedekunst. Sie stehen gleichermaßen für den äußeren wie inneren Reichtum der Menschen, die hier gelebt und gewirkt haben. Sie verdeutlichen den Einfluss, den diese Region mit ihren Herrschern des Hauses Hohenzollern/Preußen auf die Entwicklung in Europa in der Vergangenheit genommen hat. Und – mit den Erfahrungen ihrer Geschichte und Kulturgeschichte auf das Europa der Zukunft nehmen wird.

Ein Blick richtet sich auf die Bewohner Brandenburgs – auf die Könige, die gestern Geschichte schrieben, wie auf die *Kids* von heute, die Geschichten über sie erzählen. Auf eine Generation, die selbst einmal die Zukunft der Region gestalten wird.

Hier finden sich Perspektiven: Über die Geschichte in die Zukunft. Es gibt Visionen. Kinder haben sie in der Geschichte des Landes gefunden...

22 Berlin: Dom und Stadtschloss-Attrappe 1993

5.2.3 Die Deutschen Kulturgüter in Polen

Wir zeichnen eine Momentaufnahme der Situation deutscher Kulturgüter in Polen, in den Preußischen Ostprovinzen – Kirchen, Schlösser, Bauten in bewegter Geschichte – vor und nach der politischen "Wende" in den osteuropäischen Staaten.

Beeindruckende und grandiose Schlösser, Kirchen, Residenzen und Gebäude mit deutscher Tradition, die in der Vergangenheit sowohl Heimat wie Zufluchtsstätte als auch Residenz für Deutsche in Polen waren – gleich, ob Kaiser, Kronprinz, Aristokrat oder Bürger. In Ostpreußen wie in Schlesien.

Nach der politischen Wende im Osten entstand in Polen eine Situation, die für viele deutsche Kulturgüter doch noch die Rettung bringen konnte. Manche Baudenkmäler waren zwar irreparabel oder nur noch in Fragmenten vorhanden, andere indes wurden noch unter dem alten Regime renoviert, durch gleichzeitige personelle und finanzielle Misswirtschaft jedoch völlig heruntergewirtschaftet.

23 Stadtansicht von Breslau

1994 fehlte es in Polen vor allem an Ideen für die weitere Nutzung, an Geld, kompetenten Managern und besonders an ausländischen Investoren, die sich mit Know How und harter Währung engagieren.

5.2.4 Deutsche im Widerstand gegen den Nationalsozialismus

Dr. Otto John und SKKH Dr. Dr. h.c. Louis Ferdinand Prinz von Preußen – eine ungewöhnliche *Allianz*.

1994 jährte sich der 20. Juli 1944, der Gedenktag des Attentats auf Hitler in der Wolfsschanze in Rastenburg, Ostpreußen, zum 50. Mal. Mit ihm kamen Erinnerungen an eines der dramatischsten Ereignisse deutscher Geschichte. Vor allem für die Überlebenden. Die noch Lebenden. Die Wenigen im Jahr 1993.

Wie für Otto John und Prinz Louis Ferdinand, die sich 1993 erstmals zu ihrer gemeinsamen Geschichte beim Stauffenberg-Attentat in einem Interview äußerten. Über die Männer im Widerstand, die ihre Freunde waren. Und über Fakten, die bisher unbekannt geblieben sind.

Während Otto John zur "Affäre Otto John" wurde, zu einem der spektakulärsten Justizskandale – oder auch Justizirrtümer – der deutschen Nachkriegsgeschichte, wird erst in dieser Zeit *bewusst wahrgenommen*, nach 50 Jahren (!), dass der Enkel des letzten deutschen Kaisers und Chef des Hauses Hohenzollern Prinz Louis Ferdinand seinen festen Platz im engsten Kreis des Widerstandes hatte!

24 Otto John im Haus Monbijou 1993

Otto John sagte, dass sich die Verschwörer oft im Haus des Prinzen in Cadinen am Frischen Haff trafen. Und dass nicht nur Carl Goerdeler und Generaloberst Ludwig Beck, sondern auch Persönlichkeiten wie Jakob Kaiser und Wilhelm Leuschner in Prinz Louis Ferdinand denjenigen gesehen hätten, der eines Tages an die Spitze des Deutschen Reiches treten sollte. In einer noch nach seiner Verurteilung zum Tode geschriebenen Denkschrift, setzte sich Goerdeler für die Wiederherstellung der Monarchie in moderner Form unter einem Prinzen von Preußen ein, einer konstitutionellen Monarchie...[1].

Otto John, erster Präsident des Bundesamtes für Verfassungsschutz, wurde vorsätzlich von Ost-Agenten gekidnappt und seinerzeit in die DDR verschleppt. Und von westdeutscher Justiz, nach einem zweifelhaften Prozess, als angeblicher „DDR-Agent" verurteilt. Seit seiner Entlassung aus dem Gefängnis in den 50er Jahren kämpfte John gegen den „Rufmord" und für seine Rehabilitation.

1994 erst – 45 Jahre später – schienen seine Bemühungen von Erfolg gekrönt gewesen zu sein. Denn Beweise für seine Unschuld sollten ehemalige KGB-Agenten in Moskau durch ihre eindeutigen Aussagen liefern. Aber auch diese reichten scheinbar nicht aus...

[1] Otto John im Gespräch mit der Verfasserin

5.2.5 Huis Doorn, das Exilschloss Kaiser Wilhelms II.

1994 jährte sich auch zum 80. Mal der Jahrestag des Beginns des I. Weltkrieges. Sein Ende im Jahr 1918 brachte das Ende der Monarchie und die Ausrufung Deutschlands zur Republik. Für den letzten preußischen König und deutschen Kaiser Wilhelm II. bedeutete dies die Abdankung, am 9. November 1918, und den Weg ins niederländische Exil. In Doorn starb er am 4. Juni 1941. Seine letzte Ruhestätte fand er im Mausoleum im Park von Huis Doorn.

Auch Kronprinz Wilhelm ging 1918 ins niederländische Exil, wo er bis 1923 lebte. Zwischen September 1919 und Februar 1920 trafen am nächstgelegenen Bahnhof fünf Eisenbahnzüge mit insgesamt 59 Waggons kaiserlichen Hausrates ein! Was sich in den anschließenden Jahren im Huis Doorn abspielte, war mit einer verkleinerten Form des Hoflebens von Potsdam und Berlin zu vergleichen.

Das Museum von Huis Doorn, mit den originalbelassenen kaiserlichen Arbeits- und Wohnräumen, zeugt heute noch von Ambiente und Lebensform des Kaiserpaares im niederländischen Exil. Huis Doorn in seiner bestehenden Form ist einzigartiges „document humain"!

Im Film werden Bilder gezeigt, die bisher noch nicht in der Öffentlichkeit zu sehen waren.

5.2.6 Zwei deutsche Frauenschicksale in Europa

50 Jahre gelebtes Leben in Ost und West – eine Portrait über zwei Frauen in diesem Jahrhundert, seinerzeit 90 und 93 Jahre alt.

Elisabeth Olga B., geboren 1903 in Sausenberg/Oberschlesien. Auguste Margaretha W., geboren 1901 in Leipzig/Neustadt.

Glückliche Kindheit, Jugend...

Dann der I. Weltkrieg, Teile Oberschlesiens werden polnisch.

Elisabeth B. verliert das erste Mal die Heimat. Ende der 20er Jahre zieht sie nach Beuthen, Margaretha W. nach Breslau.

Erste Lieben, Heirat. Gelebtes Leben in Oberschlesien.

Elisabeth B. bekommt zwei Kinder, Margaretha W. lässt sich scheiden.

Parallelen dennoch in beiden Leben. Ähnliche Erfahrungen. Bis zum Ende des Zweiten Weltkrieges. Dann der tiefe Einschnitt, die größte Zäsur. Für beide. Aber anders.

Die Elisabeth B. verliert zum *zweiten* Mal ihre Heimat. Die andere Frau bleibt in Breslau zurück. 50 Jahre unterschiedlich gelebtes Leben in Ost und West beginnen...

Elisabeth B. – im Jahr 1994 90 Jahre alt, floh mit ihrer Familie, ihren Kindern vor dem herannahenden Frontkampf des Krieges aus der Heimat. Mit dem letzten Zug, der aus Oberschlesien herauskam. Sie wurde zu einer Vertriebenen. In Norddeutschland fand sie eine zweite Heimat, baute dort in den kommenden 50 Jahren ihre *dritte* Existenz auf. Mit ihrer Familie. Die neue Heimat konnte die *alte* Oberschlesiens nie vergessen machen. Aber – sie hält durch. Den nächsten Schicksalsschlag verwand sie bis an ihr Lebensende in 1995 nicht. Sie verliert ihren einzigen Sohn im Zweiten Weltkrieg. Sie ist nicht unzufrieden mit ihrem Leben in Norddeutschland, findet einen neuen Freundeskreis, zunächst Vertriebene, wird dann auch von den Einheimischen mit ihrer Familie akzeptiert und geachtet.

Ihr Mann erblindet 1955 – als Folge von Ernährungsstörungen, die er während des Krieges erlitten hat. Sie glaubt, vor 50 Jahren mit der Flucht die richtige Entscheidung getroffen zu haben. Nur – nach Oberschlesien möchte sie nicht wieder zurück. Auch kein Besuch. Sie meint, die heutige Realität dort nicht ertragen zu können. Wegen ihrer schönen Erinnerungen an die Heimat. Von damals.

Margaretha W. – seinerzeit 93 Jahre alt – blieb bei Kriegsausbruch allein in ihrer Heimat Breslau zurück. Als Deutsche in Polen. Weil sie ihre Wohnung, ihren einzigen Halt, nicht aufgeben wollte. Die Erlebnisse und schlimmen Erfahrungen, die sie in den vergangenen 50 Jahren machen musste, raubten ihr die Empfindungen wie Heimatgefühl, Zugehörigkeit, Geborgenheit, Verständigung, das Recht auf deutsche Sprache. 50 Jahre Repressalien, Diskriminierung, Schikane, Kampf als allein stehende, berufstätige Frau[1] ums Überleben in Polen.

Die Wohnung in Breslau bewohnte sie bei unserer Begegnung noch. Ihr Verstand war unvermindert klar und kämpferisch. Sie sagte nach 50 Jahren gelebtem Leben in Polen, mit 93 Jahren:

"Drei Mal habe ich in meinem Leben die Chance nicht genutzt, Breslau und Polen zu verlassen. Heute würde ich noch in dieser Minute gehen, wenn ich die Gelegenheit dazu hätte. Die Wohnungstür bliebe of-

[1] sie arbeitete als Wäscherin

fen, der Schlüssel stecken, nur raus, denn mit meinen Händen kann ich ja noch arbeiten, waschen…"

25 Zeitzeugin Margaretha W. in ihrer Breslauer Wohnung mit der Autorin

Zwei Einzel-Schicksale. Und dennoch stehen sie für den Weg vieler Generationen von Frauen im 20. Jahrhundert. Nicht nur in Deutschland. Und nicht nur vor 5o Jahren.

Zwei Frauen, deren Schicksale tief berühren

5.2.7 Rheinsberg in der Mark Brandenburg

Ein Schloss und Denkmal mit *Europäischem* Rang, der Dichter Tucholsky, Friedrich der Große und die Preußische Kultur, und die Musikakademie Rheinsberg.

Schon im Jahr 1439 war es dem *Ruhesuchenden* bekannt. Ein Schloss, in dem nach Kriegsende 1945 russische Waisenkinder ein Heim fanden, zu DDR-Zeiten Patienten in einem "zweckentfremdeten" Diabetiker-Sanatorium geheilt wurden.

Noch heute sind Gemälde von Knobelsdorff im Museum zu finden, im Wasserschloss Rheinsberg, dem traditionsreichen *Kleinod* und architektonischen Meisterwerk der Mark Brandenburg.

26 Schloss Rheinsberg

Ein Schloss mit bewegter Geschichte. Ein Haus, über dessen Schwelle schon viele Persönlichkeiten der Geschichte und Gegenwart ihren Fuß setzten. Auf ihren Wegen in oder durch die Mark Brandenburg. Nicht wenige von ihnen hielten ihre Erlebnisse und Eindrücke fest. Wie Theodor *Fontane* mit seinen legendären *Wanderungen durch die Mark Brandenburg*. Oder Kurt *Tucholsky*, der dem zauberhaften Schauplatz der Geschichte gar einen ganzen Roman widmete: *Rheinsberg*!

Nicht zu vergessen: Der Soldatenkönig. Und natürlich Friedrich der Große, der dort "glückliche Jahre der Jugend" verbrachte – als er noch nicht der *Große* war. Vor allem im berühmten Turmzimmer, dessen Blick aus dem Fenster er so liebte – auf den romantischen See.

Der *Geist von Rheinsberg* Friedrichs des Großen blieb in Sachen „Musikschaffen" immer ein Vorbild des Hauses…

Mit "lebendiger Kunst und Kultur im friderizianischen Schloss – mit Probenphasen für Orchester, Chöre, Ensembles, Eigenveranstaltungen, internationale Meisterkurse, Kolloquien oder Weiterbildungsveranstaltungen für Musiker, und vieles mehr", wie seinerzeit die Künstlerische Leiterin und Geschäftsführerin der Musikakademie Rheinsberg, Ulrike Liedke, das Programm beschrieb.

Die Musikakademie Rheinsberg setzte mit ihren anspruchsvollen Konzerten im Spiegelsaal des Schlosses und ihren zahlreichen Aktivitäten die *Hohe Schule* der Musikkultur in Brandenburg fort. Eine vorbildliche Institution und Kulturstätte, die sich vor allem auch der Förderung des musikalischen Nachwuchses des Landes widmete. Die Musikakademie verstand sich als eine Begegnungsstätte: Sowohl für internationale und professionelle Künstler wie auch für Nachwuchs- und Laienmusiker.

Im Rahmen unserer Dreharbeiten baten wir auch drei junge Künstler, die Film-Titelmelodie des Prinzen Louis Ferdinand – auf ihre Weise – zu arrangieren. Wir zeichneten sie dann im berühmten Spiegelsaal des Schlosses auf!

Idealismus und das Erkennen der Bedeutung einer solchen Institution für das Land Brandenburg, in Zukunft auch in künstlerischer Hinsicht eine Führungsposition in Europa einnehmen zu wollen, waren starke Triebfedern für alle Beteiligten. So wurde 1993 die Musikakademie Rheinsberg als erste Musikakademie der neuen Bundesländer installiert.

Und zu Pfingsten 1994 veranstaltete die Musikakademie erstmals in eigener Regie die „Rheinsberger Musiktage", mit drei Tagen Musik rund um die Uhr: Im Schloss, im Schlosspark und in der St. Laurentiuskirche. Mit internationalen Highlights des Musiklebens, Laienensembles, Meisterkursteilnehmern, Ensembles mit Kompositionen der alten Musik aus der Zeit Friedrichs des Großen. Nicht nur der Spiegelsaal des Schlosses erstrahlte wieder in neuem Glanz.

Ganz nach dem Motto von Abbé Jacques Delille aus dem Jahr 1796: „Wer kennt nicht Rheinsberg mit seinem großen See, wo die Künste gedeihen"!

Kapitel 6

Die Dreharbeiten

Unsere Dreharbeiten begannen im Sommer 1993 im niederländischen Doorn, dem einstigen Exil des letzten deutschen Kaisers Wilhelm II., dem Großvater von Prinz Louis Ferdinand. Sie führten uns weiter nach Deutschland, nach Brandenburg, dem Stammland der Hohenzollern-Dynastie und nach Potsdam. Weitere Stationen von Nord- bis Süddeutschland folgten, mit dem nächsten Schwerpunkt, der Burg Hohenzollern, dem Stammsitz des über 900jährigen Herrschergeschlechts. Dann ließ uns die Lebensgeschichte des Prinzen Polen entdecken, von Ostpreußen bis Schlesien. Danzig, Zopot, Elbing, Cadinen, Rastenburg, Breslau, Oels, Beuthen, um nur einige zu nennen, standen auf dem Drehplan. Überall zeichneten wir die Stationen seines Lebens nach – an Originalschauplätzen.

Und allerorts begegneten wir noch Zeitzeugen des letzten Jahrhunderts, sprachen mit ihnen, baten sie um ein Interview.

In unserem Film stehen den geschichtlichen Fakten, den politischen, wirtschaftlich-sozialen wie kulturellen Entwicklungen des 20. Jahrhunderts, die subjektiven Geschichtsüberlegungen und Erfahrungen der einzelnen Personen – durch die vergangenen Jahrzehnte – gegenüber. Auf subtile Weise zeugt die persönlich ge- und erlebte Geschichte der Zeit-Zeugen – mit ihren individuellen Zäsuren – von der Epoche des 20. Jahrhunderts mit ihren historischen Ereignissen.

Eine alte Frau in Doorn beispielsweise war sogar noch dem Kaiser persönlich begegnet, hatte für ihn gearbeitet.

Wichtiger inhaltlicher Aspekt bei der Umsetzung des Projektes war es, Prinz Louis Ferdinand und das Haus Hohenzollern auch aus der Sicht der *Anderen* zu spiegeln.

27 Jürgen Scheller vor dem Chinesischen Teehaus

Eine Bereicherung der humorvollen Art steuerte der Schauspieler und Kabarettist Jürgen Scheller[1]zu unserem Film bei. Er gehörte seit den 60er Jahren zum Ensemble des Kabaretts der „Münchner Lach- und Schießgesellschaft" und war übrigens der erste männliche deutsche Fernseh-Ansager, im Jahr 1959! Ein gebürtiger Potsdamer, der das Herz auf dem rechten Fleck und ein ausgeprägtes musikalisches Talent hatte. Er rezitierte an historisch bedeutsamen Stätten in Potsdam deutsche Lyrik und Prosa: Am Chinesischen Teehaus, an der russisch-

[1] Jürgen Scheller wurde am 21.8.1922 in Potsdam geboren. Er starb – wenige Jahre nach unserem Interview 1993 – am 31.3.1996 in Bad Aibling.

orthodoxen Kirche Alexandrowka, in der Potsdamer Friedenskirche oder auf dem Bornstedter Friedhof. Mal ernst oder besinnlich, mal heiter und mit einem Augenzwinkern! Wir durften Jürgen Scheller als hochkarätigen „Profi" und als schätzenswerten Mensch erleben.

28 Jürgen Scheller liest in der Potsdamer Friedenskirche

29 Will Quadflieg

Mit dem Schauspieler Will Quadflieg[1], der als Charakterdarsteller und Publikumsliebling deutsche Theater- und Filmgeschichte geschrie-

---

[1] Geboren am 15.9.1914 in Oberhausen, gestorben am 27.11. 2003 in Osterholz-Scharmbeck.

ben hat – und den ich aus der Zeit bei SAT.1 kannte –, trafen wir uns zum Interview in seiner Hamburger Wohnung.

Der begnadete Mime, der schon mit dem genialen Gustaf Gründgens in der legendären *Faust*-Inszenierung auf der Bühne stand, ist unvergessen in seinem künstlerischen Ausdruck. Wer erinnert sich nicht an seine Anfänge im Berliner Schiller Theater, auch unter Heinrich George[1]. Oder an seinen „Don Carlos“ oder „Hamlet“? Die Tiefe des Gesprächs klingt heute noch in mir nach. Jedes Mal, wenn ich irgendwo das Stichwort *Heimat* lese oder höre, kommen mir heute seine Worte in den Sinn. *Heimat* war für ihn positiv besetzt, zum Grundgefühl und Wertebild des Menschseins zugehörig. Was mag nur dazu beigetragen haben, dass der Begriff in unserer Zeit einen eher *negativen Beigeschmack* bekommen hat?

30 Manfred Stolpe im Interview

Mitten im „Aufbau Ost“ der Region begriffen, trafen wir uns mit Dr. Manfred Stolpe[2], damals Ministerpräsident des Landes Brandenburg, dem Stammland der Preußen, an einem der geschichtsträchtigsten Plätze in Potsdam zum Interview: Im Schloss Cecilienhof am Heiligen See, unweit der Geburtsstätte Prinz Louis Ferdinands, dem Marmorpalais, gelegen.

[1] dem Vater von Götz George

[2] Ministerpräsident des Landes Brandenburg von 1990 bis 2002

Der Prinz war erfreut, dass das Interview mit „meinem Landesvater"[1] – wie er Manfred Stolpe humorvoll nannte – ein Bestandteil unseres Filmes werden sollte. Kennen lernen durften wir Manfred Stolpe als einen sympathisch-natürlichen Menschen, der sehr überlegt und reflektierend sprach – mit fixierend-direktem Blick – und als Politiker so „druckreif" antwortete, wie ich es in einem Interview selten erlebt hatte.

Wichtige Mosaiksteinchen für den Film wurden auch die Begegnungen und die Interviews mit den Mitgliedern der Familie des Prinzen, wie mit Prinzessin Kira oder Prinz Christian Sigismund von Preußen.

Prinz Christian Sigismund baten wir in Berlin zum Gespräch, wo wir auch die Interviews mit seinem Vater fortsetzten.

Beim traditionellen Wohltätigkeitskonzert auf der Burg Hohenzollern, im Jahr 1993, gab es gute Gelegenheit, auch den übrigen Kindern des Prinzen zu begegnen, wie Prinzessin Marie Cécile, Prinz Michael mir seiner Gattin und Prinzessin Kira von Preußen. Sie gab uns ihr Interview in den Privaträumen auf dem Stammsitz der Hohenzollern. Die 1943 geborene Prinzessin verstarb im Jahr 2004 nach schwerer Krankheit, 10 Jahre nach dem *Heimgang* ihres Vaters.

31 Prinzessin Kira von Preußen

Eine sinnvolle Weiterung des Filmes stellten auch die Gespräche mit dem Pfarrer der Berliner Kaiser Wilhelm Gedächtniskirche, Knut Sop-

[1] persönlich zur Verfasserin

pa, dar oder mit dem Rektor der Universität Breslau oder dem Leiter des berühmten Cadiner Pferdegestüts, einem mehrfachen Europameister. Oder mit Elisabeth Sotier[1], der Tochter der Vermieter der Nachkriegs-Wohnung der Prinzenfamilie in Bad Kissingen, in ihrer „Villa Fürstenhof" oder mit Wilhelm von Boddien, dem Initiator der Berliner Stadtschloss-Idee oder mit Irmgard Bucerius[2], der langjährigen Leiterin der „Prinzessin Kira von Preußen-Stiftung". Seit 1947 zählte sie zu den engen Vertrauten des Prinzen und seiner Familie, wie nur Wenige.

32 Irmgard Bucerius

Nicht zu vergessen an dieser Stelle wären natürlich noch die Impressionen der zahlreichen Kulturgüter der Hohenzollern in Ost und West, als architektonische Highlights des Films!

Leider spiegelten im heutigen Polen viele von ihnen nur noch einen schwachen Abglanz ihrer einstigen Pracht wider. Wie das einstige Hohenzollern-Schloss in Bernstadt bei Oels. Verfallene Ruinen als Zeitdo-

[1] Die Eltern, der Arzt Dr. med. Paul Sotier und seine Frau Anna, geborene Düring, standen der Familie des Kaisers nahe, besaßen in Bad Kissingen seinerzeit den „Fürstenhof".

[2] Sie starb im Jahr 2006. Ihre Familiengeschichte reicht bis ins 15. Jahrhundert zurück. Einer ihrer Vorfahren – zur Zeit Martin Luthers – war der Theologe Martin Bucer (Butzer), der 1491 in elsässischen Schlettstadt geboren wurde. Bedeutsam war einerseits sein humanistisches Wirken auf die Beziehung zwischen Kirche und Staat im Land, andererseits hat er die Kirche Englands – bei der Durchsetzung der Reformation – wesentlich mit geprägt.

kument ehemaliger Macht. Wie wenig Raum der Kommunismus doch für Tradition, Schönheitssinn und Kultur übriggelassen hatte…

33 Schloss Bernstadt in Schlesien – früher

34 Schloss Bernstadt im Jahre 1993

„Entschädigung“ dafür erfuhren wir hingegen allerorts durch die prächtigen Wunder der Natur – die uns nicht nur in Polen begegneten! Die wunderbaren Landschaften, die endlosen, zauberhaften Alleen in Ostpreußen oder Schlesien, die herrliche Küste am Frischen Haff mit ihren fast magischen Sonnenuntergängen, die Wolken- und Meeresstimmungen – in Licht und Schatten – an der Ostseeküste, die friedlichen Seen, die beredte Stille, die weiten sonnengelben Felder, die bunten oder sattgrünen Wiesen, die tiefen Wälder, die romantischen Flüsse. Nahezu unberührt schien alles. Wie vor 100 Jahren... Zumindest in der Natur schien die Zeit hier stehen geblieben zu sein. Schöner, als der beste Regisseur es je hätte inszenieren können. Die Schöpfung – in ihrer immer wieder unübertroffenen Fülle und Pracht…!

35 Idyllische Natur in Oberschlesien

Mit meisterlicher Hand fing unser tschechischer Kameramann Vlastimil Zan optisch faszinierende Bilder ein, setzte die beiden großen Themen, die sich als „Roter Faden“ durch die filmische Dokumentation ziehen sollten, um: Das Leben von Prinz Louis Ferdinand, das er *Im Strom der Geschichte, in Licht und Schatten der Monarchie im 20. Jahrhundert* geführt hatte.

Die Interviews mit Prinz Louis Ferdinand, das Kernstück des Filmes überhaupt, fanden erst gegen Ende der gesamten Dreharbeiten statt. Nach seinem Krankenhausaufenthalt, nach seiner Genesung. So, wie wir es mit der Generalverwaltung des vormals regierenden Preußischen Königshauses an jenem schicksalsträchtigen Tag am Bahnhof Wildpark vereinbart hatten. Wir filmten in Bremen auf dem Wümmehof oder in Berlin, in seinem Haus *Monbijou* im Grunewald. Er freute sich darüber, endlich aktiv *mitmachen*, seinen wichtigen Teil beisteuern zu können. Während all der Wochen vorher hatte ich ihn auf dem Laufenden gehalten.

36 Kameramann Vlastimil Zan

Rückwirkend betrachtet bin ich glücklich, seinerzeit am Bahnhof Wildpark diese Entscheidung getroffen zu haben. Sie war die Richtige gewesen! Denn Prinz Louis Ferdinand hatte einen so starken inneren Antrieb gespürt, dieses letztgültige Zeitzeugnis vor einer Kamera ablegen zu wollen, dass es auch zu seiner Genesung beigetragen hat.

Manchmal sind Dinge im Leben nicht rational erklärbar, aber man *weiß* mit 100prozentiger Sicherheit, dass sie so und nicht anders sind!

Dieses innere Gefühl spürte ich damals. Und jeder Schritt, den wir damals gegangen sind, war zu dieser Zeit der rechte.

Eine große Befriedigung erfüllte den Prinzen, dass im Zuge der filmischen Dokumentation auch sein Weggefährte Otto John zu Wort kommen sollte. Denn ein Film-Schwerpunkt beschäftigte sich inhaltlich mit dem Hitler-Attentat vom 20. Juli 1944 und seiner Rolle im Widerstand.

37 Interview auf dem Wümmehof

Prinz Louis Ferdinand wollte es sich nicht nehmen lassen, persönlich mit ihm zu sprechen und ihn davon zu überzeugen, dass es zur Klärung seiner Position gut wäre, auch uns ein Interview zu geben. Denn zur gleichen Zeit wie wir drehte der Journalist Klaus Maria Fröhder für die ARD eine Reportage über den „Fall Otto John".

Es klappte, John stimmte zu. Der Prinz schlug vor, das Interview in seinem Haus Monbijou aufzuzeichnen, wenn Otto John das nächste Mal in Berlin war. Dort trafen wir ihn, als er gerade von einer Reise aus Russland zurückkehrte. Im Gepäck dabei die Hoffnung auf seine langersehnte Rehabilitation von deutscher Staatsseite, denn er hatte in Russland mit ehemaligen KGB-Agenten gesprochen, die seine Version der damaligen Geschehnisse bestätigen konnten.

Während des Interviews stiegen John, im hessischen Marburg geboren, des Öfteren die Tränen in die Augen, immer dann, wenn es um Themen ging, die ihn sehr berührten. Es war klar, dass diese Szenen im Film keine Verwendung finden würden. Es gibt immer noch einen journalistisch-ethischen Kodex. Auch in der heutigen Medienwelt und gültig für *alle* Journalisten. Es lohnt sich, den *Internationalen Presseausweis* einmal genauer zu lesen.

Ich habe Otto John als klar denkenden und reflektierenden Menschen erleben können, der wusste, wovon er sprach, mit erhobenem Haupte. Obwohl er etwas gebrechlich geworden war. Doch ich konnte in ihm noch nicht den „gebrochenen" Mann erkennen, der aufgehört hatte zu kämpfen. Und dies nach all den Geschehnissen, mit denen er auf seinem Lebensweg konfrontiert war:

Die Hinrichtung seines Bruders Hans John nach dem Hitler-Attentat, sie gehörten beide zum engsten Kreis um Stauffenberg. Dann die Teilnahme an den Nazi-Prozessen in Nürnberg als Journalist. Dann seine Verschleppung in den Osten, als Präsident des Bundesamtes für Verfassungsschutz. Dann das Sich-Fügen in drei Jahre Einzelhaft, von 1955 bis zum 28. Juli 1958, nach dem Karlsruher Urteil. Dann sein lebenslanger Kampf um – dennoch – den Beweis seiner Unschuld. Um dies alles aufzuarbeiten, hatte er zwei Bücher geschrieben: Im Jahr 1969 „Zweimal kam ich heim – Vom Verschwörer zum Schützer der Verfassung" und 1984 „Falsch und zu spät – Der 20. Juli 1944".

38 Otto John im Gespräch

In diesen Schriften hat er, wie bereits erwähnt, auch verdeutlicht, welche Rolle Louis Ferdinand Prinz von Preußen im engsten Kreis der Verschwörer innehatte und welche auf ihn – im Falle eines Gelingens des Hitler-Attentats und der von den Alliierten geplanten „totalen Kapitulation“, als letztem Ausweg aus dem Hitler-Krieg – zukommen sollte.

„ ….Zur psychologischen Vorbereitung darauf schien es mir angebracht, die freundschaftlichen Beziehungen zwischen Prinz Louis Ferdinand und Roosevelt ins richtige Licht zu rücken und klarzustellen, dass es sich dabei nicht um eine gesellschaftliche Verbindung auf höchster Ebene, sondern um eine auf wiederholten und ernsthaften Aussprachen über politische und andere Probleme der Zeit gegründete freundschaftliche Verbundenheit handelte…“

„…dass Roosevelt außenpolitisch nur noch das eine Ziel verfolgte, Hitler zu stürzen. Dabei hätte der Amerikaner, wie mir Popitz sagte, zu verstehen gegeben, dass die Ablösung des Regimes in Deutschland durch eine konstitutionelle Monarchie mit Louis Ferdinand in den USA nicht nur bei Roosevelt persönlich eine positive Resonanz hätte...“.[1]

Prinz Louis Ferdinand stellte sich damals mit den folgenden Worten zur Verfügung „Wenn ich gerufen werde, bin ich bereit.“

Umso schmerzlicher bewegte es den Prinzen, „dass das Erbe des 20. Juli gesamtpolitisch nicht aufgenommen, von der Politik nie akzeptiert worden war“[2]. Und er war der Meinung „Wer mit den Nazis kollaboriert hat, kann kein Freund sein“.

Kritische Töne, die er zu Lebzeiten Bonn nicht ersparte. Denn die Geschehnisse um den 20. Juli 1944 hatten ihn für sein weiteres Leben nicht mehr losgelassen. Zu viele Menschen, enge Freunde, hatten nach dem missglückten Hitler-Attentat ihr Leben verloren.

Ich weiß, dass John bis zu seinem Tod[3] – fünf Tage nach seinem 88. Geburtstag – gehofft hatte, vom Bundespräsidenten des Bundesrepublik Deutschland rehabilitiert zu werden. Es muss wohl eine bittere Enttäuschung für ihn gewesen sein, dass dies nicht geschah. Denn auch Prinz Louis Ferdinand stand bis zu seinem Ableben 1994 – seit der ersten Begegnung mit John 1938 – fest hinter ihm, unterstützte den Freund lebenslang, glaubte an seine Unschuld in der „ersten Verfassungsschutz-Affäre der Bundesrepublik“ im Jahr 1954. Vielmehr: Er wusste wohl um die Unschuld des Freundes.

---

[1] siehe Otto John, Zweimal kam ich heim, 1969, S. 75

[2] persönlich zur Verfasserin

[3] Er starb am 26.3.1997 im österreichischen Innsbruck, geboren wurde er am 19.3.1909 in Marburg.

39 Gedenktafel in Rastenburg

40 Die „Wolfsschanze“ in Rastenburg, die Stelle, an der die Baracke stand, in der das Attentat auf Hitler stattgefunden hat.

Unverständlich für den Prinzen blieb zeitlebens – nach seinem Verständnis von Recht, Moral und Gerechtigkeit – das Schweigen der Politik[1].

[1] Persönlich zur Verfasserin

So, wie ich Otto John erleben durfte, kann ich mir nicht vorstellen, einen Menschen vor mir gehabt zu haben, der sein ganzes Leben lang gelogen haben soll…

Eng befreundet waren beide Männer seit den 50er Jahren mit dem dänischen Journalisten Henrik Bonde-Henriksen[1], seinerzeit Redakteur des *Berlingske Tidende*, Kopenhagen. Er war es, der Otto John 1955 in den Westen zurückbrachte. Als ich Bonde-Henriksen Anfang des Jahres 2000 im Zuge meiner Recherchen in Bonn begegnete, erzählte er mir, dass er ein Buch über die ganze *Sache*, die damals geschehen war, in Vorbereitung habe. Und – dass auch er nicht verstehen könne, warum John nicht noch zu Lebzeiten rehabilitiert worden war[2]. Er gab mir entsprechende Auszüge aus seinem Manuskript zu lesen.

Doch – auch die weniger prominenten Personen, die im Film zu Wort kommen, sind – als unverzichtbare Zeitzeugen mit ihrer eigenen Geschichte – wichtige Wegbegleiter von Prinz Louis Ferdinand durch *sein* 20. Jahrhundert gewesen. Wie der Film zeigen wird.

Im April 1994 wurde dann der Trailer zum Film fertig, mit dem wir das Projekt verschiedenen Fernsehstationen anbieten wollten. An Musikstücken für diese kurze Film-Inhaltsangabe hatten wir unter anderem auch Kompositionen des Prinzen – den „Hohenzollernmarsch“ und „An mein Potsdam“ – verwendet. Eine Kopie des Trailers ging vorab zur Ansicht natürlich an den Wümmehof. Die Antwort von Prinz Louis Ferdinand kam prompt: „Sehr schön“ und „das klingt gut“!

---

[1] Er wurde am 1. April 1920 in Hobro geboren, verstarb am 26. November 2001 in Berlin. Er war bis 1994 der letzte Vorsitzende des internationalen „Berlin-Journalisten-Stammtisches“ gewesen, den er 1951 mit begründet hatte. Von Anfang an stand fest, dass sich dieser Stammtisch fünf Jahre nach der Wiedervereinigung auflösen sollte.

[2] Da das Gesamtinterview mit Otto John bisher unveröffentlicht ist, ergäbe es – in der Kombination – ein weiteres, spannendes Filmthema, das es gilt, der Öffentlichkeit zu präsentieren.

Kapitel 7

„The Rebel Prince“

Am Anfang seines eigenen Weges wurde Louis Ferdinand Prinz von Preußen „The Rebel Prince“ genannt. So lautete auch der Titel seines ersten Buches, das 1952 in den Vereinigten Staaten von Amerika erschien[1]. Gegen so manches „Must“ seiner Zeit und seines Standes hatte er rebelliert.

Er widersetzte sich mit aller Kraft dem „Mensuren schlagen“ in seiner damaligen Studentenverbindung, was seinen Großvater Kaiser Wilhelm II. sehr erfreute[2].

Oder – er stand als Auto-Schlosser – in den frühen 30er Jahren bei Henry Ford in den USA – in den Produktionshallen am Fließband und schraubte Automotoren zusammen. Vielleicht auch ein Zeichen innerer Rebellion und äußeren Abstands zu seinem bisherigen Leben.

Nicht standesgemäß – und ein privater Aufstand gegen Doktrinen der damaligen Zeit – war auch seine erste Liebesbeziehung zu der amerikanischen Schauspielerin Lily Damita. Und eigentlich wäre er auch lieber in Amerika geblieben, um dort ein ganz *anderes* Leben, fern der Hocharistokratie, zu führen – hätte nicht sein älterer Bruder Wilhelm, der Thronerbe, unstandesgemäß geheiratet…

…der Rest ist Geschichte. Die des 20. Jahrhunderts. Die Louis Ferdinand Prinz von Preußen seit der persönlichen „Wendezeit“ damals in seinem Leben – und der Entscheidung *für* die traditionell vorgesehene Rolle – mit geschrieben und gestaltet, ja auch mit er- und durchlitten hat. Als Chef des Hauses Hohenzollern durch das 20. Jahrhundert, mit all seinen Ereignissen und Brüchen. Er hat sich aus Pflichtbewusstsein und Verantwortung heraus letztendlich in den traditionell vorgezeichneten Lebens-Weg seiner Dynastie gefügt. Und ist wohl auf gewisse Weise auch in diesem Leben – mit Sinngebung – glücklich geworden.

---

[1] Zeitgleich erschien die deutsche Fassung unter dem Titel „Als Kaiserenkel durch die Welt“.

[2] Damals nannte man einen Mann mit „Schmissen“ vom Mensuren-Schlagen im Gesicht in USA „Scarface“.

Sicher durch die tiefe Liebe zu seiner Frau Kira, die ihn erfüllt hat. Bis in die letzten Monate seines Lebens hinein.

In seinen Memoiren „Im Strom der Geschichte"[1] schreibt Prinz Louis Ferdinand: „Ich bekenne, dass ich unter den obwaltenden Umständen nicht allzu freiwillig nach Europa zurückgekehrt bin. Vielleicht hätte ich bei größerer Hartnäckigkeit von meinem Großvater die Erlaubnis zu einer Verlängerung meines Aufenthaltes in Amerika erreichen können, niemals jedoch die, mich für immer in Amerika niederzulassen. Manche werden sagen, dass ich durch diesen Gehorsam meiner Rolle als „Rebell" in der Familie untreu geworden bin. Damit haben sie in gewissem Grade Recht.

41 Hochzeit in Doorn mit Kaiser Wilhelm II. im Mai 1938

Andererseits hätte mich schon die bloße Vorstellung gepeinigt, dass ich meinen Großvater im Stich lassen sollte. Er hatte all die Jahre hindurch zu mir gehalten, und ich durfte nicht noch den Kummer vergrößern, den ihm die unglückliche Entscheidung meines Bruders bereitet hatte. Ich bin für meinen Verzicht reich belohnt worden durch meine Heirat mit Kira und durch die sieben gesunden Kinder, die uns ge-

---

[1] Louis Ferdinand Prinz von Preußen, Im Strom der Geschichte, 4. Auflage 1989, S. 232

schenkt wurden. Dass wir gemeinsam die dunkelsten Stunden in der Geschichte unseres Landes durchleben mussten, vermindert nicht dieses Gefühl der Dankbarkeit gegen die göttliche Macht, die das Geschick eines jeden lenkt…".

Sein Bruder Wilhelm, der Soldat war, starb im Jahr 1940 in einem Lazarett in Frankreich.

Doch dass der Prinz zeitlebens ein „Rebell" geblieben ist, in seinem Inneren, der für Menschen und gegen Ungerechtigkeit aufbegehrte, zeigt seine couragierte Zugehörigkeit zum engsten Verschwörerkreis des Hitler-Attentats vom 20. Juli 1944.

Ein Engagement, das bis heute nicht den Platz in der Geschichtsschreibung gefunden hat, der ihm eigentlich gebührt. Mag dieses Buch dazu beitragen, das nun auszugleichen.

Prinz Louis Ferdinand zählte zum engsten Kreis der „Juli-Leute", wie er sie nannte. Seit den gemeinsamen Lufthansa-Tagen im Jahr 1938 war er, wie im Kapitel *Dreharbeiten* dargestellt, eng mit Otto John befreundet.

Dass er und seine Familie damals überlebten, liegt daran, dass die Verschwörer, die nach dem missglückten Hitler-Attentat verhört und hingerichtet wurden, ihn einhellig deckten, seinen Namen nicht preis gegeben hatten. Der Prinz selbst wurde in Cadinen überwacht, von der Gestapo verhört.

Er konnte sich im Januar 1945 nur durch Flucht retten, über das zugefrorene Frische Haff. Und teilte damit das Schicksal vieler Millionen Vertriebener aus den deutschen Ostgebieten, von Ostpreußen bis Oberschlesien.

Auch Prinz Louis Ferdinand fing im Westen wieder neu an: Zuerst in Bad Kissingen, dann in Bremen. Wo er mit seiner Frau Kira, der russischen Großfürstin, und seinen sieben Kindern auf dem Wümmehof endlich wieder zur Ruhe fand.

Aus Dankbarkeit, dass das Schicksal glimpflich mit ihm umgegangen war, rief er mit seiner Frau im Jahr 1952 die „Prinzessin Kira von Preußen-Stiftung" ins Leben. Ziel der Stiftung war es, auf der *Burg Hohenzollern* Kindern von Vertriebenen Gutes zu tun, ihnen unbeschwerte Ferien und Erholung nach all den Schrecken des Krieges zu ermöglichen. Nach dem Tod der langjährigen Leiterin der Stiftung im Jahr 2006,

Irmgard Bucerius, wird die Arbeit der Stiftung nun von der Familie weiter fortgeführt.

Auf Initiative von Prinz Louis Ferdinand hin folgte zu einem späteren Zeitpunkt auch die Gründung der „Deutsch-Amerikanischen Gesellschaft", die er zeitlebens aktiv begleitete und unterstützte[1].

42 Prinz Louis Ferdinand spricht über den 9. November 1989

In unseren Gesprächen war immer ein Leuchten in den Augen von Prinz Louis Ferdinand, wenn die Rede auf das Jahr 1989 und den Fall der Mauer kam. „Die Heimat ist wieder da!" – rief er in unserem Interview glücklich aus[2]. Hatte er in schweren Zeiten doch immer die Vision einer Wiedervereinigung Deutschlands in sich getragen, später bei jeder sich bietenden Gelegenheit die Möglichkeit und den Wunsch nach einer vereinten Nation ausgesprochen. Der Prinz wusste aus eigener Vergangenheit nur zu gut, dass man sich für Werte persönlich einsetzen, für Ideale kämpfen und für Ziele selbst etwas tun muss. Laissez faire war

---

[1] Heute: „Die Deutsch-Amerikanische Gesellschaft ist eine in Deutschland ansässige Gesellschaft, die es sich zu Ziel gesetzt hat, die Deutsch-Amerikanischen Beziehungen zu pflegen. Die Mitglieder des Vorstands der Deutsch-Amerikanischen Gesellschaft sind Personen in führenden Positionen in nationalen und regionalen Organisationen, Unternehmen, Verbänden und Parteien. Zu ihnen gehören Politiker aus Landesparlamenten und dem Deutschen Bundestag." Quelle: Homepage der Deutsch-Amerikanischen Gesellschaft, www.gfaf.org

[2] siehe unten Teil II, Interview, S. 141 ff.

nicht seine Sache, obschon er in hohem Alter über eine gesunde Gelassenheit verfügte!

Das „Vereinte Europa“ war eine andere seiner Visionen – und zugleich Lebensziel – gewesen. Er hatte sich seinen Möglichkeiten nach dafür eingesetzt und stark gemacht.

Die Möglichkeiten eines „Vereinten Europa“ aufzuzeigen, war ihm vor allem im Hinblick auf die Jugend wichtig. Internationalität, Intellektualität, Liberalität, Freiheit, Kommunikation waren für den Kosmopoliten Louis Ferdinand immer schon Maximen seines eigenen Lebens gewesen. Wie auch die vielzitierten „Preußischen Tugenden“, die in unserer oberflächlichen Zeit leider nur zu oft ins Lächerliche gezogen werden.

So, wie ich Prinz Louis Ferdinand – und die Mitglieder seiner Familie – in der gemeinsamen Zeit erleben durfte, darf ich an dieser Stelle sagen, dass ich dieses Buch aus vollem Herzen dem „Letzten Preußen“ widmen möchte. Und – all den Menschen, die viel Liebe in ihrem Herzen tragen und diese auch an andere weitergeben!

In unseren Gesprächen hatte ich das Gefühl, dass der Prinz sich diese Liebe tief in seinem Herzen immer bewahrt hat. Als etwas sehr Kostbares. Auch für Menschen, die schon lange von ihm gegangen waren und ihn schmerzlich allein zurückgelassen hatten. Wie seine Frau Kira, die im Jahr 1967 starb. Wie auch sein Sohn Louis Ferdinand – als sein Nachfolger zum Chef des Hauses Hohenzollern bestimmt, der 1977 als Soldat bei einem Panzerunglück, einem Wehrdienstunfall, ums Leben kam. Wie seine jüngste Tochter Xenia, die 1992 nach schwerer Krankheit verstarb[1].

Prinz Louis Ferdinand besaß eine große Menschenkenntnis, hat sich sein Leben lang von seinem hohen Anspruch an die Menschlichkeit leiten lassen, vom Leben nach Werten, von der Begeisterung, Wertschätzung, Toleranz und dem Respekt für den Anderen. Ignoranz war in diesem Zusammenhang ein Fremdwort für ihn. Und – neben Toleranz und Freiheit hatte die Liebe wohl den größten Wert für ihn. Bis ins ho-

---

[1] Sie besuchte ein paar Jahre vor der Verfasserin auch das Kippenberg-Gymnasium in Bremen.

he Alter hinein. Die Liebe in seinem Herzen war Begleiter und Antrieb zugleich, hat ihn jung erhalten.

Kapitel 8

Werte

Wenn ich über Prinz Louis Ferdinand und seine Lebensgeschichte schreibe, über unsere Begegnung, das Filmprojekt, so ist dies immer auch eine Reflektion über einen Teil meiner persönlichen Geschichte – wie den meiner Familie. Vielleicht auch beispielhaft für Schicksal und Leben vieler Menschen und Familien dieser Generation und Zeit.

Parallelen gibt es viele. Auch, aber nicht nur, im Erlebten und Erlittenen. Wie den Horror des Krieges, den Kampf ums Überleben, die Angst um die nackte Existenz, die Vertreibung aus der Heimat von einem Tag auf den anderen, das Zurücklassen aller materiellen Güter, die langen Monate der kräftezehrenden Flucht, dazu die körperlichen Bedrohungen und Gewalttaten – an Frauen und Mädchen – durch die Russen und Tschechen, die Unterernährung, der Neuanfang unter ärmlichen Verhältnissen im Westen, die langen Zeiten des voneinander Getrenntseins, die seelische Not der Kinder, die gesundheitlichen Spätfolgen des Krieges, die Trauer um gefallene Männer und Söhne, das Leid der Mütter, Geschwister, Familien…

Waren die Männer noch an der Kriegsfront oder in Gefangenschaft, mussten die Frauen die Familie retten und über die Grenzen hinweg, mit allen Härten der Flucht, in ein neues ungewisses Leben an fremdem, noch unbekanntem Ort führen. Doch in der Erinnerung, in den Gefühlen blieben Ostpreußen, Schlesien und Oberschlesien immer *die Heimat* – unvergessen. Auch nach Jahrzehnten noch.

Wie für Prinz Louis Ferdinand. Musste er doch selbst das eigene Leben und das seiner Familie aus höchster Gefahr retten. Und aus dem geliebten Cadinen fliehen. Nach dem Hitler-Attentat. Er brachte seine Frau Kira mit den fünf Kindern nach Golzow in der Neumark, um sie vor der Roten Armee zu schützen. Dort wurde auch der Sohn Louis Ferdinand III. geboren. Der Prinz selbst blieb noch bis Ende Januar 1945 auf dem Gut Cadinen. Dann floh auch er in letzter Minute über das Eis des Frischen Haffs.

43 Das Gut Cadinen in Westpreußen

Zeitlebens fühlte sich Prinz Louis Ferdinand den Vertriebenen und Flüchtlingen der damaligen Zeit verbunden. Er äußerte in einem Gespräch mit der Verfasserin „Europa endet nicht an der Oder-Neisse-Grenze“.

Als sehr bewusst lebendem Mensch ist ihm dieses Schicksal, das er mit Millionen von Menschen teilte, stets vor Augen geblieben. Wohl auch daraus entsprang die ihm eigene Bescheidenheit und Demut.

Prinz Louis Ferdinand hatte zu Lebzeiten – wie bereits berichtet – zwei Kinder verloren. Auch dieses Schicksal verband ihn mit vielen Menschen seiner Generation. Wie auch mit dem meiner Großeltern.

Der Mensch und Familienvater Louis Ferdinand hat dies nie verwunden, seine großartige Contenance und Haltung hat ihn nach außen hin nur gut damit „umgehen“ lassen.

„Haltung bewahren“ hatte er schon von kaiserlich-königlichen Kindesbeinen an lernen müssen, das gehörte in jeder Herrscher-Dynastie zum Erziehungsprogramm. Allein der Glaube an Gott und einen höheren Sinn haben ihn bis ins hohe Alter diese Verluste und die Trauer ertragen lassen. So, wie ihn auch andere Eltern ertrugen.

44 Die Großeltern der Autorin

Wenn ich damit das Leben meiner Großeltern vergleichen darf – beispielhaft für viele bürgerliche Paare ihrer Generation: Auch sie waren Vertriebene, aus Oberschlesien. Auch sie verloren ein Kind. Ihren Sohn, der als Pilot in der letzten Viertelstunde des Krieges – beim letzten Angriff der Amerikaner – mit seinem Flugzeug im Harz abgeschossen wurde. Auch Sie zeigten eine großartige Haltung ihr Leben lang. Auch sie mussten eine neue Existenz im Westen aufbauen. Ihr Weg führte sie in die Nähe von Hamburg.

Gestattet sei an dieser Stelle die Frage: Wer hat sich jemals ernsthaft aus echtem Mitgefühl und menschlichem Empfinden heraus dazu berufen gefühlt, das unendliche Leid auszugleichen, das den Vertriebenen aus politischen Gründen zugefügt worden ist, seelisch, geistig, körperlich, moralisch, materiell? Die zugefügten Schmerzen in gebührender Weise zu lindern? Den Menschen zumindest – in direkter Ansprache – ein persönliches Wort zu schenken, ganz individuell? Es gibt anscheinend Dinge, die sind an dem Einzelnen nicht wieder gut zu machen. In diesem einen Leben… Was bleibt sind Erinnerung und die Schuld der Täter.

Aber – bewundernswerterweise – hatte diese Generation nicht nur Negatives aus ihrem harten Leben, mit zwei überstandenen Weltkriegen, zu berichten. Es gab auch den Blick für Positives, Sinngebendes, und für wahre Werte!

Zu den schönen Erinnerungen meiner Großmutter in ihren Kinder- und Jugendjahren, vor dem ersten Weltkrieg, gehörte beispielsweise auch die Begegnung mit dem Kaiser! So erzählte sie mir einmal:

„Kaisers Geburtstag am 27. Januar (1859) war jedes Mal ein Fest! Wir hatten schulfrei, einen ganzen Tag lang. Wir mussten Gedichte aufsagen. Und standen am Fenster und beobachteten die jährliche Parade zur Feier dieses besonderen Tages.

Es wurde Gutes über ihn erzählt, auch, dass er ein guter Regent und Familienvater sei. Es gab damals nicht so viel Kriminalität, die Gesetze waren auch strenger.

Auch die Schaufenster wurden festlich geschmückt. Einmal hatte mein Vater nur ein einziges Bildchen und zwei Fähnchen ins Fenster gestellt. Das war dem Wachtmeister zu wenig. Da sagte der „Herr Janitzky, schmücken Sie mal Ihre Schaufenster mehr." „Warum?" „S' ist doch Kaisers Geburtstag." „Na, aber wenn ich Geburtstag habe, dann schmückt keiner mein Fenster." Und das hat ihn dann dreimal Strafe gekostet wegen Majestätsbeleidigung. Und da war mein Vater nicht mehr so begeistert.

Und – dem Kaiser zu Ehren wurde immer ein Lied gesungen. Das ging so:

‚Der Kaiser ist ein lieber Mann,
er wohnet in Berlin.
Und wär es nicht so weit von hier,
dann lief ich heut noch hin.

Und was ich bei dem Kaiser wollt?
Ich reicht ihm meine Hand
Und geb die schönsten Blumen,
die ich im Garten fand.

Und sagte noch:
Aus treuer Lieb' bring ich die Blumen Dir.
Und dann lief ich geschwinde fort
Und wär bald wieder hier!'"

Je mehr ich im Laufe des Filmprojektes darüber nachdachte, desto klarer wurde mir, dass ich bereits in meiner frühesten Kindheit dem Kaiser „begegnet“ war – durch die leb- und bildhaften Schilderungen meiner Großmutter! Natürlich ohne in jungen Jahren eine Vorstellung davon zu haben, was Kaiser und Monarchie letztlich bedeuteten.

Dass ich später einmal dem Enkel des letzten deutschen Kaisers gegenüberstehen, ihn als Mensch erleben und über ihn sogar ein zeit- und kulturhistorisches Filmprojekt realisieren sollte, wäre mir nie in den Sinn gekommen. „Der Mensch denkt und Gott lenkt“ sagte meine Großmutter dazu. Und meine bisherige Lebenserfahrung – dass sich Kreise mitunter sehr sinnvoll schließen!

Meine Großmutter Elisabeth Braunsch wurde 1903 in Sausenberg, mein Großvater Erich 1902 in Rosenberg in Oberschlesiengeboren, also nur wenige Jahre vor Prinz Louis Ferdinand von Preußen. Derselben Generation zugehörig, gibt es in den Erzählungen viel Gemeinsames, im Er-Leben von Zeit und Menschen. Auch – wenn die gelebten Leben in einem sehr verschiedenen sozialen und gesellschaftlichen Umfeld stattgefunden haben.

Prinz Louis Ferdinand, der Kaiserenkel mit allen gesellschaftlichen und materiellen Privilegien versehen. Mein Großvater, der Postbeamte und meine Großmutter, die Hausfrau – bis auf wenige Monate Arbeitseinsatz in Kriegszeiten, führten ein bürgerliches Leben. Gemeinsam war ihnen allen jedoch, dass sie ein Leben führten, das nach *ethischen Grundlagen* ausgerichtet war. *Werte* wurden gelebt, *Moral* hatte noch nicht den schalen Beigeschmack wie heute. Und – die Liebe zum Nächsten entsprang dem eigenen Bedürfnis nach Liebe.

Doch diese Generation verband auf einer höheren Seins-Ebene kollektiv noch sehr viel mehr:

Werte waren keine Worthülsen, sondern die Grundlage für ein menschlich erfülltes Leben.

Die *Kraft,* die aus diesen Werten und dem Glauben erwuchs, auch schwerste Schicksalsschläge hinzunehmen und am Leben nicht zu zerbrechen. Trotz lebenslanger Trauer weiterhin aufgeschlossen zu bleiben, selbst aus tiefster Verzweiflung heraus Samen der Liebe zu pflanzen, sie mit Freude aufgehen zu sehen und sich an den Sprösslingen wieder zu erfreuen.

Die *Begabung*, mit *Herzensbildung* einem Kind vermitteln zu können, dass dieses Leben so viel Schönes, Gutes, Lebenswertes bereithält – wenn man es nur richtig sieht; Vertrauen in sich und keine Angst zu haben – weil nur die Liebe wirklich ist; eine eigene Meinung zu vertreten, den eigenen Weg zu gehen – auch wenn selbsternannte Propheten anderes proklamieren; dass Authentizität und Persönlichkeit etwas mit Echtheit und Wahrheit zu tun haben; dass zu oft austauschbare Massen-Idole in den Klatschspalten anstelle von echten Idealen als Vorbilder angepriesen werden; und dass Nachrichten heute längst keine echten „Zeichen der Zeit" mehr sind, sondern zumeist nur noch Negativmeldungen mit destruktiven Energien, denen wir unkritisch den Zugang in unser Wohnzimmer gestatten.

Die *Stärke*, mit Bescheidenheit ein reiches Leben zu führen.

Das mehr *SEIN* als Schein(en).

Den *Mut*, in Würde alt zu werden, eine *Weise Alte* oder ein *Alter Weiser* zu werden. Und jung in der Seele, im Herzen zu bleiben bis ans Lebensende – wie es schon die Philosophen vor Jahrtausenden verkündeten. Oder wie es auch der große Schweizer Psychologe Carl Gustav Jung in der *Archetypenlehre* seiner Analytischen Psychologie formulierte.

Das *Bewusstsein*, am Negativen dieser Welt nicht zu Scheitern oder darüber hinwegzusehen, sondern seinen Teil zur Überwindung und Lösung beizutragen.

Das *Verbannen* des Hasses aus Denken und Fühlen, zugunsten einer von Güte und Verstehen geprägten Sichtweise des Lebens. Vergeben können…

Gottvertrauen und ein starker *Glaube*, der trägt und leben hilft. Der *Respekt* vor dem Anderen – gleich, wo er steht; vor allen Lebewesen und der Natur.

Die *Menschlichkeit* – in jedem Menschen den Nächsten zu sehen.

Die *Fähigkeit*, dem Leben, den Menschen und neuen Dingen gegenüber aufgeschlossen und zugewandt zu bleiben.

Eine Generation, die die vielzitierten *Preußischen Tugenden* noch gelebt hat. Eine Generation, vor der ich meinen „Hut" ziehe, von der ich zeitlebens sehr viel habe lernen dürfen. Eine Generation, die für mich – auch mit ihrer Lebensleistung – als Vorbild für so vieles steht, was der heutigen Zeit und besonders der nachrückenden Generation offensichtlich fehlt.

Wie der Sinn für *Werte* etwa?

Schwer nachvollziehbar. Denn – was unsere Zeit kennzeichnet, sind doch gerade die immer stärkere Vereinsamung des Einzelnen, die Sprachlosigkeit im Umgang miteinander, der Mensch in oft sklavischer Abhängigkeit von der modernen Technik, das Fehlen echter Berührung im zwischenmenschlichen Bereich, Egoismus statt Mitgefühl, das Auseinanderbrechen der Familie, die Flucht vor sich selbst und seinem *Schatten* (wie C.G. Jung es nennt), die Abhängigkeit vom schönen Schein der Glitzerwelten, die Gefahr des Persönlichkeitsverlustes in multimedialen Scheinwelten.

45 Die Ostseeküste bei Danzig

Viele fühlen eine große Leere, vermissen Existenzielles, Tragendes in ihrem Leben. Was gehört zum „Mensch sein" denn dazu? Sind es nicht Eigenschaften wie Vertrauen, Echtheit, Disziplin, Treue, Loyalität, Beständigkeit, Leistungsbereitschaft, Freude, Schönes genießen können? Glück? Die Liebe? Auch mal verzichten können – im Sinne und zum Wohle des Ganzen – und anderer Menschen.

Wo gibt es noch „Vor-Bilder" und Ideale – im reinsten Sinne – für die nachrückende Generation? Gerade im Hinblick auf eine lebenswerte Gegenwart und Zukunft im Vereinten Europa, in der miteinander verflochtenen Welt? In den virtuellen Scheinwelten des Internet etwa, im *Second Life*? Oder in den Konsumtempeln der Massengesellschaft? Wer hat heute noch echte Visionen? Und lebt diese auch vor?

Der Ruf wird laut nach *neuen* Werten. Sicher auch ein Zeichen dafür, dass die Zeit reif ist für eine Umkehr, ein Umdenken. Könnten mit den *neuen* Werten nicht auch die *Alten* gemeint sein? Nur mit einer zeitgemäßen Definition für den Einzelnen? "Suum cuique – Jedem das Seine"! Warum nicht auch im 21. Jahrhundert?

Wenn Matthias Platzeck, Ministerpräsident des Landes Brandenburg, sich Anfang 2006 wieder für die „Preußischen Tugenden" stark machte und eine Rückbesinnung auf „bewährte Grundeigenschaften wie Anständigkeit, Verlässlichkeit und Pflichterfüllung"[1] anregt. Und in einem Interview mit der Süddeutschen Zeitung sagt: „Also, da ist mir ja unterstellt worden, ich sei auf Gleichschritt und Disziplin aus. Das ist Unsinn. Gerade in Potsdam haben wir zum 300. Jahrestag der Gründung Preußens eine intensive und auch sehr kritische Diskussion geführt. Jetzt wurde ich gefragt, ob es nicht auch positive Traditionen gebe, Respekt, Toleranz, Verlässlichkeit und Anstand. Dem habe ich zugestimmt. Mehr nicht."[2].

Oder wenn sich Bundeskanzlerin Angela Merkel 2007 in einer – treffenden – Rede in Straßburg anlässlich der EU-Ratspräsidentschaft für mehr „Toleranz in Europa" ausspricht. Zitat: „ …ich erinnere an Jacques Delors. Er hat den berühmten Satz gesagt ‚Wir müssen Europa

---

[1] Quelle: Wikipedia, die freie Enzyklopädie

[2] Interview am 12.1.2006 in der Süddeutschen Zeitung mit Matthias Platzeck, SPD-Landesvorsitzender und Ministerpräsident von Brandenburg; Quelle: Homepage www.matthias-platzeck.de

eine Seele geben'. Ich darf mit meinen Worten hinzufügen: Wir müssen Europas Seele finden.

Ist die Vielfalt diese Seele? ... Was ermöglicht diese Vielfalt Europas?...

Die Freiheit ist Voraussetzung für unsere Vielfalt, und zwar die Freiheit in all ihren Ausprägungen: die Freiheit, die eigene Meinung öffentlich zu sagen, auch wenn dies andere stört, die Freiheit, zu glauben oder nicht zu glauben, die Freiheit des unternehmerischen Handelns, die Freiheit des Künstlers, sein Werk nach seinen Vorstellungen zu gestalten. Diese Freiheit braucht Europa wie die Luft zum Atmen. Wo sie eingeschränkt wird, verkümmern wir. …

Sie ist untrennbar mit Verantwortung verbunden. Wenn wir also von wahrer Freiheit sprechen, dann sprechen wir tatsächlich immer von der Freiheit des anderen.

Oder sagen wir es mit den berühmten Worten Voltaires, ich zitiere: ‚Ich mag verdammen, was Du sagst, aber ich werde mein Leben dafür einsetzen, das Du es sagen darfst'.

…Europas Seele ist die Toleranz. Europa ist der Kontinent der Toleranz. Um das zu lernen, haben wir Jahrhunderte gebraucht. Auf dem Weg zur Toleranz mussten wir Katastrophen durchleiden. Wir haben uns gegenseitig verfolgt und vernichtet. Wir haben unsere Heimat verwüstet. Wir haben gefährdet, was uns heilig ist…

Aber aus dieser Jahrhunderte langen Geschichte sind wir in Europa dazu verpflichtet, überall in Europa und auf der ganzen Welt Toleranz zu fördern und allen zu helfen, Toleranz zu üben … die Toleranz ist eine anspruchsvolle Tugend. Sie braucht das Herz und die Vernunft. Sie verlangt uns etwas ab. Aber keineswegs ist sie mit Beliebigkeit und Standpunktlosigkeit zu verwechseln…

Es gibt einen einfachen Weg zur Seele Europas, zur Toleranz: Man muss auch mit den Augen des anderen sehen…"[1].

---

[1] Rede der Bundeskanzlerin der Bundesrepublik Deutschland Angela Merkel am Mittwoch, 17. Januar 2007, im Europäischen Parlament in Straßburg. Internet-Quelle: www.eu2007.de

THE BAVARIAN

PUBLISHED BY THE THIRD MILITARY GOVERNMENT REGIMENT

ume 1 · Number 16 | AUGSBURG (GERMANY) | Thursday, 20 Dec. 1945

Teach Germans Meaning Of Four Freedoms, Prince Urges

LOUIS FERDINAND EXPRESSES VIEWS ON POLICIES NECESSARY TO PREVENT PSYCHOLOGICAL CHAOS IN GERMANY

Convinction that the Four Freedoms must be made a basic factor in the re-creation of Germany if this country is to have any future at all as a member of the family of nations is the keynote of a detailed report written recently by Louis Ferdinand, Prince of Prussia, in response to a request by an MG official that he make public his personal views on the future of Germany.

The Prince, who lives in Bad Kissingen with his wife, Princess Kyra, and their five children, spent four years in the United States working for Henry Ford. He was also a close personal friend of President Roosevelt, and while on their honeymoon tour, he and Princess Kyra were guests of the late president at the White House and at Hyde Park.

In an article by James W. Gerard, published in the American Magazine for June of this year, the former ambassador to Germany suggested that the Prince might make a suitable head of a new government in Germany.

Son of Crown Prince Friedrich Wilhelm and Crown Princess Cecilie, Louis Ferdinand frequently acts as interpreter and makes himself generally useful to MG Det. H-250, which is under the direction of Captain Merle A. Potter.

In this written account concerning Germany's future, the Prince presents an interesting and concise picture of his personal views on the subject. The text, which has been made available to The Bavarian, is as follows: (Continued on Page 4, Col. 1)

'olish D.P. Gets ?0 Year Sentence For Part In Slaying

…SBACH — On December 11, the General … Government Court at Ansbach …ced Peter Walko, 21, a Polish Dis… Person, to twenty years imprisonment … his part in the murder of Leon… …, a German farmer.

… was a member of a gang of six … placed Persons who raided farm… in Flachslanden on 13 October. Dur… … said the DPs shot and killed the …

… the theft of a well hidden plug for … iron that caused Public Safety … to look for someone familiar with … of the crime. A check of the Blei… Displaced Persons Camp, near Ans… led to the discovery that Walko had … for the victim. He was arrested on … tober.

… did not confess his part in the … until 14 November when he was … with a witness who had heard … planning to attack and burn the farm … Angerer. Angerer's wife had also … him as having taken part in the … his confession. Walko implicated the … other members of the DP gang. The … Safety Department and the civilian … spent the interval between Walko's … and trial preparing evidence and … trace the other Polish raiders, but … was unsuccessful and only Walko … tried.

… Herman G. Dotson of Pikeville, … prosecuted the case for Military … ment: Members of the court were: … William S. Bailly, Jr. of Jamestown … Major Carl A. Turmo of Stoughton, … and Major William T. Staats of … Barre, Penna.

I. Ellis Weds Polish Girl In Ceremony At Alzenau

… Kenneth L. Ellis, newly appointed … of MG Det. I-330, was married on … December 8, to Hedwig Sucho… … Polish girl residing in Alzenau.

… the wedding ceremony, which … place in the Alzenau Protestant … the bridal couple was given a party … all officers, enlisted men and civi… personnel of Det. I-330 and officers of … tactical unit of the 5th FA Bn. of the … Inf. Div. participated.

… Ellis succeeds Major Shoven, recently … ployed, as Director of MG in Landkreis … nau.

Only Minimum Personnel To Be On Duty On Holidays

… maximum opportunity for all U. S. … personnel to enjoy Christmas and … Year's has been authorized in the … Army area. Christmas Day and New … day will be celebrated as holidays. … addition, Monday, December 24 and December 31 have also been set aside as holidays for all except a minimum of personnel necessary to transact essential business on these days.

Seven Germans Convicted For Violating MG Law No. 8

KRONACH, 10 Dec. — Military Government Law No. 8, which prohibits members of the Nazi Party or affiliated organizations from holding any positions other than as common laborers, received its first test in a court of the Regierungsbezirk Ober- and Mittelfranken when seven managers and supervisors of the firm Albert Menger were tried on Nov. 30 and Dec. 4, 5 and 6.

The firm Albert Menger is located in Stoffelsmuhle by Nordhalben in Landkreis Kronach, and employs approximately 100 people. The evidence revealed that the accused has conspired to retain supervision of the firm and had installed a dummy manager to act as a figure-head.

Albert Menger, 71, owner and manager, received a sentence of 25,000 Reichsmark fine and 3 years imprisonment, the latter suspended. Otto Hopfenberg, assistant manager was fined 10,000 RM and sentenced to 3 years imprisonment. Georg Franz, chief clerk was sentenced to 1 year in jail and fined 1,000 RM. Johann Pohlein, sales manager, had a 1 year jail sentence suspended and was fined 1,000 RM. Three other foremen each received fines of 500 RM each.

The trial was held in the city of Kronach before a General Military Court consisting of Lt. Col. Carrol J. Reilly of New York City, Lt. Col. James R. Case of Bephel, Conn., and Captain Phil. Plasko of Detroit, Mich. The prosecutor was Captain Herman G. Dotson of Pikeville, Kentucky.

No Bavarian Next Week

Due to the Christmas holidays, the facilities of the German printing shop will not be available for publication of The Bavarian next week. However, we hope to start the New Year right by resuming publication and having another issue of your Regimental news sheet off the press on January 3, 1946.

Colonel Andrews Turns Nurnberg MG Controls Over To Lt. Col. Klise

Colonel Charles H. Andrews, Military Government Director for Nurnberg, who has been in charge of the Military Government of Nürnberg for the past five months was re-deployed to the United States last week. He will return to his home in Arkansas.

He will be succeeded by his deputy, Lt. Col Carlyle Klise of Des Moines, Iowa. An instructor at the University of Iowa and at the Wentworth Military Academy, Lexington, Col Klise is a graduate of the school for Military Government at Charlottsville, Va, and was with SHAEF after coming to the ETO.

Left to right: Col. Crawford (former 3d MGR C. O.); Capt. Potter, MGO Det. H-250; Landrat Max v. Wussow, Prince Louis Ferdinand at Bad Kissingen.

46 The Bavarian, Ausgabe vom 20. Dezember 1945

Bereits am 20. Dezember 1945, an einem Donnerstag, erschien in der Augsburger Zeitung „The Bavarian"[1] ein Artikel, in dem Louis Ferdinand Prinz von Preußen seine Sichtweise zu politischen Notwendigkeiten für die Zukunft Deutschlands äußerte, um „einem psychologischen Chaos in Deutschland" vorzubeugen.

Er lebte – nach der Flucht – mit seiner Familie in Kissingen und forderte seinerzeit schon „The Four Freedoms" – die er auch in unserem Filminterview zitierte: „The Four Freedoms are: The Freedom of Religion, Freedom of Speach, Freedom from Want and Freedom from Fear"![2]

In der Übersetzung bedeutet dies "Zu den *Vier Freiheiten* gehören die Religionsfreiheit, die Freiheit der freien Rede, die Freiheit von Verlangen und die Freiheit von Angst!"

> Zitat aus dem Artikel: " It is my conviction that if Germany is to have any future, at all as a member of the family of nations, those responsible for the administration of the country must work upon certain basic principles which apply to every modern enlightened nation. I refer to the safeguarding of, and the respect for human dignity itself.
>
> During the years immediately past, this principle was not only ignored in Germany, but practically abolished. The consequence was the complete military, political and spiritual collapse of the Hitler dictatorship, and the ruin of the entire country. The dictator and his whole clique have vanished overnight.
>
> But a people of 75 million has been left behind to pay severe penalties for having allowed themselves to be deceived by selfish, irresponsible upstarts; by adventurers who sacrificed Germany on the altar of their own nefarious ambitions.
>
> It is not my purpose to detail the reasons which lead to the present state of affairs in my country. I only want to outline how, in my opinion, the above mentioned principles could be again practiced here.

---

[1] Eine Zeitung für die in Bayern stationierten amerikanischen Soldaten.

[2] "The Four Freedoms" gehen auf den amerikanischen Präsidenten Franklin Delano Roosevelt (1882–1945) zurück; siehe auch unten Teil II, Interview, S.202

The Four Freedoms as proclaimed by the late President Roosevelt would serve as a magnificent framework for this purpose. The question is, how can these Four Freedoms be made a basic factor in the recreation of Germany? The problem has two sides – a psychological and an economic one, and are closely associated with each other…".

Dies alles sind – und waren – Signale, nicht nur von einer vermeintlich „abgehobenen", höheren gesellschaftlichen Warte aus oder als politische Wahlkampf-Parolen gemeint.

Fakt ist, dass der westliche Mensch unserer Zeit sich immer mehr verloren hat, das Bewusst-Sein seines innersten Selbst, seine Orientierung auf der Suche nach dem Sinn. Antworten kann es nur *ganzheitlich* geben, denn Schöpfung, Natur und Leben des Einzelnen sind untrennbar miteinander verbunden. Wer – oder was – hilft heute dem Menschen dabei, trotz aller Widrigkeiten der Zeit und Schicksalsschlägen, seinen inneren Frieden zu finden? Und seinen Platz im Leben?

Für Prinz Louis Ferdinand war dies zeitlebens seine tiefe Verankerung im Glauben, im Wissen um die Existenz *höherer Dinge*, in der Musik – die für ihn ein Teil seiner Religion geworden ist.

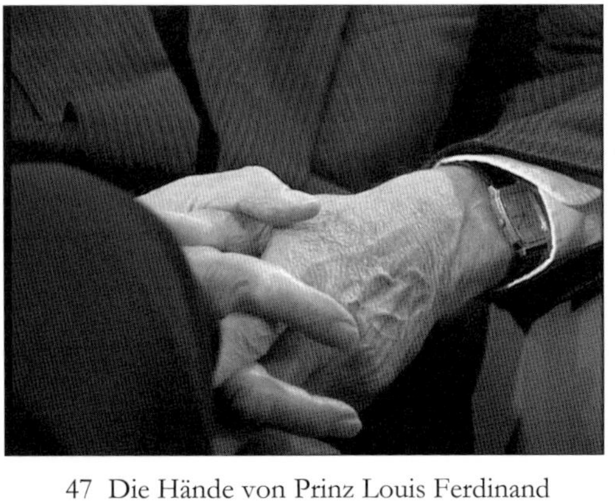

47 Die Hände von Prinz Louis Ferdinand

Prinz Louis Ferdinand erzählte mir[1] einmal, dass er jeden Tag bete. Und dass er – wenn er auf der Burg Hohenzollern weilt, fast täglich – allein – die dortige Kapelle besuche.

Ich habe den Prinzen als einen Menschen mit festen Grundsätzen und Werten erleben dürfen. Als einen visionären Menschen, der sich – seinen Kräften und Möglichkeiten nach – immer für die Wiedervereinigung Deutschlands und ein Vereintes Europa in Frieden eingesetzt hat; er glaubte daran. Zu seinen Visionen gehörten in diesem Zusammenhang auch Ideen für „Europa nicht nur im Kommerz-Sinn", die „Mehrsprachigkeit", eine „Brücke nach Russland", er sprach von der Niederlage des Atheismus" und forderte eine „religiöse Rückbesinnung". Und er war der Meinung, dass die deutsche Wiedervereinigung die „'Stunde der Kirche' hätte werden können – wenn sie sie nur richtig genutzt hätte"[2].

Der Prinz war ein Mensch, der der *Toleranz* – dem Menschen und den Dingen des Lebens gegenüber – den größten Stellenwert einräumte. Im privaten Leben und als Chef des Hauses Hohenzollern. Nur aus diesem *Sein* heraus war er in der Lage, manchmal auch recht unpopuläre Entscheidungen zu treffen. Sie treffen zu müssen und treffen zu können. Entscheidungen, die ihm nicht nur Wohlwollen einbrachten, auch nicht aus seiner Familie.

Vieles von dem, was Prinz Louis Ferdinand angeregt und selbst gelebt hat, könnte unserem Land und seinen Menschen auch heute wieder gut zu Gesichte stehen. Und damit meine ich nicht die Wiedereinführung der Monarchie als Regierungsform im heutigen Deutschland. Gemeint ist das Nachdenken darüber – wie es bereits Shakespeare einst formuliert hat: „Es ist was faul im Staate Dänemark…".

Wo liegen die Ursachen? Warum ist unserer Zeit die *Seele* abhanden gekommen?

---

[1] der Verfasserin

[2] persönlich zur Verfasserin

Kapitel 9

Der Konzertbesuch in Potsdam

Neben der Liebe zu seiner Burg Hohenzollern, dem Stammsitz der Familie in Hechingen, schlug das Herz des Prinzen immer für seine Heimatstadt Potsdam. Und für das Land Brandenburg, das in viel früheren Zeiten „Die Streusandbüchse des Heiligen Römischen Reichs deutscher Nation“ genannt wurde.

Und so führten uns unsere Dreharbeiten des Öfteren nach Potsdam. Guter Anlass Ende Oktober 1993 war eine musikalische Veranstaltung. Der Prinz plante, an einem Konzert des bekannten Polizeiorchesters Brandenburg, unter der Leitung von Peter Brünsing, teilzunehmen. Eine Wohltätigkeitsveranstaltung zugunsten des “Weißen Ringes“ – einer Organisation, die sich um die Unterstützung der Opfer von Verbrechen kümmert. Prinz Louis Ferdinand war offiziell zum Botschafter des „Weißen Ringes“ in Potsdam berufen worden.

48 Prinz Louis Ferdinand mit dem damaligen Innenminister von Brandenburg, Ziel

Und natürlich war er als Ehrengast an diesem Abend anwesend! Begleitet wurde er von seinem Sohn Prinz Christian Sigismund von Preußen. Auf dem Konzertprogramm standen auch Kompositionen von Prinz Louis Ferdinand, wie sein Lied „An mein Potsdam“. Gefühlvoll dargeboten von der Sängerin Eva Dobrzinski.

Wir nahmen dies als gute Gelegenheit, den Chef des Hauses Hohenzollern bei einem seiner Repräsentationsauftritte in seiner Heimatstadt Potsdam zu filmen! Seine Ankunft, seine Gespräche mit Bekannten, wie den damaligen Politikern Innenminister Ziel und Potsdams Oberbürgermeister Dr. Gramlich, die Künstler, das Konzert und die Verabschiedung des Prinzen.

49 Der Prinz mit Sohn Prinz Christian Sigismund und dem damaligen brandenburgischen Innenminister Ziel

Und persönlich freute ich mich natürlich sehr, Prinz Louis Ferdinand in guter Verfassung wiederzusehen. Die Freude war beidseitig, denn wir hatten vorher telefonisch vereinbart, bei dieser Gelegenheit auch die Film-Interviews weiter fortzusetzen. In seinem Berliner Haus Monbijou, wo er während des Aufenthaltes wohnte. Dort sprachen wir erstmalig auch über ein Buch zum Film.

Der Prinz genoss es, wieder in Potsdam zu sein. Wieder. Immer wieder. Denn nach seiner Flucht aus Cadinen und Potsdam, im Jahr 1945, hatte er aus innerem Widerstreben lange Zeit – bis 1987 – nicht in seine Heimat zurückehren wollen. Die schlimmen Kriegserlebnisse standen dem immer noch entgegen.

Nach der Veranstaltung verabschiedete sich der Prinz auf seine natürlich-galante und charmante Art. Wir begleiteten ihn zu seinem Wagen, der Chauffeur wartete bereits auf ihn. Es war mittlerweile sehr spät am Abend. Denn die Konzertbesucher wie die Verantwortlichen und

Ehrengäste hatten sich über sein Kommen sehr gefreut, genossen seine Gegenwart, wollten ihn gar nicht aus den Gesprächen fortlassen.

Die Abfahrt wollten wir als Schlussbild für eine Filmsequenz verwenden. Der Prinz verließ nun das Gebäude in Begleitung von Herrn Ziel, ging zu seinem Wagen, drehte sich um, winkte uns allen mit erhobener Hand noch einmal zu, lächelnd, stieg vorne in die große schwarze Limousine ein. Und – der Wagen fuhr in die Potsdamer Nacht hinein … Ein unvergessliches Bild.

50 Die Abfahrt des Prinzen

Aber – irgendwie nicht wie von *dieser* Welt, hatte ich das Gefühl.

Fast wie ein Abschied mutete es mich damals an. Unbewusst. Als ob Prinz Louis Ferdinand es noch einmal genossen hatte, sich in der Gesellschaft und im Licht der Öffentlichkeit zu zeigen. In seiner Heimatstadt Potsdam. Bei einem Konzertbesuch. Und – zu einem guten Zweck!

Ich habe mich gefragt, ob er damals vielleicht schon die Endlichkeit des irdischen Lebens spürte?

Elf Monate später starb der Prinz…

Kapitel 10

Der *Heimgang* von Prinz Louis Ferdinand

Am Morgen des 26. September 1994 erreichte mich folgendes Telegramm:

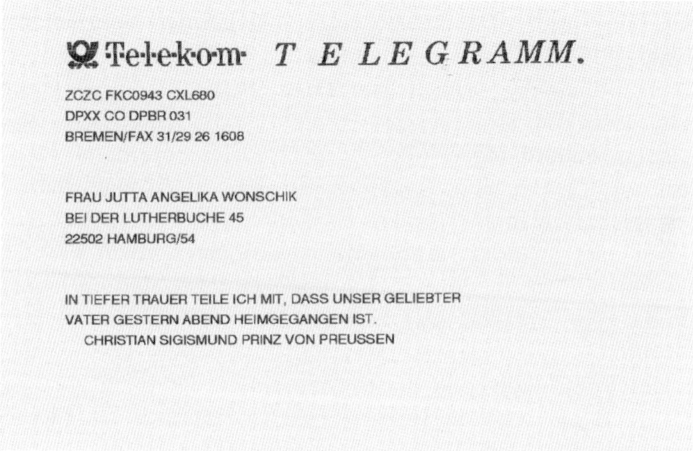

Telekom T E L E G R A M M.

ZCZC FKC0943 CXL680
DPXX CO DPBR 031
BREMEN/FAX 31/29 26 1608

FRAU JUTTA ANGELIKA WONSCHIK
BEI DER LUTHERBUCHE 45
22502 HAMBURG/54

IN TIEFER TRAUER TEILE ICH MIT, DASS UNSER GELIEBTER
VATER GESTERN ABEND HEIMGEGANGEN IST.
CHRISTIAN SIGISMUND PRINZ VON PREUSSEN

51 Die Nachricht vom Tode Prinz Louis Ferdinands

Unsere letzte *Begegnung*, den letzten Kontakt im HIER, erlebte ich in einem Traum in der Nacht vom 24. auf den 25. September 1994, der Nacht seines Todes.

In dieser Nacht hatte ich einen starken Traum. Etwas Gewaltiges war geschehen. Sehr intensiv hatte ich es körperlich gespürt. Ein mir nahestehender Mensch war *gegangen*. In eine andere Dimension. Und hatte mir ein Zeichen gegeben, das ich niemals mehr vergessen werde. Ebenso wenig, wie unsere Begegnung überhaupt, die tiefe Spuren in meinem weiteren persönlichen Weg hinterlassen hat.

Beim Erwachen, schon in der Nacht, wusste ich, dass etwas mit Prinz Louis Ferdinand geschehen sein musste? Ich war erschüttert und ergriffen, zutiefst berührt zugleich. Was wirklich geschehen war, konnte ich mir erst viele Jahre später erklären. Nachdem ich als Mitglied der C.G. Jung-Gesellschaft schon lange Traumarbeit und Traumanalyse gemacht, mich intensiv mit der Analytischen Psychologie Carl Gustav Jungs beschäftigt hatte. Und – wie ich es nenne – mit „den Dingen zwischen Himmel und Erde"!

Zurückblieben nach diesem Traumerleben ein tiefes Gefühl von Gemeinsamkeit mit Prinz Louis Ferdinand, aber auch eine unermessliche Trauer. Und die Gewissheit, nun – in der Fortführung und Realisation des Filmprojektes – den zusammen begonnen Weg allein weiter gehen zu müssen. Ohne die Hauptperson. Denn wir hatten jeden Schritt persönlich abgestimmt. Ein Trost allein war damals die Mitteilung von Herrn von Strantz, „dass er nicht gelitten hat".

Vor allem trauerte ich um den Mensch Louis Ferdinand. Es war ein Schicksalstag. Der in eine Zeit hineinfiel, in der ich auch habe lernen müssen, mich von meiner gesamten Familie zu verabschieden. Denn kurze Zeit nacheinander starben mein Großvater, mein Vater, meine Großmutter und meine Mutter. Ich habe sie zum Sterben begleitet, in der Familie gepflegt. Doch der Tod hat mir – rückwirkend betrachtet – *leben* geholfen.

Aus der Verarbeitung all der Geschehnisse der damaligen Zeit heraus, gründete ich 2001 die Initiative „SHL – Sterben Hilft Leben/Lebensunterstützung und Netzwerkberatung bei Leidens- und Sterbe-Weg-Begleitung". Beratung, Vorträge und Seminare – für helfende, heilende und pflegende Berufe, Betroffene, Angehörige, interessierte Laien – befassen sich mit Lebenshilfe und Sterbe-Weg-Begleitung gleichermaßen, mit der helfenden Unterstützung derer, die mit Leiden und Sterben in Berührung sind – und Rat oder Informationen suchen.

Heute, im Jahr 2007 und 13 Jahre später, kann ich sagen, dass mich das „Projekt Louis Ferdinand Prinz von Preußen" seither begleitet und beschäftigt hat. Doch es gibt für alles im Leben eine *richtige* Zeit und einen *richtigen* Ort. Und nun war der *rechte* Zeitpunkt gekommen zu beginnen, das Projekt fertigzustellen. Es zu „beenden". Um damit einen, *den* Anfang zu setzen, den Prinz Louis Ferdinand sich zum Ende seines Lebens so gewünscht und mich dabei so unterstützt hatte: Der Nachwelt „Ein Vermächtnis" zu hinterlassen, zu übergeben.

Und „*Ein Vermächtnis*" meint an dieser Stelle nicht das Erbe[1], die materiellen Hinterlassenschaften des Hauses Hohenzollern, die er sein Leben lang klug verwaltet hatte – mit Unterstützung der Generalverwaltung des vormals regierenden Preußischen Königshauses in Bremen unter Leitung von Job F. von Strantz. *Ein Vermächtnis* meint hier auch nicht die Kulturgüter der Hohenzollern.

Und es meint auch nicht die Orientierungslosigkeit, das Vakuum und die Unsicherheit, die seine Familie, seine Nachkommen nach seinem Tod vielleicht empfunden haben mögen. Nicht die Fragen, die es angesichts der neuen Konstellation im Haus Hohenzollern, in wirtschaftlicher wie kultureller Hinsicht zu beantworten gegeben haben mag. Und vielleicht noch gibt. Prinz Louis Ferdinand war ein kluger Mann, mit Herzensbildung. Für seine Nachfahren hat er eine Lücke hinterlassen.

52 Prinz Louis Ferdinand an seinem Schreibtisch
auf dem Wümmehof

Das *andere Vermächtnis*, das Prinz Louis Ferdinand – wie ich ihn erleben durfte – hinterlassen wollte und von dem Sie in diesem Buch lesen können, war vor allem ein Menschliches! Auch ein *Vermächtnis* des Glaubens, der Freiheit und der *Werte*, deren drastischen Verfall er in *seinem* 20. Jahrhundert hat bedauern müssen. Aber er nahm diesen nicht passiv hin, ohne selbst etwas dagegen zu tun!

---

[1] siehe oben Einleitung, S. 11 ff.

Er hat in unseren Gesprächen sehr viel von seiner Altersweisheit preisgegeben, eine Weisheit, die sich bei Menschen einstellt, die ein erfülltes, verantwortungsvolles, glückliches, aber auch ein sehr schweres und sehr leidvolles Leben zu durchleben hatten:

Mitteilen von dem, was einen berührte – einst und jetzt, erzählen – noch einmal und abschließend – von dem, was man gelebt hat, in guten wie in schlechten Zeiten, was einen geprägt hatte – die Erziehung, die Kindheit in einem Kaiserhaus. Und dennoch von seinem eigenen, anderen Weg, den man gehen wollte, vom sich Widersetzen gegen so manche Doktrin,

vom Verzicht, den das Leben immer wieder von einem forderte,

von glücklichem SEIN in *anderen* Welten, dem Fliegen, dem Reisen; von den schwärzesten Stunden, dem Verlieren geliebter Menschen – der Frau, den Kindern, den Freunden, der Heimat –, vom Aufgefangen werden und Getragen sein in starkem Glauben, im Eingebettet sein in eine stärkere Macht, ins große Ganze,

vom – meist schmerzlichen – Suchen und Finden der eigenen Lebensspur.

In unserem Interview antwortete er auf die Frage, ob seine Erwartungen erfüllt worden wären, „Ich kann mich nicht beklagen, das wäre undankbar...“[1].

Prinz Louis Ferdinand hatte sie gefunden, seine Lebensspur, und voll auf ihr gelebt. Er hatte das Leben, seinen Weg angenommen – als Gottes Wille. Ein Sich-Fügen in sein Schicksal.

---

[1] siehe unten Teil II, Interview, S. 234

Kapitel 11

Gedanken im Rückblick

Den Prinzen habe ich als einen Mensch kennen und schätzen lernen dürfen, wie ich bisher selten einen Menschen erlebt habe. Und in meinem Berufsleben bin ich wahrlich vielen – mehr oder weniger – prominenten Personen der Zeitgeschichte aus Kultur, Wirtschaft, Medien und Politik begegnet. Auch sie durfte ich des Öfteren von ihrer persönlichen Seite kennen lernen. Bei Dreharbeiten, Events, in Gesprächen, bei privaten Treffen. Aber – eben anders.

In Prinz Louis Ferdinand lebten immer noch sehr stark die Worte Dietrich Bonhoeffers[1], des Freundes aus dem Hitler-Widerstand, die er als eine Lebensphilosophie angenommen hatte. Wie ein Gebet, das ihn *getragen* hatte[2], als Kraftquelle, auch über schwerste Zeiten hinweg. Ein Ausdruck seines tiefen Glaubens als Christ.

Gegen Ende unseres Interviews in seinem Haus Monbijou, nach intensiven, für ihn erfüllenden und befreienden Gesprächen, rezitierte er die letzte Strophe von Bonhoeffers Gedicht vor laufender Kamera.

Es wurde für mich, für unser Team, zu einem der bewegendsten Momente überhaupt. Wir hielten fast den Atem an, man hätte eine Stecknadel fallen hören können – so still war es im Wohnzimmer des Prinzen geworden. Er saß mir gegenüber, auf seinem Sofa, vor ihm eine Tasse Tee, und sprach mit bewegter Stimme:

„Von guten Mächten wunderbar geborgen
erwarten wir getrost, was kommen mag.
Gott ist bei uns am Abend und am Morgen,
und ganz gewiss an jedem neuen Tag“.

---

[1] Der Evangelische Theologe und Widerstandskämpfer, der auch zum engsten Kreis der Verschwörer um Claus Schenk Graf von Stauffenberg gehörte, wurde am 4.2.1906 in Breslau geboren und am 9.4.1945 im Konzentrationslager Flossenburg von den Nazis hingerichtet. Die Briefe und Texte, die er im Gefängnis schrieb, wurden in dem Buch „Widerstand und Ergebung“ veröffentlicht, wie auch sein letztes Gedicht, das den Titel „Von guten Mächten“ trägt.

[2] Das Gedicht entstand Weihnachten 1944

53 Prinz Louis Ferdinand in Monbijou
gegen Ende der Interviews

Auch für ihn war es ein Moment gewesen, der ihn sehr berührte. Es war vollbracht. Denn sein Wunsch, sein filmisches „Vermächtnis" im Interview zu hinterlassen, war erfüllt. Prinz Louis Ferdinand hatte die Kraft gefunden, sein Leben noch einmal Revue passieren zu lassen, es quasi „abzuschließen", Dinge zu klären.

Für sich und die Nachwelt noch einmal das auszusprechen, was ihn so lange bewegt und beschäftigt hatte,

Erlebnisse darzustellen und in den historischen Kontext einzubetten, wie er ihm wichtig war.

Es wurde eine Herzensangelegenheit für ihn, bei dem Film mitzuwirken, seinen Teil dazu beizusteuern. Und das war nach seiner Genesung, aber dennoch angegriffenen Gesundheit sehr viel...

Doch Prinz Louis Ferdinand stellte auch Forderungen an mich und an den weiteren Umgang mit dem gedrehten Filmmaterial. Er formulierte einen ethischen Kodex für die geplante Veröffentlichung. Prämissen, die ihm sehr am Herzen lagen. Es ging schließlich um ein, sein *Vermächtnis* und das der über 900jährigen Tradition seines Hauses Hohenzollern. Er wünschte sich vor allem große Sorgfalt bei der Verwertung des gesamten Materials aus dem Hause Hohenzollern und der Fernsehinterviews. Denn – er war den Medien gegenüber zwar zeitlebens sehr aufgeschlossen gewesen, hatte aber nicht nur gute Erfahrungen gemacht, wie er sagte.

Und der Prinz formulierte die Bitte an mich, seine Wünsche für ihn umzusetzen und Sorge dafür zu tragen, dass sie geschehen. Auch über seinen Tod hinaus.

54 Widmung

Ich gab ihm mein Versprechen darauf, sein filmisches *Vermächtnis* für die Nachwelt – seinen Wünschen und unseren Absprachen entsprechend – in journalistisch-ethischer Form aufzubereiten und zu veröffentlichen. Ich fühle mich dem Wort und dem großen Vertrauen, das zwischen uns herrschte, verpflichtet[1]. Das wird Zeit meines Lebens so bleiben. Denn seine Lebensgeschichte ist zu einem Teil meines Lebens geworden.

Ich bin dankbar dafür, dass ich diesem großartigen Menschen begegnen, ihn auch in freundschaftlicher Weise näher erleben durfte.

Als eine profilierte Persönlichkeit und zugleich als einen sehr bescheidenen Menschen. Er hob sich über das Mittelmaß *seiner* Zeit hinaus, ohne Selbstüberzogenheit und ohne „Selbstdarsteller" zu sein.

Er hat im 20. Jahrhundert, in seinem Jahrhundert, die Brüche, die im Wandel des Kaiserhauses entstanden sind, gesehen, „gekittet", aufge-

[1] Aus diesem Grund waren nach seinem Tode im deutschen Fernsehen auch keine Ausschnitte aus dem letztgültigen Exklusiv-Interview oder Auszüge aus der Dokumentation zu sehen. Dies bleibt einer Gesamt-Dokumentation vorbehalten.

fangen. Und durch seine Persönlichkeit – als Souverän und als Mensch – ein neues Bild zeitgemäßer Aristokratie gezeichnet.

Einer Aristokratie, die nichts zu tun hat mit Profilneurosen, Exzessen und Geltungssucht so mancher unbeschäftigter und unbefriedigter Sprösslinge alter Dynastien, gleich welcher Art und welchen Hauses sie entstammen.

Einer Aristokratie, die aufgrund ihrer Herkunft und guten Geschichte, sich neue Sinnbilder und neue Wirkungsfelder schafft – auf der Grundlage bewährter Traditionen. Standesbewusst, mit einem stolzen Wesen wie der Prinz eines hatte, aber ohne Standesdünkel und Arroganz.

55 Ein Vermächtnis…

Prinz Louis Ferdinand von Preußen, der Enkel des letzten deutschen Kaisers, stand für diesen neuen – und zugleich alten – Adel mit Noblesse, der zugleich ein menschlicher Adel war. Etwas, das man nicht anerziehen oder „lernen“ kann. Seelenadel.

Ein Mensch, der sich der Kultur der Werte nicht nur bewusst war, sondern sie lebte. Mit einer fast selbstverständlichen geistig-intellektuellen, vor allem aber menschlichen Größe, die er ausstrahlte.

Und – er war ein so liebenswerter Mensch, mit beiden Beinen auf der Erde stehend – in diesem so „bürgerlich“ gewordenen Leben. Das für ihn in weiten Teilen doch auch ein so schweres gewesen war. Aber – den Kopf hatte er, nach Fliegertradition, auch in hohem Alter noch im *Himmel.*

Er war lebendig, hatte Visionen, wollte sie verwirklicht sehen!

Zu Beginn unseres ersten Interviews auf dem Wümmehof, vor meiner ersten Interview-Frage, bemerkte er meine Verlegenheit um eine korrekte Anrede – für den Enkel des letzten deutschen Kaisers mit dem offiziellen Titel „SKKH Seine Kaiserliche und Königliche Hoheit Dr. Dr. h.c. Louis Ferdinand Prinz von Preußen“. Da er um diese Unsicherheit bei „Normalsterblichen“ wusste und wir uns schon eine Zeit lang kannten, sagte er auf seine charmante Art mit einem Lächeln:

„Nennen Sie mich einfach Prinz Louis Ferdinand…“!

Und in diesem Sinne ist es für mich heute eine große Ehre und eine große Freude, Ihnen „Ein Vermächtnis“ von Prinz Louis Ferdinand von Preußen – wie ich ihn erleben durfte – zu präsentieren.

Stimmen

über

Prinz Louis Ferdinand, Preussen und das 20. Jahrhundert

Die *Stimmen über Prinz Louis Ferdinand, Preußen und das 20. Jahrhundert* sind Auszüge aus den Film-Interviews, die die Journalistin Jutta Angelika Wonschik-Steege im Zuge der Dreharbeiten (von August bis Dezember 1993 und im Jahr 1997) geführt hat.

Kira Prinzessin von Preußen, die Tochter

Ist Ihr Vater ein Vorbild für Sie?

„...sehr sogar, immer gewesen. Es ist nicht so leicht, diesem Vorbild gleichzukommen. Und vielleicht muss sowieso jeder sein eigenes Leben führen. Aber ich bewundere meinen Vater sehr, in jeder Hinsicht!

56 Prinzessin Kira von Preußen im Gespräch

Ich würde das nicht direkt als Bürde bezeichnen. Wir sind – wie gesagt – so frei aufgewachsen. Und er hat uns das Leben sehr schön vorgelebt.

Das man die Würde des Anderen respektiert und das man den anderen Menschen leben lässt.

Man kann auch nicht so werden, wie der Vater. Man kann ihn als Vorbild nehmen und so gut wie möglich danach leben. Und dann muss man sehen, wie man das selber verarbeitet.

Also – als Bürde direkt würde ich das nicht bezeichnen. Vielleicht für meine Brüder mehr als für uns Mädchen...“

Christian Sigismund Prinz von Preußen, der Sohn

„ …Als Druck habe ich meinen Vater nie empfunden, eher als Vorbild.

Vorbild in der Hinsicht – es gibt kaum jemanden, der eine wichtige Familie in diesem Jahrhundert vertritt, der so bescheiden wie mein Vater auftritt. Selbst, wenn man ihm den ganzen Namen wegnähme, er wäre immer noch *„Doktor"* und seine Art ist auch einmalig. Das sind die anderen nicht, die treten wesentlich unbescheidener auf. Und dadurch hat mein Vater einen großen Rückhalt in der Bevölkerung…"

Irmgard Bucerius, ehemalige Leiterin der „Prinzessin Kira von Preußen-Stiftung"

"…Er ist im November geboren und ist ein Mensch, eben aus der Novemberzeit – etwas zwiespältig, ungeheuer begabt. Er ist in der Lage, sowohl sehr logisch zu denken und auf der anderen Seite hat er dies Musische. Dies sehr stark ausgeprägt Musische, was sich in ihm manchmal beißt. Was nicht ganz einfach ist für ihn.

…Er ist passionierter Romantiker, und das merkt man an seiner Musik!

Ich bin Preuße, zwar in Bremen aufgewachsen, aber mein Vater war Preußischer Offizier.

Prinz Louis Ferdinand landete als Flüchtling in Bremen, 1947. Und wir haben uns dadurch kennen gelernt, dass ich ihm durch Vermittlung eines Pianisten meinen Blütner–Flügel geliehen habe. Er hatte ein möbliertes Haus mieten können, es hatte aber kein Instrument. Und das war für ihn und die Prinzessin sehr arg. Und ich hatte meinen Flügel heraus gerettet, um ihn vor amerikanischer Beschlagnahme zu retten. Und habe ihn gerne dem Prinzen dann überlassen. Bis er sich später dann ein eigenes Instrument anschaffen konnte – das hat aber ziemlich lange gedauert. Das gab es nicht.

Es war schon schwierig, den Flügel hinaus zu transportieren. Aber das haben wir alles geschafft. Und so haben wir uns kennen gelernt!

Der Wümmehof kam 1950 ins Spiel, indem er dieses Haus, das er möbliert hatte mieten können – das wurde ihm gekündigt, weil der Mann mit seiner Familie aus Brasilien zurückkam und wieder in sein Haus wollte.

Bremen war eine doch sehr erheblich kriegszerstörte Stadt. Und er hatte inzwischen eine Familie von Eltern, sieben Kindern, drei Personen Personal, die er aus Westpreußen mitgebracht hatte. Die Unterkunft zu finden, war nicht so einfach.

Ich hatte 1949 eine Pflegetochter zu mir genommen, deren Vormund ich war. Und die hatte von ihrem Großvater den Wümmehof geerbt, den ich zu verwalten hatte. Und da habe ich ihm diesen Wümmehof als Wohnsitz angeboten – zunächst pachtweise. Weil – ich wollte nicht, bevor das Kind mündig war, den Wümmehof verkaufen.

Als meine Pflegetochter dann nach Argentinien heiratete, da hat er ihn gekauft.

Wir sind über die Musik eigentlich zusammen gekommen. Ich hatte eine Freundin, die Altistin Gertrude Pitzinger, eine sehr bekannte Sängerin. Die hat dann mit diesem Pianisten – durch den ich den Prinzen kennen gelernt hatte –, in dem Oberneulander Haus ein Konzert gegeben. Da habe ich die Söhne zum ersten Mal gesehen.

Die verstorbene Prinzessin[1] war eine fantastische Hausfrau, eine fantastische Mutter und eine unglaublich gute Ehefrau! Ich habe nie in meinem Leben wieder eine solche Ehe erlebt – wie zwischen dem Prinzen und der Prinzessin. Das hat mich ungeheuer beeindruckt…"

57 Will Quadflieg schrieb Theatergeschichte

[1] Kira, Ehefrau von Prinz Louis Ferdinand

Will Quadflieg, Schauspieler

„…(Die Preußischen Tugenden) sind sehr dünn gesät, wissen Sie. Also, der Friedrich hat ja gesagt, ‚Ich bin der erste Diener meines Staates'.

Das sind natürlich Sachen, die wunderbar sind. Der Beamte in diesem preußischen Sinne, in diesem streng, ganz genauen und nicht in irgendeinem bestechlichen Sinne, der ist natürlich irgendwo dünn gesät. Es sind weniger geworden. Die Verführungen unserer Zeit sind zu stark…"

Manfred Stolpe, ehemaliger Ministerpräsident des Landes Brandenburg

„…Wir leben jetzt in einem Deutschland, wo die Gegebenheiten ganz anders organisiert sind. Wir haben eine Bundesrepublik, in de föderative Element eine Rolle spielen können. Die sind gegliedert in den Ländern. Da hat Brandenburg seinen Platz drin.

Da bedarf es keiner solchen Konstruktionen mehr, in der weitere Länder zu einem Verbund ehemals preußischer Staaten oder so was zusammengefügt werden. Also – staatsrechtlich ist die Geschichte vorbei mit Preußen.

Auf der anderen Seite aber wird es ganz sicher so sein, dass die Geschichte leben wird, lebendig bleiben wird, dieses Landes. Wir werden in Brandenburg auch dafür sorgen, dass sie gerecht dargestellt wird. Wir werden auch mit darauf achten, dass sie auch durch die heranwachsenden Generationen präsent ist.

Da sind weite Strecken, auf die wir stolz sein können. Und wir werden auch dem nicht zu unterschätzenden kulturellen Erbe, das uns Preußen hinterlassen hat, dann die gebührende Achtung verschaffen.

Es sind ja mehrere Bereiche, auf die wir achten müssen. Das Erbe, das wir haben, ist am augenfälligsten natürlich in Gebäuden, in Schlössern, Parks dargestellt. Hier gibt es glücklicherweise eine Bereitschaft, die auch nicht nur das Land Brandenburg in Pflicht nimmt, sondern wo der Bund, auch andere Länder mitwirken.

Es gibt dann Sammlungen mit wertvollen Gemälden, auch anderen Kunst- und Kulturgegenständen.

Und es gibt das Erbe, das sich auch in etwas im Bereich der Musik und der Werte und Werke, die hier geschaffen worden sind, dokumentiert.

Wir sind bei der besonderen Förderung kulturellen Erbes Brandenburgs darauf orientiert, dass diese Schätze aus der eigenen Geschichte nicht zu kurz kommen. Und werden sicher bei allem, was neu heranwächst und was die jetzt lebende Generation von Künstlern und Kulturschaffenden bringt, immer diese Bezüge zur Geschichte haben…"

Dr. Otto John, ehemaliger Präsident des Bundesamtes für Verfassungsschutz, Freund von Prinz Louis Ferdinand

„(Die erste Begegnung mit Prinz Louis Ferdinand ergab sich bei der Lufthansa). Er war in der Lufthansa Volontär und Mitarbeiter in der Abteilung Verkehrspolitik. Und ich hatte Anfang 1938 – nach dem Neujahrstag unter anderem die Aufgabe, mich vorzustellen in den verschiedenen Direktionsabteilungen.

Und auf dem Weg durch das Gebäude bin ich dann auch bei Louis Ferdinand gewesen. Der saß in seinem kleinen bescheidenen Zimmer und war gerade dabei, sich ein Brötchen mit Honig zu streichen. Den Honig hatte er von Hans-Karl von Winterfeld, einem Abteilungsleiter der Lufthansa, der Verkehrspolitik machte, geschenkt bekommen – und bot mir zur Begrüßung an, mir auch ein Honigbrötchen zu streichen!

Das habe ich gesagt „Nein, Dankeschön". Ich war gar nicht so erpicht darauf. Aber – das war jedenfalls der Beginn unserer Begegnung.

Er befragte mich dann… Ich hatte eigentlich die Absicht, via Lufthansa irgendwie ins Ausland zu kommen, das war meine eigentliche Vorstellung von dem, was ich bei der Lufthansa wollte.

Und dann fragte er mich „Wie gefällt es Ihnen eigentlich in Berlin?" Worauf ich sagte „Überhaupt nicht!" Da war er ein bisschen entsetzt. Diese Antwort hatte er bestimmt nicht erwartet.

Nachher habe ich erfahren, dass er es seinem Klavierlehrer, den ich auch kannte – dessen Frau die Klavierlehrerin der Kinder von Dohnanyi war –, gesagt hatte.

Es war ihm nicht so ganz geheuer, dass ich das so frei heraus gesagt hatte. Und das Nazi-Regime so lächerlich gemacht hatte – und so frei heraus gesagt habe „es gefällt mir überhaupt nicht hier".

Das war natürlich auch ein Ressentiment gegen meine Reaktion, dass ich von Potsdam … nicht begeistert war usw. Er hat dann sehr zurückhaltend gesprochen.

Da wurde (er) aber doch über seinen Klavierlehrer Rudi Hauschild aufgeklärt über mich – dass ich alles andere war als Nazi-gläubig. Und dann haben wir uns ausgesprochen – erstmalig. Als … zu einer Hochzeit nach London flog und abgestürzt war[1]. Das Flugzeug war gegen einen Schornstein geflogen und darüber hat er sich auch sehr aufgeregt. Weil es unnötig war, gerade einen Schornstein umzufliegen.

Und dann haben wir einen Abend mit Hans-Karl von Winterfeld zusammen gesessen, in einem bekannten russisch-ukrainischen Restaurant – wo es Spezialitäten gab.

Da haben wir lange – bis spät in die Nacht – zusammen gesessen, getrunken und natürlich über diese Ereignisse gesprochen. Und danach waren wir uns eigentlich näher gekommen.

Und dann haben wir uns verschiedentlich getroffen. Und dann richtig erst, nachdem er verheiratet war und von der Weltreise zurückkam. Da hatte er mir von seinen Reiseeindrücken erzählt. Er war ja in der ganzen Welt mit seiner jungen Frau gewesen.

…und saßen in einem Lokal, das hieß Savarin, in der Nähe vom Eden Hotel. Das war bekannt für die Flieger – vor allen Dingen auch. Und da saßen wir zusammen, trafen dort zufällig zusammen. Da sagte er „Hören Sie mal, wir fahren jetzt zu mir nach Hause. Bei uns gibt es auch einen Schampus, der ist aber billiger als hier. Mindestens genauso gut, aber billiger."

So sind wir nach Hause gefahren. Da hatte er einen Ford-Wagen, den ihm Henry Ford geschenkt hatte. Er hatte das Recht, zu tanken, an allen Ford-Tankstellen. Da war eine Villa im Grunewald, hier in der Menzelstrasse – nicht weit von hier[2]. Eine nicht sehr anspruchsvolle Villa, wo er wohnte…"

---

[1] Die großherzoglich hessische Familie stürzte am 16. November 1937 ab.

[2] Das Interview wurde in Prinz Louis Ferdinands Berliner Haus Monbijou aufgezeichnet.

Knut Soppa, ehemaliger Pfarrer der Berliner Kaiser Wilhelm-Gedächtniskirche"

„ …Ich meine, dass es für beide wichtig wäre, für die Region Brandenburg –- mit Potsdam als der Hauptstadt – als auch Berlin – als der Bundeshauptstadt und der alten Reichshauptstadt, sich auf die Geschichte zu besinnen. Auch auf die preußischen Tugenden, der Sparsamkeit, der Pünktlichkeit, der Akkuratesse.

Manches könne da dann vielleicht heute auch sehr viel besser und einfacher gehen – als es zurzeit der Fall ist.

Und da ist mir ein Mann zum Beispiel also ein Mann wie Louis Ferdinand einfach ein verpflichtendes Vorbild, weil er ein so akkurat-präzise preußischer Mann ist. Mit dem dazugehörigen – ich kann es nur englisch ausdrücken – understatement. Der sich nicht wichtig nimmt, sondern einfach da ist. Der pünktlich ist, der seine Pflichten erfüllt – ohne davon groß Aufhebens zu machen.

Und ich meine, davon kann man unheimlich viel lernen…"

Job Ferdinand von Strantz, ehemaliger Generalbevollmächtigter von Prinz Louis Ferdinand und Leiter der Generalverwaltung des vormals regierenden Preußischen Königshauses in Bremen

„Seine Lebenszeit – von 1907 bis 1994 – deckt wohl unser Jahrhundert ab, das kann man sagen. Und seine Zeit als Chef des Hauses beginnt 1951, also genau in der Mitte des Jahrhunderts und – wie man so schön sagt – auch in der Mitte seines Lebens. Und geht dann bis zu seinem Tode 1994.

Chef des Hauses war er also seit dem Tod seines Vaters, dem letzten deutschen Kronprinzen Wilhelm, ab 1951.

Nun war er aber schon seit dem Kriegstod seines gefallenen ältesten Bruder Prinz Wilhelm prädestiniert auf diese Rolle hin. Ist da auch von seinem Großvater, dem Kaiser, dahin geführt worden.

Aber ich möchte das gern unterscheiden, denn die Chefstellung beginnt halt 1951. Und die ist nicht denkbar, dieser Beginn, ohne den Vorlauf. Es ist also selbstverständlich, dass er – schicksalhaft, kann man sagen – in diese Rolle hineingewachsen ist und sie dann tatsächlich erhalten. Dann allerdings hat er in dieser Rolle doch wesentlich gewirkt – für das Haus, auch für unser Land.

Denn er war ja eine Persönlichkeit aus sich selbst heraus. Er war ja nicht nur der Enkel des letzten Kaisers. und nicht nur ein Prinz des Hauses Hohenzollern mit dem schönen historischen Namen Louis Ferdinand, auch noch. Sondern er war eine eigenständige Persönlichkeit.

Auch schon zu erkennen an seiner musikalischen Begabung als Komponist. Schon von daher hat er eigenständig gewirkt. Das kann nicht jeder, das ist wirklich ein Privileg!

Und er war, meines Erachtens, eine große politische Begabung, die allerdings unserem Land nicht nutzbar gemacht wurde. Aber – trotzdem hat er auf viele Menschen im Lande gewirkt.

Also – der sogenannte „kleine Mann“ – ich fühle mich auch wie ein „kleiner Mann“ –, aber der sogenannte Mann „auf der Straße“, er hat liebevoll von ihm gesagt „das ist der Kaiser“...Und das war er aus sich.

Er war ein Mensch, menschlich von Kopf bis Fuß. Und dann in diese Form gegossen, diese innere Form. Die Äußere meine ich nicht. Aber ein Mensch war er, mit seiner Freundlichkeit. Eben Menschlichkeit – wie er auf die Leute zuging. Er hatte keine Distanz –, hatte schon eine natürliche Distanz zu ihnen.

Denn man sah das ja gleich, wer das ist. Man ahnte, spürte, dass er eben eine Person ist, wo doch eine gewisse Distanz war. Sogar sein muss. Aber er hat das immer schnell ausgeglichen durch seine Menschlichkeit – und seine totale Natürlichkeit.

Und wenn Sie mich fragen was für ein Mensch er war? Er war wirklich ein Mensch! Und da kann ich auch nur sagen – er war ein liebenswerter Mensch.

Man konnte sich auch mal mit ihm auseinandersetzen. Und kam dann aber immer wieder – aufgrund der menschlichen Stärke, die er hatte – zu einem guten Schluss. Es gab nie einen dauernden Streit. Dafür war er ein zu großer Mensch. Er war sofort wieder ausgeglichen.

Er war ein sensibler Mensch. Man macht sich ja von den Preußen oft draußen ein anderes Bild – so mit schnarrendem Ton und zackig und irgendwie in übertriebener Weise die berühmten Preußischen Tugenden verfolgend.

Das war er nicht, so! Er war nicht dieser Preuße. Dieses Preußenbild hat er nicht vertreten.

Er hat das Bild des *anderen* Preußens, das leider leicht oft vergessen wird – des kultivierten Preußens, des musikalischen. In dieser Familie gibt es eine große musikalische Tradition.

Dieses hat er vertreten, dieses Preußenbild. Und Bescheidenheit. Das kann man sich nicht vorschreiben. Das hat er einfach gelebt.

Und so war er ein Preuße. Ob er der Letzte war, das möchte ich hier nicht sagen. Ich hoffe, es gibt noch einige mehr."

Dietrich Bonhoeffer – Von guten Mächten[1]

1. Von guten Mächten treu und still umgeben
behütet und getröstet wunderbar, –
so will ich diesen Tag mit euch leben
und mit euch gehen in ein neues Jahr;

2. noch will das alte unsre Herzen quälen,
noch drückt uns böser Tage schwere Last,
Ach Herr, gib unsern aufgeschreckten Seelen
das Heil, für das Du uns geschaffen hast.

3. Und reichst Du uns den schweren Kelch, den bittern,
des Leids, gefüllt bis an den höchsten Rand,
so nehmen wir ihn dankbar ohne Zittern
aus Deiner guten und geliebten Hand.

4. Doch willst Du uns noch einmal Freude schenken,
an dieser Welt und ihrer Sonne Glanz,
dann woll'n wir des Vergangenen gedenken
und dann gehört Dir unser Leben ganz.

5. Laß warm und hell die Kerzen heute flammen
die Du in unsre Dunkelheit gebracht,
führ, wenn es sein kann, wieder uns zusammen!
Wir wissen es, Dein Licht scheint in der Nacht.

6. Wenn sich die Stille nun tief um uns breitet,
so laß uns hören jenen vollen Klang
der Welt, die unsichtbar sich um uns weitet,
all Deiner Kinder hohen Lobgesang.

7. Von guten Mächten wunderbar geborgen
erwarten wir getrost, was kommen mag.
Gott ist bei uns am Abend und am Morgen,
und ganz gewiß an jedem neuen Tag.

---

[1] Geschrieben Ende 1944 im Kellergefängnis der Prinz-Albrecht-Straße in Berlin. *Quellenvermerk*: Dietrich Bonhoeffer, Widerstand und Ergebung. © by Gütersloher Verlagshaus, Gütersloh, in der Verlagsgruppe Random House GmbH, München

TEIL II

DAS EXKLUSIV-INTERVIEW

MIT

LOUIS FERDINAND PRINZ VON PREUSSEN

GEFÜHRT VON

VON JUTTA ANGELIKA WONSCHIK-STEEGE

Vorbemerkung

Das Interview führte die Fernsehjournalistin Jutta Angelika Wonschik-Steege im Jahr 1993.

Im folgenden Text sind die *Fragen* jeweils *kursiv* gedruckt, der nachfolgende Absatz enthält die Antwort von Louis Ferdinand Prinz von Preußen.

Gekennzeichnet sind die einzelnen Interview-Abschnitte nach „Gesprächseinheiten", in der Reihenfolge der Aufzeichnung. Die in dem betreffenden Buchabschnitt behandelten Themenbereiche sind jeweils am Anfang der Gesprächseinheit zusammengefasst. Manche Sujets wurden im Gesamtinterview mehrfach angesprochen.

58 Prinz Louis Ferdinand von Preußen und die Autorin auf dem Wümmehof

GESPRÄCHSEINHEIT 1

Themen: Brandenburg und Potsdam – Die Überführung der Särge im Jahr 1991 – Preußentum und die Preußischen Tugenden – „The Rebel Prince“ – Kindheit, Jugend und Wilhelm II. – Werte – Der Mensch Louis Ferdinand

Brandenburg und Potsdam

Prinz Louis Ferdinand, wir feiern dieses Jahr tausend Jahre Potsdam. „Potstausend“ heißt das Motto. Die Feierlichkeiten gehen über ein Jahr. Wie haben Sie dieses Jahr empfunden, wie haben Sie es persönlich erlebt?

Ich habe dies mit großem Glücksgefühl und tiefer Dankbarkeit empfunden, ich bin ja fast über 40 Jahre nicht in Potsdam gewesen, und konnte nun, nach der „Wende“, wie man in Mitteldeutschland sagt, wieder zum ersten Mal meine Vaterstadt besuchen. Der Kontakt mit den Potsdamern war sofort vorhanden, die 40 Jahre kommunistischer Herrschaft[1] schienen vergessen. Was in diesen Jahren passiert ist, interessiert mich nicht. Die Menschen, so wie sie sind und wie sie dort leben und was sie dort erleben, das ist für mich auch das Maßgebende.

Wie haben Sie die Menschen empfunden?

Ich habe die Menschen eben sehr menschlich empfunden und es ist mir aufgefallen, ich bin ja auch in der DDR früher einige Male gewesen, dass sie irgendwie warmherziger sind als wir hier in Westdeutschland. Ihr Schicksal hat sie eben sehr zusammengerückt und eine menschliche Wärme geht von ihnen aus. Sie erinnern mich in manchem an meine amerikanischen Freunde. Die Amerikaner sind sehr direkt. Und dasselbe finde ich bei meinen Landsleuten drüben in der ehemaligen DDR.

Meinen Sie, die Menschen sprechen in Potsdam eine andere Sprache, eine Sprache, die man im Westen vielleicht in den letzten 40 Jahren verlernt hat?

Ich würde es nicht so scharf ausdrücken, aber es ist unterschwellig. Der Westdeutsche ist eben durch sein Schicksal etwas anders gewor-

---

[1] 40 Jahre „DDR“, 45 Jahre Kommunismus

den. Das Schicksal der Westdeutschen, die es auch am Anfang sehr schwer hatten – dazu gehören ja auch die ganzen Heimatvertriebenen – ist aber dann durch ihr eigenes Zutun, ihre eigene Tüchtigkeit und durch Hilfe aus dem Ausland, besonders aus den Vereinigten Staaten, eben viel sonniger gewesen.

Und die Annehmlichkeiten des Lebens werden hier für völlig selbstverständlich gehalten. Im Gegenteil: Man ist sogar vielfach damit nicht zufrieden. Und im anderen Teil Deutschlands, ich sage nicht Ostdeutschland, sondern Mittel-Deutschland…

Warum?

…weil Ost-Deutschland meine preußische Heimat ist, das sind die alten preußischen Provinzen: Pommern, West-Preußen, Ost-Preußen, Posen und Schlesien. Also, ich mache diese semantische Lüge nicht mit. Das ist reine Zweckmäßigkeit. Man will eventuell unseren polnischen Nachbarn nicht auf die Hühneraugen treten, indem man das betont, dass das eben anders früher geheißen hat. Obgleich ich viele Polen kenne, die auch noch Posen oder Westpreußen oder Schlesien sagen.

Wie haben Sie Potsdam, Ihre Heimatstadt, wieder vorgefunden, im Vergleich zu früher, zu Beginn des Jahrhunderts?

Ja, man braucht fast gar nicht sagen zu Beginn des Jahrhunderts, sondern bis zum Jahre 1945. Es ist grausam zerstört. Dieser Luftangriff, der noch kurz vor der Kapitulation stattgefunden hat, war meiner Ansicht nach völlig überflüssig. Potsdam war ja noch ganz unberührt und den Rest hat das SED-Regime besorgt, indem es also fürchterlich hässliche Bauten errichtet hat. Die vielleicht ganz praktisch waren als Wohnungen – die Wohnungsnot zu lindern, aber äußerlich sind sie unerträglich hässlich. Man spricht davon, dass man die meisten wieder abreißen will. Oder – das braucht man gar nicht zu tun, sie werden alleine zusammenfallen.

Wie würden Sie den „Geist von Potsdam" beschreiben? Was ist das?

Der „Geist von Potsdam" ist für mich Friedrich der Große[1]. Und seine Freunde. Und nicht das, was man darunter in der Verzerrung ver-

---

[1] Friedrich der Große war Freimaurer. Er gründete die Loge „Zu den drei Weltkugeln" am 13.9.1740 in Berlin, unter dem Namen „Aux trois Globes", deren Großmeister er wurde.

steht oder in der Propaganda, den Militarismus. Friedrich der Große, obgleich er ein großer Feldherr war, war ja eigentlich Antimilitarist. Als junger Mann hat er das Soldatentum, das von ihm verlangt wurde, geradezu gehasst. Das ist der Geist der *Aufklärung*, den ich unter dem „Geist von Potsdam" verstehe. Und ich hoffe sehr – und diesen Eindruck hat man – dass man diesen Geist jetzt wieder aus der Mottenkiste herausholt und kultiviert. Und das ist genau das Gegenteil der sogenannten Fremdenfeindlichkeit, die meiner Ansicht nach überhaupt nicht existiert. Die ist entstanden durch den Missbrauch des Asylantentums.

Was meinen Sie mit Missbrauch?

Ja, dass eben viele Leute nach Deutschland kommen aus dem Ausland, weil hier die wirtschaftlichen Verhältnisse besser sind. Das ist natürlich selbstverständlich. Aber ohne irgendein Regulativ, wie es jedes normale Einwandererland hat, funktioniert das eben nicht. Meine Vorfahren haben ja eine geradezu vorbildliche Asylpolitik getrieben. Die Leute, die damals aus dem Ausland hierher kamen, die mussten vorher um ihr Leben bangen. Die waren regelrecht verfolgt – ob es nun die Hugenotten waren oder die Salzburger oder die Böhmen. Die konnten ihrer Religion wegen im eigenen Lande nicht mehr leben, sie wurden einfach umgebracht.

Und wie wurden sie aufgenommen?

Mit offenen Armen. Sie wurden zum Teil sogar besser behandelt als die „Eingeborenen", wenn man das so nennen will, die Einheimischen. Was die natürlich ziemlich geärgert hat. Aber sie haben sich vollständig eingelebt und aus diesen Kreisen kommen mit die bedeutendsten Geister Preußens.

In Potsdam gibt es eine russische Kolonie, auch ein Holländisches Viertel. War der ‚Zeitgeist' damals, zur Zeit Friedrichs des Großen, Ausländern gegenüber schon sehr aufgeschlossen?

Scheinbar ja. Friedrich der Große selber sprach ja viel besser französisch als deutsch – was er selber zugegeben hat.

Die Überführung der Särge im Jahr 1991

Die Särge der Könige sind 1991 überführt worden. Sie hatten für lange Zeit eine Ruhestätte auf der Burg Hohenzollern gefunden. Können Sie das Ereignis noch einmal beschreiben?

Also, meine beiden großen Vorfahren – oder ihre sterblichen Überreste – habe ich damals aus der Elisabethkirche in Marburg (Lahn) auf die Burg Hohenzollern herübergeholt. Im allgemeinen Einverständnis – erstens mal – der Amerikaner, der Besatzungsmacht, die die Särge dann aus dem Salzbergwerk in Bernterode gebracht hat[1]. Mit dem Versprechen, dass sie in ihre Heimat zurückkehren würden, nach einer Wiedervereinigung Deutschlands in Freiheit und in Frieden.

Dieser Tag kam am 9. November 1989 mit dem Fall der Mauer und des Eisernen Vorhangs. Da musste ich und wollte ich natürlich auch mein vor vielen Jahren abgegebenes Versprechen erfüllen. Und habe mich dann an den Bundeskanzler[2] gewandt, der diesen Plan absegnete. Und an den Ministerpräsidenten meiner Heimat Brandenburg, Dr. Manfred Stolpe, wie auch an den Oberbürgermeister von meiner Vaterstadt, Herrn Dr. Gramlich. Mir wurde von Potsdamer Seite mit größtem Entgegenkommen begegnet. Und Dr. Stolpe hat die gesamte Organisation in Potsdam und in Brandenburg selbst übernommen und geleitet. Es gab damals eine ganze Menge „Kassandra-Rufe" in den Medien …

Welcher Art ?

… die durchaus negativ waren. Man sagte, das wäre völlig überflüssig, das würde zu Komplikationen politischer Art führen, Demonstrationen nationalistischer Art. Nichts davon ist erfolgt. Die Feier verlief sehr schön und sehr harmonisch. Und auch sehr würdig. Friedrich der Große hatte ja in seinen verschiedenen Testamenten festgelegt, wie sein Begräbnis vor sich gehen sollte. Wir haben versucht, uns daran zu halten. Aber das öffentliche Interesse war so enorm, dass man das berücksichtigen musste. Und wir leben auch in der Zeit der Medien, die konnte man nicht ausschließen.

---

[1] Im Jahre 1952 wurden die Särge von Bernterode, wohin sie 1945 überführt worden waren, nach Marburg gebracht.

[2] Helmut Kohl

Ihr Vorfahr Friedrich II. hat seine letzte Ruhestätte nun auf der Terrasse von Sanssouci gefunden. Eine Grabplatte – rechterhand vor dem Schloss – zeugt davon. Der Soldatenkönig ruht jetzt im Mausoleum. Sind das die Plätze, die von den Königen testamentarisch festgelegt worden waren oder haben Sie das selbst bestimmt?

Den Begräbnisplatz, die Gruft Friedrichs des Großen, hat er selbst bestimmt, zu Lebzeiten. Ganz am Beginn seiner Regierungszeit – Sanssouci stand noch gar nicht – hat er gesagt: *Hier* will ich begraben sein und *so* will ich begraben werden. Sein Nachfolger, Friedrich Wilhelm II., hat sich daran nicht gehalten. Vielleicht hat er es nicht gewagt. Und hat ihn dann beigesetzt in der Gruft in der Garnisonkirche, neben seinem Vater[1].

Warum wäre das für Friedrich II. ein Wagnis gewesen?

Weil das ein außerordentlich ausgefallener Wunsch war. Neben den Hunden begraben zu werden! Ohne jede Zeremonie und ohne irgendwelche Teilnahme von anderen Familienmitgliedern.

Sie sagten, dass die Medien auch kritische Stimmen haben verlauten lassen. Warum wird, wenn man heute von Preußen spricht, oft der Begriff ‚nationalistisch' gebraucht.

Ja, das ist eine totale Verzerrung. Eben durch Hitler ist das wahre Preußentum usurpiert worden und entweiht. Aber mit dem echten Preußentum hat das überhaupt nichts zu tun.

Preußentum und die Preußischen Tugenden

Was ist ‚Preußentum', wie definieren Sie es?

Also, man spricht von den sogenannten – ich sage absichtlich den sogenannten – preußischen Tugenden, denn die kann ja jeder und jedes Land und jedes Volk besitzen. Und besitzt sie auch. Aber in Preußen wurden diese gewissen Eigenschaften – oder diese weltanschaulichen Einstellungen – besonders gepflegt. Und ich finde, die schönste preußische Eigenschaft ist die Toleranz! Und das kommt immer zu kurz in der geschichtlichen Beurteilung. Man spricht immer nur von dem Pflichtbewusstsein und dem preußischen Drill – der in sämtlichen Ar-

---

[1] Friedrich Wilhelm I. wurde 1991 provisorisch im Mausoleum Kaiser Friedrichs III. neben der Friedenskirche in Potsdam beigesetzt.

meen praktiziert wird, sogar viel schärfer in den Vereinigten Staaten zum Beispiel oder auch in England. Das ist ein reines Vorurteil. Für mich ist der Preußische Geist der von Sanssouci.

Was meinen Sie, warum werden in der heutigen Welt Tugenden, wie beispielsweise Disziplin oder Hilfsbereitschaft, von den Menschen so gering geachtet? Was ist mit der Menschheit passiert?

Das liegt eben an unserem heutigen Zeitgeist, der leider sehr materialistisch ist. Also – das Wohlleben oder das Geldverdienen ist die Hauptsache. Christus hat mal gesagt: „Der Mensch lebt nicht vom Brot allein" – aber Viele scheinen das nicht zu beherzigen.

„The Rebel Prince"

In welchem Sinne sind Sie erzogen worden, nach welchen Tugenden oder Prioritäten? Sie galten schon von Kindesbeinen an als „Rebell". Wogegen haben Sie rebelliert?

Ja, heute würde man das ‚Establishment' nennen. Das war ein jugendliches Aufbäumen gegen das vorhandene Milieu, in dem ich groß wurde. Aber meine Erziehung war ausgesprochen liberal. Und ich würde auch sagen, kosmopolitisch. Mein Lieblings-Privatlehrer war ein Halb-Franzose, der sieben Sprachen konnte. Meine Mutter[1] sprach auch vier Sprachen. Wir sind ganz international erzogen worden. Von Nationalismus gar keine Rede.

Denn wir haben ja auch sehr viele ausländische Verwandte gehabt, und meine Mutter selber ist eigentlich mehr in Frankreich aufgewachsen als in Deutschland. Weil ihr Vater ein Augenleiden hatte[2] und deshalb das Klima von Mecklenburg ihm nicht so sehr gut bekam. Außerdem hatte sie eine russische Mutter (Anastasia), die alles andere als nationalistisch war.

Sie sagten, Sie waren ein „Rebell" gegen Ihr Umfeld, gegen Ihr Milieu, was ja nun das adeligste war, das es in Deutschland geben konnte. Was hat Sie an Ihrem Umfeld gestört?

---

[1] Kronprinzessin Cecilie v. Mecklenburg-Schwerin (1896 – 1954)

[2] Anmerkung der Autoren: Großherzog Friedrich Franz III. von Mecklenburg-Strelitz litt an Asthma, nicht an den Augen.

Das war mehr so eine instinktive Einstellung. Ich sehe das jetzt auch anders. Vielleicht – auch schon ein bisschen im Gegensatz zu meinem Bruder, der nun der Erbe war. Und ich gebe zu, ich war auf ihn sehr eifersüchtig.

Wie haben Sie das kompensiert, wie hat sich die Eifersucht ausgedrückt?

Wir haben uns furchtbar geprügelt als Kinder. Nachher haben wir uns natürlich sehr gut vertragen. Aber – ich habe immer mehr so den Hang in die Ferne gehabt. Und das konnte ich nachher dann ja auch praktizieren.

Kindheit, Jugend und Wilhelm II.

Wer waren die liebsten Menschen in Ihrer Kindheit, die Sie umgeben haben? Und später in der Jugendzeit, in Potsdam?

Na ja, meine Mutter habe ich sehr geliebt. Also, meine Eltern sowieso und meinen Großvater, den ich eben ganz anders kennen gelernt habe als das Bild, was man sich draußen von ihm machte – das auch verzerrt ist.

Kritiker sagen, dass Ihr Großvater von seiner Persönlichkeitsstruktur her eher schwach war? Wie haben Sie ihn kennen gelernt, wie würden Sie ihn charakterisieren?

Also – mein Großvater hat es sehr gut verstanden, mit Kindern umzugehen, die er immer wie Erwachsene behandelt hat. Das hat er mit uns auch gemacht. Er war eben sehr liebenswürdig, sehr gütig. Ich habe ihn dann ja besonders in seinem Exil kennen gelernt, viel näher. Da ist eine regelrechte Freundschaft entstanden. Und er hat immer meine Extravaganzen mit einem Lächeln unterstützt.

Sie waren sein Lieblingsenkel. Haben Sie vielleicht das gemacht, was er immer gern hätte tun wollen?

Vielleicht, ja. Ob ich sein Lieblingsenkel war? Das hat ... die Presse erfunden (Lachen).

Haben Sie es selbst nicht so empfunden?

Ich selber nicht. Aber die anderen waren dann doch ein wenig eifersüchtig, weil ich ihm sehr unbeschwert gegenüber aufgetreten bin. Das kam natürlich durch meine amerikanische Lebensart, die ich mir etwas angewöhnt hatte. Die amerikanische Direktheit, die keine Unterschiede kennt, also Standesdünkel oder so was.

Werte – Der Mensch Louis Ferdinand

Wie haben Sie das praktizieren können: Die Menschen als Menschen zu sehen?

Für mich war jeder Mensch eben Mensch und gehörte nicht zu irgendeiner Kategorie. Ich behandele alle Menschen vollständig gleich.

59 Prinz Louis Ferdinand und seine Frau Kira während der Hochzeitsfeier in Doorn 1938

Wie geht das?

Ich mache gar keinen Unterschied zwischen einem hochgestellten Politiker oder irgendeinem Arbeiter.

Hatte man das denn von Ihnen erwartet? Oder war man da nicht sehr überrascht, dass Sie so handeln?

Wir sind in dieser Beziehung sehr zur Bescheidenheit erzogen worden, vielleicht sogar ein bisschen übertrieben. Dass wir den Mitmenschen sehr achten mussten.

Was meinen Sie, was fehlt heute den Menschen auf der Welt am meisten?

Ein bisschen mehr Herz, das würde ich sagen. Man neigt eben zur verstandesmäßigen Betrachtung. Und Wärme. Aber ich würde das nicht zu sehr verallgemeinern. Man kann es überall finden, es kommt – glaube ich sehr – auf die Ansprache an.

Hat dieses ‚Herz' was mit der preußischen Kultur zu tun oder ist das eine subjektive Empfindung von Ihnen?

Ich kann nicht behaupten, dass das in meinem Milieu irgendwie fehlte. Ein „Hof" ist natürlich ein bisschen unpersönlich dadurch, dass die eigentlichen Bezugspersonen – also die Eltern oder mein Großvater – durch ihre repräsentativen Verpflichtungen eben in Anspruch genommen wurden, dass sie sich um die Kinder nicht so kümmern konnten. Aber ich glaube, dass das auch in anderen Familien, nicht nur in regierenden Häusern, so ist.

Wie haben Sie das Leben am Hof empfunden? Was hat Ihnen gefallen, was fanden Sie positiv, was haben Sie eher abgelehnt?

Also – wir kamen damit eigentlich nicht so sehr in Berührung.

Als irgendwie lästig empfand man diese verschiedenen Instanzen, denen man ausgeliefert war, bevor man überhaupt an die eigentlichen Personen rankam.

Ist das nicht heute genau so?

Sicher, na ja, wir versuchen es bei uns nicht so.

Also – bei meinen Eltern war das dann auch schon nicht mehr so. Aber der Verkehr der Kinder meines Großvaters, das war sehr förmlich, zum Teil. Unser Verhältnis zu unserem Großvater war direkter und wärmer als das der Kinder …

Wie würden Sie Ihren Großvater als Mensch beschreiben? Mit welchen Eigenschaften?

Hochbegabt, sehr sensibel. Und er war, meiner Ansicht nach, bei weitem der intelligenteste Monarch seiner Zeit. Und auch der aufgeklärteste. Er hat enorm viel für die Technik gemacht, er hat zum Beispiel das Realgymnasium erfunden – im Gegensatz zu dem humanistischen, auf dem er gewesen war. Auf diese Weise habe ich kein Griechisch gelernt, aber Französisch, Englisch und diese ganzen Naturwissenschaften, die mir nur nicht so sehr lagen (Lachen). Die Technische Hochschule hat er zur Universität erhoben, das haben ihm viele Wissenschaftler damals übel genommen. Also: Er war ein ausgesprochen moderner Mensch und auf der anderen Seite ein Romantiker.

Wie hat sich das geäußert?

Also, dies Moderne, wie ich schon sagte, seine starke Bevorzugung der Technik, der Industrie, der Bau einer Handelsflotte. Außerdem war er sehr sozial eingestellt.

Die Ursache von Bismarcks Entlassung war ja seine Arbeiterpolitik, die war auch insofern eine Katastrophe, meiner Ansicht nach, und ebenso dieses sogenannte Sozialistengesetz und der Kulturkampf. Und mein Großvater hat das eben schon früher gesehen. Leider hat er sich damit wohl nicht durchgesetzt, dass die Arbeiterschaft viel stärker herangezogen hätte werden können.

GESPRÄCHSEINHEIT 2

Themen: Der erste Weltkrieg und das Ende der Monarchie 1918 – Berufswünsche – Der Großvater Wilhelm II. in Doorn – Berlin in den 20er/ 30er Jahren des 20. Jahrhunderts – Brandenburg, Berlin und Potsdam – Der 9. November im 20. Jahrhundert: Der 9.11.1989 – Heimat – Werte, Glaube und Religion – Über die Monarchie

Der erste Weltkrieg und das Ende der Monarchie 1918

Welche Erinnerungen haben Sie an die Zeit von 1914 bis 1918? Wie kam es zu der Entwicklung von 1918?

Ja, wir lebten eben zwischen Potsdam, Berlin und Zoppot, Danzig. Und wir merkten dann gegen Ende des Krieges, dass die Stimmung etwas schwieriger wurde. Wir haben auch nicht viel zu essen gehabt. Man hat sich sehr streng an die Rationen gehalten. Sonst war unser Leben eigentlich ziemlich normal.

Und wie haben Sie dann 1918 die Wende, diesen doch historischen Tag, erlebt? Wo waren Sie?

Den habe ich in Potsdam erlebt. Meine Großmutter bestand darauf – also wir wohnten ja schon im Cecilienhof seit 1917, dass wir ins Neue Palais kommen sollten. Meine Mutter sträubte sich zwar sehr dagegen, aber dann haben wir natürlich den Wunsch erfüllt. Und da bekamen wir dann die Nachricht, dass mein Großvater abgedankt hatte.

Meine Mutter kam. Wir machten gerade unseren Mittagsschlaf und dann kam sie herein und sagte: „Großpapa hat heute abgedankt. Die Revolution ist ausgebrochen". Aber von der Revolution direkt haben wir keine unangenehmen Eindrücke. Also, zu uns war man sehr freundlich. Zum Beispiel kam eine Delegation des Arbeiter- und Soldatenrates nach Cecilienhof, und unsere dortigen Angestellten haben geglaubt, jetzt kommt unser letztes Stündchen. Aber das Gegenteil trat ein: Sie fragten, ob wir genügend Bewachung hätten. Sonst würden sie dafür sorgen.

Hatten Sie Angst? Lebensangst?

Wir selber nicht. Es hieß, es wären aufsässige Matrosen auf dem Marsch nach Berlin und dann würde eben alles auf den Kopf gestellt. Wir sind dann nach ungefähr einer Woche wieder nach Cecilienhof zurückgekehrt, und .... na ja, es löste sich dann allmählich alles auf.

Wir mussten dann in die Schule, eingeschult werden. Unsere Privatlehrer wurden entlassen, sie wurden vom Staat übernommen, und dann fing eben ein bürgerliches Leben an. Was für mich in keiner Weise unangenehm war, dadurch war natürlich eine gewisse Freiheit ...

Wir waren aber doch sehr stark immer bewacht und konnten nicht allein auf die Straße gehen ...

Haben Sie es als positiv empfunden, was passiert ist oder wie haben Sie es bewertet?

Ja, durchaus.

Warum?

Es entsprach mehr meiner eigenen Individualität. Und das in der Schule hat mir zuerst sehr viel Spaß gemacht. Ich war ziemlich ehrgeizig und, na ja, kein ausgesprochen schlechter Schüler. Und nachher war das alles Routine.

Berufswünsche

Was für einen Berufswunsch hatten Sie denn?

Ach, verschiedene. Ich wollte mal Schiffskapitän werden. Aber das hat mir dann hier in Bremen der Generaldirektor Heineken ausgeredet, oder vielmehr über meine Mutter.

Warum?

Er meinte, das Leben eines Seemannes wäre nicht so ganz das Richtige. Ich könnte ja später genug mit dem Schiff fahren, aber ich bräuchte das ja nicht beruflich zu tun ...Und wahrscheinlich hat er recht gehabt. Die Ehen der Seeleute gehen ja sehr oft in die Brüche, weil der Papi nie zu Hause ist und woanders dann auch ... (Lachen)

Aber Sie haben eine sehr glückliche Ehe geführt, im Gegensatz zu vielen Menschen?

Aber ich bin ja kein Schiffskapitän. War zwar Pilot, aber ...

Der Großvater Wilhelm II. in Doorn

Und wie haben Sie Ihren Großvater nach 1918, nach dem Abdanken, erlebt? Wie hat er sich in die neue Situation eingefunden?

Also, beklagt hat er sich nie. Das hat mir auch sehr imponiert. Er hat sich enorm interessiert, für das was eben...[1] Also, seine Sehnsucht nach Deutschland und seine Trauer über die ganzen Geschehnisse, dass er eben nicht mehr Deutscher Kaiser war, hat er absolut verborgen.

60 Kaiser Wilhelm II. in Doorn mit Kaiserin Hermine anlässlich der Hochzeit von Prinz Louis Ferdinand und Prinzessin Kira

Wie hat er das kompensiert? Er hatte dann in Doorn gelebt ...

Er hatte viele Interessen. Besonders stark war er an Archäologie interessiert und hat dann einen wissenschaftlichen Kreis gebildet. Der nannte sich „Doorner Arbeitsgemeinschaft", von führenden – hauptsächlich – Archäologen und die berichteten ihm dann immer über ihre Ausgrabungen. Und dann hat er sich für unsere Entwicklung auch sehr interessiert.

Wie hat er Sie unterstützt?

Er hat mich unterstützt gegen gewisse Kreise, die man ja vielleicht reaktionär nennen könnte. Also, auf Wunsch meiner Eltern musste ich

---

[1] aktuell war. (Ergänzung der Autoren).

in ein sogenanntes Korps eintreten, eine schlagende Verbindung in Bonn. Ostpreußische Freunde meiner Eltern hatten sie davon überzeugt, dass das das beste Surrogat für das Militär wäre. Davon haben sie sich also überreden lassen. Und dann wurden wir, mein älterer Bruder und ich, als wir das Abitur gemacht hatten, im ersten, nein im zweiten Semester nach Bonn geschickt. Mir hat das in keiner Weise gefallen, besonders die kolossale Trinkerei. Und das Fechten mit scharfen Säbeln.

Das" Mensurenschlagen"?

Da wollte ich eine Reise nach Argentinien machen und fuhr deshalb auch nach Doorn, um seinen Segen dazu zu haben. Und habe ihm dann so ganz beiläufig erzählt, ich würde meine erste Mensur schlagen – worauf er fast in Ohnmacht gefallen ist. Er sagte, das ist unerhört, das hat noch niemand von unserer Familie gemacht.

Also – da wir damals ein regierendes Haus waren und Mensuren ja verboten – konnten nicht Mitglieder des Hauses das Gesetz brechen. Mein Vater ist in Bonn gewesen, hat auch gefochten, aber nicht auf dem Paukboden. Und das gab dann da so einen furchtbaren Aufruhr, der Generalbevollmächtigte meines Großvaters, das war ein alter Ostpreuße und der gehörte zu der Clique, die meine Eltern eben dazu gebracht hatten.

Dann bin ich ausgetreten – mit seiner Hilfe, denn meine Eltern waren sehr unglücklich darüber. Das zeigt wieder, wie modern er dachte: Du kannst doch nicht mit einem „Schmiss" herumlaufen. Und im Ausland gelten solche „Schmisse" als Verbrechersymptom, nicht? „Scarface" nennen sie das …

Und Ihr Bruder hat sich aber wohlgefühlt?

Der hat sich wohlgefühlt. Ich bin dann nach Berlin zurück und habe dann da sehr intensiv studiert, und meinen „Doktor" gemacht, nach ein paar Semestern. Nach neun Semestern.

Berlin in den 20er/30er Jahren des 19. Jahrhunderts

Und in der Berliner Zeit damals haben Sie Ihre Liebe zur Musik, zum Theater entdeckt. Wie waren die „roaring twenties" denn so?

Außerordentlich anregend! Und gerade Theater, besonders die Opernaufführungen. Die Musikwelt spielte auch in der Presse eine Riesenrolle. In der „BZ am Mittag" schrieb dann ein gewisser Schmidt seine Kritiken. Und das war das Gespräch! Man diskutierte eben, es war sehr sehr lebendig. Und Symphoniekonzerte fanden regelmäßig statt. Ich bekam einen sehr schönen Kontakt zur Oper und zu den Philharmonikern, durch einen alten spanischen Freund. Es war der spanische Militärattaché, der sich selber „Musikattaché" nannte!

Valdivia?

Valdivia. Einer seiner Vorfahren ist der Eroberer von Chile gewesen. Und es gibt heute noch eine große Stadt, die Valdivia heißt. Die habe ich auch mal besucht.

Hatten Sie zu dieser Zeit eine Lieblings-Oper? Theaterstücke, die Sie gern gesehen haben? Schauspieler, die Sie bewundert haben?

Von den Musikern war am bekanntesten Kleiber, Generalmusikdirektor. Von den Sängern war Leo Schützendorf[1] ein sehr guter Bariton ... mein Gedächtnis …

Ich ging fast zwei Mal in der Woche in die Oper und lernte auf diese Weise diese ganze intellektuelle künstlerische Schicht in Berlin kennen. Die war sehr, sehr anregend. Die Ansichten etwas linksliberal, das passte natürlich meiner Familie nicht so sehr. (Lachen) … Und dann …[2] so eine sehr starke jüdische Kolonie, mit denen ich sehr gute Freundschaften hatte.

Wie hat die Zeit Sie damals geprägt für das weitere Leben? Wie haben Sie sich selbst verändert?

Na ja, ich war durchaus nicht als künftiger Chef des Hauses ausersehen. Das sollte ja mein älterer Bruder werden. Der hat dann nicht nach den Hausgesetzen, nach den Regeln unseres Hauses geheiratet. Da war ich schon in Amerika, bei Ford. Und daraufhin hat mein Großvater mich zurückgepfiffen. Ich hatte eigentlich geplant, ganz in Amerika zu bleiben.

Was hat das denn für Sie bedeutet? Ist bei Ihnen eine Welt zusammen gebrochen?

---

[1] Der Sänger hieß u.E. Leo Slezak

[2] gab es (Ergänzung der Autoren)

Das kann ich nicht behaupten. Ich habe dann meine Frau kennen gelernt und geheiratet. Das war ein großes Glück für mich.

Sie sagten gerade „Gesetze der Familie" in puncto Heirat. Was war festgeschrieben in den Gesetzen? Gelten die auch heute noch?

An sich ja. Aber die wenigsten halten sich noch daran, nach dem „Gotha". Wenn man danach geht, die sogenannte ‚erste' und ‚zweite' Abteilung, die Vorfahren der Betreffenden müssen unabhängige Landesfürsten gewesen sein[1].

Wie war die Stadt damals, in den 30er Jahren – Berlin?

Die Stadt war sehr sympathisch, irgendwie gemütlich. Es war eine internationale Metropole. Aber eben doch nicht abstoßend, wie ja viele dieser Großstädte sind.

Brandenburg, Berlin und Potsdam

In Berlin und Potsdam, in Brandenburg – gerade in dieser Region – prallen heute Kultur und Geschichte sehr massiv aufeinander? Wie sehen Sie im Moment die Entwicklung, welche Visionen kann es für die Zukunft geben.

Also für Potsdam kann ich feststellen, dass man sich sehr stark mit seiner Vergangenheit auseinandersetzt. Die Vergangenheit ist ‚omnipräsent'! Das ist natürlich durch die Bauten gegeben, man lehnt die auch gar nicht ab.

Da ist in Potsdam regelrecht eine familiäre Beziehung – trotz der 40 Jahre hat man das sofort bemerkt, die Menschen, obgleich das ganz andere Menschen sind – diese alten Pensionärsschichten, das waren hauptsächlich pensionierte Beamte und Offiziere, die da lebten. Das ist da ja weg. Aber trotzdem fühlen die Leute sich mit uns irgendwie verbunden.

Wie wird die Zukunft aussehen? Werden Berlin und Potsdam zusammenwachsen oder werden die Städte ihre Eigenheit behalten?

Potsdam war ja immer schon, das darf ich eigentlich gar nicht sagen, eine Art Vorort von Berlin. Und jetzt ist es eben Landeshauptstadt geworden. Damals war es – bis zur Revolution – Residenzstadt und das gab der Stadt eben ihre Prägung, ihre Würde. Deshalb haben sich die

---

[1] Standesherren sind gemeint. Dies ist auf dem Wiener Kongress beschlossen worden.

Potsdamer auch irgendwas eingebildet. Aber jetzt verschmilzt das ein bisschen.

Meinen Sie, die Städte wachsen zusammen?

Potsdam wird seinen eigenen Charakter – wahrscheinlich jedenfalls – versuchen zu behalten. Und durch den Landeshauptstadt-Charakter wird dies ja auch unterstrichen. Ich würde das sehr gerne sehen, wenn Brandenburg und Berlin wieder zusammen kämen.

Welche Rolle wird Brandenburg in Zukunft spielen – wenn man den Weg von Brandenburg durch das Jahrhundert sieht? Wie würden Sie es beschreiben?

Also, ich glaube schon, dass Brandenburg… Das sind eben Preußen, und diese Qualitäten sind ja noch da, dieser Lebensnerv. Die werden schon wieder im Ganzen eine große Rolle spielen, wie überhaupt Mitteldeutschland. Die Sachsen waren ja auch sehr fleißig und sehr begabt. Deshalb sehe ich für unser wiedervereinigtes Deutschland eine sehr gute Zukunft – im deutschen und europäischen Rahmen.

Der 9. November im 20. Jahrhundert: Der 9.11.1989

Der 9. November ist für Sie persönlich ein ganz wichtiger Tag: Sie sind am 9. November geboren. Der 9. November zieht sich auch als einer der Stichtage durch die deutsche Geschichte. Und der 9. November ist wieder zu einem Schicksalstag für die deutsche Nation geworden. Wie haben Sie den 9. 11.1989 erlebt?

Hier in Bremen. Einen ganz normalen Geburtstag, und abends habe ich dann noch mit meiner Familie und meinen Mitarbeitern ein bisschen gefeiert. Und da kam plötzlich die Nachricht durchs Radio, dass die Mauer gefallen ist.

Und was war Ihr erstes Gefühl?

Das war kaum zu fassen. Ein unerhörtes Geschenk. So habe ich das empfunden. Und ich glaube auch, dass mein Leben sich seither geändert hat.

Inwiefern?

Ja, das eben: Die Heimat ist wieder da, die war ja für mich verloren!

Heimat

Was ist für Sie Heimat?

Die eigentliche Heimat ist für mich Potsdam, Berlin-Potsdam, da bin ich praktisch aufgewachsen. Abgesehen von meiner östlichen Heimat Danzig und zum Schluss, Cadinen. Diese Gegenden empfinde ich auch als Heimat.

Verbinden Sie mit dem Begriff Heimat auch Menschen?

Ja, durchaus. Und das sind jetzt eben neue Menschen. Zum Beispiel, wenn ich das so sagen darf, den Ministerpräsidenten Stolpe, den ich sehr verehre und für einen der bedeutendsten deutschen Politiker halte.

Warum?

Aufgrund seiner Ausstrahlung. Er würde für mich der ideale Bundespräsident sein. Nun ist das aus anderen Gründen verhindert worden.

Haben Sie mit ihm schon mal darüber gesprochen?

Nein, aber das ist allgemeines Gesprächsthema in Berlin. Ich nenne ihn ‚meinen Landesvater'.

Als „Stammherr" des Landes Brandenburg?

(Lachen)

Es ist nun mal nicht so. Ich hoffe, dass er an der Regierung bleibt, dass er bei der nächsten Landeswahl wieder mitmacht. Trotz der Anfeindungen, die ich für furchtbar ungerecht halte. Er ist jedenfalls sehr beliebt, nicht nur in Potsdam, sondern in ganz Brandenburg. Bei einer Wahl würde der sofort wieder … wenn er antritt. Ich weiß nicht, ob er noch Lust dazu hat.

Hat das was mit dem Amt zu tun, mit der Position, oder mit dem Menschen?

Mit dem Menschen, glaube ich, er hat eine kolossale Ausstrahlung, die den Menschen Mut gibt und Zuversicht, eben das Positive im Leben. Nun kommt er ja aus der Kirche, hat wohl auch den Glauben.

Werte, Glaube und Religion

Ist Glaube für Sie wichtig?

Ja.

Was ist Religion, was ist Ihr Glaube?

Ja, das ist die Überzeugung, dass es ein höheres Wesen gibt, einen persönlichen Gott.

Und wie sieht Ihr persönlicher Gott aus?
Das ist nicht zu beschreiben, eben allmächtig, gütig – also was Sie wollen – und allgegenwärtig!

Was ist für Sie der Sinn des Lebens?
Das kann man eigentlich … schwer beantworten …
Versuchen, Mensch zu sein! Mehr kann ich nicht sagen.

Das ist ein sehr hoher Anspruch!?
(Nicken)

Warum gibt es in unserer heutigen Zeit so wenig ‚Menschen'?
Ja, ist das so? Vielleicht gibt es mehr als man denkt!

Sind Sie Optimist?
Ja, völlig!

Was meinen Sie, warum wird heute in Deutschland alles, was Kultur ist, so gering geachtet? Im Gegensatz zu anderen Ländern, die stolz sind auf ihre Kultur, auf Tradition, unabhängig von der politischen Richtung oder Machthabern?
Na, vielleicht liegt das ein bisschen im deutschen Charakter, dass man gerne das verdrängt, was einem unangenehm ist, oder der Hang, immer etwas Neues zu machen. Denn ich schätze den Deutschen – eigentlich und mich selbst natürlich auch – als romantisch veranlagt ein. Der Deutsche hat starkes Gefühl.

Und warum steht er nicht zu seinem Gefühl, was er hat?
Tja …, das ist eine seiner Schwächen!

Welche Schwächen haben Sie?
Ich bin ein ziemlicher Egoist … (Lachen)

Und welche Stärken würden Sie sich zuschreiben?
Eine gewisse Konsistenz, ein Durchhaltevermögen!

Was in einem langen Leben gewachsen ist, in schwierigen Situationen?
Ich habe auch meine Ansichten zum Teil geändert. Also diese radikale Einstellung von früher hat sich – so – sehr abgemildert.

In welchen Punkten?

Na ja, auch politisch, ich war früher sehr weit links. Das bin ich nicht mehr.

Was wäre für Sie die beste Regierungsform in Deutschland?
Da bin ich zu subjektiv, um das zu beurteilen.

Über die Monarchie

Tun Sie es!
Also, ich glaube, dass eine Monarchie die Deutschen irgendwie mehr befriedigen würde.

In welchen Punkten?
Dass sie persönlich eine Beziehung zu dem betreffenden Monarchen bekämen, und zu der Familie und daraus ein familiäres Verhältnis.

Also, die amerikanische republikanische Form funktioniert ja ausgezeichnet, obgleich der dortige Präsident viel mehr Machtbefugnis hat als zum Beispiel mein Großvater. Und die europäischen Monarchen haben praktisch gar keine Macht. Sie sind reine Repräsentations-Figuren. Aber sie befriedigen die menschliche Zuneigung irgendwo.

Könnten Sie sich vorstellen, dass in Deutschland wieder eine Monarchie oder eine Form der Monarchie kommt?
Ich sage, warum nicht?

Wie könnte das aussehen?
So ähnlich wie in Skandinavien. Oder Spanien, ist das beste Beispiel. Die Spanier sind ja sehr schwierig, sind enorme Individualisten. Mehr, viel mehr noch als wir Deutsche.

Und warum funktioniert das dort?
Na ja, das liegt vielleicht auch an dem König, nicht?

Was ist der Grund für dieses, sagen wir mal, politische Chaos, für diese Unruhe, die wir heute überall haben – in Deutschland, in Europa?
Vielleicht, weil wir doch in einem kolossalen Umbruch leben, schon die ganze Technik und unbefriedigte Wünsche und Hoffnungen.

Umbruch jetzt von – wohin?

Also, zum Beispiel von diesem Nationalstaat Europa zu dem Vereinigten Europa. Das bringt natürlich auch eine geistige Umstellung. Ich glaube, dass das ein unaufhaltsamer Prozess ist.

Welche Chancen geben Sie dem Vereinten Europa?

Große, obgleich viele dagegen sind. Es kommt von ganz allein. Denn ein einzelnes Land wird mit diesen heutigen Problemen nicht mehr fertig.

Und welche Rolle wird Deutschland spielen?

Eine ausgesprochen führende. Wenn man es eben geschickt macht.

Wie?

Na ja, indem man die anderen nicht beunruhigt. Und – aber nicht zu sehr den Musterschüler spielen will, denn das haben wir ja wohl `ne Zeit lang jetzt gemacht. Aber wir hatten auch ganz gute Leute.

Wir hatten?

Na ja, ich rechne den Bundeskanzler[1] absolut dazu.

---

[1] Helmut Kohl

GESPRÄCHSEINHEIT 3

Themen: Die Studienzeit – Spanien und Südamerika – Berufswunsch Musiker – Der Künstler und Komponist – Musik als Teil der Religion – Die musikalischen Vorfahren – Die „Prinzessin Kira von Preußen-Stiftung" – Erziehung in Kindheit und Jugend – Leben im Cecilienhof nach 1918 – Der I. Weltkrieg 1914-1918 – Wilhelm II. und der Kriegsbeginn 1914

Die Studienzeit

Prinz Louis Ferdinand, wie war Ihre Studienzeit?

Sie war sehr intensiv und sehr interessant, weil ich eben in Berlin die meiste Zeit studiert habe. Ich habe 9 Semester studiert und 7 davon in Berlin.

Und was haben Sie studiert?

Volkswirtschaft – das nannte man früher Nationalökonomie, Geschichte und Philosophie.

War das eine landläufige Kombination oder hat das voll Ihren Neigungen entsprochen?

Das hat meinen Neigungen entsprochen. Ich hab' den ‚Dr. phil.' gemacht und Berlin war ja die angesehenste Universität und die schwerste, wie man zu sagen pflegte. Sage ich mit einem gewissen Stolz.

Und worüber haben Sie promoviert?

Meine Doktorarbeit hieß: „Einwanderungstheorie dargestellt am Beispiel Argentiniens". Denn ich hatte ja zwischendurch, während des Studiums, eine Reise nach Argentinien gemacht. Und bin da in Verbindung gekommen, oder in Kontakt, mit einem Einwanderungsunternehmen. Das war ein gewisser Don Adolfo Schwelm der in Misiones, also im nordöstlichen Zipfel Argentiniens, da, wo die berühmten Iguaçu-Fälle sind, eine Kolonisation machte – mit Deutschen hauptsächlich. Und das hat mich dazu bewogen oder motiviert, dieses Thema zu machen.

Es war aber kein opportunes Thema, für die damalige Zeit?

Nein, das war ein bisschen ausgefallen. Aber mein Doktorvater, Prof. Dr. Ludwig Bernhard, der hatte mich da – wie soll ich sagen – dabei unterstützt.

Spanien und Südamerika

Sie haben in sehr jungen Jahren Ihre Liebe, Ihre Zuneigung zu Spanien und für Südamerika entdeckt. Was hat Sie so fasziniert?

Die eigentliche Ursache war mein Patenonkel Don Alfonso Trese, also Don Alfons XIII.[1] Als junger Mensch hat man Idole, und der war mein Vorbild.

Warum?

Das weiß ich auch nicht. Das war ein sehr Eleganter, Schneidiger. Er sah auch sehr gut aus und den habe ich einfach angehimmelt, obgleich ich den ja gar nicht kannte. Und dann habe ich mir eben gesagt – also mit 10 Jahren so ungefähr –, du fängst jetzt an, Spanisch zu lernen mit einer Grammatik.

Und das war ganz zum Entsetzen von Ihrem damaligen Lehrer Ditfurth?

Ja, von meinem Militärgouverneur, also nicht von meinem Lehrer! Ich hatte einen Hauslehrer. Der Ditfurth[2] war nur verantwortlich für unsere Erziehung, und, na ja, auch ein bisschen militärische Ausbildung. Während unsere Hauslehrer uns dann in den üblichen Fächern nach dem Reform-Real-Gymnasium-Fahrplan unterrichteten.

Was hieß das in der damaligen Zeit?

Das hieß, dass man mit Französisch anfing. Das ist psychologisch hochinteressant. Der ganze Hass in Deutschland richtete sich gegen England in der Zeit. Und deshalb – wir konnten alle schon Englisch, denn wir hatten eine englische Gouvernante –, durften wir als Mitglieder der regierenden Familie nicht mehr Englisch sprechen. Also, das war natürlich furchtbar kurzsichtig. Wurde uns verboten. Aber Französisch, da hat kein Mensch was dagegen gehabt.

Und dieser Professor Kappus – war Halbfranzose, seine Mutter war wohl Französin – kam von einem berühmten Gymnasium in Frankfurt,

---

[1] König Alfons XIII. (1886-1931)
[2] Wilhelm Dietrich von Ditfurth

Goethe-Gymnasium. War im Kriege Dechiffreur, weil er Russisch konnte, auf dem kleinen Kreuzer ‚Straßburg'. Und erschien in Marine-Uniform, war also ein ganz kleines Männchen und sah sehr putzig aus. Und der hat meine Spanien-Liebe unterstützt, hat mich dabei auch immer sehr, na ja, betreut.

Was hat Sie an der Lebensart der Spanier fasziniert?
Ich kannte Spanien ja überhaupt nicht. Das war irgendwie so ein Ideal für mich.

Das war ein Traum für Sie?
Ja.

Haben Sie im Leben noch andere Träume gehabt?
Das kann man eigentlich nicht sagen...

61 Der Künstler Louis Ferdinand

Berufswunsch Musiker

...die Sie sich erfüllt haben?
Ja, ich wollte eigentlich Musiker werden, Dirigent oder so was ähnliches. Also in ganz jungen Jahren. Ich hab' dann also auch eifrig Geige gelernt, auf meinen eigenen Wunsch. Es wäre besser gewesen, ich hätte mit Klavier angefangen. Na ja, da haben meine Eltern mir eine fabelhafte Lehrerin ... eine Virtuosin ... es war ein Fräulein Wietrowetz[1].

[1] Gabriele Wietrowetz

Aber diese arme Person, diese arme Dame, konnte mit mir nicht fertig werden. Und einem kleinen Jungen die Anfangsgründe des Geigenspiels beizubringen, das ist ja eine entsetzliche Qual für beide.

Und wer hat dann diesen 'Kampf' gewonnen?

Den habe ich gewonnen, indem sie nämlich verzichtete. Und ich hab dann da einen Lehrer gehabt in Potsdam, Herrn Pfeil-Schneider[1], der dort ein Institut leitete und ihm gehörte eine Musikschule. Und der ist mit mir fertig geworden, den habe ich dann auch sehr gern gehabt …

Und warum kam es nicht zu dem Beruf Musiker?

Ich wollte nachher eben ins Ausland und … mein Schicksal … mich dann nach Amerika verschlagen hat. Aber – ich habe immer weiter Geige studiert und … Musik also sehr geliebt!

Der Künstler und Komponist

Sie sind auch sehr bekannt durch Ihre romantischen Kompositionen. Wie sind Sie zur Musik gekommen, wie haben Sie entdeckt, dass Sie komponieren können?

Das ist erst später gekommen. Aber die Musik – sozusagen – gehörte mit zum Erziehungsplan. Ebenso wie Reiten, nicht. Mein Vater war Oberst, er hatte ein Regiment in Danzig[2]. Und dann war meine Mutter sehr musikinteressiert und -begeistert. Und hat immer – oder sehr regelmäßig – bei sich Kammer-Musik, also Kammer-Musiker gehabt. Und da waren wir natürlich immer dabei. Und wurden so, ganz ohne dass wir's merkten, in die Musik…[3] Das war ein Bestandteil unseres Lebens!

Musik als Teil der Religion

Wie wichtig ist dieser Bestandteil für Sie?

Also, die Musik ist für mich ein Teil meiner Religion! Ich empfinde das als göttliche Offenbarung, allerdings nicht die moderne! Die atonale Musik (Lachen) finde ich grauenhaft.

---

[1] Ulrich Pfeil-Schneider

[2] Der Kronprinz war in Danzig Oberst der Kavallerie, 1918 General der Infanterie

[3] eingeführt (Ergänzung der Autoren)

Wo fängt bei Ihnen moderne Musik an?

Na ja, Schönberg und so was. Zeitgenössisch ist ja nicht alles a-tonal. Zum Beispiel Benjamin Britten, der hat ganz melodische Sachen.

Aber ich war neulich in Potsdam eingeladen, von dem Leiter der dortigen Musikschule. Er hat von mir Lieder gebracht und von Wilhelm Kempf. Kempf hat sehr schöne Kammermusik, so etwas im Stil von Grieg. Da war das nur a-tonal, also mir ist fast übel geworden. Für mich ist das die Hölle. Ich kann leider nicht anders … Aber ich weiß, dass viele Musiker davon magenkrank werden, wenn sie diese a-tonalen Sachen spielen. Es ist so, als wenn jemand absichtlich immer mit dem Hinterteil …sich aufs Klavier setzt. Es ist nicht ein einziger harmonischer Akkord.

Und bei welcher Musik fangen für Sie „himmlische Gefühle" an?

Also, ich liebe Chopin sehr. Alle Klassiker, bis in die Romantik – also von Beethoven an bis zu Strauß. Ich bin kein ausgesprochener Bach-Anhänger. Obgleich ich natürlich seine Genialität absolut anerkenne. Mir ist die Barockmusik – zum Teil – ein bisschen zu trocken. Aber von Beethoven an oder von Mozart an, alles!

Die musikalischen Vorfahren

Sie kommen aus einer sehr künstlerischen Familie, wenn man an Ihre Vorfahren denkt. Wie schätzen Sie Louis Ferdinand[1] und Friedrich den Großen als Künstler ein?

Also, ich würde meinen Vorfahren Louis Ferdinand höher, überhaupt als den bedeutendsten Musiker in unserem Haus, ansehen. Er war erst einmal ein fabelhafter Pianist, na ja, Friedrich der Große war ein großer Flötist. Und der hat das Flötenspiel überhaupt in Europa erst zur Mode gemacht – früher spielte man keine Flöte. Und der Louis Ferdinand ist eben einer der ersten Romantiker. Schumann hat ihn den „Romantiker der klassischen Epoche" genannt. Es ist also ein sehr ernst zu nehmender … Und, na ja, die Amalie, die Schwester[2], hat auch

[1] 1772-1806

[2] Friedrichs des Großen

sehr gut komponiert. Louis Ferdinand würde ich als Komponisten höher stellen, wenn man das will.

62 Einladung zum Liederabend

Die „Prinzessin Kira von Preußen-Stiftung"

Sie haben selbst eine Musik-Stiftung initiiert, die „Prinzessin Kira von Preußen-Stiftung". Wie ist die Stiftung entstanden, welche Aktivitäten gibt es?

Meine Frau und ich – da wir ja nun selber Heimatvertriebene sind – haben beschlossen, es sollte eine Stiftung für Heimatvertriebene sein. Das haben wir zuerst auch so gemacht. Also, das mit den Gewinnen[1], die wir da so erzielten, das war natürlich nicht furchtbar viel. Wir haben irgendwelche Bedürftigen, die wir kannten, damit unterstützt.

---

[1] aus seinem Buch

Und dann haben wir uns konzentriert auf Berlin. Und eine sehr nette Dame, Fräulein Bucerius[1], die hat uns dann von Anfang an dabei geholfen. Ja, dann haben wir uns auf Berliner Kinder konzentriert.

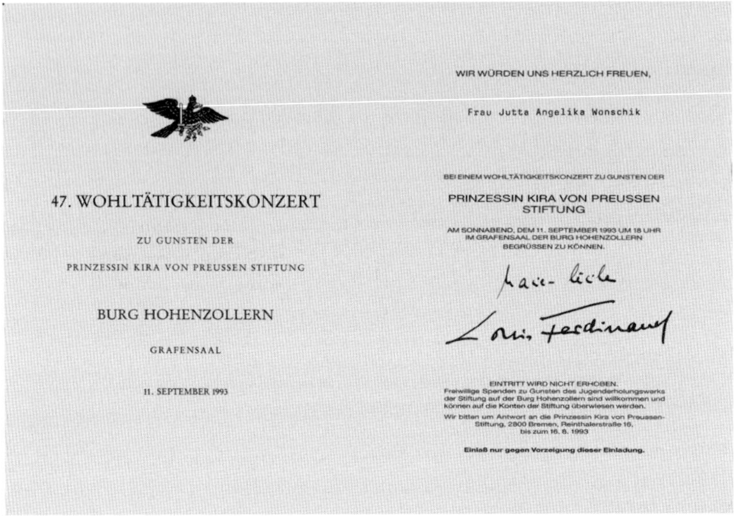

47. WOHLTÄTIGKEITSKONZERT

ZU GUNSTEN DER

PRINZESSIN KIRA VON PREUSSEN STIFTUNG

BURG HOHENZOLLERN

GRAFENSAAL

11. SEPTEMBER 1993

WIR WÜRDEN UNS HERZLICH FREUEN,

Frau Jutta Angelika Wonschik

BEI EINEM WOHLTÄTIGKEITSKONZERT ZU GUNSTEN DER

PRINZESSIN KIRA VON PREUSSEN STIFTUNG

AM SONNABEND, DEM 11. SEPTEMBER 1993 UM 18 UHR IM GRAFENSAAL DER BURG HOHENZOLLERN BEGRÜSSEN ZU KÖNNEN.

EINTRITT WIRD NICHT ERHOBEN.
Freiwillige Spenden zu Gunsten des Jugenderholungswerks der Stiftung auf der Burg Hohenzollern sind willkommen und können auf die Konten der Stiftung überwiesen werden.

Wir bitten um Antwort an die Prinzessin Kira von Preussen-Stiftung, 2800 Bremen, Reinthalerstraße 16, bis zum 16. 8. 1993

Einlaß nur gegen Vorzeigung dieser Einladung.

63 Einladung der Autorin zum 47. Wohltätigkeitskonzert, 1993

Und die kam (auf) die Idee, das auf der Burg Hohenzollern zu machen, denn ein ganzes Stockwerk stand da vollständig leer. Und da haben wir dann also angefangen. Nun mussten wir das irgendwie finanzieren und … haben dann diese Konzerte gegründet. Mit diesen Konzerten finanzieren wir unsere Stiftung.

Und da hatten wir dann sehr schnell einen großen Zulauf – wenn man das so nennen will – von ganz hervorragenden Künstlern. Berlin war eben in der Zeit der Belagerung – vielleicht mehr als jetzt – sehr populär in der ganzen Welt. Und besonders in West-Europa und in Amerika!

Das Stuttgarter Kammerorchester unter Karl Münchinger, der ja leider nicht mehr lebt – mit dem ich sehr befreundet war – hat dann jedes

[1] Irmgard Bucerius, ehemalige Leiterin der „Prinzessin Kira von Preußen-Stiftung", verstorben im Jahr 2006

Jahr zu diesen Konzerten gespielt. Und – dazu irgendein großer Sänger oder Solist, Pianisten...

Die Aufgaben der Stiftung haben sich ein bisschen verändert, es sind jetzt auch viele Kinder dort?

Ja, jetzt ist das mehr auf Mitteldeutschland – natürlich – und auf Potsdam ausgedehnt.

Und was machen Sie für die Kinder, mit den Kindern?

Ja, die machen dort Ausflüge... Die kommen ja alle aus Schulen. Das wird von Schulbehörden genehmigt. Und dann haben sie mal ein bisschen Unterricht und lernen die ganze Gegend da kennen.

Das sind, im Laufe dieser Jahrzehnte... Wir haben jetzt 40, nein, 47 Konzerte[1], glaube ich, schon gehabt. Das sind ja einige Tausend[2]. Es sind jetzt schon die Kinder von den damaligen Kindern da. Also, ich finde das irgendwie sehr nett.

Erziehung in Kindheit und Jugend

Wenn Sie sich an die eigene Erziehung in Kindheit oder Jugend zurückerinnern: Was war denn Ditfurth für ein Mensch?

...eine bisschen komplizierte Frage. Er war ein eher unglücklicher Mensch. Es war ein sehr begabter Soldat, der eben als junger Hauptmann – war er, glaube ich – zurückbeordert wurde, um zwei kleine Jungs zu erziehen. Das war natürlich ein Bruch! Aber auf der anderen Seite war es natürlich eine kolossale Auszeichnung. Und die Zukunftsmöglichkeiten ... normalerweise wäre sein ältester Zögling Kaiser geworden – der ihn sehr mochte. Im Gegensatz zu seinem zweiten Zögling...

Nach welchen Kriterien wurden damals Erzieher und Lehrer ausgesucht für die Kinder?

---

[1] 47. Wohltätigkeitskonzert zu Gunsten der „Prinzessin Kira von Preußen-Stiftung“ im Grafensaal der Burg Hohenzollern am 11. September 1993; der Prinz war wegen Krankheit an der Teilnahme verhindert.

[2] Kinder, die auf der Burg waren.

Ja, das machte eigentlich mein Vater. Der schickte meist – also am Anfang des Krieges – verwundete Offiziere nach Hause und suchte die aus. Und da waren einige, fast abenteuerliche Typen dabei. Aber dieser Ditfurth, der war kolossal brav und eher – wie soll ich sagen – spießig. In Vielem.

Und dann hat er uns alleine betreut. Meine Mutter zog nach Oels, was sie sehr lieb gewonnen hat, was früher leer stand. Und wir blieben dann in Potsdam. Mein Vater war ja in Holland[1]. Er[2] hatte die Rolle meines Vaters und der Eltern übernehmen müssen. Und das war natürlich für ihn auch nicht einfach. Und unsere finanziellen Verhältnisse waren ziemlich beengt, da ja unser gesamtes Vermögen beschlagnahmt war – ja, erst mal bis 1926.

Danach hatten wir den Auseinandersetzungsvertrag mit Preußen. Da wurde das, meiner Ansicht nach, sehr großzügig geregelt. Von einer Republik – wenn man in Betracht zieht, dass es eine Revolution war[3]…

Also – insofern hatte er es auch nicht einfach. Er hat es bestimmt sehr gut gemeint, aber sein Standpunkt war eben – meiner Ansicht nach – etwas beschränkt. Sehr auf das Militärische, eben sehr auf gewisse preußische Eigenschaften, die bei mir absolut nicht vorhanden waren.

Leben im Cecilienhof nach 1918

Sie haben zu der damaligen Zeit, also nach 1918, mit Ihrem Bruder Wilhelm und Ditfurth im Cecilienhof gewohnt. Es gab am Frühstückstisch, immer zur Frühstücksrunde, erhebliche Diskussionen und Auseinandersetzungen. Worüber haben Sie sich denn gestritten?

Ja, das war über Politik. Er hat sich dann immer die „Kreuzzeitung" vorgelegt und ich – aus Oppositionsgeist – habe dann die „Rote Fahne" besorgt.

Woher haben Sie die bekommen?

Ja, die habe ich mir irgendwie in der Stadt besorgt. Na ja, und dann war ich eben sehr unmilitärisch. Das war alles damals ein bisschen übertrieben, diese Opposition

---

[1] 1918 – 1923 auf der damaligen Insel Wieringen

[2] Ditfurth

[3] 1918

Und wie hat sich Ihr Bruder dazu gestellt?

Der hat nun mehr die Linie von Ditfurth verfolgt. Ich verkehrte eben, wenn möglich, in diesen intellektuellen Kreisen in Berlin, durch Valdivia. Der mich dann da rausgeholt hat, aus diesem Gefängnis – wenn man da so nennen will. Und – die hatten natürlich ganz andere Ansichten.

Wie sind Sie denn so zwischen diesen beiden Polen Ditfurth und Valdivia, sagen wir mal „jongliert"? Wie haben Sie da Ihr Maß gefunden?

Ich war eindeutig Valdivias Ansichten, der liberal war. Ich meine, er war ein überzeugter Monarchist, aber eben nicht so super-konservativ.

Sie haben damals lange Zeit im Cecilienhof gelebt. Wie war das Leben dort? Warum haben Sie heute eine etwas kritische Einstellung zum Cecilienhof?

Ich gehe dort nicht hin, weil... Es war ja nie unser Privatbesitz, aber immerhin. Wir hatten dort ein Wohnrecht – bis zu meinen Kindern.

Und nun hat man das in ein Hotel umgewandelt. Aber meine Kinder, einer meiner Söhne – mein ältester – ist schon da gewesen. Es war ein sehr schönes Haus, aber viel zu groß – meiner Ansicht nach. Nun wohnten, waren da ja nur drei Personen – letzten Endes.

Erinnern Sie sich noch an die Räume?

Ja, natürlich.

Wie sahen die damals aus?

Die waren sehr hübsch eingerichtet. Das war von einem Professor Troost, in München. Der war ein Freund meiner Mutter. Der Baumeister hieß ja Schultze-Naumburg. Das war ein überdimensionales Cottage, so im englischen Stil.

Der I. Weltkrieg 1914 – 1918

Wie würden Sie die Ereignisse 1918 beschreiben? Als einen sozialen Aufstand oder als eine Aktivität gegen die Dynastie, die Monarchie?

Eine Hungerrevolte. Die Deutschen waren tatsächlich am verhungern. Die wollten einen Frieden, koste es, was es wolle! Und die Alliierten hatten ihnen eben gesagt, solange die Hohenzollern am Ruder sind, machen wir mit euch keinen Frieden. Das war kein sozialer Umbruch. Also, so sehe ich das.

Man hat uns ja sehr anständig behandelt, auch die ganzen anderen Dynastien. Die waren nicht unbeliebt. Und, soviel ich weiß, hat Ebert gar keine Republik gewünscht. Die Republik hat Scheidemann ausgerufen, aus Angst davor, dass die Kommunisten ans Ruder kämen, also die Unabhängigen Sozialdemokraten.

Und es bestand der Plan – aber nur ganz kurz –, eine Regentschaft unter meiner Mutter – für meinen ältesten Bruder. Und das hat man verpasst. Mir hat man damals bei einem Besuch, den ich bei Lloyd George gemacht habe, dasselbe gesagt: „Wir haben nicht damit gerechnet, dass hier Ihre Familie abgesetzt würde."

Wenn man es so wie in Amerika, wie in Japan gemacht hätte – wo eben der General Douglas McArthur und der damalige amerikanische Botschafter Grew[1]... – Roosevelt[2] war dafür, die Kaiser abzusetzen. Der hatte ihn dringend davor gewarnt und ... wenn Japan..., dann hätten wir hier eine ähnliche Entwicklung bekommen. Es war gar keine revolutionäre Umwälzung. Es ist ja auch niemand umgebracht worden, im Gegensatz zu Russland.

Wie kam es 1914 überhaupt zum Kriegsausbruch? Wie haben Sie die Zeit vor Kriegsbeginn erlebt?

Den Kriegsausbruch habe ich im Kronprinzenpalais erlebt. Da war ich ja noch so jung, da habe ich die Zusammenhänge gar nicht verstanden. Aber jedenfalls, also aus meiner Sicht, ist mein Großvater völlig unschuldig daran. Denn er hat 1905 mit dem Zaren einen Vertrag geschlossen. Das war ein Nichtangriffspakt, und das hat Bülow damals unterminiert. Dann hätten wir bestimmt keinen Weltkrieg gekriegt. Das wird immer verschwiegen[3].

Wilhelm II. und der Kriegsbeginn 1914

Warum?

Ich versteh nicht, warum. Das passt den Leuten nicht, diesen gewissen Historikern. Und dann behaupten Sie, der Kaiser wäre schuld am

[1] Joseph Grew, damals US-Botschafter in Japan

[2] Roosevelt starb am 12. April 1945, sein Nachfolger war Harry S. Truman. Dieser muss hier gemeint sein.

[3] Zu den Absprachen von Björkoe siehe unten Teil III, S. 237

Krieg. Meiner Meinung nach war Österreich am Krieg schuld. Da fürchtete man wohl das Auseinanderbrechen der österreichischen Doppelmonarchie. Und um das zu verhindern, haben sie natürlich…

Der Grund, der eigentlich der Grund war für die Ermordung des Kronprinzen, des Thronfolgers…[1]

Aber die Serben haben damals sehr diplomatisch geantwortet und sich entschuldigt.

Und mein Großvater hat in einer seiner Marginalien auf dieses Telegramm hin, das die Serben geschrieben haben, gesagt „Ausgezeichnet, Krieg unnötig". Aber da war Bethmann-Hollweg, der ist dafür gewesen und er hat es nicht mehr verhindert. Und die Russen hatten inzwischen mobil gemacht. Und er hat seinen Vetter Nicki flehentlich gebeten, er möchte das doch zurückschrauben. Und darauf wurde ihm geantwortet, dann würde in Russland die Revolution ausbrechen. Die konnten das nicht mehr…[2]

Das ist nun meine Sicht.

---

[1] Erzherzog Franz Ferdinand

[2] rückgängig machen (Ergänzung der Autoren).

GESPRÄCHSEINHEIT 4

Themen: Russland und Jelzin – Der Zar und König Georg V. von England – Die Natur – Wiedergeburt – Vereinigtes Europa – Studentenzeit in Berlin

Russland und Jelzin

Wie definieren Sie Geschichte? Ist Geschichte immer nur das Verhalten oder Fehlverhalten von Menschen?

Na ja, ich glaube, es ist noch ein bisschen mehr dabei. Von Oben. Zum Beispiel jetzt unsere Wiedervereinigung, dann der Zusammenbruch des Bolschewismus…

Natürlich, es wird von Menschen gemacht, aber Viele waren doch der Meinung, so was bleibt die nächsten hundert Jahre so. Und dann plötzlich kommen Veränderungen. Wenn man sieht, was jetzt in Russland passiert, nicht? Das ist mit dem Verstand zum Teil gar nicht zu fassen.

Wie schätzen Sie die Situation dort ein, wie geht das weiter?

Ich bin absoluter Optimist. Ich setze auf Jelzin, genau so wie ich auf Stolpe setze. Und ich bin überzeugt, dass der Jelzin sich durchsetzt… Es[1] ist eben dann kleiner, aber es ist immer noch das größte Land der Welt.

Und was passiert, wenn Jelzin sich nicht durchsetzt, wenn wieder dieser Kalte Krieg entsteht?

Na ja, ich glaube, das passiert nicht. Es ist ja jetzt schon – nach den letzten Nachrichten – eine Tragikomödie, das Ganze.

Der Zar und König Georg V. von England

Sie haben – als Kindheitserlebnis – den Zaren kennen gelernt, bei einer Hochzeit. Und auch König Georg V. von England. Welche Erinnerungen haben Sie daran?

---

[1] Russland (Ergänzung der Autoren).

Keine sehr starken mehr. Ich hatte nur den Eindruck, dass (der) Zar einen traurigen Eindruck macht, so ein bisschen zerstreut. Ich war damals – das war 1913 – fünfeinhalb Jahre alt, so alt wie meine kleine Enkeltochter.

Die Natur

Sie haben einmal geschrieben „Bergeinsamkeit und grenzenlose Meeresweite" – zwischen diesen Polen spielt sich sehr viel in Ihrem Leben ab?

Und – der Luft, auch. Als Flieger! Das rechne ich auch sehr dazu.

64 Sonnenuntergang am Frischen Haff

Was bedeutet Ihnen die Natur?

Es ist auch göttliche Offenbarung!

Wie beurteilen Sie die Situation der Natur?

Ach, ich glaube, das wird auch ein bisschen übertrieben. Man ist darauf aus, den Menschen dauernd Angst zu machen in Deutschland. Das finde ich grässlich. Gerade die Medien, nicht wahr, immer nur die Gefahren und Krankheiten und …

Die hat es immer gegeben, noch viel schlimmer früher als heutzutage.

Und die Menschheit hat trotzdem überlebt.

Und jetzt werden sie immer älter. Sie haben ein Beispiel vor sich – der heutigen medizinischen...[1] (Lachen)

Wiedergeburt

Wenn Sie Ihr Leben in der Retrospektive betrachten, wenn Sie Dinge noch mal machen könnten, würden Sie es genau so leben? Oder würden Sie etwas ändern, von dem, was Sie selber bestimmen könnten?

Ich würde es wahrscheinlich genau so machen. Aber da das nicht eintritt… Auch nach einer Wiedergeburt, die ich für möglich halte.

Glauben Sie an Wiedergeburt?

Nicht so ganz. Aber ich halte sie nicht für ausgeschlossen.

Vereinigtes Europa

Was schätzen Sie, wie geht denn unser Jahrhundert zu Ende?

Das wird – wie viele Jahre sind denn das noch? Also, wir werden bis dahin ein Vereinigtes Europa haben. Ich sehe das ganz positiv…

Studentenzeit in Berlin

Was war denn so das schönste Erlebnis in Ihrer Studentenzeit?

Das war eigentlich meine Tätigkeit im akademischen Orchesterverein. Der war nicht an der Universität, sondern an der Technischen Hochschule. Ich war ja ein sehr streberhafter Student…

Berlin damals war ja eine der amüsantesten Städte der Welt. Also, wer sich in London oder Paris langweilte, der kam nach Berlin. Denn da war alles erlaubt. Na ja, sämtliche Extravaganzen, die man sich vorstellen kann.

---

[1] Kunst (Ergänzung der Autoren).

Die „Roaring Twenties and Thirties“?
…und da war eben Reinhardt.

Sie haben sehr viele bekannte Leute, auch Schauspieler kennen gelernt?
Paul Wegener, Kortner …

Auch Gründgens?
Gründgens eigentlich nie, nein. Der war in den dreißiger Jahren, vor der Nazizeit, nicht so bekannt. Der Will Quadflieg hat ja auch mit Gustaf Gründgens noch zusammen gespielt[1]. Paul Wegener habe ich am besten gekannt. Bei dem war ich auch zu Hause – öfters. Ich muss mal in meinem Buch[2] nachgucken, da sind ja die alle drin!

---

[1] siehe dazu oben Teil I, Kapitel 6, Die Dreharbeiten, S. 64
[2] Autobiografie „Im Strom der Geschichte“

Gesprächseinheit 5

Hohenzollern im 20. Jahrhundert – Über Brandenburg – Zur deutschen Wiedervereinigung – Über Amerika und Henry Ford – Liebe in Amerika – Prinz Louis Ferdinand und die Prohibition – Begegnung mit der Mafia – Klassenlosigkeit

Hohenzollern im 20. Jahrhundert

Prinz Louis Ferdinand, wie beschreiben Sie den Weg des Hauses Hohenzollern durch dieses 20.Jahrhundert?

Nur durch dieses oder die anderen auch?

Erst durch dieses, dann durch die Geschichte seit über 900 Jahren.

Das kann man eigentlich kaum trennen, finde ich. Weil sich das fast systematisch aufgebaut hat. Also, in diesem Jahrhundert hat meine Dynastie – oder meine Familie – sicherlich unter der Regierung meines Großvaters einen Höhepunkt erreicht.

Damals, also am Ende des vorigen und am Anfang dieses Jahrhunderts, bis zum I. Weltkrieg, stand Deutschland auf dem Höhepunkt seiner Macht und auch seiner Ausstrahlung – auch seiner kulturellen. Das hätte sehr schön so weiter laufen können, und ist dann durch den I. Weltkrieg zerstört worden. Der nicht, das möchte ich noch einmal betonen, von meinem Hause ausging oder verursacht wurde – wie der II. Weltkrieg von Hitler und Stalin.

Die Entwicklung des Hauses Hohenzollern – oder des Hauses Brandenburg-Preußen – hat eben verhältnismäßig spät angefangen, im Vergleich zu anderen Dynastien wie den Habsburgern oder den Hohenstaufen. Die haben mit einer enormen Konsequenz und einer Beharrlichkeit sich emporgearbeitet. Die Mark Brandenburg hieß ja im Mittelalter die „Sandbüchse des Heiligen Römischen Reiches“[1].

---

[1] Die Redensart „die Streusandbüchse des Heiligen Römischen Reiches deutscher Nation“ entstand erst im 18. Jahrhundert.

Was war damit gemeint?

Das war verächtlich gemeint. Das war eben ein gottverlassenes Fleckchen Erde. Aus dieser Sandbüchse haben dann meine Vorfahren ein blühendes Land gemacht. Sie haben Preußen sozusagen geschaffen und einen Menschentyp entwickelt, den Preußen. Einen Namen, den man sehr gern verächtlich gebraucht. Der aber umgekehrt auch für Tüchtigkeit und Sparsamkeit, die sogenannten Preußischen Tugenden, steht!

Über Brandenburg

Ein Blick zurück in die Geschichte Ihres Stammlandes Brandenburg: Der Große Kurfürst übernahm das Land während des 30jährigen Krieges, der Siebenjährige Krieg von 1756 – 1763 fällt in die Regierungszeit Friedrichs des Großen. Große Not also prägte dieses Land, die Menschen mussten immer wieder neu anfangen. Sehen Sie es auch so?

Sicherlich, das hat sich auf die Charaktere der Menschen ausgewirkt. Und deshalb bin ich auch so optimistisch, dass gerade von Brandenburg aus diese eine Erneuerung kommen wird.

Wie muss die Erneuerung – gerade nach der „Wende“[1] – aussehen? Wie geht es in Zukunft weiter?

Der Ausdruck ist immer etwas komisch: In Mitteldeutschland sind die Menschen durch ihr Schicksal sehr viel bescheidener als hier im Westen. Und deshalb werden sie sich auch mit einem schwierigeren Leben abfinden. Sie werden also größere Strapazen auf sich nehmen können – auch im wirtschaftlichen Sinne – und nicht so verwöhnt sein. Ein starkes Durchhaltevermögen!

Zur deutschen Wiedervereinigung

Wie lange werden die Menschen in Deutschland das Durchhaltevermögen haben müssen? Wie lange wird es dauern, bis Ost und West sich angeglichen haben?

Ich glaube, das wird sehr schnell gehen. Ich bin da auch optimistisch. Es gibt Menschen, die diese Wiedervereinigung nicht gerne sehen. De-

[1] Egon Krenz, Erich Honeckers Erbe, sprach als erster von der „Wende“.

nen passte diese Abtrennung durch den Eisernen Vorhang sehr gut ins Konzept.

An wen denken Sie da?

Na ja, die sind wahrscheinlich in allen Schichten zu finden. Sicherlich bei den Financiers. Die hatten mehr oder weniger den Osten oder Mitteldeutschland – überhaupt den ganzen Osten – abgeschrieben und meinten, das würde nun die nächsten 100 Jahre so weitergehen. Oder vielleicht sogar noch länger. Und da haben ihnen die Geschichte – oder der Liebe Gott – und natürlich die dortige Bevölkerung einen Strich durch die Rechnung gemacht! Indem sie eine friedliche Revolution, ohne einen einzigen Blutstropfen, vollbrachten.

Was ja wohl einmalig ist?

Das ist einmalig in der ganzen Geschichte. Und gerade in Deutschland, wo man Revolutionen nicht besonders schätzt. Das hat man an der Revolution von 1918 gesehen. Ebert sagte, dass er nichts mehr – wie soll ich sagen – ablehnt als Revolution, weil der Deutsche eben sehr ordnungsliebend und folgsam ist.

Warum haben Deutsche nicht das Zeug zum Revolutionär?

Das liegt in dem Volkscharakter. Er ist eigentlich sehr friedlich und sehr ordnungsliebend, und da passt eben der Begriff der Revolution nicht hin.

Meinen Sie, dass die Deutschen – mit ihren Eigenschaften – eine besondere Rolle bei der Entwicklung des Vereinten Europa spielen werden?

Sicherlich. Sie werden bestimmt mit an der Spitze stehen, was natürlich gewisse Eifersüchteleien hervorbringen wird. Aber der Deutsche ist ja auch außerordentlich anpassungsfähig. Das habe ich in Amerika erlebt. Es gibt kaum eine Einwanderungsgruppe, die sich so stark angepasst hat wie Deutschen dort. Im Gegensatz zu den Polen oder Italienern. Die bilden alle eine starke ethnische Minderheit und haben dadurch auch einen stärkeren politischen Einfluss.

Über Amerika und Henry Ford

Welche Strömungen haben Sie damals in den USA erlebt?

Das ist heute noch genau so, also im Kongress zum Beispiel. In der sogenannten Lobby sind die Deutschen nicht so stark vertreten wie die der anderen. Die Italiener haben einen, die Engländer. Und – die Deutschen bewahren auch die Sprache nicht so lange. Sie lernen sehr viel schneller englisch oder eben die dortige amerikanische Version.

Was hat Sie an Amerika fasziniert, Sie wären ja fast im Land geblieben?

Ja, ich fand die Menschen sehr zugänglich. Man kommt mit Amerikanern sehr schnell in eine stärkere innere Beziehung als hier mit dem Europäer. Er hat nicht die Reserve. Man nennt sich ja fast sofort – von Anfang an – beim Vornamen. Also ich wurde von meinen Arbeitskameraden allgemein „Lou" genannt.

Sie waren ja einer der ersten Europäer, die in Amerika – in den Ford-Werken – am Fließband standen und Automotoren zusammengebaut haben! Wie Sie überhaupt den engen Kontakt zu Henry Ford bekamen?

Ja, der alte Henry Ford, der mochte mich irgendwie. Ich habe ihn von Anfang an sehr verehrt. Ich habe – natürlich – mich mit ihm ziemlich beschäftigt.

Ich hatte einen Professor – einen Lehrer an der Universität –, der hieß Gottfried Otto Lilienfeld. Der hat ein Buch geschrieben „Fordismus", das hatte ich gelesen. Der war ja auch einer meiner Doktor-Väter. Und dadurch war ich ganz gut im Bilde (über) die Ideen von Henry Ford…

…der die geniale Idee gehabt hat, das Auto als Gebrauchsgegenstand zu produzieren, also als Massenprodukt. Dessen Prinzip war eben, einen möglichst hohen Lohn zu bezahlen und eine möglichst kurze Arbeitszeit. Die Vierzig-Stunden-Woche hatte Henry Ford schon vor 70 Jahren! Die wir dann mit Mühe und Not jetzt hier in Europa…[1] Es gibt ja Länder, die das noch lange nicht erreicht haben.

Also seine Arbeiter waren gezwungen, einen Tag auszusetzen. Und der Lohn, der war so hoch – der Stundenlohn, dass das ausgeglichen wurde.

Wie hoch lag der Lohn damals?

---

[1] durchgesetzt haben (Ergänzung der Autoren).

Ich glaube, fünf Dollar in der Stunde. Der Dollar war damals fünf Mark wert.

Liebe in Amerika

Nach Amerika zu gehen und sich einer ganz anderen Lebensart anzupassen, war das für Sie nicht auch eine Art „Rebellion" gegen Ihr Haus?

Zum Teil vielleicht. Die eigentliche Ursache war ja eine rein menschliche Beziehung. Zu einer Frau, der ich nachgereist bin.

Das heißt, die Liebe hat Sie nach Amerika verschlagen?

Wenn man so sagen will, ja.

Was war Henry Ford für ein Mensch?

Er war ausgesprochen schüchtern und bescheiden, aber auch ein sehr gerissener Geschäftsmann.

Was macht das Erfolgsgeheimnis der Amerikaner aus? Was unterscheidet beispielsweise amerikanische Manager von den deutschen?

Das kann ich eigentlich schlecht beurteilen. Die Amerikaner sind außerordentlich praktisch veranlagt. Und bei uns ist man gern etwas theoretisch. Die packen eben die Wirklichkeit an, wie sie ist. Pragmatisch, kann man sagen.

War Henry Ford der „Prototyp" eines Managers?

Nein, das war ein Idealist. Er wollte die Menschheit verbessern, indem er ihre Lebensbedingungen auch verbesserte.

Und dann hatte er ja diesen Fimmel – kann man nur sagen – gegen den Alkohol. Das ging vollständig daneben. Er hatte da einen Pfarrer, der sich kümmern sollte um die Lebensbedingungen und die Lebensweise seiner Arbeiter. Die haben nur darüber gelacht.

Ich hatte insofern damit zu tun, als ich das Land – sozusagen – als Verkaufsinspektor bereiste. Und auf diese Weise kam ich auch nach St. Louis und Milwaukee, wo die großen Brauereibesitzer saßen. Das war damals noch die Zeit der Prohibition. Viele von den Milwaukee-Brauern hatten gute Beziehungen nach Deutschland, waren auch alle deutschstämmig, wie Brunba (Busch)[1] und Pabst. Und mit denen habe ich ganz gewaltig gepichelt.

Prinz Louis Ferdinand und die Prohibition

Was trank man denn damals?

Na, die tranken hauptsächlich Sekt oder Whisky. Ich habe mich dann auch in der Presse fotografieren lassen – mit Bierkrügen in der Hand. Und die konnten das gar nicht verstehen, dass ich als Ford-Mann so alkoholfreudig war! Und da habe ich ihnen gesagt, Henry Ford ist ja gar nicht dagegen.

Und wie ich an der Westküste ankam, auf dieser Inspektionstour – die hatte man extra für mich eingerichtet, das nannte man also Travelling salesman –, da bekam ich ein Telegramm von dem Verkaufs-General-Manager. Dass er eingeladen wurde bei diesen Leuten und – dass die Fordwagen kauften! Das war meine beste Leistung, glaube ich, die ich in meinem Leben vollbracht habe. Die wirkungsvollste!

Begegnung mit der Mafia

Das heißt, Prinz Louis Ferdinand als offener Kämpfer gegen die Prohibition?

Ja. Ich behaupte, dass die Prohibition die amerikanische Gesellschaft verdorben hat. Die Mafia ist dadurch entstanden. Al Capone war das Symbol dieser Gangster.

Und als nun die Prohibition vorbei war, da haben sich eben auch diese Erpressungsmethoden, Schutzgeld…[2]

Ich habe dort auch mit Gangstern zu tun gehabt, wir haben an die Autos verkauft.

Haben Sie Al Capone kennen gelernt?

Der fehlt in meiner Kollektion.

Wie waren die Gangster?

Das merkte man denen gar nicht an. Die waren meistens sehr elegant angezogen und waren so sehr freundlich.

---

[1] Anheuser und Busch heißt die Firma bis heute (Anmerkung der Autoren).

[2] und ähnliches erledigt (Ergänzung der Autoren).

Und welche Markenautos wurden von ihnen bevorzugt?

Na ja, diese ganz schnellen. Lincoln und solche …

Wie war das Verhältnis zwischen Henry Ford und seinen Mitarbeitern? Hatten die Arbeiter direkten Kontakt zu ihm?

Eigentlich weniger. Er saß meistens in seinem Büro und arbeitete an irgendwelchen Motoren herum, die er ausprobierte. Also, es waren seine Direktoren, die mit ihm zusammen sich hochgearbeitet hatten.

Klassenlosigkeit

Was fühlten Sie dabei, mit Arbeitern in den Fabriken zu stehen? Wie empfanden Sie diesen krassen Wechsel – von der Dynastie auf die ganz ‚andere' Seite?

Mich hat eben sehr beeindruckt, wie soll ich sagen – auch ein bisschen mitgeprägt –, die Klassenlosigkeit in Amerika. Klassenunterschiede gibt es nicht, der Unterschied besteht im Geldbeutel. Man konnte dort mit Nichts anfangen und dann Millionär werden. Es gab eine ganze Vereinigung von Millionären, die früher Zeitungsverkäufer waren. Und die Zeitungsverkäufer waren meistens Kinder, ganz kleine Jungs – also so Zehnjährige –, die morgens um fünf Uhr dann rumliefen.

Das klassenlose Denken des Prinzen Louis Ferdinand – ein Kollision mit der Tradition, die Sie in Deutschland gelebt hatten?

Ich würde nicht sagen, mit der Tradition meines Hauses. Da hat man auf Klassenunterschiede auch…[1] So war meine Erziehung…

Aber im Ganzen gesehen, natürlich. Und das ist ja zum Beispiel heute in England noch ganz stark ausgeprägt.

Wäre Ihr Engagement so weit gegangen, dass Sie auch in Deutschland für die Abschaffung der Klassenunterschiede eingetreten wären?

Ja bestimmt. Das hat man mir auch – teilweise – ziemlich übel genommen, diese Einstellung. Nicht in meiner Familie, aber bei der Umgebung. Als ich aus Amerika zurückging.

Wie äußerte sich das?

Die hielten mich für verrückt – mehr oder weniger. Der hat 'nen Spleen, das ist ein Amerikaner.

---

[1] keinen Nachdruck gelegt (Ergänzung der Autoren).

Das ist nun jetzt alles selbstverständlich geworden. Ein traditionsloser Bursche, international. Das ist jetzt alles selbstverständlich.

Würden Sie sich als einen Vorreiter für das moderne Europa bezeichnen?
Wenn man so will, ja

Gesprächseinheit 6

Themen: Die Schauspielerin Lily Damita – „Geistige Eitelkeit“ – Das Erbe des Bruders und Rückkehr nach Deutschland – Widerstände – Gespräch mit Hitler – Hindenburg – Beginn des II. Weltkrieges – Das Bild der Deutschen im Ausland – Der Freund Louis Lochner – Franklin D. Roosevelt – Der 20. Juli 1944 – Otto John – Prinz Louis Ferdinand und seine Rolle im Widerstand

Die Schauspielerin Lily Damita

Sie sagten gerade, man hat Sie für verrückt gehalten?

Ja, zum Teil. Also, mein Großvater, der hat das durchaus verstanden. Er fand das sehr amüsant – auch.

Was sagte er denn zu Ihrer Zeit in Amerika? Wie beurteilte er Ihre Liebe zu der Schauspielerin Lily Damita?

Erst war ich in Argentinien gewesen, da war ja diese Romanze. Und da musste ich weg. Auf Betreiben meines Großpapas, der sich an Henry Ford gewandt hatte – über seinen alten Freund Poultney Bigelow. Ich wollte eigentlich dort bleiben, in Los Angeles.

Hätten Sie Frau Damita geheiratet, wäre das gegangen?

Na, das wäre gegangen. Aber das hat man mir dort schon ausgetrieben.

Ohne Widerstand Ihrerseits? Ging das so einfach?

Ein alter Freund von Charly Chaplin – ein ehemaliger Opernsänger, der Henry Bergman hieß –, der hatte dort ein Lokal. Er spielte in den Filmen von Chaplin sehr viele kleine Rollen, so als Polizist. Er war also ein Intimfreund von Charly Chaplin. Und da ging ich immer zum Mittagessen oder Abendessen, denn mittags arbeitete ich dann in der Fabrik.

Dem erzählte ich dann, dass ich Lily Damita in Mexiko heiraten wollte. Der sagte, du bist ja total verrückt, eine Filmschauspielerin zu heiraten. Das kann nicht gut gehen.

Na, und dann kam ein Telegramm – eines Tages – von Henry Ford: „Dear Dr. Ferdinand“ – so wurde ich offiziell bei Ford genannt – „fahren Sie nach Buenos Aires, Argentinien, und gehorchen Sie Ihrem Großvater!"

Was war danach in Ihnen vorgegangen?

Da blieb mir ja gar nichts anderes übrig, sonst hätte Henry Ford mich rausgeschmissen. „Und dann kommen Sie wieder nach einer gewissen Zeit …".

Wie stark waren die Gefühle für diese Frau, mussten Sie abwägen?

Das war vielleicht gar nicht so furchtbar. Das war eben eine Verliebtheit …

Aber für diese Verliebtheit sind Sie nach Amerika gegangen?

Letzten Endes war das die Ursache. Ich hatte nicht die Absicht, nach Nordamerika zu gehen, sondern nach Südamerika. Ich war ja fast zwei Jahre in Argentinien. Da war schon, na ja, da war immer noch eine gewisse Zuneigung für die Damita vorhanden.

Ich hab sie dann ja auch noch einmal gesehen – ich hab sie zwei Mal –, einmal noch in London und dann in den USA, wie ich schon bei Ford dort arbeitete.

Es war dann eine kolossale Enttäuschung, weil die… – es ist ein bisschen eine komplizierte Geschichte. Die sind dann mit der Bahn gefahren. Dann habe ich da festgestellt, dass sie da mit jemand Anderem fuhr…

Hat das sehr wehgetan?

Ja, ein bisschen. Aber – dann war es eben vorbei.

Oder war auch Eitelkeit im Spiel?

Beides vielleicht. Das kam natürlich in der Presse heraus und war ein ziemlicher Aufruhr. Und da haben meine Arbeitskollegen mich dann auch ein bisschen auf die Schippe genommen.

Was haben die gesagt?

„Na, wie war es denn mit Lily?!"

„Geistige Eitelkeit"

Würden Sie sich als eitlen Menschen bezeichnen?

Ja, im geistigen Sinne vielleicht. Da gibt es eine geistige Eitelkeit, eine intellektuelle.

Was heißt das?

Dass man sich einbildet, nicht ganz dumm zu sein. Aber an sich bin ich nicht besonders…[1]

Das Erbe des Bruders und Rückkehr nach Deutschland

Hätten Sie den Schritt gewagt, mit Ihrem Haus und dem vorbestimmten Weg zu brechen – durch eine nicht standesgemäße Heirat mit Lily Damita?

Na, ich habe ihn eben nicht gewagt, weil ich meinen Großvater so liebte. Dem wollte ich keine Schmerzen zufügen. Denn ich hatte ja gesehen, wie er darunter gelitten hat, dass mein Bruder ihn so enttäuschte. Denn er hatte eigentlich seine ganze Hoffnung auf meinen ältesten Bruder gesetzt.

Und was hieß es dann für Sie, dieses Erbe zu übernehmen?

Ja, das war nicht gerade sehr komisch, würde ich sagen. Denn ein großer Teil meiner Familie lehnte mich ganz ab. Denen war ich eben zu international und zu amerikanisch. Und – da war ja dann der Nazismus im Gange.

Widerstände

Das heißt, Sie hatten auch gegen Widerstände in der eigenen Familie zu kämpfen?

Ja, die sah das nicht so gerne, dass ich an Stelle meines Bruders kam. Aber – sie haben sich daran gewöhnt, danach. Als ich dann meine Frau gefunden hatte, da war man dann etwas stiller. Das war ja nun vollständig im traditionellen Sinne.

Auf welche Wiederstände stießen Sie nach Ihrer Rückkehr aus den USA?

Ja, das war eben auch nur im Kreise der Familie. Sonst habe ich mich ganz gut angepasst.

---

[1] eitel (Ergänzung der Autoren).

Ich meine natürlich, diese ganze Marschiererei, also den Nationalsozialismus, habe ich von Anfang an…[1] Die Prinzipien fand ich gar nicht so schlecht, das erinnerte mich an Amerika.

Gespräch mit Hitler

Ich hatte ja auch diese Unterhaltung mit Hitler, der Henry Ford sehr verehrte. Angeblich – mir gegenüber jedenfalls. Dass er hier genau dasselbe machen wollte, dass möglichst viele Leute Auto fahren könnten…[2] Und da war ich ja noch bei Ford und ging auch wieder zurück.

Wie haben Sie Hitler erlebt? Beschreiben Sie die Begegnung mit ihm?

Die Audienz – wenn man das so nennen will – hat ein Freund von Hitler organisiert, der selber Amerikaner war. Hanfstaengel hieß der.

Und er war sehr höflich, der Hitler. Ich nannte ihn Exzellenz, und da nannte er mich Königliche Hoheit. Und dann hat er mir eine Riesen-Rede gehalten, eben über das Auto und die Rolle des Automobils in der menschlichen Gesellschaft. Und dass es kein klassentrennendes, sondern klassenvereinigendes Element sein sollte[3]. Also, diese Ideen, die er da entwickelte, waren durchaus vernünftig.

Sprach er auch noch über andere Ideen, die er hatte?

Nee, er wusste eben, dass ich zu Ford ging. Und vor mir hatte er auch zwei amerikanische Herren. Und die waren ganz hell begeistert von ihm.

Welchen Eindruck hat Hitler auf Sie gemacht?

Ich behaupte, er hatte hypnotische Kräfte. Und das war das einzige Mal, wo ich bei ihm …

Wenn es bei diesen Ideen geblieben wäre, hätte ich nichts gegen ihn eingewendet. Aber dann ging das mit den Juden los. Das war ja noch am Anfang. Damals lebte noch der alte Hindenburg[4].

---

[1] verabscheut (Ergänzung der Autoren).

[2] das ist bekannt (Ergänzung der Autoren).

[3] Hitler selbst besaß im Übrigen nie einen Führerschein.

[4] Das Gespräch mit Hitler fand im Sommer 1933 statt.

Hindenburg

Zu dem hatten Sie auch eine Beziehung?

Ja, der stand ja unserem Hause sehr nahe. Der besuchte uns immer. Er hatte in Potsdam Verwandte und wenn er in Potsdam war, kam er immer nach Cecilienhof. Und hat also meinem Bruder und mir seine Aufwartung gemacht, uns beiden Steppkes. Das war eigentlich immer sehr, sehr nett. Ich hab ihn auch mal während seiner Präsidentschaft besucht. Da war gerade die Wahl gewesen[1], da haben ihn ja die Linken gewählt. Und an sich hat er wohl sehr darunter gelitten – jedenfalls hat man mir das so erzählt –, dass man ihn eben als untreu hinstellte, als Verräter praktisch am Haus Hohenzollern.

War es so? Haben Sie das so gesehen?

Ich nicht. Aber ihn trifft wohl eine gewisse Verantwortung. Aber die Hauptschuld hat wohl Ludendorff[2] – dass eben er den Rat meinem Großvater gegeben hatte, nach Holland zu gehen. Aus bestem Willen.

Man sagt, Hindenburg hätte Hitler verhindern können? Wie sehen Sie das?

Ja, es war ja ein Versuch. Dass der Schleicher …[3] der war ganz kurze Zeit Reichskanzler… Aber ich glaube, Hindenburg war schon zu alt.

Wie hat er damals diese Situation beurteilt? Welche Gespräche haben Sie damals mit Hindenburg geführt – auch in Bezug auf Hitler?

Wir haben ja nicht über Hitler geredet, wir haben über meinen Großvater geredet. Er hat seine absolute Loyalität gegenüber dem Hause Hohenzollern betont. Und dass er für eine Monarchie wäre. Und er hat ja ein politisches Testament hinterlassen, wo er die Wiedereinführung der Monarchie – sozusagen – wünscht. Und – dieses Testament hat der Papen verschwinden lassen. Das ist nicht an die Öffentlichkeit gekommen.

In welcher Regierungsform, in welcher Konstellation wollte Hindenburg die Monarchie wieder installieren? Wie hätte dieses Staatsgebilde ausgesehen?

---

[1] 1932

[2] Ludendorff wurde Ende Oktober 1918 entlassen. Sein Nachfolger als Generalquartiermeister war Wilhelm Groener. Er war in Spa die entscheidende Figur.

[3] er machte einen Versuch mit Schleicher (Ergänzung der Autoren).

Das weiß ich nicht. Na ja, das wäre wahrscheinlich eine Parlamentarische Monarchie gewesen. Die ja schon einige Tage existiert hat. Am Ende – kurz vor der Revolution – hat man die parlamentarische Monarchie eingeführt. Also – konstitutionell war sie ja sowieso. Es war keine Diktatur – in dem Sinn.

Man macht immer diesen Unterschied. Die konstitutionelle Monarchie, die – keine parlamentarische…[1], dem Parlament nicht diesen starken Einfluss einräumt, gilt als Diktatur. Und das stimmt nicht. Denn der Reichstag hatte ja auch einen gewissen Einfluss.

Haben Sie damals den II. Weltkrieg kommen sehen oder gespürt, dass sich da etwas entwickelt? Dass Hitler in eine bestimmte Richtung gehen wird?,

Ja, das konnte man ohne weiteres. Ich war sehr befreundet mit dem Journalisten Louis Lochner. Der war natürlich sehr gut informiert und mit dem war ich sehr oft zusammen. Jede Woche ein Mal waren wir dann in irgendeinem Stammlokal. Und er war ganz verzweifelt.

(Ich) war auch mit dem amerikanischen Marineattaché[2], wir waren sogar Nachbarn… Da trafen wir uns oft.

Beginn des II. Weltkrieges – Das Bild der Deutschen im Ausland – Der Freund Louis Lochner

Und was erzählte Lochner?

Der Lochner sagte, das wird hier immer schlimmer. Und – das steuert auf einen Krieg zu. Und ich liebe Deutschland. Und – die Deutschen werden alle über einen Kamm geschoren. Was die Nazis hier machen, das ist ja entsetzlich. Er hatte sehr viele jüdische Freunde, die ich dann auch kennen lernte. Also, meiner Ansicht nach hat Hitler den Krieg machen müssen, weil Deutschland pleite war. Diese Art Wirtschaft hätte auf die Dauer nicht länger durchgehalten.

Wann war das?

Ende der Dreißiger.

Sie hatten ja auch sehr enge Kontakte zum amerikanischen Präsidenten. Wie war damals das ‚Bild' der Deutschen, die Meinung über Deutschland im Ausland?

---

[1] Monarchie ist (Ergänzung der Autoren).

[2] befreundet (Ergänzung der Autoren).

Zuerst war das gar nicht so negativ, auch über Hitler nicht. Aber wie das mit den Juden dann losging, die Geschichte da…in New York, wo sie die Fahne herunterrissen. Unsere Handelsflotte, die hatte ja vorher noch die Schwarz-Weiß-Rote Fahne mit einer kleinen Gösch, einer Schwarz-Rot-Goldenen Gösch drin.

Und als die Nazis ans Ruder kamen, wurde diese Fahne abgeschafft. Und – dann die Hakenkreuz…[1]

Dann haben die New Yorker da die Nazifahne runter gerissen. Dann haben die Amerikaner in Zukunft immer einen Polizisten davor gestellt. Das waren dann Juden. Ausgerechnet. Damit wurde die Anti-Juden-Kampagne…[2]

Das hat die Sache verdorben. Ich meine, die Reformen, die er da eingeführt hat, die wurden gar nicht so negativ gesehen.

Wie haben Sie den Kriegsanfang 1939 erlebt? Wo waren Sie, wie fing es an?

In Berlin. Das war – etwas – mir sehr aufgefallen, wie der Hitler-Stalin-Pakt geschlossen wurde. Da haben die Berliner von sich aus spontan geflaggt. Weil sie meinten, jetzt haben wir den ewigen Frieden. Und dann hat Goebbels sofort befohlen, ‘die Flaggen werden wieder eingeholt‘.

Haben Sie Goebbels persönlich kennen gelernt?

Ja, ein paar Mal. Da war eine Frau von Dirksen, die ein großes Haus führte und die die Nazis zu sich einlud. Die also – auf der einen Seite – eine begeisterte Monarchistin war und – auf der anderen Seite – Hitler anbetete. So was gab's bei vielen Damen in Deutschland damals.

Wie funktionierte das?

Ich weiß nicht… Sie sah eben die rein patriotische Seite.

Hieß das, dass Hitler für Frauen als Mann faszinierend war?

Scheinbar. Er hatte wohl mehr Anhänger unter Frauen als Männern.

---

[1] fahne eingeführt (Ergänzung der Autoren)

[2] angeheizt (Ergänzung der Autoren).

Franklin D. Roosevelt

In Amerika lernten Sie Präsident Roosevelt kennen, begleiteten ihn dort auch über Jahre. Wie würden Sie ihn als Mensch, als Persönlichkeit beschreiben?

Also, eine faszinierende! Er hatte einen kolossalen Charme und wirkte sehr auf junge Menschen. Die amerikanische Jugend damals war absolut begeistert von ihm. Und er hat ja diese kolossale Krise – diese Wirtschaftskrise –, die da eintrat, sehr gut überwunden. Denn Amerika war – auch – fast Pleite. So eine Fabrik wie Ford stand still…

Welche Rolle spielte Roosevelt hinsichtlich der Situation in Deutschland, als Hitler an der Macht war?

Zuerst waren die Nazis nicht gegen Roosevelt, im Gegenteil. Dann fing das plötzlich an, die Hetze. Er hieße Rosenfeld und wäre ein Jude … und ich weiß nicht was alles.

Also – Roosevelt war nicht antideutsch, gar nicht. Das alte Deutschland hat er sehr geschätzt. Er war als junger Mensch sehr oft in Deutschland. Weil… seine Eltern gingen dann zur Kur in Baden-Baden… Und seine Mutter sprach fließend deutsch.

Es hieß, die bedingungslose Kapitulation hätte verhindert werden können, wenn Roosevelt eingegriffen hätte?

Das glaube ich nicht. Die hätte verhindert werden können, wenn der 20. Juli geglückt wäre. Das wollten ja die „Juli-Leute". Die wollten die Amerikaner dazu bewegen, eben kehrt zu machen. Und gemeinsam mit den Deutschen gegen die Sowjets…[1] Aber das haben sie dann in Casablanca bereits abgelehnt.

Warum?

Weiß ich nicht. Es war vielleicht Kurzsichtigkeit.

Der 20. Juli 1944 und Otto John

Der 20. Juli 1944 ist ein Meilenstein in Ihrem Leben gewesen. Es ist heute in der Öffentlichkeit bisher wenig bekannt, dass Sie zum engsten Kreis der Verschwörer gehörten. Seit der Zeit sind Sie eng befreundet mit Dr. Otto John, einem der Drahtzieher des Hitler-Attentats?

---

[1] vorzugehen (Ergänzung der Autoren).

Er war einer der Kontaktleute zwischen den einzelnen Gruppen der Juli-Verschwörer. Das war damals alles sehr gefährlich.

Wie fing diese Bewegung an, wie sind Sie in diesen Kreis gekommen?

Ich bin durch Otto John da reingekommen. Wir waren Kollegen bei der Lufthansa. Ich arbeitete in der Verkehrsabteilung. Und er war Jurist, war also Syndikus. Der zweite Syndikus[1], zusammen mit …

Winterfeld?

…nein. Winterfeld stand den „Juli-Leuten" nicht so nahe, nein. Dr. …? Der Vater war ein berühmter Psychiater, ein großer Psychiater…

Bonhoeffer war der erste Syndikus und Otto John der zweite. Und der hat mich da reingeholt – bei Kriegsbeginn. Denn die „Juli-Leute" haben von vornherein gesehen, dass dieser Krieg daneben gehen musste, dass Deutschland den nicht gewinnen konnte.

Woher bezog die Widerstandsgruppe ihre Informationen? Gab es – sehr – enge Kontakte auch zum Führungskreis um Hitler?

Ja. Da war eben der General Beck. Und dann von den Gewerkschaften war Jakob Kaiser dabei, und Leuschner. Da waren eine ganze Menge. Und die hielten sich gegenseitig auf dem Laufenden. Eben über Otto John.

Da war meine Rolle mit… an einen spanischen Freund, den ich hatte, …war der Kontakt zu den Amerikanern. Und Otto John ist dann öfters nach Spanien geflogen und hat dort mit den Amerikanern verhandelt.

Richtete sich der Widerstand gegen Hitler oder generell gegen das ganze Naziregime?

Also, gegen Hitler an erster Stelle. Aber eben gegen diesen Antisemitismus und diese Diktatur, die damals herrschte. Und vor allem gegen den Krieg. Die wollten möglichst schnell den Krieg beenden. Da war Goerdeler, einer der Führenden. Der sollte ja Reichskanzler werden, das war auch ein sehr fähiger Mann.

Warum, meinen Sie, hat das Hitler-Attentat vom 20. Juli 1944 nicht geklappt? Dr. John hat darüber auch ein Buch geschrieben – „Falsch und zu spät"[1]. Können Sie es uns erklären?

---

[1] Klaus Bonhoeffer

Ja. Die Deutschen, die deutschen Militärs können keinen richtigen Putsch machen. Das können die Südamerikaner viel besser und die Spanier. Das liegt ihnen nicht. Denn die sind so auf das Pflichtgefühl eingestellt. Und die hatten nun den *Treueid* geschworen. Und da kamen sie nicht drüber weg. Dass dieser Eid von Hitler gebrochen war, aber nicht von ihnen…[2]

Das war die preußische Pflichtauffassung und Pflichterfüllung, die wurde nun eben übertragen auf dieses Regime.

Prinz Louis Ferdinand und seine Rolle im Widerstand

Was war Ihre Motivation, im Widerstand mitzumachen?

Am Anfang war ich gar nicht so gegen den Nazismus. Denn ich fand, Vieles was die machten, ähnelte dem, was in Amerika schon war. Eben besonders diese Klassenfeindlichkeit, die Abschaffung der Klassenunterschiede.

Das hatte mich immer sehr gestört, dieses Sich-Besser-Dünken als andere, dieses Herabsehen auf einen Arbeiter. Das gibt's ja alles nicht mehr. Und das ist scheinbar auch der Irrtum der Sozialisten – die Arbeiter fühlen sich nicht mehr als Proletarier. Das sind Bürger, die sind durch diesen Krieg ja vollständig verbürgerlicht. Es ist kein Unterschied mehr in der Lebensform, die haben alle dieselben Privilegien jetzt.

Während Ihrer Zeit bei Ford, gab es seitens der Arbeiterschaft nicht Hemmschwellen, mit Ihnen in Kontakt zu kommen?

Nicht die geringsten. Das ist eben diese amerikanische Atmosphäre.

Und was war dann Ihre Motivation, beim Widerstand mitzumachen?

Weil ich eben diese Diktatur ablehnte und diesen total gesetzlosen Zustand. Diese fürchterliche Korruption – die jetzt doch leider in Deutschland ein bisschen vorangekommen ist –, das stammt aus der Zeit. Früher hat doch kein Eisenbahnschaffner ein Trinkgeld angenommen, in der alten Zeit. Gab's nicht, auch wenn die Leute schlecht bezahlt wurden. Aber, seit der Nazizeit kann man doch mit Geld sehr viel machen. Ich will nicht sagen, alles, aber …

---

[1] Otto John: Falsch und zu spät. Der 20. Juli 1944. Epilog. München-Berlin 1984

[2] sah man nicht (Ergänzung der Autoren).

Und welche Rolle, welche Position war Ihnen zugedacht, wenn das Hitler-Attentat geglückt wäre?

Da waren eben verschiedene Gruppen. Und interessanterweise gerade die Arbeiterschaft, vertreten durch Jakob Kaiser. Der gehörte ja zu den christlichen Gewerkschaften. Und Leuschner, der ehemalige Ministerpräsident von Hessen, war auch Sozialdemokrat.

Die wollten mich eventuell als Kaiser haben, in einer Übergangszeit von Beck. Beck sollte so eine Art Reichsverweser werden.

Aber, das waren nicht alle. Zum Beispiel der Adel, der hatte mich nicht so besonders…[1]

Warum?

Das weiß ich nicht. Na ja, ich war eben immer so ein bisschen…[2] wegen meiner linken Tendenzen (Lachen).

Und dann eben die Tatsache, dass ich in Amerika – am laufenden Band – mich betätigt hatte. Und diese guten Beziehungen zu Roosevelt, die wurden auch irgendwie positiv eingeschätzt.

Denn Roosevelt hatte mir ja angeboten – da hatte der Krieg schon angefangen, aber Amerika war noch nicht im Krieg – nach Amerika zu kommen.

---

[1] gern (Ergänzung der Autoren).

[2] verdächtig (Ergänzung der Autoren).

GESPRÄCHSEINHEIT 7

Themen: Prinz Louis Ferdinand und seine Rolle im Widerstand – Der Vater Kronprinz Wilhelm und die Nazis – Der Tag von Potsdam – Der 20. Juli 1944 – Gestapo-Verhöre – Cadinen – Fatalismus – Tradition und Werte – „Kaiser in spe für Deutschland" – Lebensphilosophie, Selbstbewusstsein und Grenzen – Der Vater Louis Ferdinand – Glaube an Höhere Mächte und Mut – Der Sinn des Lebens – Die Rolle des Hauses Hohenzollern in Zukunft – Aufgaben für die Familie im Vereinten Europa – Das Berliner Stadtschloss

Prinz Louis Ferdinand und seine Rolle im Widerstand

Warum haben Sie das nicht angenommen?
Das widersprach meinem Patriotismus, wenn man das so nennen will. Ich bin auch sehr froh, dass ich das nicht gemacht habe. Denn sonst könnte ich ja nicht mitreden – überhaupt, nicht?

Aber das war doch sehr gefährlich für Sie und Ihre Familie? Sie lebten zu der Zeit in Cadinen?
Also, wenn (die) Nazis (den) Krieg gewonnen hätten, wären wir alle umgebracht worden. Das hatte bis dahin das Heer oder das Militär verhindert. Das hatten die Nazis nicht gewagt.

Hatten Sie Lebensangst damals?
Ja, ach Gott, das kann man gar nicht sagen. Wir waren bedroht, ja, je mehr der Krieg seinem Ende entgegen ging. Also Hitler empfand einen furchtbaren Hass gegen meinen Vater.

Warum? Wie begründete sich das?
Es war wohl Eifersucht.

Der Vater Kronprinz Wilhelm und die Nazis

War Ihrem Vater eine Rolle zugedacht, er stand in Gesprächen mit den Nationalsozialisten?

Ja, der wurde aber völlig kalt gestellt. Er hatte auch an irgendeine militärische Rolle gedacht. Aber – im Gegenteil – der General Stülpnagel, der zuerst irgendeinen hohen Posten haben sollte, wurde von Hitler dann abgelehnt, weil er mit meinem Vater telefoniert hat.

Wie stellte sich Ihr Vater zu der ganzen Situation?

Er war auch beeindruckt vom Patriotismus. Also er war absolut kein Nationalsozialist, aber er war eben von diesem Patriotismus mit ergriffen. Der „Tag von Potsdam" – da war er dabei. Er hat mich sehr beeindruckt. Ich war damals bei meinem Großvater in Doorn – der entsetzt gewesen ist.

Der „Tag von Potsdam"

Worüber?

Ja, über diese Show da in Potsdam. Und dann die Versammlung da in der Garnisonkirche. Die Prostitution der deutsch-preußischen Geschichte. Das hat der klar gesehen – mein Vater letzten Endes auch. Das war diese Art Patriotismus, die diese Generation hatte, das Militärische. Und das ja doch eine Zeit lang sehr unterdrückt wurde

Wie lief der „Tag von Potsdam" ab?

Das weiß ich nicht, ich war nicht dabei. Also, es war eine Riesenshow, militärische. Und sicherlich sehr geschickt inszeniert. Der Goebbels war ja nicht dumm, und Hitler auch nicht.

Was sollte damit bezweckt werden?

Da sollte der deutsche Patriotismus angeheizt werden, denn die Deutschen waren nicht begeistert von diesem Krieg[1]. Im Gegensatz zu 1914. Da war ja eine Riesen-Volksbegeisterung. Daran kann ich mich noch erinnern, als Kind.

Sie sagten Volksbegeisterung. Sind die Männer in den Krieg gegangen, – von der Einstellung her –, um das Vaterland zu verteidigen oder sind sie für Hitler in den Krieg gegangen?

[1] Der Tag von Potsdam, 21.3.1933, hatte nichts mit dem Kriegsausbruch 1939 zu tun.

Ich würde sagen, das Vaterland verteidigen. Aber, gerade der Tag des Kriegsbeginns[1] – da war also eine ganz miese Stimmung in Berlin. Da haben sie so einen Vorbeimarsch gemacht. Es wirkte wie ein Begräbnis. Während im Jahr 1914 – da standen Hunderttausende von Menschen auf der Straße, die den Kaiser sehen wollten oder den Kronprinzen...

Der 20. Juli 1944

Wie haben Sie den 20. Juli 1944 erlebt, wo waren Sie?

Am 20. Juli war ich in Königsberg beim General von Küchler. Da besuchte ich dieses Ehepaar, das war der Feldmarschall Küchler, mit dem wir uns sehr angefreundet hatten. Den Hitler also auch rausgeschmissen hatte. Der wohnte da aber noch im Generalkommando.

Da waren wir an der Universität und haben eine Vorlesung uns angehört. Und dann wurde der Küchler angerufen....

Wurden Sie gleich informiert über das Attentat?

Ja. Der hat sich dann distanziert davon. Der Keitel rief dann an, er sollte irgendeine Ergebenheitsadresse oder...[2]

Hat er abgelehnt – Loyalitätserklärung. Aber da war der schon abgelöst und weg.

Sie haben ja bestimmt im Kreis des Widerstandes dieses Attentat lange geplant. Wie sollte es denn ablaufen, was wurde besprochen?

Das habe ich ja mit Otto John nicht beredet, das Attentat selbst. Ich wusste nur, dass da etwas gemacht werden sollte.

Aber Sie kannten die einzelnen Beteiligten vom Widerstand?

Aber – da waren eben auch die verschiedensten Ansichten. Viele waren dagegen, dass man ... den Tyrannenmord...

Die waren sich eben nicht ganz einig.

Wenn es geklappt hätte, wäre Hitler zu einer Art Märtyrer geworden?

Das weiß ich nicht. Vielleicht – vielleicht aber auch nicht.

---

[1] 1939

[2] Loyalitätserklärung unterschreiben (Ergänzung der Autoren).

Wie waren Ihre Gefühle, als Sie erfuhren, dass er überlebt hat?
Das ist jetzt für die Verschwörer sehr, sehr gefährlich. Sie wurden ja dann auch fast alle umgebracht.

Und wie gefährlich war das für Sie?
Na, ich bin eben gerade noch davon gekommen.

Gestapo-Verhöre

Sie wurden verhört?
Ja, ich bin von der Gestapo auch verhört worden. Aber das ging dann sehr friedlich aus und sehr feucht-fröhlich.

Also, die wussten eigentlich wohl nicht so gut Bescheid, wie weit ich da drinsteckte.

Was wurden Sie damals von der Gestapo gefragt?
Ja, wo ich gewesen wäre. Und ich hab ihnen dann – genau – einfach alles erzählt, wo ich war. Und dann haben sie gesagt: Es ist gut, dass sie uns die Wahrheit gesagt haben, denn wir wussten das ja alles schon.
Das waren eigentlich – verhältnismäßig – harmlose Leute, die beiden Herren, die da erschienen. Der eine, der war in der Schutztruppe gewesen, früher in Südafrika[1]. Und der andere war Kriminalkommissar aus Danzig. Es gab ja auch bei denen Leute, die sympathisierten mit den „Julis".

Konnte man das herausfinden?
Nee.

Man sagt immer „die Nazis". Was waren das für Menschen? Können Sie sie beschreiben?
Sicherlich gab es da auch sehr idealistische Leute drunter. Das war diese Nomenklatura – nachher. Die Gauleiter und Kreisleiter und so was, die terrorisierten die Bevölkerung. Zum Beispiel gab es einen Ortsgruppenleiter bei Cadinen, ein grässlicher Mann, war immer betrunken. Und auch der Kreisleiter war nicht sehr angenehm.

---

[1] Kaiserliche Schutztruppe in Deutsch Südwestafrika, nicht Südafrika

Aber ich hab ja versucht, mit den Leuten möglichst wenig zu …[1]. Und die wussten genau, dass ich ja nicht...[2]

Ich hab auch eigentlich nie Heil Hitler gesagt.

Cadinen

Wie war damals Ihr Leben in Cadinen?

Och Gott, das war normales Landleben. Aber meine Beamten, meine landwirtschaftlichen Beamten, die waren überzeugte Nazis. Der einzige, dem man vertrauen konnte, war der Direktor der Majolika-Fabrik, ein Freimaurer. Und der war auch nicht in der Partei. Und unser Bürgermeister, das war ein rührender Mann. Das war der Buchhalter vom Gut – der war Parteimann –, aber war ganz harmlos. Aber – die beiden Inspektoren, die waren ziemlich fanatisch.

Hatten Sie die als ihre Mitarbeiter selbst ausgesucht?

Nein. Wir hatten doch eine Güterverwaltung, hatten ziemlich großen Grundbesitz. Und den hatte der betreffende – wenn man ihn so nennen will – Generaldirektor, ein Herr von Garnier, der dem Nazismus ziemlich nahe stand – ausgesucht.

Es war also auch für Sie und Ihre Familie kein einfaches Leben in der Nazizeit?

Nein. Man musste furchtbar aufpassen, was man sagte. Man wurde auch denunziert.

Inwiefern denunziert?

Ja, über Äußerungen, die wir gemacht hatten. Und dann hatte meine Frau mal so einen Vortrag gehalten, da vor den Frauen unserer Mitarbeiter. Und über Amerika gesprochen, über Roosevelt. Na ja, und das wurde dann sofort an die Kreisleitung berichtet. Aber getan hatte man uns noch nichts. Aber wenn das länger gewesen wäre, hätte man uns wahrscheinlich das Gut weggenommen.

Und gegen Kriegsende sind Sie auch auf die Flucht gegangen?

---

[1] verkehren (Ergänzung der Autoren).

[2] nicht auf ihrer Seite stand (Ergänzung der Autoren).

Ich hab erst mal meine Familie weggebracht, auf ein Gut bei Soldin[1]. Ich musste als Betriebsführer da bleiben. Da war ja eine Verordnung von (der) Gauleitung, dass also jeder Betriebsführer, der von sich aus sich entfernte – dass der erschossen wurde.

Und ich bin im letzten Moment mit den anderen dann auch weg. Als die Russen schon ganz nah waren. Sie waren schon in Elbing und über das gefrorene Haff konnte man noch rüber. Na und dann bin ich von da aus nach Danzig, im Treck.

Wie mussten Sie damals Cadinen zurücklassen, als Sie weggegangen sind?

Das war noch vollständig bewirtschaftet, aber schon überflutet von Resten unserer Wehrmacht.

Fatalismus

Kennen Sie im Krieg das Gefühl von Fatalismus?

Ja, ich würde das Ergebenheit nennen. Ein Sich-Beugen.

Tradition und Werte

Wie wichtig sind Ihnen Macht und Geld? Was bedeuten Ihnen im Leben ‚Werte und Tradition'?

Eigentlich die Überlieferung einer Weltanschauung! Ich verstehe eben unter Tradition das, was Friedrich der Große repräsentiert hat. Man kann die Tradition ja auslegen … Und Hitler hat sie ja sehr geschickt benutzt. Und darauf sind eben sehr viele Menschen hereingefallen.

Wie hat Hitler die Tradition ‚benutzt'?

Tradition ist Überlieferung. Die Werte, die früher gegolten haben – die weiter fortzusetzen oder weiter zu kultivieren, zu entwickeln. Eine Tradition kann man ja auch modernisieren oder ändern.

---

[1] Schildberg/Golzow bei Soldin, Neumark

„Kaiser in spe für Deutschland"

Sie wären im 20. Jahrhundert der rechtmäßige Erbe Ihres Hauses gewesen, quasi der „Kaiser für Deutschland". Wie haben Sie dies empfunden, auch, dass es aufgrund der Entwicklungen formell nicht geklappt hat?

Also, erstens mal wäre ich nicht der Erbe gewesen, sondern mein ältester Bruder. Der ist ja nur durch den Krieg weggefallen, weil er sein Leben gelassen hat. Aber auch durch die Heirat. Eigentlich war ich nicht dazu ausgesehen. Ich war Nummer Zwei und musste dann also einspringen.

Ja, ich hab das eben als Pflicht übernommen. Und dann versucht, nach meiner Art weiter zu „murksen" – das ist nun etwas berlinisch (Lachen). So gut wie's geht, aber in einer vielleicht etwas anderen Weise. Ich glaube, mein Bruder hätte das Militärische mehr betont.

Wäre das zeitgemäß gewesen?

Das weiß ich nicht, kann ich nicht, möchte ich nicht…[1] Aber jedenfalls, ich hab's nicht gemacht. Ich hab ja auch meinen Militärdienst gemacht. Und ich bin sehr froh, dass ich bei der Luftwaffe war. Das war in keiner Weise furchtbar kommissig, nicht wahr?

Ich sage immer, „im Flugzeug kann man nicht stramm stehen"! Und das war mir das Angenehmere. Und – bei der Besatzung, das war dann auch sehr kameradschaftlich. Egal, ob man nun Offizier war oder eben ein unterer Dienstgrad.

Haben Sie das Gefühl, dass Sie durch den Antritt des Erbes auf sehr viel verzichten mussten in Ihrem Leben? Ein Bedauern darüber, dass Sie manch anderes viel lieber gemacht hätten?

Nein, das kann ich eigentlich nicht sagen. Natürlich, dieses „als ob" ist das etwas Eigenartige. Man muss so tun – es wird von einem verlangt –, als ob man noch auf dem Thron sitzt. Oder Größe und – ist nicht –, keine Macht dabei…

Es ist also eine Pseudo-Rolle, und die ist auf die Dauer nicht sehr befriedigend. Aber man gewöhnt sich daran.

Und womit haben Sie das ausgeglichen, kompensiert im Leben?

---

[1] beurteilen (Ergänzung der Autoren).

Na ja, ich hatte eben diese bezaubernde Frau! Die das sehr gut konnte, besser noch als ich. Und wir haben uns dann für die Deutsch-Amerikanischen Clubs und solche Sachen eingesetzt. Na ja, und die Musik! Also Unzufriedenheit kann man nicht sagen, auf jeden Fall.

Um mit Ihrem Vorfahren Friedrich dem Großen zu sprechen, sind Sie nach Ihrer ‚Façon' im Leben selig geworden?

Ja, durchaus.

Lebensphilosophie, Selbstbewusstsein und Grenzen

Welche Lebensphilosophie haben Sie?

„Leben und leben lassen"! „Jeder nach seiner Façon". Es liegt mir nicht, andere Menschen irgendwie herum zu dirigieren. Also ein Machtbestreben habe ich nicht, Ehrgeiz. Und ich sehe ja – je älter man wird, desto mehr merkt man die Grenzen.

Hatten Sie das Gefühl, an Grenzen zu stoßen, auch früher schon? Vielleicht beim 20. Juli 1944, oder in Amerika?

Solange mein Bruder noch lebte, war das diese Nummer-Zwei-Rolle, darunter habe ich gelitten. Aber nachher – und seitdem ich also nun Chef des Hauses bin – sind da gar keine Grenzen mehr da gewesen, in dieser Beziehung.

Und wie haben Sie das in der Jugend kompensiert?

Deshalb war ich ja dann in Amerika, da war ich Nummer Eins. Da hatte ich keine Konkurrenz seitens der Familie. Und das war bis zu einem gewissen Grade ganz angenehm.

Der Vater Louis Ferdinand

In welchem Sinn haben Sie Ihre eigenen Kinder erzogen, in dieser doch schwierigen Situation für Sie?

Wie ich schon beim letzten Mal, in der letzten Unterhaltung gesagt habe, versuche ich, sie als Menschen, als aufgeschlossene, liberale Menschen, möglichst ohne Fanatismus, ohne Ideologie…[1]

Also, was ich ablehne, sind Ideologien.

---

[1] zu erziehen (Ergänzung der Autoren).

Würden Sie sich als guten Vater bezeichnen?

Ja, bis zu einem gewissen Grade, glaube ich. Mit meinen Kindern bin ich immer sehr gut ausgekommen. Es war auch immer ein sehr kameradschaftliches Verhältnis. Und mit den Enkeln erst recht (Lachen)!

Glaube an Höhere Mächte und Mut

Sie haben im Leben sehr viele Schicksalsschläge hinnehmen müssen. Was hat Ihnen die Kraft gegeben, weiter zu machen? Woraus haben Sie Kraft geschöpft?

Aus dem Glauben und einem gewissen Lebensmut. Aber die Bindung an die Höheren Mächte war wohl sehr maßgebend.

Sind Sie ein mutiger Mensch?

Ach – nicht besonders, so normal. Vielleicht eine gewisse Zivilcourage habe ich mitgekriegt.

Was ist für Sie das Wichtigste im Leben?

Das ist sehr schwer zu beantworten. Eine gewisse Aufrichtigkeit halte ich für sehr wichtig. Und – ich meine, der Ausdruck Nächstenliebe ist vielleicht ein bisschen übertrieben –, aber ich hab die Menschen eben gerne! Also, es gibt sehr wenige Menschen, die ich direkt ablehne. Das ist dann aber ziemlich total.

Haben Sie einen Menschen schon einmal "bis aufs Blut gehasst"?

Na, das werde ich, kann ich, möchte ich Ihnen nicht sagen. Es sind sehr wenige. Im Allgemeinen komme ich mit Menschen auch sehr gut aus. Ich bin sehr für Harmonie, genau wie in der Musik! Ich hasse Dissonanzen, also Auseinandersetzungen.

Der Sinn des Lebens

Worin sehen Sie den Sinn des Lebens?

Eben der Versuch, sich als Mensch zu entwickeln.

Die Rolle des Hauses Hohenzollern in Zukunft

Wie sehen Sie die Rolle des Hauses Hohenzollern in Zukunft? Welchen Weg geht die Dynastie weiter?

Ich glaube, es wird noch eine Rolle sein. Wie, das kann man natürlich nicht sagen. Es wird sich sehr Vieles noch verändern. Aber ich glaube schon, dass diese Familie nicht ganz verschwinden wird.

Ob noch eine Führungsrolle oder…, das hängt eben vom Lieben Gott ab. Und von der Art und Weise, wie sich meine Nachkommen – oder die Nachkommen unseres Hauses – verhalten. Aussterben tun wir jedenfalls vorläufig noch nicht!

65 Prinz Louis Ferdinand an seinem 80. Geburtstag im Kreise seiner Familie

Aufgaben für die Familie im Vereinten Europa

Könnten neue Aufgaben auf die Familie im Vereinten Europa zukommen?

Sicherlich. Eben gerade auf dem Felde der Völkerverständigung. Denn eine gewisse Begabung in Menschenbehandlung – der Ausdruck Menschenführung ist auch eventuell übertrieben – haben alle. Auch meine Kinder, sie sind sehr kontaktfreudig. Das gehört ja auch damit hinein, nicht?

Ob's in der Politik noch eine Rolle...[1], weiß ich nicht? Wir versuchen, möglichst überparteilich zu sein. Und das ist auch Tradition bei uns. Wie mein Großvater gesagt hat: „Ich kenne keine Parteien mehr, ich kenne nur Deutsche" – damit bin ich aufgewachsen. Also, mir sind Parteien vollständig gleichgültig, Parteibindungen. Ich gehöre auch keiner Partei an, ich habe nie einer Partei angehört. Das ist vielleicht auch ein Nachteil, dass man da einiges versäumt, aber...

Das sollte jeder für sich selber ausmachen, oder?

Es ist doch eine kolossale Beschränkung – irgendwo. Aber – da will ich meinen Nachkommen auch keine Vorschriften machen.

Das Berliner Stadtschloss

Zur Zeit[2] befindet sich auf dem Schlossplatz, neben dem alten Staatsratsgebäude und dem Berliner Dom (gegenüber) eine Attrappe des alten Stadtschlosses. Herr von Boddien[3] hat sehr starke Intentionen, das alte Berliner Stadtschloss wieder aufzubauen, etwas in dieser Hinsicht zu bewegen.

Also, da bin ich restlos dafür! Dadurch bekommt Berlin wieder einen Mittelpunkt. Denn diese modernen[4] – so was wie die Kongresshalle –, ist doch fürchterlich. Ich meine das Kongresszentrum[5]. Die Kongresshalle[6] – das geht noch, das ist irgendwie noch ästhetisch schön.

Aber – die Kontinuität erhalten. Wenn man demokratisch vorgehen würde. Die Mehrheit der Leute will das[7] so, anstatt irgendeines scheußlichen Neubaus.

Der Senator, wie heißt er noch, der ist ja wohl dagegen. Aber dass er das erlaubt, dass so was überhaupt gemacht wird, das finde ich schon sehr positiv – als Probe.

---

[1] geben wird (Ergänzung der Autoren).

[2] 1993

[3] Wilhelm v. Boddien ist der Stadtschloss-Initiator und Geschäftsführer des Fördervereins Berliner Schloss.

[4] Großbauten (Ergänzung der Autoren).

[5] bezieht sich auf das Internationale Congress Centrum

[6] im Tiergarten (Anmerkung der Autoren).

[7] Schloss (Ergänzung der Autoren).

GESPRÄCHSEINHEIT 8

Themen: Lebensmotto – Kaiser, Kronprinz und keine Abdankung – Der Kaiser, Bülow und das ungelesene Interview – Welche Fragen lässt unser Jahrhundert offen? – Die Seele – Leben nach dem Tod

Lebensmotto

Prinz Louis Ferdinand, Sie haben ein Vorwort geschrieben zu einem Buch über „Wilhelm II. – Der deutsche Kaiser"[1]*. Da heißt es:" Merken Sie sich eine militärische Grundregel, dann werden Sie diesen Kursus glänzend überstehen: Wie man's macht, ist's falsch". Ist das eine Art Motto von Ihnen?*

Ja. Das ist jedenfalls ein Motto, das beim Militär gebraucht wird. Das heißt, man soll nicht zu empfindlich sein. Es wird beim Militär sehr gerne kritisiert. Also der Vorgesetzte – wie sagt man so schön – ‚scheißt' gern ‚an', muss von Zeit zu Zeit den Untergebenen in einer drastischen Form zurechtweisen.

Das ist aber alles nicht so ernst gemeint! Das muss man mit einem gewissen Humor ertragen. Und es ist als Lebensregel auch ganz praktisch, das irgendwie zur Kenntnis zu nehmen. Denn man kann nicht verlangen, dass man immer Recht bekommt. Manche Menschen sind ja sehr rechthaberisch. Gerade wir Deutschen neigen leider dazu. Und dann ist es ganz gut, dass man mal Widerspruch erlebt. Also, das ist mehr eine scherzhafte Formel. Jedenfalls – ich bin damit sehr gut durchs Leben gekommen.

Wenn Sie Ihr Leben rückwirkend anschauen, würden Sie sagen: Das waren Fehler, das hätte ich besser nicht machen sollen?

Nein, kann ich eigentlich nicht sagen.

---

[1] Daniel Chamier: Wilhelm II. Der Deutsche Kaiser. Eine Biographie. München-Berlin 1989

Kaiser, Kronprinz und keine Abdankung

Sie schreiben weiter in dem Vorwort des Buches[1], dass Ihr Großvater bereit war, zugunsten Ihres Vaters abzudanken, der Kronprinz diese Chance aber nicht wahrgenommen hat. Warum nicht?

Aus Loyalität, glaube ich. Aus preußischem Gehorsam.

Aber das muss doch für ihn eine sehr schwere Entscheidung gewesen sein?

Er hat es vielleicht später mal bereut. Aber aus Loyalität und Anhänglichkeit an seinen Vater, der seelisch fast am Ende war – durch den Verrat eines seiner besten Freunde, dem er vollständig vertraut hatte –, wollte er dies…[2]

Dazu war er zu sehr Gentleman, um diese Situation…, diese Schwäche des Großvaters, Vaters…[3] Für mich ist der Kaiser immer der Großvater.

Das lag meinem Vater nicht, er war eben ein absoluter Gentleman.

Der Kaiser, Bülow und das ungelesene Interview

Heißt das, Ihr Großvater ist ein sehr sensibler Mensch gewesen?

War er. Und die Enttäuschung auch – den Bülow[4] hat er sehr hoch geschätzt und ihm völlig vertraut. Und dass der ihn dann… Der hat ihn regelrecht in der Öffentlichkeit belogen.

Der Kaiser hatte ganz loyal und konstitutionell eben seinem Reichskanzler dieses Interview vorher geschickt, zur Begutachtung. Und der Bülow hat's überhaupt nicht gelesen. Der saß auf Norderney und hat da gebadet. Und dann hat er eben behauptet, der Kaiser hätte ihn nicht informiert. Und das war eine völlige Lüge.

Mein Großvater war in der Beziehung eben sehr moralisch, sehr sehr streng. Er konnte das nicht verstehen, dass jemand ihn so im Stich lässt.

---

[1] Daniel Chamier, a.a.O.

[2] 1908 abdanken (Ergänzung der Autoren, die Bemerkung bezieht sich auf Kaiser Wilhelm II.).

[3] auszunutzen (Ergänzung der Autoren).

[4] Reichskanzler Bernhard von Bülow

Man sagt, Ihr Vater und Ihr Großvater waren vom Wesen her sehr verschieden: Ihr Großvater eher sehr gefühlvoll und Ihr Vater eher nüchterner?

Das ist möglich, ja. Mehr Sportsmann, er war nicht so romantisch. Also, ich würde den Kaiser als Romantiker bezeichnen!

Welche Fragen lässt unser Jahrhundert offen?

Was meinen Sie, welche Fragen lässt unser Jahrhundert offen – in der Retrospektive?

Das Individuum kommt zu kurz. Und die menschliche Seele. Es wird alles nach kalter Berechnung – mit dem Verstand – entschieden. Das Herz kommt zu kurz!

Die Seele – Leben nach dem Tod

Sie sind sehr religiös. Glauben Sie, dass die Seele weiter existiert, dass es ein Leben nach dem Tod gibt?

Ja, absolut! Ja, ein individuelles Leben. Dass die Seele jedes Menschen so weiterlebt, wie auf dieser Erde.

Wie kommen Sie zu dieser Annahme?

Das ist meine Religion. Die christliche Religion beruht ja darauf.

GESPRÄCHSEINHEIT 9

Themen: Die Biographie „Im Strom der Geschichte" – Die Biographie – „The Rebel Prince" erschien 1952 – Louis Ferdinand und die Medien – Nachkriegszeit in Bad Kissingen – Heimatvertriebene – Verlust der Besitzungen in den Ostgebieten – Aufbau von Kulturgütern in Polen? – Cadinen – Die Mutter in Oels, nach 1918 – Sehnsucht nach der Heimat – Die „gute alte Zeit"? – Träume – Begegnung mit Kira – Rezept für glückliche Ehe – Liebe – Freundschaft – Otto John – „Nicht als Verräter sterben" – Zivilcourage – Gorbatschow – Freiheit und Gerechtigkeit – „The Four Freedoms"

Die Biographie „Im Strom der Geschichte"

Prinz Louis Ferdinand, Sie bringen eine neue Ausgabe Ihrer Biographie „Im Strom der Geschichte" heraus. Um welche Inhalte ist die neue Auflage ergänzt?

Es ist die Rückführung der Königssärge. Der Grund war eigentlich die Tatsache, dass die vierte Auflage vergriffen ist, nicht mehr zu haben.

Das wurde ja so als Weltereignis, weltgeschichtliches Ereignis von den Medien hochgejubelt. Und da hab ich mir gedacht, dass ich das eigentlich aus meiner Sicht schildern sollte – dann als endgültiges Schlusskapitel.

Wie hat sich denn Ihre Sicht von der Sichtweise der Medien unterschieden?

Na ja, von all den Medien, die behaupteten, das wäre Blödsinn, es wäre unnötig und würde nur zu Komplikationen führen. Und dann haben die Medien tüchtig dagegen…[1]

Aber es gab auch ja auch positive…[2]

Und die Bevölkerung hat sich außerordentlich freundlich und diszipliniert benommen. Die so genannten Protestmarsch-Leute – es sollten 2000 sein und es erschienen 300. Und es waren keine Potsdamer, keine

[1] polemisiert (Ergänzung der Autoren).

[2] Stimmen (Ergänzung der Autoren).

Brandenburger – es waren Bremer. Die kamen jedenfalls, diese Chaoten. Die machen das ja beruflich.

„The Rebel Prince" erschien 1952

Sie haben Ihr erstes Manuskript, Ihr erstes Buch schon vor sehr langer Zeit geschrieben. Es hieß „The Rebel Prince"[1] und hat 1952 den Weg der Veröffentlichung über Amerika genommen. Warum dort?

Das kam durch den Militärgouverneur von Bad Kissingen. Das war ein an sich ‚geborener' Journalist[2]. Und der hat mich regelrecht gezwungen. Der kannte meine amerikanische Vergangenheit natürlich und weil ich da ja schon in der Presse sehr gute Kontakte gehabt habe.

Und der hat gesagt: Louis, Du musst unbedingt deine Erinnerungen schreiben. Ich sage: Mein lieber Mel, ich bin doch viel zu jung dazu. Das ist ganz egal.

Dann hat er mich sozusagen in sein Arbeitszimmer…[3]

Der hatte das eine Haus vom Kreisleiter. Und wir hatten auch das Haus von irgendeinem Nazibonzen bekommen, weil wir ja zuerst bei Dr. Sotier gewohnt hatten. Das war sehr kümmerlich. Na ja, da hat er mich in sein Arbeitszimmer eingesperrt, sagte, so hier, da kannst Du noch eine Flasche Whisky haben. Und nun mal los. Und hat mich nicht vorher raus gelassen, bis es...[4]

Und dann wollte er das eigentlich bearbeiten. Aber der Verleger in Amerika, Regnery, dem passte das Manuskript so nicht. Er hat dann mein ursprüngliches genommen. Und das hat dann Louis Lochner, also einer meiner besten Freunde – der jahrelang Associated Press-Vertreter in Berlin war –, der hat das dann bearbeitet. Da ich das auf Englisch geschrieben habe.

Und mein Englisch ist natürlich auch nicht so perfekt gewesen. Aber den Namen „The Rebel Prince" hat Mel Potter sich ausgedacht. Und dann lernte ich Erik Reger kennen, den Herausgeber vom ‚Tagesspiegel'. Und der hat es dann ins Deutsche übersetzt.

---

[1] Louis Ferdinand, Prinz von Preußen, The Rebel Prince. Chicago 1952; gleichzeitig die deutsche Ausgabe, Als Kaiserenkel durch die Welt. Berlin 1952

[2] Merle A. Potter

[3] eingesperrt (Ergänzung der Autoren).

[4] fertig war ((Ergänzung der Autoren).

Louis Ferdinand und die Medien

Welches Verhältnis haben Sie denn zur Presse, zu den Medien?

An sich ein sehr gutes. Also, mich haben die Medien eigentlich immer nett behandelt. Aber ich missbillige diese Moderatoren. Viele.

Warum?

Ja, weil sie eben alles schlecht machen. Was also gerade die Wiedervereinigung betrifft. Meiner Ansicht nach – jetzt auch gegen Jelzin.

Da gibt es einen, der hat auch berichtet über die Grablegung Friedrichs des Großen. Und das ist auch ein Anhänger von Stolpe. Der hat sich auch bei einer Moderation aufgeregt – über die ekelhaften Anwürfe. Ich hab ihm dann geschrieben…

Nachkriegszeit in Bad Kissingen

Sie haben die Nachkriegszeit in Bad Kissingen erlebt? Wie waren damals die Lebensumstände?

Miserabel. Da haben wir einfach als Heimatvertriebene vegetiert.

Sie waren dort zuerst bei Familie Sotier untergebracht – ein neues Heim, aber in sehr beengten Verhältnissen. Wie war dann der Anfang in Bremen auf dem Wümmehof?[1]

Das war sozusagen fast der Himmel für uns, denn wir kamen da in ein sehr schönes Haus rein. Die Besitzer wollten ins Ausland gehen. Die hatten hier in Westdeutschland furchtbare Angst, dass die Sowjets kommen würden.

Heimatvertriebene

Sie haben sich als Heimatvertriebener gefühlt?

Ja. Ich fühle mich auch jetzt noch als Heimatvertriebener. Aber – ich bin es nicht mehr.

---

[1] Umzug 1947, zuerst in das Haus Koenenkamp nach Bremen-Oberneuland. Wümmehof 1950 gemietet, später gekauft.

Aber mit den preußischen Heimatvertriebenen aus den Ostgebieten fühlte ich mich solidarisch. Ich gehe auch – das sind die einzigen Versammlungen, wo ich hingehe – zum „Tag der Heimat". Ich kenne auch die ganzen Vorstände, Hoffmann, die Pommern und…[1]

Mit einigen war ich sehr befreundet.

Wie beurteilen Sie denn das Schicksal der Menschen, die seinerzeit in den Gebieten der „alten Heimat" Oberschlesien und Ostpreußen geblieben waren? Und ihr Leben dort in den vergangenen vierzig Jahren?

Mit größtem Mitleid. Es muss ja die Hölle gewesen sein.

Hatte – Ihrer Meinung nach – die Regierung damals richtig gehandelt, die Gebiete abzutreten?

Meiner Meinung nach – nein. Auch jetzt nicht. Das war - meiner Meinung nach – in dieser Form nicht nötig, diesen Verzicht aufzunehmen.

Wird sich jetzt – nach der „Wende" – für die ehemals Deutschen, die in den Gebieten dort leben, etwas ändern?

Ja, im Rahmen eines Vereinten Europa glaube ich schon. Ich meine, ich habe an sich gar keinen Hass gegen…[2]

Bin ja selber in den Ostgebieten gewesen. Ich bin von Polen sehr anständig behandelt worden. Das sind ja selber zum großen Teil Heimatvertriebene, die aus den polnischen Ostgebieten – die ja ehemals russisch gewesen sind, Weißrussland[3] – vertrieben wurden. Die haben auch viel Verständnis für unsere Gefühle. Also, das sollte man dann überwinden.

Und – im Vereinten Europa spielen die Grenzen nachher sowieso keine Rolle mehr. Von diesem Blickpunkt aus… Viele denken auch schon so. Ich habe sehr gute Verbindungen nach Polen.

Verlust der Besitzungen in den Ostgebieten

Ihre Familie hat durch diese Teilung viele Besitzgüter in den Ostgebieten verloren?

---

[1] andere (Ergänzung der Autoren).
[2] die Polen (Ergänzung der Autoren).
[3] und West-Ukraine (Ergänzung der Autoren).

Alles, man kann sagen – 95 Prozent, 100 Prozent.

Wie sind die Eigentumsverhältnisse heute geregelt, welche Ansprüche gibt es noch?

… die sie absolut nicht anerkennen[1]. Wir sind der Meinung – mit vielen anderen –, dass das nicht so bleiben wird und kann. Aber ich meine, das Einfachste wäre ja gewesen, das den ursprünglichen Eigentümern zurückzugeben. Es wird dann behauptet, das ist die Bodenreform gewesen. Ja – dann müsste man die in Westdeutschland auch machen. Zum Beispiel der Familie Bismarck oder Thurn und Taxis oder Fürstenberg oder wie diese ganzen Großgrundbesitzer heißen.

Das sind also zwei Rechte. Nicht für uns, wir sind sogar entrechtet in dieser Beziehung

Sehen Sie Chancen, Ansprüche in Zukunft durchzusetzen?

Wir haben es jedenfalls angemeldet.

Aufbau von Kulturgütern in Polen?

Können Sie sich ein Engagement Ihres Hauses in den Ostgebieten vorstellen, zum Beispiel eine Unterstützung beim Aufbau von Kulturgütern in Polen?

Unsere Mittel sind so beschränkt, dass wir das gar nicht können. Aber ich würde das mit absoluter Sympathie vertreten. Ich war ja in Polen gewesen.

Cadinen

Und wie war damals Ihr Eindruck von der Situation, den Zuständen?

Na ja, es war ziemlich ärmlich. Aber man war außerordentlich freundlich zu uns. Ich habe auch Cadinen besucht. Ich wurde als ehemaliger Eigentümer, Besitzer behandelt.

Wie haben Sie Cadinen nach so langer Zeit vorgefunden?

Na ja, das war ja wahrscheinlich genau so, wie Sie es gesehen haben, jetzt[2]. Es war in recht gutem Zustand. Als Gestüt. Und unser Haus, das

[1] Unsere Ansprüche werden … nicht anerkannt (Ergänzung der Autoren).

[2] Für das Exklusiv-Portrait über Prinz Louis Ferdinand wurde auch in Cadinen gedreht. Siehe Teil I, Kapitel 5 u. 6

so genannte Schloss, wurde schon als Reiterhotel benutzt. Und war außerdem als Verwaltungsgebäude des Gestütsleiters…

Und was halten Sie davon, dass dort ein Hotel einziehen soll?[1]
Ja, was soll ich sagen? Ist gestohlen. Sie können ja damit machen, was sie wollen. Ich werde diese Einladung jedenfalls nicht annehmen, ich fahre nicht hin.

Die Mutter in Oels – nach 1918

Ihre Mutter fand damals – nach 1918 – für eine Zeit lang in Oels ein Zuhause?
Nicht nur eine Zeit lang, sondern bis zum Schluss. Sie ist bis kurz vor Einmarsch der Russen da gewesen. Sie hat das geliebt.

Können Sie sich vorstellen, sich dort auch zu engagieren?
Nein. Ich meine, wir haben so viel hier in Deutschland und in Mitteldeutschland jetzt zu tun. Das liegt mir natürlich sehr am Herzen. Außerdem meine Heimat Brandenburg.
Jede harmonische Zusammenarbeit würde ich unterstützen. Wie auch sehr viele Heimatvertriebene, also von den Leitenden, das tun. Gemeinsam mit den Polen.

Sehnsucht nach der Heimat

Empfinden Sie auch heute, nach über vierzig Jahren, noch eine Sehnsucht nach der Heimat?
Ja, gerade nach Cadinen. Also, ich muss offen gestehen, Cadinen liegt mir näher als Oels. Ist meinem Herzen näher, weil ich da selbst gewirkt habe. In Oels war ich ja immer nur zu den Ferien. Also meine Mutter hing sehr an Oels.

Die „gute alte Zeit“?

Heute heißt es manchmal „Die gute alte Zeit“ – zu Beginn des Jahrhunderts. War die Zeit früher wirklich besser oder was war damals anders?

---

[1] Heute ist das Haus ein Hotel.

Es war vielleicht eine andere Ordnung als heute. Sicherlich ist es damals auch vielen Leuten sehr schlecht gegangen, gerade dem Arbeiterstand. Die stehen sich sicherlich heute viel besser, wenn sie nicht arbeitslos sind.

Aber die Maßstäbe waren etwas anders. Die Rücksichtslosigkeit, die ja zum Teil herrscht, dieser rücksichtlose Existenzkampf...[1] Es war eine fest gefügte Gesellschaft. Jedenfalls – manches wird auch noch idealisiert.

66 Schloss Oels

Träume

Haben Sie einen unerfüllten Traum?

Nein, nicht mehr. Ja, ich meine, ein Vereintes Europa wäre für mich ein Traum. Aber seit dem Tod meiner Frau habe ich keine Träume mehr.

Begegnung mit Prinzessin Kira

Wie haben Sie sich mit Ihrer Frau kennen gelernt?

[1] war nicht in dem Maße vorhanden (Ergänzung der Autoren).

Bei Freunden. Ich meine, an sich hat sie uns einmal besucht, mehr als junges Mädchen noch. Aber die ersten Begegnungen hatten gar keine Konsequenzen.

67 Prinzessin Kira 1951

Und dann war ich eingeladen bei einer Familie Mumm, den Sektproduzenten. Die Frau von Mumm war eine Russin, mit deren Familie meine Schwiegereltern sehr befreundet waren. Da hatte man mich mehr oder weniger hingeschickt. In der Absicht, ich sollte mich da...[1] Und da ist auch nichts draus geworden. Und dann haben wir uns plötzlich

[1] verloben (Ergänzung der Autoren).

im Cecilienhof wieder getroffen und unterm Weihnachtsbaum verlobt! Das war absolut nicht beabsichtigt. Da hatte man meinen dritten Bruder dafür ausersehen, weil ich nicht angebissen hatte.

68 Prinz Louis Ferdinand 1951

Wie würden Sie das Charisma beschreiben, das Ihre Frau umgeben hat? Was war das Faszinierende?

Erst mal war sie sehr schön. Und zweitens hatte sie eine wundervolle Kombination von Verstand und Herz. Sie war ein sehr kluger Mensch. Aber nicht eben vom Verstand total beherrscht, was man bei Russen ja viel hat. Wobei nicht viel russisches Blut in ihr war. Sie hatte ja mehr englisches als deutsches.

Rezept für glückliche Ehe

Sie waren sehr lange sehr glücklich verheiratet. Was ist, würden Sie sagen, das Rezept für glückliche Ehe?

Gibt's nicht. Ein gegenseitiger Respekt. Aber, da gibt es keine Regel

69 Das Hochzeitspaar, Doorn im Mai 1938

Liebe

Was ist für Sie Liebe?

Diese Frage kann ich Ihnen nicht beantworten. Das geht zum Teil vom Körper aus. Aber nachher wird es eben eine Kameradschaft, behaupte ich. Das ist dann eben seelisch – mehr.

Freundschaft

Wie wichtig ist Freundschaft in Ihrem Leben?

Das ist auch ein Geschenk. Aber – meine Freunde leben ja fast alle nicht mehr.

Otto John

Einer Ihrer besten Freunde ist Dr. John. Sie haben einen sehr langen Weg zusammen zurückgelegt. Er ist als erster Chef vom Bundesamt für Verfassungsschutz seinerzeit verurteilt worden. Wie beurteilen Sie diese Geschehnisse damals um ihn?

Das ist ein Skandal, das ist ein moderner Dreyfus-Fall. Damals gab es den berühmten französischen Schriftsteller, Emile Zola – der hat ja dann dafür gesorgt, dass dieser Prozess wieder aufgenommen wurde. Und da musste er freigesprochen werden.

So was Ähnliches ist das hier auch gewesen. Und wenn, Sie haben ihn ja gesehen, wenn die Russen selber sagen, sie hätten das gemacht – dann ist das ein Justizmord. Denn der ist seelisch und körperlich ein gebrochener Mensch. Das ist unerhört, dass so was passieren konnte. Das ist ein Schandfleck auf unserer Justiz.

„Nicht als Verräter sterben"

Wie sehen Sie seine Position aufgrund der neuen Entwicklungen?

Er hat nicht mehr viel vom Leben zu erwarten, denn er ist ein kranker Mann. Er will nur eben, wie er sagte, „nicht als Verräter sterben".

Was müsste passieren?

Das Urteil muss aufgehoben werden. Aber dazu hätte man wohl nicht die Zivilcourage. Die ja in Deutschland – leider – nicht besonders ausgeprägt ist.

Zivilcourage

Woran liegt es, dass in Deutschland die Zivilcourage fehlt?

Das weiß ich nicht. Die sehr tapferen Soldaten... Aber das ist einer von den negativen Charakterzügen, von uns allen.

Gorbatschow

Hat Gorbatschow, Ihrer Meinung nach, Zivilcourage gehabt?

Sicherlich. Indem er diese ganze - wie ich das nenne, den Schneeball ins Rollen gebracht hat oder - die Lawine losgestoßen. Und Jelzin setzt die Sache eben konsequent fort. Meiner Ansicht nach, das sagt der

Gorbatschow ja selber, er konnte sich nicht vom Kommunismus trennen. Er hat geglaubt, man könne den Kommunismus reformieren. Und das ist scheinbar unmöglich.

Warum ist der Kommunismus gescheitert, als System?

Weil der Kollektivismus eben auf die Dauer nicht funktioniert, wenn man das menschliche Individuum so gleichschalten will. Ich meine, die Nazis haben es ja letzten Endes auch so gemacht. Dann bäumt sich der Mensch irgendwo auf. Und dann der kolossale Missbrauch, dass eine kleine Kaste sich bereichert hatte und alles hatte – sämtliche Vorteile im Leben. Und die anderen gar nichts.

Freiheit und Gerechtigkeit

Sie haben durch dieses Jahrhundert einige Regierungsformen persönlich kennen gelernt – von der Monarchie, über die Weimarer Republik, über die Diktatur bis zur Demokratie, bis zum Scheitern des Kommunismus. Wie könnte eine ideale Regierungsform aussehen?

Die gibt's sowieso nicht. Denn wir Menschen sind zu sehr behaftet mit Schwächen, Fehlern. Aber, es gab ja einige sehr gut regierte Monarchien, wozu – meiner Ansicht nach – Deutschland auch gehört hat. Und auch gut funktionierende Republiken. Die Hauptsache ist, dass Freiheit und Gerechtigkeit herrscht, das finde ich das Wesentliche. Und ein möglichst guter, hoher Wohlstand, wobei aber das Materielle eben nicht die Hauptsache ist.

„The Four Freedoms"

Sie haben über dieses Thema vor fünfundvierzig Jahren, nach Kriegsende, für Ihren Freund Potter einen Artikel geschrieben, wo Sie „The Four Freedoms"[1] angesprochen haben. Würden Sie diese „Vier Freiheiten" noch einmal zitieren?

Die „Four Freedoms" heißen: „Freedom of Religion, Freedom of Speech, Freedom from Want and Freedom from Fear."

[1] deutsch: Vier Formen der Freiheit

GESPRÄCHSEINHEIT 10

Themen: Gründung der Deutsch-Amerikanischen Clubs – Gründung des „Zollernkreises“ – Rivalität der Stammländer Mark Brandenburg und Baden-Württemberg? – Drei Konfessionen auf der Burg Hohenzollern – „Panichida“ (Seelenmesse) – Trauer – Kaiser Wilhelm II. und die Beliebtheit der Vorfahren – Kaisers Geburtstag – Manfred Stolpe

Gründung der Deutsch-Amerikanischen Clubs

Worin liegt der Ursprung der Deutsch-Amerikanischen Clubs?

Ich hatte einen sehr guten Freund, einen amerikanischer Senator. Der hat einen Bericht geschrieben. Der kannte den Truman[1] sehr gut. Der Bericht wurde dem Truman auf den Schreibtisch gelegt, und daraufhin wurde er nach Berlin zitiert. Clay befahl ihm Einrichtung der Clubs in ganz Deutschland – also in der ganzen amerikanischen Zone. Und jetzt spielen die eine sehr große Rolle. Meine Frau und ich, wir waren da Mitbegründer.

Wie kam es denn zur Gründung der Deutsch-Amerikanischen Clubs in den 50er Jahren?

Der gute Potter hatte sehr viele Ideen. Der war eben klug genug zu sehen, dass diese „No-Fraternization-Policy“, diese völlige Abschottung von den Deutschen sowieso nicht stattfand.

Auf der ‚horizontalen' Linie, wie das allgemein so heißt, und da hat er eben gesagt, wir müssen uns mit den Deutschen vertragen. Die Deutschen waren ja gar nicht verhasst in Amerika. Und dann hat er diesen Cosmopolitan Club gegründet, und den musste er dann auflösen.

Er hatte einen sehr engstirnigen General, der außerdem Müller hieß. Das war sein Vorgesetzter. Und dann wurde er abgesetzt und versetzt, strafversetzt. Und dann hat Clay ihn nach Berlin geholt und gesagt, so, jetzt gründest Du die Dinger überall.

Sie waren mit Ihrer Frau Gründungsmitglieder?

---

[1] Harry S. Truman, damals Präsident der USA

Wir waren die beiden ersten Gründungsmitglieder! Meine Frau hat sich dann außerordentlich engagiert, sie war das *key hub*[1] des German-American-Women-Club!

Und davon gibt es jetzt ein paar Hundert in Deutschland. Finanzieren hauptsächlich Austauschstudenten, das ist ihre Hauptaufgabe. Und damals war es eben[2], die Deutschen und die Amerikaner zusammen zu bringen. Und das hat sich jetzt gewandelt, weil die Amerikaner ja abziehen, die meisten.

Auch die Russen?

Ja, aber das ist ein sehr starkes Element der deutsch-amerikanischen Freundschaft!

Sie haben 1969 auch den „Zollernkreis" gegründet. Was steht dahinter?

Nun ja, das sind letzten Endes Monarchisten – also der preußische Gedanke, die preußischen Tugenden. Ich habe den Zollernkreis nicht gegründet, ich habe nur den Namen erfunden. Also – ich betätige mich auf diesem Feld nicht.[3]

Rivalität der Stammländer Mark Brandenburg und Baden-Württemberg?

Welches ist jetzt wirklich das Stammland der Hohenzollern – die Mark Brandenburg oder Baden-Württemberg?

Ursprünglich ist ja ‚Hohenzollern'. Von da sind meine Vorfahren nach Nürnberg. Und in verschiedenen Etappen…[4] dann von Nürnberg nach Brandenburg. Eigentlich hieß dann Friedrich VI., nachher Friedrich I. in Brandenburg[5]. Der hat ja dem Kaiser Sigismund zu seiner Kaiserwürde verholfen. Das war die Belohnung!

---

[1] Türöffner; umgangssprachlich, aus dem Englischen

[2] wichtig (Ergänzung der Autoren)

[3] Anmerkung W. Stribrny: „Das ist so nicht richtig. Regelmäßig fanden ausführliche Gespräche mit dem Prinzen über die Arbeit des „Zollernkreises" statt. Auch nach meinem Herzinfarkt 1993 mit meinem Nachfolger, W. Lühdorff, Quickborn. Nach außen betonten beide Seiten ihre Unabhängigkeit".

[4] Zwischen der Burggrafschaft Nürnberg und der Markgrafschaft Brandenburg gab es keine „verschiedenen Etappen". Es ging direkt von der Codolzburg und Kulmbach aus in die Mark.

[5] Ging als Kurfürst in die Mark

Gibt es Rivalität zwischen Brandenburg und Württemberg?[1]

Nein, gar nicht. Ich meine, was uns anbetrifft. Ich liebe diese Burg sehr! Das war – sozusagen – unser letztes Refugium, das uns geblieben war. Aber meine eigentliche Heimat ist Brandenburg!

Drei Konfessionen auf der Burg Hohenzollern „Panichida" – Seelenmesse

Es gibt auf der Burg etwas sehr Ungewöhnliches, was nahezu einzigartig ist: Sie haben drei Konfessionen unter einem Dach vereint – Evangelisch, Orthodox und Katholisch. Wie kam es zu dieser Idee?

Es waren immer schon zwei Kapellen, denn unser Gesamthaus ist ja evangelisch und katholisch. Die katholische Kapelle ist ja die älteste. Wir waren ja früher alle katholisch. Joachim II. trat über zum Protestantismus.

Und die Schwäbischen[2], die wollen ja keine Württemberger sein. Die Hohenzollern blieben katholisch. Daraus ergab sich eben, dass auf dieser Burg beide Konfessionen vertreten waren.

Dann starb meine Frau.

Das war die frühere Garage für die Feuerwehr, aber sie war an sich wohl von Stüler als sakraler Raum gedacht, denn es ist ja genau unter der evangelischen Kapelle. Und daraus haben wir dann eine orthodoxe…[3]

Die Asche meiner Frau steht da. Und jetzt auch von meiner Tochter Xenia. Und meine kommt da auch hin…

Da machen wir jedes Jahr eine ‚Panichida' – also eine Seelenmesse. Das ist eine alte Institution von vor dem Ersten Weltkrieg. Da gab es einen orthodoxen Bischof in Deutschland, Und den gibt's jetzt auch. Der unterstand nicht den Patriarchen von Moskau, weil die ja völlig unter kommunistischer Herrschaft standen. Jetzt nicht mehr.

Die waren also völlig – behaupten hier diese Leute – von Amerika aus geführt. Und sie sind monarchisch und stehen dem normalen[4] Kai-

---

[1] Die Fürsten und die Bewohner der Hohenzollernschen Lande empfinden sich bewusst nicht als Württemberger, sehr wohl aber als Schwaben.

[2] Gemeint sind die schwäbischen Hohenzollern.

[3] Kapelle gemacht (Ergänzung der Autoren).

[4] russischen (Ergänzung der Autoren).

serhaus nahe. Und da kommt immer dann der Bischof und macht den Gottesdienst.

Und meine Frau hat sich diese gewünscht[1] – nicht an ihrem Todestag, sondern an ihrem Geburtstag!

Trauer

Weil nach dem Tod die Seele weiter lebt?

Und deshalb ist auch der Begriff der Trauer falsch! Wir betrauern uns selbst. Aber den, der in die Ewigkeit geht, brauchen wir nicht zu betrauern.

Ist der besser dran, als die Menschen auf der Erde?

Ja, wahrscheinlich … weil … Es findet nur eine *andere* Kommunikation statt.

Kaiser Wilhelm II. und die Beliebtheit der Vorfahren – Kaisers Geburtstag

Kaisers Geburtstag wurde früher von der Bevölkerung immer mit Festlichkeiten gefeiert?

Schulfrei!

Haben die Bürger Ihren Großvater gemocht?

Na ja, einige meiner Vorfahren waren sehr beliebt. Zum Beispiel Wilhelm I.

Also, das finde ich auch lächerlich, dass man sich darüber aufgeregt hat, dass dieses Denkmal da wieder aufgestellt wird…[2]

Der war wahnsinnig beliebt. Als junger Prinz nicht, da hieß er ja „Kartätschen-Prinz“[3], weil er bei der Revolution die Truppen kom-

---

[1] eine solche Panichida (Ergänzung der Autoren).

[2] Gemeint ist das Denkmal der Rheinprovinz für Kaiser Wilhelm I., auf dem Deutschen Eck in Koblenz. In den 1990er Jahren auf Initiative des Verlegerehepaares Theisen wiederhergestellt.

[3] Der Ausdruck „Kartätschenprinz“ ist für die Berliner Revolution am 18.3.1848 unpassend, obgleich damals gebraucht. Prinz Wilhelm (später Wilhelm I.) hatte gar kein militärisches Kommando. Bei der Bekämpfung der republikanischen Aufständischen 1849 in der Pfalz und in Baden hatte er dann das Kommando.

mandierte. Aber als Alter – nachher als König und als Kaiser – haben die Leute ihn angehimmelt.

Und – mein Großvater war auch nicht unbeliebt. Und Kaiser Friedrich[1] – das war wohl auch ein Zeichen der Zuneigung der Bevölkerung.

Was haben die Leute über ihn gesagt, an ihm gemocht?

Ja, hören se mal, das ist nun 'ne Frage!

Also – Kaiser Wilhelm I. war sehr leutselig. Und mein Großvater konnte auch sehr nett sein. Es war eben eine Vaterfigur. Und das fehlt jetzt. Alle vier, fünf Jahre kommt ein Anderer. Und jetzt wissen sie nicht, wen sie nehmen sollen.

Manfred Stolpe

Wen würden Sie denn nehmen?

Ich hätte Stolpe genommen.

Können Sie ihn als Mensch beschreiben? Hat er eine integrierende Ausstrahlung?

So gut kenne ich ihn auch nicht. Aber – er ist ein sehr anständiger Mensch, der Vielen viel geholfen hat. Jedenfalls wohl anständiger als viele seiner Kollegen.

[1] Kaiser Friedrich III. genoss in hohem Maße die Zuneigung der Bevölkerung.

Gesprächseinheit 11

Themen: Botschafter des „Weißen Rings" – Täter und Opfer – Spanien und Franco – Das Polizeiorchester Potsdam – Louis Ferdinand und die Musik – „Kakophonie" – Zur Wiedervereinigung Deutschland – Glaube an eine Höhere Gerechtigkeit und die Existenz Gottes – Die Evangelische Kirche im Osten – Gorbatschow – Zukunft zwischen Deutschland und Russland – Die Tochter, Kira von Preußen – Russlandreise – Die Situation vier Jahre nach der Wende – Bundespräsident – Ehrgeiz – „Keine Parteien, nur Deutsche" – Integrationsfaktoren für Deutschland und Europa, Ost und West – Der Kosmopolit Louis Ferdinand – Asylpolitik – Gesellschaftsstruktur „Dem Königshaus hat die richtige PR gefehlt"

Botschafter des „Weißen Rings"

Prinz Louis Ferdinand, Sie sind Botschafter des "Weißen Ringes" in Potsdam geworden. Wie kam es dazu, welche Aufgaben übernehmen Sie?

Dazu bin ich, wie man so schön sagt, wie die ‚Jungfrau zum Kinde' gekommen!

Was heißt das?

Das war wohl nur im Zusammenhang mit diesem Konzert. Das Konzert des Solidarorchesters, mit dem ich ja sehr eng verbunden bin, war zugunsten des Weißen Ringes. Und ich bin großer Bewunderer von Herrn Zimmermann.

Von dieser ganzen Idee, dass man den ganzen Opfern von den Verbrechen – was ja immer mehr um sich greift –, dass man denen damit helfen will. Also einen schöneren Zweck kann man sich gar nicht vorstellen. Der Präsident oder Leiter der Abteilung dieses Weißen Ringes in Brandenburg kam zu mir, am Beginn des Konzertes, und fragte mich, ob ich diese Würde annehmen würde. Er sagte, Sie brauchen gar nichts zu machen, sondern – sozusagen – nur dabei zu sein. Der Innenminister von Brandenburg, Herr Ziel, ist auch Mitglied. Und ich bin auch schon lange dabei. Aber nicht um so einen Titel…[1]

Täter – Opfer

Mit Titeln können Sie ja umgehen! Was motiviert Sie, beim „Weißen Ring“ mitzumachen?

Ich finde es eine wundervolle Sache, dass man den Opfern des Verbrechens – von denen ja kein Mensch spricht –, dass man sie unterstützt. Denn viele sind für ihr ganzes Leben damit behindert. Oder ihr ganzes Leben ist dadurch zerstört. Denn die Verbrechensbekämpfung ist – meiner Ansicht nach – sehr ungenügend, weil man die Polizei nicht unterstützt. Ich hab das erlebt in Bremen. Da ist ja ein ziemlicher Drogenhandel. Und da haben sie einige von diesen Drogenleuten gefasst – und dann hat man die Polizisten bestraft, nicht die Drogenschweine.

Meinen Sie, dass in diesem Punkte etwas „faul“ ist in unserem Staate?

Ja, aber wie! Das ist diese falsch verstandene Liberalität. Ich meine, ein Verbrecher ist eben Verbrecher. Es wird immer alles entschuldigt mit sozialen Verhältnissen und so. Da bin ich ein ausgesprochener Freund der Polizei. Aber es will ja heute keiner mehr Polizist werden.

Spanien und Franco

Wie wurde denn mit Verbrechern zu Zeiten Ihres berühmten Vorfahren Friedrichs des Großen umgegangen?

Nun ja, da wurde wohl etwas kürzerer Prozess gemacht! Unter Friedrich Wilhelm I., seinem Vater, wurden die Leute furchtbar verprügelt.

Das hat Franco ja gemacht. Und zu der Zeit von Franco konnte man in Spanien ohne weiteres auch nachts auf die Straße gehen. Aber das kann man da nicht mehr. Und hier auch nicht.

Also, das ist ein ganz falsch verstandener Gedanke von Freiheit. Freiheit braucht nicht Zügellosigkeit sein. Eine gewisse Ordnung braucht man im Gesellschaftsleben überhaupt.

---

[1] zu erhalten (Ergänzung der Autoren).

Das Polizeiorchester Potsdam

Wie begann Ihre Zusammenarbeit mit dem Polizeiorchester in Potsdam?

Daran ist eigentlich der Oberbürgermeister Dr. Gramlich[1], schuld. Der hat mich eingeladen – zu so einer Art Talkshow oder Podiumsgespräch, wie man das heutzutage so schön nennt. Und bei dieser Gelegenheit spielte auch das Potsdamer Polizeiorchester.

Ich habe vor ungefähr 30 Jahren einen Marsch ‚verbrochen', der sich *Hohenzollernmarsch* nennt. Und das hatte sich nun irgendwie herumgesprochen. Davon hatte der Dirigent des Potsdamer Polizeiorchesters auch gehört. Und hatte sich an seine Kollegen – oder ehemaligen Kollegen in Hechingen –, an den jetzigen Landesmusikdirektor Stockmeier, der viele Jahre die Hechinger Stadtkapelle dirigiert hatte…[2] Und mit der Stadtkapelle hatte ich auch ein freundschaftliches Verhältnis.

Dieser Marsch ist auf der Burg Hohenzollern entstanden. Und da war für mich es eine Selbstverständlichkeit, dem Stockmeier das in die Hand zu drücken. Der hat das dann für Orchester arrangiert.

Und dann hat der Brünsing[3] an mich geschrieben und gefragt, ob er das bei dieser Gelegenheit spielen könnte.

Ich sagte: Ja, natürlich, mit größter Freude! Ein Komponist ist immer glücklich, wenn seine Sachen aufgeführt werden! Und daraus ist dann wirklich ein sehr schönes Verhältnis entstanden. Und diese Bekanntschaft – oder Freundschaft – hat mich dazu animiert, noch mehr Noten zu schreiben für Potsdam.

Und außerdem habe ich festgestellt, dass dieses Polizeiorchester, das man im Zuge der – ich will da keinen Ausdruck benutzen – Gauck[4]-Aktionen auch auflösen wollte… Denn das sind alles frühere Vopos. Was sollten die denn machen? Aber – die haben ja nur Musik gemacht. Die sollten eigentlich nach Hause geschickt werden.

Aber das hat – Gott sei Dank – der Innenminister Ziel[5], der ein großer Musikfreund ist, verhindert. Und nun ist dies Orchester eines der

---

[1] von Potsdam, im Jahre 1993

[2] gewandt (Ergänzung der Autoren).

[3] Leiter des Polizeiorchesters Potsdam, siehe auch Teil I, Kapitel 9 „Der Konzertbesuch in Potsdam".

[4] Joachim Gauck, Bundesbeauftragter für die Unterlagen des Staatssicherheitsdienstes der ehemaligen DDR

[5] zur Zeit MdB, SPD; ebenso Teil I, S. 96 f.

bekanntesten in Deutschland geworden, in den letzten Monaten. Die waren jetzt in Kanada, haben eine dreiwöchige Konzertreise dort gemacht und sind sehr sehr nett aufgenommen worden. Mit der Konsequenz, dass sie beim nächsten Mal eingeladen werden von der Kanadischen Regierung.

Also – das sind die besten Botschafter für Deutschland und für Bandenburg!

Louis Ferdinand und die Musik

Musik verbindet die Menschen in der Welt. Können Sie sich daran erinnern, wann Ihre Werke das erste Mal öffentlich aufgeführt worden sind? Wann war das und wo war das?

Das ist in Bremen gewesen. Ich hab ja erst nach dem Kriege angefangen, zu komponieren. Und da lernte ich einen Dirigenten kennen, der Koschnik heißt. Derselbe Name wie der spätere Oberbürgermeister von Bremen, die sind aber nicht verwandt.

Dem habe ich ein paar Sachen gezeigt, die ich in Bad Kissingen schon geschrieben hatte, Lieder. Und der war wieder sehr befreundet mit einem. Der war nicht verheiratet, aber (ein) sehr gut befreundeter Sänger. Der war ein ausgezeichneter Bassbariton, der hieß Kaspar Broecheler und eine Sopranistin, die hieß Lieselotte Thomamüller. Die leben aber beide leider nicht mehr.

Und da habe ich dann ein Lied nach dem anderen für die geschrieben. Dann war die erste Aufführung in unserem Haus - wo wir dann eingezogen sind – in Oberneuland. Zu einem Geburtstag, meinem Geburtstag am 9. November!

„Kakophonie“

Können Sie sich noch an die Kritiken in der Bremer Zeitung erinnern?

Ja. Die waren so la la. Die Kritiker lieben meine Musik im Allgemeinen nicht, sie ist ihnen zu veraltet. Ich bin also ein Freund der Harmonie!

Und ein absoluter Feind der *Kakophonie*, wie ich sage.

Was ist das?

Kakophonie heißt Missklang auf Griechisch. Das hat so einen komischen Anklang. Und das lieben Sie nicht sehr. Das ist die heute – so genannte – zeitgenössische Musik, nicht von allen großen bekannten Komponisten… also wie zum Beispiel Benjamin Britten oder Zoltan Kodaly oder….

Die haben auch ganz harmonisch geschrieben. Aber für andere sind Harmonien etwas vollständig Veraltetes. Das ist denen vollständig gleichgültig.

Gott sei Dank brauche ich nun davon nicht leben. Aber diese Misstöne halte ich für eine totale Verirrung.

Zur Wiedervereinigung Deutschlands

In punkto „Harmoniebestrebungen"! Ich zitiere aus Ihrem Buch „Die Geschichte meines Lebens"[1]*. Sie schreiben darin, dass Sie von jeher an die „Wiedergeburt Deutschlands und seiner Reichshauptstadt" geglaubt haben. „..Und wenn man eines Tages von uns sagen würde, wir hätten im Rahmen unserer Kräfte ein wenig an ihr mitgeholfen, so wäre das die schönste Bestätigung für die Berechtigung und den Sinn unseres Lebens." Auf welche Weise haben Sie die Einigung Deutschlands mit gefördert?*

Wir haben uns immer dafür eingesetzt. Wir haben eben an die Wiedervereinigung geglaubt. Und überall – mehr oder weniger – demonstriert, dass sie kommen würde!

Glaube an eine Höhere Gerechtigkeit und die Existenz Gottes

Was hat Sie so sicher gemacht in diesem Glauben?

Das ist mein *Glaube an die höhere Gerechtigkeit!* Ich glaube, wir haben schon einmal darüber gesprochen, dass es für mich einen *Gott* gibt. Und der ist sehr intensiv mit uns, mit der Menschheit, beschäftigt!

---

[1] Die Geschichte meines Lebens, Göttingen 1968, Seite 348

Die Evangelische Kirche im Osten – Gorbatschow

Wie kam es denn überhaupt zu dieser ‚sanften' Revolution – was bis dato ja neu war –, die die Menschen in der ehemaligen DDR angestrebt hatten?

Ja, das ist überhaupt einmalig – würde ich sagen – in der Weltgeschichte! Das ist für mich auch noch ein *Wunder*.

Und dass gerade die Kirche, die Evangelische Kirche in Mitteldeutschland – die ja in Westdeutschland manche Auswüchse gezeigt hat und auch heute noch zeigt, die nichts mit Religion zu tun haben, sondern mit reiner Tagespolitik –, dass die sich in Mitteldeutschland als Hort der unterdrückten Bevölkerung erwiesen haben!

70 Prinz Louis Ferdinand über die „sanfte Revolution" 1989

Die haben eben darauf hinausgewirkt. Die haben den Widerstand sozusagen in friedliche Bahnen geleitet und sie haben den Menschen dort das Rückgrat gestärkt. Und auch den Glauben an die Möglichkeit, eine Tyrannei friedlich zu beseitigen.

Sicherlich spielt dabei eine sehr große Rolle, dass die Russen „Gewehr bei Fuß" gestanden haben, eben nichts unternommen haben. Nicht wie am 17. Juni[1], dass sie dann mit ihren Panzern... Da war ja bereits schon ein Aufstand.

---

[1] 1953 (Ergänzung der Autoren)

Aber diesmal, weil in Russland Gorbatschow am Ruder war. Der Zusammenbruch des Sowjetregimes war ja[1] schon in vollem Gange.

Sind Sie der Meinung, dass Gorbatschow maßgeblich beteiligt war an der Entwicklung in Deutschland?

Ja. Dadurch, dass er eben seine Soldaten in den Kasernen behalten hat und nicht gegen die Deutschen hat schießen lassen!

Zukunft zwischen Deutschland und Russland – Die Tochter Kira, Prinzessin von Preußen – Russlandreise

Wie sehen Sie Zukunft des Verständnisses zwischen Deutschland und Russland?

Die wird immer besser, immer enger werden. Das ist einfach nur eine Wiederholung der Geschichte. Die Deutschen haben eine große Rolle bei der Entwicklung Russlands gehabt.

In Russland hat man ein Sprichwort, das heißt „Der Deutsche hat den Affen erfunden." Das heißt, die Deutschen konnten eben alles besser. Das war ein bisschen höhnisch. Und ich bin ja auch in Russland gewesen.

Und jetzt meine Tochter Kira. Sie hat Kinder auf die Burg Hohenzollern geholt. Es gab unerhört freundliche Begegnungen. Also, ein Hass trotz des fürchterlichen Krieges – die Russen haben ja Millionen von Menschen verloren –, es ist da gar kein Hassgefühl übrig geblieben. Sie nehmen uns mit offenen Armen auf.

Ich hab ja auch mal eine Rundreise durch Russland – ist allerdings schon zehn Jahre her – gemacht. Da bin ich auch sehr freundlich aufgenommen worden. Und das hört man ja auch von vielen gefangenen Deutschen, die in Gefangenschaft[2] waren. Dass sie noch mehr zu essen hatten. Dass die Bevölkerung weniger zu essen hatte als die Gefangenen.

Also, ich sehe das sehr positiv und sehr optimistisch!

---

[1] im Herbst 1989 (Ergänzung der Autoren).

[2] gemeint ist Kriegsgefangenschaft (Ergänzung der Autoren).

Die Situation vier Jahre nach der „Wende“

Wie würden Sie - fast auf den Tag genau vier Jahre nach der Wende – die Situation zwischen Ost- und Westdeutschland – Mitteldeutschland, wie Sie sagen – beschreiben?

Sie wird viel schlechter gemacht als sie ist. Das wird künstlich von den Medien leider – warum weiß ich nicht, versteh ich nicht – irgendwie vergiftet. Denn an sich, glaube ich, verstehen sich die Deutschen sehr gut.

Diesen Ausdruck *Ossi* und *Wessi* finde ich grässlich. Finde ich eigentlich gemein – obgleich er eigentlich humoristisch gemeint ist.

Bundespräsident

Im Moment wird heiß diskutiert über die Nachfolge des Bundespräsidenten von Weizsäcker. Vor einigen Jahren schnitten Sie in Umfragen zur Bundespräsidenten-Kandidatur mit überdurchschnittlich guten Quoten ab. Hätten Sie das Amt übernommen, wenn man es Ihnen angeboten hätte?

Das kann ich nicht genau sagen, weiß es nicht… Aber wahrscheinlich, wenn man mich sehr gedrängt hätte. Der Bundespräsident spielt ja eigentlich mehr oder weniger die zweite Geige. Der Bundeskanzler ist der eigentlich Regierende. Aber – das ist ja nun vorbei. In meinem Alter habe ich solche Gedanken nicht mehr.

Hatten Sie jemals den Wunsch, politisch aktiv zu sein? Warum haben Sie sich aus der aktiven Politik zurückgehalten?

Weil ich mich für Parteipolitik nicht eigne, glaube ich. Da fehlt mir auch der Ehrgeiz.

Ehrgeiz – „Keine Parteien, nur Deutsche“

Nur der Ehrgeiz?

Ich bin eben so erzogen worden, dass es bei mir ‚keine Parteien gibt, nur Deutsche’. Das hat mein Großvater mal gesagt[1], und das war eine sehr kluge Äußerung!

---

[1] 1914

Oder wären Sie für die Politik zu sehr Diplomat gewesen?

Ich bin auch kein Vereinsmeier, wissen Sie. Es liegt mir nicht. Vielleicht ist das ein großer Fehler. Aber ich bin damit ganz gut gefahren.

Integrationsfaktoren für Deutschland und Europa, Ost und West – Der Kosmopolit Louis Ferdinand

Sie sind Kosmopolit gewesen, lebenslang. Europa definieren Sie „von Gibraltar bis Wladiwostok". Wird es künftig Integrationsfaktoren für Deutschland und Europa geben?

Ich glaube, die wirtschaftlichen Verhältnisse werden dazu zwingen – weil mit den Problemen Arbeitslosigkeit, und so weiter, ein einzelnes Land nicht mehr fertig wird – sämtliche Barrieren abzubauen. Und deshalb wird wahrscheinlich auch der Nationalstaat als solcher nicht mehr so im Vordergrund stehen.

Und welche Bindeglieder wird es zwischen den Ländern geben? Auch zwischen Ost und West?

Das werden die neuen, jungen Generationen herbeiführen. Sie reisen ja heute schon in einem großen Teil der Welt herum, was wir ja nicht konnten.

Heute trifft man junge Menschen überall, zum Teil schlafend auf den Bahnhöfen. Man kann ja auch für ein paar hundert Mark durch ganz Europa fahren.

Und auch Russland, das ist natürlich eine herrliche Entwicklung. Und die ist nicht mehr aufzuhalten! Es gibt sicherlich Leute, die dagegen sind, die das unter nationalistischen Parolen sehen. Aber ich glaube, dass es gar keine Ausländerfeindlichkeit gibt in Deutschland. Das wird furchtbar übertrieben. Das ist eine Folge der falschen Asylpolitik, des Missbrauchs des Asyls.

Asylpolitik

Was wird verkehrt gemacht?

Jetzt hat man endlich eine Gesetzgebung geschaffen, um das abzublocken. Jedes Einwandererland – ich hab das ja studiert – hat seine festen und ganz rigorosen, besonders die Vereinigten Staaten, Quoten.

Nur so und so viele Leute werden hereingelassen und sonst niemand. So kann man das steuern.

Wobei einstweilen ein großer Teil dieser sogenannten Asylanten gar kein Asyl brauchen. Natürlich, ein Inder oder ein „Molukke" verdient viel weniger wie ein Deutscher. Und wenn die hierher kommen, dann kriegen die sofort Unterstützung. Das ärgert sozusagen die „Eingeborenen" hier. Das ist ganz menschlich, völlig verständlich. Aber man hat ja nun, Gott sei Dank, ein Gesetz geschaffen. Ob das ideal ist, weiß ich nicht.

Aber der Deutsche ist absolut nicht ein Ausländerfeindlicher. Ganz im Gegenteil. Es gibt ja diesen Ausdruck „Das ist nicht weit her". Das heißt auf Deutsch, dass – wenn man von woanders kommt –, dann ist es interessant. Und wenn es von hier kommt – nicht.

Gesellschaftsstruktur

Wie würden Sie unsere Gesellschaft, unsere Gesellschaftsstruktur charakterisieren? Leben wir in einer Elitegesellschaft?

Nein. Das ist eine verbürgerlichte Gesellschaft, wo die Menschen eigentlich gleichberechtigt sind. Wo es eben keine besonderen Privilegien mehr gibt.

Der Adel hat in dieser Beziehung längst die Rolle nicht mehr, die er früher gespielt hat. Das ist eine Entwicklung, wie in Amerika schon vor 50-60 Jahren – wie ich sie da kennen gelernt habe.

Und dann gibt es eben – Gottlob – keine Ständeunterschiede, Standesunterschiede, wenn Sie das so nennen wollen. Also elitär würde ich diese Gesellschaft nicht nennen.

„Dem Königshaus hat die richtige PR[1] gefehlt."

Sie haben in Ihrer Biographie „Im Strom der Geschichte" geschrieben, „Dem Königshaus hat die richtige PR gefehlt." Was meinen Sie damit?

---

[1] Public Relations

Ja also, die richtige Propaganda. Man hat zu wenig Wert darauf gelegt. Das haben zum Beispiel die Engländer besser verstanden. Auch die anderen Königshäuser in Skandinavien und so.

Hier war eben eine gewisse Clique, das ist meine Ansicht, die hat das Königshaus abgeschottet gegen das Volk – sozusagen vom Volk. Sie waren nicht unpopulär, aber sie hatten mit großen Teilen, zum Beispiel mit der Arbeiterschaft, nicht den persönlichen Kontakt. Wie ja in Skandinavien auch diese Sozialisten keine Republikaner waren. Und bei uns waren eben die Sozialdemokraten zum großen Teil Antimonarchen.

Und das war meiner Ansicht nach ein großer Fehler. Das hätte man eben abändern können durch Titelverleihung – wie das England macht. Da hat man ja den Ausdruck „Labour-Lord“ – wenn einer von der Arbeiterpartei, Labour-Party…[1] Dann heißt das eben „Labourlord“, kommt aus bescheidenen Verhältnissen…

Und das ist meines Erachtens eine sehr gute Methode gewesen, revolutionäre Gefühle zu besänftigen.

[1] geadelt wird (Ergänzung der Autoren).

Gesprächseinheit 12

Public Relations und die Kaiserzeit – Sanfte Revolution 1989 – November-Revolution 1918, „Hungerrevolte" – Das ‚Jagdschloss Stern' des Soldatenkönigs – Bescheidenheit – Wirken und Charakter der Vorfahren – Der Vorfahr Louis Ferdinand – Das Toleranzedikt – Friedrich der Große – Manfred Stolpe – Israel – Mussolini – Vorbilder – Der König von Spanien – Der Nachfolger Georg Friedrich Prinz von Preußen – Potsdam als Weltkulturstadt – Die Liebe zur Fliegerei – Die Anfänge bei der Lufthansa – Blindflugausbildung – Die Faszination des Fliegens – Lindbergh – Zeppelin – Das Reiten – Das Lieblingsgedicht – Erwartungen ans Leben

Public Relations und die Kaiserzeit

Wir wollten uns noch einmal über die Public Relations unterhalten?

Diesen Ausdruck gab's ja damals noch gar nicht. Und meiner Ansicht nach lag das an der Umgebung meiner Familie. Das waren ja alle „brave Militärs", die hatten dafür gar kein Verständnis. Für die war ein Journalist ein Mensch zweiter Klasse. Deshalb ist meiner Ansicht nach eben viel zu wenig getan worden, um die Familie beim Volk bekannt und populär zu machen.

Da fanden die Paraden statt. Und dann standen die Menschen da und guckten sich das an und damit hatte es sich. Und die durften dann *Hurra* schreien.

Aber dass der Kaiser sich direkt im Volk bewegte, ganz frei, das kam eigentlich weniger vor. Obgleich die Schutzmaßnahmen damals bedeutend geringer waren. Und nicht so stark zu sein brauchten, wie heutzutage bei unseren jetzigen Regenten – wo jeder Minister umgeben ist von Sicherheitsleuten. Insofern war die Zeit damals bedeutend ruhiger.

Aber ich mache die Umgebung meiner Familie dafür verantwortlich. Na ja, für Manches. Es hätte nicht zu diesem Antagonismus kommen brauchen, dass die Arbeiterschaft eben antimonarchisch war. Wenn man Bebel oder irgendeinen von diesen Arbeiterführern geadelt hätte, dann wäre das alles anders gelaufen. Oder Ebert – oder wie sie alle heißen.

Sanfte Revolution 1989 – November-Revolution 1918, „Hungerrevolte"

Gibt es möglicherweise Parallelen zwischen der „Sanften Revolution" 1989 und der November-Revolution 1918 damals?

Nein, überhaupt nicht. Das war eine Hungerrevolte. Aber das richtete sich ja eigentlich gar nicht gegen das Regime. Das Volk wollte eben Schluss machen mit dem Krieg, weil die Leute ja praktisch nichts mehr zu essen hatten. Denn sonst hätte man uns ja umgebracht – so ähnlich leider wie in Russland.

Das ‚Jagdschloss Stern' des Soldatenkönigs – Bescheidenheit

Um noch mal auf die PR zurückzukommen. In Potsdam steht ein bescheidenes Haus, das ‚Jagdschloss Stern' des Soldatenkönigs[1]*. Halten Sie Bescheidenheit auch für ein Mittelt, Menschen zu regieren?*

Sicherlich. Friedrich Wilhelm I. hat das ja bis ins Extrem getrieben. Aber trotz seiner gewalttätigen Methoden – indem er verprügelte, seien es Generäle oder Minister – ging der ins Volk. Und wenn er einen schönen Küchengeruch wahrnahm, dann ging er in das Haus rein und hat da mitgegessen. Also – in der Beziehung war der unerhört demokratisch.

Ich glaube nicht, dass das der Bundespräsident heute machen würde.

Wirken und Charakter der Vorfahren

Wie würden Sie Ihre Vorfahren charakterisieren, wie ihr Wirken?

Ich glaube, dass sie im Durchschnitt ganz anständig waren. Jedenfalls, im Vergleich zu anderen Dynastien. Solche Ausschweifungen wie Ludwig XIV. – oder so, die sind in unserer Familie nicht vorgekommen. Es war eigentlich – im Durchschnitt – eine sehr gemäßigt-bescheidene Familie.

---

[1] Friedrich Wilhelm I.

Ja, der Soldatenkönig hat..., vielleicht geht das schon bei seinem Großvater, beim Großen Kurfürsten los. Der hat die Grundlage für Preußen überhaupt gemacht, für die spätere Größe Preußens.

Preußen war ein ganz rückständiges Gebiet – eben wo sich ‚die Füchse[1] gute Nacht sagten'! Die ersten Vorfahren mussten hier erst mal Ordnung schaffen.

Hier herrschte also Mord und Totschlag. Und hier saßen diese Raubritter[2], die die Kaufleute dann kujonierten und ausraubten. Sie[3] haben die erst mal zur Räson gebracht. Und das waren nachher die besten Soldaten und Generäle und Offiziere, ein großer Teil des Adels hier. Manche haben uns das aber auch nie vergeben.

Der Vorfahr Louis Ferdinand

Und Ihr Vorfahr Louis Ferdinand?

Louis Ferdinand war ja nun ein Ausnahmefall! Der war sehr lebenslustig, genial bis dort hinaus, hoch musikalisch. Und auch ein blendender Soldat. Er ist ja dann gefallen[4] in Saalfeld.

Er stand in einem Gegensatz zu seinem Neffen, Friedrich Wilhelm III., der wohl ein bisschen eifersüchtig auf ihn war. Weil er seiner Frau den Hof – bis zu einem gewissen Grade – gemacht hat. Ob sie darauf eingegangen ist, weiß ich nicht,

– der zur Kriegspartei gehörte damals, die gegen Napoleon ins Feld ziehen wollten.

Friedrich Wilhelm III. hat eben bis zum letzten Moment gezögert. Und hat dann zu spät den Krieg erklärt oder versucht, Napoleon davon abzuhalten, hier weiter vorzudringen. Na ja, und dann kam es zur Katastrophe...

Erst später kam dann, nach 1813, der Gegenschlag. Kam das Bündnis mit Russland und mit Österreich zustande – was der Louis Ferdinand immer gewollt hatte. Der war eben außerordentlich friedfertig.

---

[1] sprichwörtlich „Fuchs und Hase"

[2] Der Begriff Raubritter ist fraglich. Sie hatten andere Rechtsauffassung und beanspruchten für sich Fehderecht und Widerstandsrecht.

[3] Die ersten Hohenzollern in der Mark.

[4] 1806

Man stellt meine Familie immer als so kriegslüstern dar. Das ist auch absoluter Unsinn. Was da an Unwahrheiten und Verdrehtheiten angeboten wird, ist eben einmalig.

Das Toleranzedikt

Ihre Familie hat ein – auch für die heutige Zeit – sehr wichtiges Gesetz erlassen: Das Toleranzedikt, das ja sehr fortschrittlich für diese Zeit war?[1]

Ja, vom Großen Kurfürsten. Weil Friedrich der Große eben ein aufgeklärter Absolutist war. Er gehörte zur Aufklärung, hat die französischen Philosophen studiert, sehr eingehend. Und er gehörte zu dieser ganzen Schicht, die Toleranz, die Duldsamkeit als höchstes Ideal angesehen haben.

Friedrich der Große – Manfred Stolpe

Worin sehen Sie Unterschiede – oder Parallelen – in der Regierungsarbeit in Brandenburg – zur Zeiten Friedrichs des Großen und in der Ära von Stolpe?

Ich halte Stolpe auch für einen ausgesprochen aufgeklärten Mann. Ich nehme an, dass er wohl religiöser eingestellt ist. So gut kenne ich ihn nun auch wieder nicht.

Das ist kein so großer Unterschied. Ich meine, Friedrich der Große war ein absoluter Herrscher. Das, was er befahl, musste gemacht werden. Das war die damalige Regierungsmethode. Das war ja gar nicht auf Preußen beschränkt. Also gerade in Frankreich – Ludwig XIV. –, da war das besonders krass. Deshalb ist ja auch die Revolution zuerst in Frankreich gewesen. Hier hatte sie längst nicht diese Brisanz.

Israel

Sie besuchten 1982 die Stadt Haifa. Wie beurteilen Sie die großen Veränderungen, die derzeit in Israel vor sich gehen?

---

[1] Toleranzedikt von 1685. Unter dem Großen Kurfürsten, nicht unter Friedrich dem Großen.

Mit größter Freude! Meine Freunde, die zum großen Teil der so genannten Arbeiterpartei angehören – die weiter rechts stehen als die Sozialdemokratie bei uns, die Intellektuellen zum Beispiel, wie auch (der) Bürgermeister von Jerusalem, Teddy Kollek, ein ganz hervorragender Mann –, die sind alle für einen Ausgleich mit den Arabern.

Und die wissen auch, dass sie ja denselben Ursprung haben. Brüder, wie sie sagen. Die Sprachen sind auch ganz ähnlich.

Das ist eine furchtbare Tragödie eigentlich. Und nun haben sie – endlich jetzt – eine Möglichkeit gefunden[1]. Deshalb ist dies ganze Palästinaproblem entstanden.

Also, die Intellektuellen, würde ich sagen, mit denen ich nun hauptsächlich Kontakt habe – besonders mit einem Deutsch-Israeli, einem Prof. Carmel, der an sich aus Berlin stammt, aber gegen Deutschland gar keinen Hass empfindet, was man bei Vielen…, auch von den Israelis, die das alte Deutschland sehr geliebt haben… – die sind alle sehr sehr glücklich und dankbar! Und hoffen, dass das sich weiter fortsetzt.

Denn ohne Hitler würde es ja kein Israel geben. Es gibt auch eine ganze Menge Antizionisten unter den Juden. Zum Beispiel der Bankier Warburg – mit denen wir auch sehr eng befreundet waren, besonders mein Großvater mit seinem Vater –, das war ein Antizionist. Er hielt das[2] für unsinnig, dort…

Die fühlten sich eben als Deutsche hier – oder wo sie nun gerade waren. Sie waren ja vollständig integriert, und viele sind ja auch im Krieg gefallen. Da hat man jetzt erst ein Denkmal eingeweiht, für die gefallenen Juden aus dem Ersten Weltkrieg. Und das waren sehr gute und – fast alles – sehr konservative Deutsche. Und auch Monarchisten.

Mussolini

Sie sind in Ihrem Leben, auf Ihren vielen Reisen, auch Mussolini begegnet. Wie haben Sie ihn erlebt?

Mussolini wirkte ein bisschen wie schauspielerisch, würde ich sagen. Ich würde behaupten, dass er weniger hypnotisch gewirkt hat auf mich als Hitler. Ich fand ihn etwas theatralisch, aber sehr gewandt. Sprach

[1] das Palästinaproblem zu lösen (Ergänzung der Autoren).

[2] den Zionismus

fließend deutsch, während Hitler keine Fremdsprache beherrschte – außer Österreichisch. Er sprach ja kein Deutsch wie wir das gewöhnt sind.

Sie sprechen fünf Sprachen?
Na, vier vielleicht…

Wer hat Sie in Ihrem Leben als Mensch – rückblickend – am meisten beeindruckt?
Meine Frau!

Vorbilder – Der König von Spanien

Hatten Sie ein Vorbild für Ihr Leben, für Ihre Tätigkeit gehabt?
Also – der König von Spanien. Das war mehr eine Illusion, aber das war so mein Ideal.

Der Nachfolger Georg Friedrich Prinz von Preußen

Ihr Enkel soll Ihr Nachfolger als neuer Chef des Hauses Hohenzollern werden?
So Gott will!

Wie bereiten Sie ihn auf die Aufgabe vor? Was geben Sie ihm mit auf den Weg.
Soweit ich ihn sehe, versuche ich ihn genau so zu beeinflussen wie meine eigenen Kinder. Das haben Sie ja heute gesehen, bei meinem Jungen[1].

Aber ich sehe ihn leider furchtbar selten. Er wohnt nun da oben. Seine Mutter[2] hat ja nun noch mal geheiratet. Und da ist mein Einfluss leider sehr gering[3]. Aber ich nehme an, dass er sich in derselben Richtung wohl…[4]

Welche Ihrer Erfahrungen möchten Sie ihm gerne vermitteln?

---

1 Christian Sigismund Prinz von Preußen, mit dem wir während der Dreharbeiten in Berlin auch ein Interview geführt haben.

2 Prinzessin Donata

3 Prinz Georg Friedrich, geboren 1976, lebte damals in Sievernhagen bei Lensahn (Holstein).

4 entwickelt (Ergänzung der Autoren).

Na ja, die Grundlage – und davon sprach ja auch mein Sohn – ist eben die Menschlichkeit, dies Menschentum – das er in jedem Menschen den Nächsten sieht. Ich glaube schon, dass er in der Beziehung richtig erzogen wird. Und nun wird er ja bald achtzehn[1]. Und dann macht er auch Abitur in zwei Jahren. Dann werde ich ihn vielleicht öfters sehen...

Potsdam als Weltkulturstadt

Im kommenden Jahr werden in Berlin und Potsdam die Stiftungen der Baudenkmäler zusammengelegt[2]. Wer wird die federführende Rolle übernehmen?

Ich glaube, dass Potsdam dominant sein wird. Da wird ja auch die Verwaltung hinkommen. Dr. Giersberg ist jetzt schon der amtierende Generaldirektor.

Wird Potsdam – als Weltkulturstadt – in der Zukunft eine Rolle spielen?

Ja, wenn Potsdam eine Symbiose findet zwischen seiner Tradition, seiner Geschichte, die ja nun eindeutig von meiner Familie geprägt ist. Und diese 40 Jahre kommunistischer Regierung – oder wie man das nennen will, haben keinen so starken Eindruck hinterlassen auf die Menschen. Abgesehen davon, dass sie eine Qualität der Bescheidenheit entwickelt haben, die leider in Westdeutschland nicht so ausgeprägt ist.

Die Liebe zur Fliegerei

Morgen steht der Flugplatz Trollenhagen[3] auf dem Drehplan. Eines Ihrer Hobbies ist ja das Fliegen. Welche Erinnerungen gibt es an Trollenhagen?

Also, erstmal habe ich dort meine militärische Grundausbildung gemacht. Das heißt, ich war einfacher Rekrut – was mit 30 Jahren nicht so ganz einfach ist.

Bei der Fliegerei war der Kommiss in keiner Weise unangenehm. Wie ich immer behaupte, „im Flugzeug kann man nicht stramm stehen"! Das ist etwas schwierig zu bewerkstelligen.

---

1 im Jahr 1993

2 1994 entstand dann die „Stiftung Brandenburgisch-Preußische Schlösser und Gärten".

3 bei Neubrandenburg

Da geht alles viel kameradschaftlicher vor sich, dass diese Grundausbildung außerordentlich milde war. Wir hatten einen sehr netten Feldwebel. Es war so eine Art Kursus, zusammen mit Ärzten, zukünftigen Luftwaffenärzten. Na ja, eine furchtbare Drangsalierung fand nicht statt.

Ja und dann wurde man bald…[1]

…außer Gefreiter habe ich sämtliche Grade durchgemacht. Die unteren, erst als gewöhnlicher Flieger, Unteroffizier, Feldwebel, und dann wurde ich Leutnant der Reserve. Leutnant war ich ja schon seit 1917. Ich hatte das älteste Patent. Das hat man mir aber nicht angerechnet. Und dann war die Hauptbeschäftigung eben die Fliegerei.

71 Flugplatz Trollenhagen 1993

Sie sind auch Kriegseinsätze geflogen, im Luftgeschwader. Haben Sie nie Angst gehabt?

Herrlich! Nein, Angst eigentlich nicht. Meine Hauptbeschäftigung war ja Blindfluglehrer. Und wenn man da Angst hat, dann kommt man nicht an.

Was heißt Blindfluglehrer?

Also, es gibt Sichtflug – wo keine Wolken sind. Und es gibt eben Blindflug – wenn es dicht ist, wenn man nichts sehen kann. Und da muss man dann nach Instrumenten fliegen. Und das musste ich erst mal selber lernen. Und dann anderen beibringen.

---

[1] befördert (Ergänzung der Autoren).

Die Anfänge bei der Lufthansa

Wie waren denn die Anfänge seinerzeit bei der Lufthansa?

Zuerst war ich ja bei der Lufthansa. Das war – ich hab das ja auch in meinem Buch so geschrieben – ziemlich bürokratisch. Der Direktor Herr von der Gablenz[1] war das gar nicht! Er war ein ziemlicher Draufgänger. Aber einige der anderen waren doch ziemlich beschränkt, würde ich sagen. Es war also keine sehr große Angelegenheit.

Blindflugausbildung – Die Faszination des Fliegens

Würden Sie sich zu der Zeit damals auch als Draufgänger gesehen haben?

Mich selber? Ach, eigentlich nicht so sehr. Ich bin immer auch für sehr vorsichtiges Fliegen gewesen.

Ich habe ja in Argentinien richtig fliegen gelernt, meine erste Ausbildung gehabt. Und da hatte ich einen spanischen Argentinier, einen ehemaligen Taxichauffeur, der Viscarret hieß – ein rührender, sehr netter Mann. Der aber furchtbar grob war, wenn man irgendwie unvorsichtig geflogen ist.

Na ja, man darf eben nicht vergessen, dass „die Luft keine Balken hat"! Viele vergaßen das dann, und die machten dann eben Bewegungen, wo das Flugzeug dann abkippte.

Hauptsache war immer, möglichst Fahrt drauf zu haben. Wenn man die Geschwindigkeit unterschreitet...

Ich habe jedenfalls die Ratschläge dieses – ich hab den nachher noch mal besucht, vor ein paar Jahren – reizenden alten Mannes, die habe ich befolgt.

Die Fliegerei reizt sehr zur Angabe. Und gerade Anfänger, die vergessen die Gefahr. Also wenn – nach verhältnismäßig kurzer Zeit – man seinen Alleinflug gemacht hat, dann geht das los! Dann wollen sie ihre Bräute beeindrucken – und fallen dann auf den Friedhof runter. Das ist öfter schon passiert.

---

[1] Carl August Freiherr von der Gablenz

Das heißt, Sie haben Ihren Schülern beigebracht, auch in der Luft ‚mit den Beinen auf dem Boden' zu bleiben.

Vor allem, ich habe mich an *eine* Regel nicht gehalten. Eine Vorschrift. Das macht man jetzt gar nicht mehr – dass der Schüler nicht rausgucken darf. Da wurde eine schwarze Gardine davor gezogen. Das habe ich nie gemacht. Viele sind dabei zusammengestoßen – der Schüler saß rechts, und der Lehrer links. Also, der Pilot sitzt eigentlich immer links. Und da sollte hinten irgendeiner von der Mannschaft rausgucken. Die schliefen dann. Das ist ja beim Kommiss allgemein so, dass man möglichst wenig sich anstrengt (Lachen)...

Ja und dann sind die bei hellem Licht und strahlendem Sonnenschein zusammengerasselt, die Schulmaschinen. Da haben wir viele Verluste gehabt. Ich habe das nicht gemacht. Nachher müsst ihr ja auch rausgucken – wozu jetzt nicht? Und ihr braucht ja nicht – ihr müsst nur eure Instrumente angucken. Deshalb sitze ich noch hier.

Was ist für Sie die Faszination des Fliegens?

Na, das ist irgendwie ein Gefühl, dass man mit dem Universum zusammen ist. Man ist über den Dingen. Und manchmal sieht man überhaupt von der Erde gar nichts, wenn man über den Wolken ist. Und ich sage – er Liebe Gott ist einem da näher!

Lindbergh

Haben Sie sich über dieses Gefühl auch einmal mit Lindbergh unterhalten können?

Nein, nein. Für den musste ich einen Empfang organisieren. Und ich hab ihm da ein Schnippchen geschlagen. Der hasste Journalisten. Ich hatte viele Freunde bei den Journalisten, besonders den Louis Lochner. Und er flog die größte Maschine, die wir hatten, die hieß „Hindenburg". Und die habe ich voll gepackt mit Journalisten! Das hat er dann erst gemerkt, als wir wieder gelandet sind. Also … der war ziemlich unnahbar.

Zeppelin

Sie haben auch den Zeppelin einmal in Amerika erlebt?

Eckener[1], den kannte ich schon von vorher. Das war damals sehr schön. Ich bin nie mit dem Zeppelin geflogen. Das war dann mehr wie auf dem Schiff – glaube ich.

Wie haben Sie das Reisen auf Ihren früheren Kreuzfahrten empfunden?
Herrlich! Viel schöner wie jetzt.

Das Reiten

Und welche Reiseart bevorzugen Sie heute?
Ja, auf dem Schiff – das geht erst mal nicht so schnell. Und mit diesen vollgepackten Flugzeugen – das ist grässlich. Also ich fliege prinzipiell nicht, fahre lieber mit der Eisenbahn.

Und dann, wenn da noch geraucht wird. Und die Menschen benehmen sich so kalt und irgendwie überheblich.

Also, mir hat das Fliegen in der eigenen Maschine – das hat mir Spaß gemacht. Das ist wie auf dem Pferd. Das Flugzeug reagiert so, wie ein menschliches Wesen.

Das heißt, Sie würden ein Pferd auch mit einem Flugzeug vergleichen?
Ja, weil – die Kunst des Fliegens, also besonders beim Sportfliegen, liegt im Hinterteil! Wenn man das Gefühl hat… Das ist einfach eine angeborene Sache. Manche kriegen das nie. Die haben dann auch Schwierigkeiten. Und bei anderen – die haben das ganz natürlich.

[1] Hugo Eckener, Luftschiffkapitän

Lieblingsgedicht – von Dietrich Bonhoeffer

Sie lieben die Literatur. Haben Sie ein Lieblingsgedicht?
Es gibt eins von Bonhoeffer, das ist der Bruder von dem Syndikus.

Mein Lieblingsvers…

„…Von wunderbaren Kräften … umgeben,
erwarte ich getrost was kommen mag.
Gott ist bei uns am Morgen und Abend,
und ganz gewiss an jedem neuen Tag…"

Erwartungen ans Leben

Sind Ihre Erwartungen ans Leben erfüllt worden?
Ja, ich kann mich nicht beklagen. Das wäre sehr undankbar.

Prinz Louis Ferdinand,
ich danke Ihnen für das Gespräch.

DER KOMMENTAR ZUM INTERVIEW

VON

WOLFGANG STRIBRNY

9. November 1918

Seit etwa dem Jahre 1400 spielten die Hohenzollern eine führende Rolle in Deutschland. Ohne ihr Wirken ist die Geschichte Mitteleuropas bis 1918 nicht denkbar.

Der 9. November 1918, die Ausrufung der Republik in Berlin, erscheint Prinz Louis Ferdinand von Preußen als ein Tiefpunkt deutscher Geschichte, wenn nicht *der* Tiefpunkt, der die totalitären Entwicklungen des 20. Jahrhunderts ermöglicht hat.

Im Interview spricht er von einer „Hungerrevolte"[1]: Die kriegsmüden Deutschen wollten Frieden um jeden Preis. Nur ohne die Hohenzollern wollten die Alliierten einen gerechten Frieden zulassen (was sich als Illusion erwies).

Im Spiegel-Gespräch von 1993 nannte Louis Ferdinand den 9.11.1918 noch pointierter einen "Betriebsunfall der deutschen Geschichte“[2].

Bundespräsident

Es kann niemanden verwundern, dass sich der Chef des Deutschen Kaiser- und Preußischen Königshauses zur parlamentarischen Monarchie bekennt. Die Überparteilichkeit der Krone, die Personifizierung des Staates im Monarchen und seiner Familie sieht er als entscheidende Vorteile. Die lange Vorbereitung für das höchste Amt, das dem Ehrgeiz der Parteifunktionäre entzogen ist, und die selbstverständliche Verwur-

---

[1] siehe oben Teil II, Interview, Seiten 155 u. 224

[2] siehe unten Teil III, S. 247 u. S. 353

zelung in Geschichte und Tradition kommen hinzu. Der Prinz hat mehrfach die mögliche Annahme des höchsten Amtes, in einer Übergangszeit auch als Bundespräsident, stets von der Zustimmung aller Parteien abhängig gemacht. Hier ist neu, dass er bemerkt, er hätte das Amt angenommen, „wenn man mich sehr gedrängt hätte“[1], also wohl doch ohne Zustimmung aller Parteien.

Die schwierige Rolle des Prätendenten, der so tun muss, als ob er Monarch sei und es doch nicht ist, hat er überzeugend ausgefüllt[2]. Eine Monarchie für Deutschland hält der Chef einer großen Dynastie selbstverständlich für "vorstellbar" und vernünftig. Alles andere wäre eine Flucht aus der geschichtlichen Verantwortung.

Friedrich der Große

Überdeutlich wird in dem Interview, in welch hohem Maße Friedrich der Große für Louis Ferdinand den Maßstab setzt. Tradition ist für ihn das, was der große König repräsentiert[3]. Christentum und Aufklärung prägen für ihn Preußen.

Viele wichtige Ereignisse in seinem aktiven Leben an der Spitze des Hauses Hohenzollern hängen mit dem Gedenken an Friedrich den Großen zusammen. Die Überführung der Särge Friedrich Wilhelms I. und Friedrichs des Großen von der Burg Hohenzollern zurück nach Potsdam am 17.8.1991 bildete den Höhepunkt und Schlusspunkt seines unermüdlichen Wirkens[4]. Trotz den Kassandrarufen der Medien war es eine ruhige und würdige Feier. Hunderttausend Preußen kamen freiwillig. Zu einer nationalistischen Demonstration konnte es schon deshalb nicht kommen, weil die extreme Rechte weder ein Interesse an der Monarchie, noch am Hause Hohenzollern hat. Auch Preußen, der von seiner Idee her übernationale Staat, bedeutet dort kaum etwas.

Preußische Tugenden

Zu Recht weist der Prinz das *Gerede* von den preußischen Tugenden in die Schranken. Ohne derartige Eigenschaften kann kein Land auf

---

[1] siehe oben Teil II, Interview, S. 219
[2] siehe oben Teil II, Interview, S. 187
[3] siehe oben Teil II, Interview, S. 224 ff.
[4] siehe oben Teil I, S. 39, Teil II, Interview, S. 127, Teil III, Chef des Hauses, S. 292 ff.

dieser Erde vernünftig regiert werden. Den preußischen Staatsgedanken, den einzigen, den Deutschland hervorgebracht hat, umschreibt er verkürzt mit "Toleranz". Tatsächlich war Preußen europaweit das erste Land, in dem Religionsfreiheit galt, der erste moderne Rechtsstaat auf dem Kontinent, das erste große Land mit der allgemeinen Schulpflicht für beide Geschlechter.

Kaiserenkel

Der Prinz verstand sich sein langes Leben hindurch als Kaiserenkel. Immer wieder hat er seinen – zugegebener Maßen verkannten und geschmähten – Großvater lebhaft verteidigt. Er nennt ihn den "intelligentesten Menschen ... ausgesprochen modern und ... Romantiker". In den Erinnerungen seines Lieblingsenkels hat er sich in Doorn über sein Exil nicht beklagt und die Sehnsucht nach Deutschland verborgen[1]. Diesem Eindruck widersprechen viele andere Zeugen.

Wilhelm II.

Zu Recht weist Louis Ferdinand auf die Absprachen von 1905 zwischen Wilhelm II. und Kaiser Nikolaus II. von Russland in Björkoe hin[2]. Nach der hochbedrohlichen Revolution von 1905 und der Niederlage gegen Japan, versuchte Wilhelm II. durch Absprachen mit Russland, die russisch-französische Allianz zu schwächen und die Deutschland bedrohende Einkreisung zu durchbrechen. Die Kabinette in Berlin und St. Petersburg wollten freilich von einer solchen kühnen Initiative nichts wissen. Niemand sonst in Deutschland, außer dem Kaiser, zog die Existenzkrise Russlands ernsthaft in sein politisches Handeln ein. – Die Daily Telegraph Krise von 1908 ist korrekt dargestellt.

Die Schuld am Ausbruch des Ersten Weltkrieges, der die Weltrevolution bedeutete, Österreich zuzuschieben[3], geht meines Erachtens nicht an. Vielmehr haben alle Länder: Russland, Serbien, Österreich, Deutschland, Frankreich und England den Krieg hingenommen. Wil-

---

[1] siehe oben Teil II, Interview, S. 137
[2] siehe oben Teil II, Interview, S. 156
[3] siehe oben Teil II, Interview, S. 156 ff.

helm II. hat noch in letzter Minute versucht, den Krieg zu vermeiden. Er wollte ein Friedensfürst sein und ist gescheitert.

Prinz Wilhelm, der ältere Bruder

Stärker als bisher bekannt, betont Louis Ferdinand den Gegensatz zu seinem älteren Bruder Prinz Wilhelm, der in der frühen Kindheit in Zoppot bei Danzig aufbrach und bis zu dessen Soldatentod 1940 anhielt. Ohne dessen nicht den Hausgesetzen entsprechende Eheschließung (1933) wäre Louis Ferdinand wohl auf Dauer in den Vereinigten Staaten geblieben. Die gemeinsame Erziehung der beiden Brüder war übernational, liberal und überparteilich. Klassenunterschiede spielten keine Rolle. Louis Ferdinands zeitweilige jugendliche Protesthaltung als "Rebell"[1] richtete sich gegen das ihn in Potsdam umgebende Milieu und gegen den älteren Bruder.

Musik

Dass der junge Prinz vorübergehend daran dachte, Musiker zu werden, hat er sonst nicht bekannt. Das schönste in seiner Studienzeit war für ihn das Musizieren als Geiger im Studentenorchester der Technischen Hochschule Berlin. Es war bisher nicht bekannt, dass er zeitweilig daran dachte, die Musik zu seinem Beruf zu machen[2].

USA

In Amerika fühlte sich der Prinz auch deshalb so wohl, weil ihm dort weder sein großer Bruder noch die ihn kritisierende Familie und deren Umgebung im Wege standen. Neu ist, dass Franklin Delano Roosevelt, der dann im Verlauf des ideologischen Zweiten Weltkriegs nichts mehr von ihm wissen wollte, ihm 1939 anbot, in die USA zu kommen[3].

Der Kronprinz und der Nationalsozialismus

Am Nationalsozialismus imponierte ihm anfänglich die scheinbare Klassenlosigkeit (tatsächlich beherrschten Parteifunktionäre den Alltag).

---

[1] siehe oben Teil I, Kapitel 7, Teil II, Interview, S. 130 f. und unten Teil III, S. 264

[2] siehe oben Teil II, Interview, S. 147 f.

[3] siehe oben Teil II, Interview, S. 177 f..

Den 21. März 1933, den sogenannten "Tag von Potsdam" (Eröffnung des 1. nationalsozialistischen Reichstages durch Hindenburg in der Potsdamer Hof- und Garnisonkirche) bezeichnet Louis Ferdinand als "Prostitution der preußisch-deutschen Geschichte"[1].

In der Debatte um den Wiederaufbau der Potsdamer Garnisonkirche wird dieser Aspekt, das Zerrbild Preußens, inszeniert von überzeugten Nicht-Preußen, zu wenig beachtet.

Dass Hitler den Kronprinzen als Konkurrenten und als den Drahtzieher des 20. Juli 1944 sah, war teilweise bekannt. Neu ist, dass der Kronprinz 1933 eine militärische Stellung – etwa die eines Inspekteurs? – erstrebte[2]. Hitler lehnte dies aus Machtinstinkt sofort ab.

20. Juli 1944

Zu Recht ist Louis Ferdinand auf seine Rolle und die seiner Frau, Großfürstin Kira von Russland, im Widerstand gegen den Nationalsozialismus stolz. Er schwebte in höchster Lebensgefahr und sein Haus rechnete mit einem Blutbad, falls die Nationalsozialisten gesiegt hätten.

Weit stärker als die gegenwärtige Forschung annehmen möchte, engagierte sich der Prinz im Widerstand[3]. Kreise verschiedener Herkunft sahen in ihm das zukünftige Staatsoberhaupt.

9. November 1989

Seit 1990 beglückte es den Prinzen, seine märkische Heimat und Potsdam wieder erleben zu können. Das bestimmte auch sein Verhältnis zu der „umstrittenen" Persönlichkeit des ersten brandenburgischen Ministerpräsidenten Manfred Stolpe.

Zu Recht bezeichnete er den 9. November 1989 als *friedliche Revolution* und insofern als geschichtlich einmalig[4]. Sie war ihm ein Wunder Gottes und Gebetserhörung.

1945 aus Cadinen am Frischen Haff (Westpreußen) vertrieben, blieb er den Vertriebenen bis zuletzt solidarisch verbunden. Die Abtretung

---

[1] siehe oben Teil II, Interview, S. 182 f.

[2] siehe oben S. 181 f.

[3] siehe dazu die ausführliche Darstellung in Teil I, S. 52 ff. u. 68 ff., Teil II, Interview, S. 183 und Teil III, S. 272 ff.

[4] siehe oben Teil II, Interview, S. 216 f.

der preußischen Ostprovinzen, Ostdeutschlands hielt er in dieser Form für nicht nötig und bedauerte sie tief – trotz aller Anerkennung der großen Leistungen Helmut Kohls.

Durch die Enteignung des Besitzes an Grund und Boden in Mitteldeutschland fühlte er sich persönlich entrechtet – wie viele andere auch. Die Sehnsucht nach Cadinen blieb.

Religion, Glaube – und die Musik

Musik und Religion gehörten für Louis Ferdinand zusammen, war ihm doch die Musik göttliche Offenbarung[1].

Von Klassik und Romantik, besonders von Chopin, beeindruckt, war er ein überzeugter Gegner der atonalen Musik ("Hölle", "totale Verirrung")[2] und Freund der Harmonie. Er sah durchaus, dass seine Kompositionen, die er bis zuletzt schuf, für die Kritiker veraltet klangen. Ihm genügte es, dass seine spätromantischen und volkstümlichen Klänge vom Publikum geschätzt wurden.

In dem Interview wird deutlich, dass sein christlicher Glaube das Fundament seiner Persönlichkeit war. Hinter seinem Bekenntnis zur Menschlichkeit[3] darf man keinen säkularen Humanismus vermuten, es beruht auf seinem Glauben.

Ähnlich steht es mit seinem Optimismus. Er nährt sich aus dem Glauben, dass Gott im Regiment sitzt und letzthin alles zum Wohl der Menschheit lenkt. Seine Gewissheit, dass die Wiedervereinigung kommt, entsprang aus dem Glauben an Gottes Gerechtigkeit und daran, dass Gott sich der Unterdrückten erbarmt.

Während die Kirche in Westdeutschland sich für ihn zu stark tagespolitisch engagierte, war sie in Mitteldeutschland der "Hort der unterdrückten Bevölkerung" und hat der Opposition Freiraum gewährt.

Wie er die Musik als göttliche Offenbarung begriff, so empfand er sich beim Fliegen Gott näher und "mit dem Universum zusammen“.

Der Prinz hat in seiner innig geliebten Familie Schicksalsschläge erlitten, die den Vergleich zur Gestalt Hiobs im Alten Testament nahe le-

---

[1] siehe oben Teil II, Interview, S. 147 ff. u. 215 f.
[2] siehe oben Teil I, S. 35 u. Teil II, Interview, S. 215
[3] siehe oben Teil II, Interview, S. 194 u. S. 216

gen. Er hat sie als Gottes Fügung in vorbildlicher Haltung ertragen und getragen.

Hierhin gehört es, dass er Dietrich Bonhoeffers Gedicht (inzwischen als Kirchenlied gesungen) als seinen Lieblingsvers bezeichnete[1]:

„Von guten Mächten wunderbar geborgen,
erwarten wir getrost, was kommen mag.
Gott ist bei uns am Abend und am Morgen
und ganz gewiß an jedem neuen Tag".

Dass die preußische Dynastie auch nach 1918 einen gewissen Stellenwert in Deutschland hat, ist wesentlich Prinz Louis Ferdinand zu verdanken.

---

[1] siehe oben Teil II, Interview, S. 230

Teil III

Prinz Louis Ferdinand

(1907 – 1994) –

Preussen im 20. Jahrhundert

von

Wolfgang Stribrny

GLIEDERUNG

Der 9. November im Leben des Prinzen (1907, 1918, 1938, 1989)

Prinz Louis Ferdinand von Preußen wurde am 9. November 1907 im Potsdamer Marmorpalais geboren. Der 9. November wurde wie kein anderer Tag zum deutschen Schicksalstag im 20. Jahrhundert. Am 9. November 1918 wurde in Berlin die Republik ausgerufen. Die vom mehr als vierjährigen Krieg erschöpften Massen, von der militärischen Niederlage erschüttert, forderten den Umsturz, weil sie den alliierten Versprechungen glaubten, nur dann einen günstigen Frieden zu erlangen. Die Hohenzollern, die seit ungefähr dem Jahre 1400 die deutsche Geschichte ununterbrochen wesentlich mitgestaltet hatten, mussten hinfort eine Nebenrolle spielen. In reifen Jahren hat Prinz Louis Ferdinand den 09.11.1918 einen „Betriebsunfall" der deutschen Geschichte genannt[1] – das heißt ein vorübergehendes Versagen, das möglichst rasch korrigiert werden sollte.

Der Münchner Hitler Putsch vom 09.11.1923 hat im Katastrophenjahr 1923 den Potsdamer Gymnasiasten Louis Ferdinand nicht beeindruckt.

Die Reichspogrom Nacht der Nationalsozialisten am 09. November 1938 erlebte der Prinz mit seiner jungvermählten Gattin Prinzessin Kira am Ende der Hochzeitsreise um die Welt auf dem Passagierschiff „Potsdam" im Mittelmeer und war erschüttert[2]. Dies umso mehr als er wusste, dass ein großer Teil der deutschen Juden Anhänger der Hohenzollern waren.

Seinen 82. Geburtstag am 09.11.1989 feierte der Prinz im Familienkreis in seinem Haus „Wümmehof" in Bremen-Borgfeld, als die Nachricht vom Fall der Berliner Mauer eintraf. Wie Millionen Deutschen kamen auch dem Prätendenten Freudentränen. Er sprach vom „schönsten Geburtstagsgeschenk meines Lebens"[3].

Der 09.11.1989 läutete den letzten Lebensabschnitt des Prinzen ein. Das Ereignis beflügelte ihn zu neuer Aktivität.

---

[1] Spiegel-Special Nov. 1993, 16-21. Nachdruck: Erbe und Auftrag, Zeitschrift zur Förderung des monarchischen Gedankens, 1993, S. 39

[2] Louis Ferdinand Prinz von Preußen: Im Strom der Geschichte. 5. Auflage. München 1993, S. 273 f. Hinfort zitiert: Memoiren

[3] Memoiren 1993, 385; siehe auch oben Teil II, Interview, S. 141

I. Jugendjahre

1. Kindheit bis 1918

Seine Eltern waren Wilhelm, Kronprinz des Deutschen Reiches und von Preußen (1882 – 1951), ältester Sohn Kaiser Wilhelms II. . (1859 – 1941), und Kronprinzessin Cecilie, Herzogin zu Mecklenburg (1886 – 1954). Er war das 2. von sechs Kindern. Bis zum Soldatentod seines älteren Bruders Wilhelm (1906 – 1940) war es sein Schicksal, der zweitgeborene zu sein, der mit dem 16 Monate älteren Bruder zusammen erzogen wurde.

72 Kronprinzessin Cecilie, geb. Herzogin zu Mecklenburg (1886 – 1954). Aufnahme kurz nach der Hochzeit 1905

73 Kronprinz Wilhelm, 1922

Louis Ferdinand wurde im Marmorpalais am Heiligen See im Potsdamer Neuen Garten geboren, das Friedrich Wilhelm II. 1791 gebaut hatte. Seine Geburtsstätte sah der Prinz nach 1945 zuerst 1987 wieder. Im damaligen Armee-Museum der Nationalen Volksarmee begrüßte ihn der aus Ostpreußen stammende verantwortliche Oberst Hoffmann. Etwas peinlich war dem linientreuen Soldaten, dass der Prinz darauf bestand, sein Spielzimmer sehen zu wollen: es war das Schulungszimmer der SED-Parteigruppe! 2004 war die großzügige Restaurierung des Marmorpalais durch die Stiftung Preußische Schlösser und Gärten vollendet. Mit einer Foto-Ausstellung zum Leben Louis Ferdinands wurde das Schloss dem Publikum zugänglich gemacht.

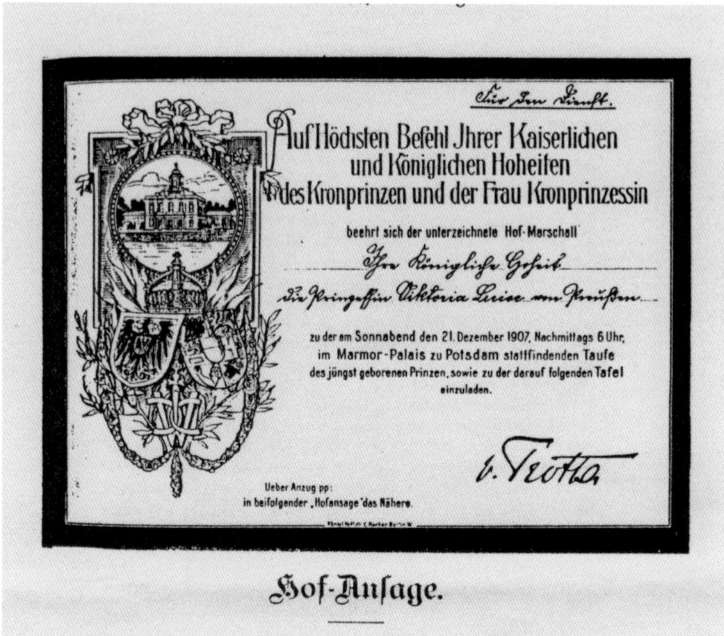

Für den Dienst.

Auf Höchsten Befehl Ihrer Kaiserlichen und Königlichen Hoheiten des Kronprinzen und der Frau Kronprinzessin

beehrt sich der unterzeichnete Hof-Marschall

Ihre Königliche Hoheit

die Prinzessin Viktoria Luise von Preußen

zu der am Sonnabend den 21. Dezember 1907, Nachmittags 6 Uhr, im Marmor-Palais zu Potsdam stattfindenden Taufe des jüngst geborenen Prinzen, sowie zu der darauf folgenden Tafel einzuladen.

v. Trotha

Ueber Anzug pp: in beifolgender „Hofansage" das Nähere.

Hof-Ansage.

74 Hofansage zur Taufe von Prinz Louis Ferdinand[1]

Seine Eltern wollten den Knaben Michael nennen, nach dem noch lebenden russischen Großvater der Mutter, Großfürst Michail Aleksandrovic (1832 – 1909). Gegen den anfänglichen Widerstand des Kaisers und Hauschefs konnte der Vater dann den Namen Louis Ferdinand durchsetzen. Prinz Louis Ferdinand war sein Leben lang stolz darauf, nach dem „großen" – wie er sagte - Louis Ferdinand genannt zu sein. Mit dem genialischen Louis Ferdinand (1772 – 1806) verbanden ihn die Liebe zur Musik, das Komponieren und das Klavierspiel. Seine weiteren Vornamen zeigen seine Herkunft aus dem Zusammenhang

[1] Quelle: Preußische Mitteilungen 84, 1988

der großen europäischen Familien: Viktor[1], Eduard[2], Michael[3], Adalbert[4]. Der letzte Vorname Hubertus weist wohl auf die Jagdleidenschaft des Vaters hin.

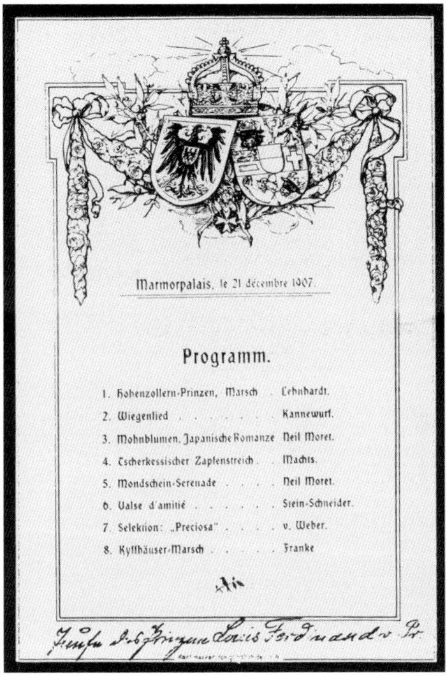

Marmorpalais, le 21 décembre 1907.

Programm.

1. Hohenzollern-Prinzen, Marsch . Lehnhardt.
2. Wiegenlied . . . . Kannewurf.
3. Mohnblumen, Japanische Romanze Neil Moret.
4. Tscherkessischer Zapfenstreich . . Machts.
5. Mondschein-Serenade . . . . Neil Moret.
6. Valse d'amitié . . . . . . Stein-Schneider.
7. Selektion: „Preciosa“ . . . . v. Weber.
8. Kyffhäuser-Marsch . . . . . Franke

Taufe des Prinzen Louis Ferdinand v. Pr.

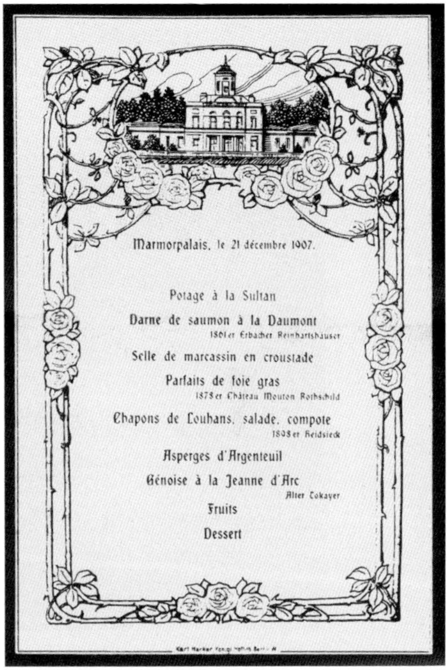

Marmorpalais, le 21 décembre 1907.

Potage à la Sultan

Darne de saumon à la Daumont

1861er Erbacher Reinhartshäuser

Selle de marcassin en croustade

Parfaits de foie gras

1878er Château Mouton Rothschild

Chapons de Louhans, salade, compote

1898er Heidsieck

Asperges d'Argenteuil

Génoise à la Jeanne d'Arc

Alter Tokayer

Fruits

Dessert

75 Konzert und Speisenfolge zur Taufe von Prinz Louis Ferdinand[5]

Der Bruch von 1914 stand bleibend zwischen dem britischen und dem deutschen Herrscherhaus. Das Verhältnis blieb kühl trotz manchen gelegentlichen offiziellen Begegnungen. Die englische Sprache lernte der kleine Prinz von einer britischen Gouvernante in der Kinder-

[1] Der Vorname Viktor weist auf Queen Viktoria von Großbritannien, seine Ururgroßmutter.

[2] nach dem damals regierenden britischen König Eduard VII., seinem Urgroßonkel und Paten

[3] nach dem erwähnten russischen Urgroßvater

[4] nach seinem Onkel, dem Marineprinzen

[5] Quelle: Preußische Mitteilungen 84, 1988

stube. Eine Neigung zu Russland und der wohlklingenden russischen Sprache war schon damals vorhanden.

Im Marmorpalais wurde der Prinz am 21.12.1907 getauft[1]. Die glücklichste Zeit in der Ehe seiner Eltern und eine fröhliche Kindheit für den in der Familie stets „Lulu“ genannten Louis Ferdinand waren die Jahre vom September 1911 bis zum Mai 1914. Kronprinz Wilhelm war als Oberst und Regimentskommandeur zum 1. Leib-Husaren-Regiment Nr. 1 nach Danzig-Langfuhr versetzt worden.

76 Prinz Wilhelm (1906 – 1940, älterer Bruder) und Prinz Louis Ferdinand am Ostseestrand von Zoppot bei Danzig, etwa 1910

Bis Ende 1913 wohnte man in der Villa Dippe in Langfuhr und dann im neu erbauten „Seehaus“ in Zoppot[2]. Damals begeisterte sich der Prinz für Danzig, was seinen Niederschlag bis in sein musikalisches Schaffen fand. Westpreußen wurde ihm Heimat. Diese Empfindung verstärkte sich in den Jahren in Cadinen am Frischen Haff (Kreis Elbing) 1941 – 1945. Im Mai 1914 kehrte nach der Versetzung des Kronprinzen die Familie nach Potsdam zurück. Bis zum Zusammen-

[1] Hofansage, Konzertprogramm und Speisekarte, Preußische Mitteilungen für die Freunde des Zollernkreises Nr. 84, 1987

[2] Stiftung Preußische Schlösser, Hrsg.: Cecilie. Deutschlands letzte Kronprinzessin. Potsdam 2004. Beitrag von Jörg Kirschstein, S. 12

bruch 1918 wurden weiterhin die Sommermonate im Zoppoter Seehaus verbracht. – Die zahlreichen Postkarten der spielenden Brüder am großartigen Ostseestrand dürfen nicht über die erheblichen Spannungen zwischen beiden hinwegtäuschen[1].

Die Urkatastrophe des 20. Jahrhunderts, den Kriegsausbruch im August 1914, erlebte der kleine Prinz im Berliner Kronprinzenpalais Unter den Linden. Das Deutsche Reich war ebenso schuld am Kriegsausbruch wie England, Frankreich, Österreich, Russland und Serbien, wobei Kaiser . im letzten Augenblick, als er die Gefahr erkannte, vielleicht am intensivsten den Krieg verhindern wollte. Die Begeisterung der Massen, die der Kaiser nicht teilte, blieb dem Prinzen im Gedächtnis.

77 Die vier Kronprinzensöhne in Feldgrau, etwa 1917

Das letzte große dynastische Ereignis im alten Europa: die Heirat der Kaisertochter Viktoria Luise mit dem Prinzen Ernst August von Braunschweig im Berliner Stadtschloss am 24.05.1913 hatte Louis Ferdinand miterlebt und war der letzte Zeuge des höfischen Glanzes vor 1914[2].

Die Härte des Krieges lernte der Prinz bei einem Besuch seines Vaters in dessen Hauptquartier in Stenay (Frankreich) kennen. Der Leibjäger des Kronprinzen „Vater" Ries schaffte Wilhelm und Louis Ferdi-

[1] Memoiren, S. 41

[2] Memoiren, S. 30 f

nand, als französische Fliegerbomben krachten, überstürzt in den Keller. 1917 besuchten die kleinen Prinzen den Kaiser in seinem Kreuznacher Hauptquartier und nahmen an einem Kinderfest teil[1].

Im preußischen Königshaus war es Tradition, dass die Prinzen mit 10 Jahren den Schwarzen Adler Orden erhielten und als Leutnant in das 1. Garderegiment zu Fuß eingestellt wurden. Da der Kaiser am 09.11.1917 im Großen Hauptquartier in Bad Kreuznach sein musste, wurde die Zeremonie für Prinz Louis Ferdinand auf den 22.10. vorgezogen und fand im Neuen Palais in Potsdam statt[2]. Mit der Verleihung des Schwarzen Adler Ordens war das Großkreuz des Roten Adler Ordens, der Kronenorden 1. Klasse und das Kreuz der Großkomturen des Königlichen Hausordens von Hohenzollern verbunden. – Nach der Beisetzung seiner Mutter Kronprinzessin Cecilie im Mai 1954 auf der Burg Hohenzollern trug der Prinz in Deutschland keine Orden. Das lag weniger daran, dass er nicht gern Frack trug (Uniformen kamen nicht in Frage), sondern an einem Brief, den Bundespräsident Theodor Heuß auf Veranlassung von Bundesinnenminister Gerhard Schröder 1956 an ihn richtete. Am 18. Januar 1956 hatte Prinz Louis Ferdinand den Hohenzollernorden unter anderem an seine eifrigen Anhänger Professor Dr. Hans Joachim Schoeps, den Gründer von Tradition und Leben, Freiherrn Heinrich v. Massenbach, den späteren General Achim Oster[3] und an den Münchner Historiker Dr. Anton Ritthaler verliehen[4]. Das amtliche Bonn – immer in einer gewissen Furcht vor der Monarchie – nahm das zum Anlass, darauf hinzuweisen, dass nur der Bundespräsident das Recht habe, Orden zu verleihen. Obgleich fraglich ist, ob Hausorden davon betroffen sind, hielt sich der Prinz hinfort daran[5].

Den Schwarzen Adler Orden hatte der Prinz 1955/56 an ihm nahe stehende Edelleute wie den langjährigen Generalbevollmächtigten Carl Hans Graf v. Hardenberg-Neuhardenberg verliehen. Auch später gab es ohne jede Mitteilung an die Presse, wie sie 1956 stattfand, solche Verleihungen innerhalb des Hochadels[6].

---

[1] Charlotte Salm zum Verfasser, 08.12.2002
[2] Memoiren, S. 41 f
[3] Spiegel, 14.09.1955
[4] Tradition und Leben 1956, 81
[5] Nur bei höfischen Anlässen im Ausland trug er gelegentlich Orden
[6] Die wichtigsten anderen vormals regierenden Häuser handeln ähnlich.

Als der Prinz 1994 starb, war er gewiss der letzte königlich preußische Offizier.

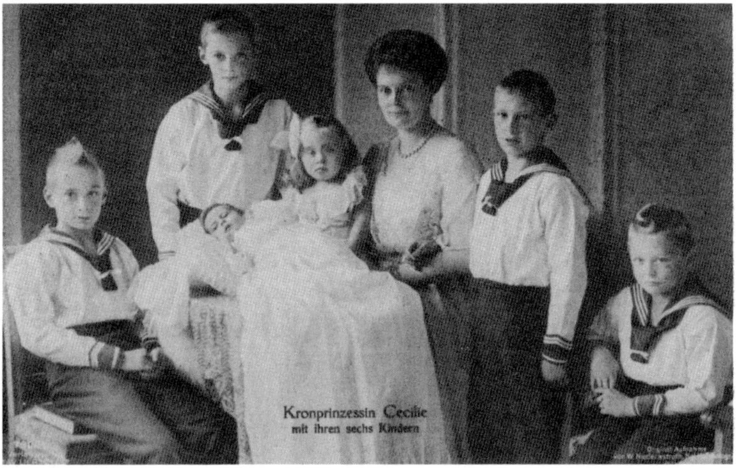

78 Kronprinzessin Cecilie mit ihren sechs Kindern, Ende 1917

Am 09.11.1917, seinem 10. Geburtstag, fand die Einweihung des neuen Schlosses Cecilienhof „im engsten Freundeskreis" und die Taufe seiner jüngsten Schwester Cecilie statt[1]. Nach einem Aufenthalt in Bad Sooden-Allendorf besuchten die Prinzen Wilhelm und Louis Ferdinand im Spätsommer 1918 ihre Großmutter Kaiserin Auguste Viktoria im Kasseler Schloss Wilhelmshöhe[2]

Über den 09. November 1918 hat der Prinz in seinen Erinnerungen berichtet[3]. Selbstverständlich konnte er das Ausmaß der Katastrophe nicht ermessen. Aber er spürte den Umbruch. Dazu trat die Genugtuung, dass ihm nunmehr die strenge Erziehung im Vorkorps Plön der Königlich Preußischen Kadetten erspart blieb.

Es verdient erwähnt zu werden, dass der Bankier Carl Fürstenberg (1850 – 1933) dem Kaiser am 09. November 1918 unbegrenzten Kredit seiner „Berliner Handelsgesellschaft", damals einer Großbank, gewähr-

---

[1] Cecilie, Deutschlands letzte Kronprinzessin 2004, 63

[2] Als der Verfasser 60 Jahre später mit dem Prinzen in Wilhelmshöhe war, sagte er: „Als ich das letzte Mal hier war, schob ich meine Großmutter, die Kaiserin, im Rollstuhl".

[3] Memoiren 1993, 44-48

te[1]. Mithin waren die finanziellen Sorgen der Hohenzollern nicht existenzgefährdend.

War der kronprinzliche Vater schon seit 1914 nur noch gelegentlich präsent, so musste er 1918 – 1923 in Wieringen, damals eine unfreundliche niederländische Insel in der Zuider See, das bittere Exil erdulden.

Auch später konnte Louis Ferdinand allem Anschein nach kein enges Verhältnis zu seinem Vater entwickeln. Vielmehr stellten sich erhebliche Spannungen ein, die sich immer mehr steigerten. Wir haben es hier mit einem für die Hohenzollern typischen Vater-Sohn Problem zu tun. – Umso enger war die Bindung des jungen Prinzen an seine Mutter, wobei die beiderseitige Begeisterung für die Musik gewiss eine wichtige Brücke war. Ein späteres Zeugnis dieser Bindung an die Mutter ist das 7. und letzte Buch der Herzogin Viktoria Luise (1892 – 1980): Die Kronprinzessin[2]. Die innig geliebte Tante, einzige Tochter Kaiser Wilhelms II. . und der unvergesslichen Kaiserin Auguste Viktoria, Herzogin von Braunschweig schrieb selbst im Vorwort ihres Buches, dass Prinz Louis Ferdinand das Werk angeregt hat. Der Prinz bat die Herzogin, ein Buch über seine Mutter zu verfassen. Er bot jede Hilfe an und hat sie auch geleistet. So ist das letzte Buch der Herzogin Viktoria Luise zu einem guten Teil vom Prinzen verfasst[3] und ein Denkmal der Sohnesliebe.

2. Gymnasium und Studium

Von 1920 bis zum Abitur 1925 besuchten die beiden Brüder das Städtische Realgymnasium in Potsdam. Ein Klassenkamerad war Helmuth James Graf v. Moltke[4].

Wäre es nach dem Prinzen gegangen, hätte er bereits 1922 als Obersekundaner die Schule verlassen. Er vertrat seine Mutter - auf Einladungen des Norddeutschen Lloyd und dessen Präsidenten Philipp Heineken – bei der Probefahrt des Schnelldampfers „Trier“. Wie der Prinz 1984 sagte, war das Schiff in Zeiten schwerster wirtschaftlicher Not des Reichs ein Zeichen bremischen „Wagemuts“. Während der Fahrt ent-

---

[1] Prinz Louis Ferdinand zum Verfasser

[2] Hannover 1977

[3] Dezember 1977 zum Verfasser

[4] Memoiren 1993, 57

schloss sich der junge Prinz, die Schule zu verlassen und Handelsschiff-Offizier zu werden. Heineken antwortete ihm auf seine Bewerbung nach geraumer Zeit schriftlich: „Machen Sie erst ihr Abitur und studieren Sie". Würde er hernach – wie seine Mutter – die Schiffart lieben, „steht Ihnen der Norddeutsche Lloyd zur Verfügung"[1]

79 Kronprinz Wilhelm mit seinen beiden Söhnen Wilhelm und Louis Ferdinand zur Zeit von deren Abitur, 1925

Während der Schulzeit war Louis Ferdinand 1. Geiger und Konzertmeister des Schulorchesters. Seine musikalische Begabung zeigte sich auch in seiner lebhaften Teilnahme am Berliner Konzertleben der 1920 Jahre.

Über seine Studienjahre in Berlin, Bonn und wieder in Berlin berichtete der Prinz eingehend in seinen Erinnerungen. Als Student der Volkswirtschaft – damals sagte man Nationalökonomie – musste er auch an einem Philosophie Seminar teilnehmen. In diesem Seminar bei Max Dessoir lernte er den späteren Historiker Golo Mann und den So-

---

[1] Ansprache bei der Eiswette Bremen, 21.01.1984. Preußische Mitteilungen 61, April 1984

ziologen René König kennen[1]. 1929 promovierte Prinz Louis Ferdinand in jungen Jahren zum Doktor der Philosophie an der Berliner Friedrich Wilhelms-Universität mit dem Thema: „Theorie der Einwanderung, dargestellt am Beispiel Argentiniens“[2]. Doktorvater war Ludwig Bernhard. Argentinien hatte der Prinz auf einer Reise gut kennen gelernt, insbesondere das nordöstliche Gebiet „Missiones“, in dem er die deutsche Einwanderung besonders behandeln sollte[3].

3. Amerikanische Versuchung – Entscheidung für Preußen

Nach der Promotion strebte der ungewöhnlich reiselustige Prinz wieder nach Argentinien, wollte aber auf dem Wege dorthin in den Vereinigten Staaten Station machen. Dort wurden die Beziehungen zur Filmschauspielerin Lily Damita erneuert. Um ihr in Hollywood nahe zu sein, erreichte er bei Henry Ford, dass er in Los Angeles als einfacher Arbeiter anfangen konnte. Die Presse berichtete über ernste Heiratsabsichten. Wilhelm II. und das Kronprinzenpaar erreichten über den Kaiserfreund Poultney Bigelow, dass Henry Ford den Prinzen an die Ford-Werke in Buenos Aires versetzte[4]. In Buenos Aires arbeitete der Prinz am Fließband als einfacher Arbeiter[5]. Diese Erfahrung war eine Art Ritterschlag für den Prinzen. Nicht nur im Widerstand gegen den Nationalsozialismus, sondern auch später bei Verächtern und Verehrern beeindruckte diese Tatsache stets aufs Neue. Wer konnte schon mit solchen Erfahrungen aufwarten – dazu noch in der Auto Industrie, bei Ford, dem Erfinder des Fließbandes! In Argentinien lernte Louis Ferdinand die Fliegerei kennen; er erlangte den Flugschein und begann eine fliegerische Laufbahn. Bis nahe an das 80. Lebensjahr saß er am Steuerknüppel seines eigenen Flugzeugs. Stolz erzählte er, dass der

[1] Erbe und Auftrag 1976, 126; bei der Zollernkreis-Tagung 1976 auf der Burg Hohenzollern war René König der Referent und beide erinnerten sich lebhaft an dieses Seminar.

[2] Memoiren 1993, 114-116

[3] Memoiren 1993, 103-107

[4] Memoiren 1993, 144-146

[5] Memoiren 1993, 166 f

Fliegerarzt ihm erneut bestätigt hatte, dass er die körperlichen Voraussetzungen für das Fliegen erfüllte. Fliegen beglückte ihn.

Nach einem Zwischenaufenthalt in Deutschland fuhr der Prinz im Herbst 1931 wieder in die Vereinigten Staaten und arbeitete dort im Detroiter Motorenwerk unter den strengen Blicken von Henry Ford. Er diente von der Pike auf und landete nach einem Jahr im Verkauf[1].

Ende Dezember 1932 kehrte er nach Deutschland zurück. Es kam zu einer kurzen Unterredung mit Hindenburg, der sich als Monarchist bekannte und hinzufügte: „aber ich fühle mich dem deutschen Volk verpflichtet, das mir schon zweimal sein Vertrauen geschenkt hat“[2].

Anfang 1933 hielt sich Louis Ferdinand längere Zeit in Haus Doorn bei seinem Großvater Kaiser Wilhelm II. auf, zu dem er ein besonders gutes Verhältnis hatte. Der nächste in der Thronfolge war nach dem Kronprinzen noch Louis Ferdinands älterer Bruder Prinz Wilhelm. Seine Heirat mit der nach den Hausgesetzen der Hohenzollern nicht standesgemäßen Dorothea v. Salviati in Bonn am 03.06.1933 führte zu seinem Verzicht. Als die Verlobung bekannt wurde, erklärte Wilhelm II. seinem Enkel, er könne ihn jetzt nicht für dauernd in Nordamerika lassen[3].

Nach Prinz Wilhelms Hochzeit hatte die Familie bekannt gegeben, dass der Prinz seine Rechte auf die Erbfolge verloren habe. Prinz Wilhelm war aber nicht bereit, auf seine Thronansprüche zu verzichten, wenn er auch nicht mehr das Familienvermögen beanspruchen konnte. Bis zu seinem Soldatentod im Frankreichfeldzug am 26.05.1940 war insofern Louis Ferdinands Nachfolge unsicher.

Prinz Wilhelm, der den traditionellen Vorstellungen über einen preußischen Thronfolger vollkommen entsprach, war bei Monarchisten, Preußen und Soldaten angesehen. Seine Kameraden beim Infanterieregiment 1 in Königsberg (Preußen), das die Tradition des Grenadier Regiment 1 Kronprinz pflegte, liebten ihn. Der Bruderzwist im Haus Preußen hielt bis zum Soldatentod des Älteren 1940 an. Seit den gemeinsamen Studientagen in Bonn gingen sich die beiden Brüder aus dem Weg.

---

[1] Memoiren 1993, 178 – 182

[2] Memoiren 1993, 192 f

[3] Memoiren 1993, 205

Im Gegensatz zu seinem Bruder hatten die Anhänger der Hohenzollern Schwierigkeiten mit Louis Ferdinand. In Potsdam pflegte seine Familie Umgang fast nur mit monarchistischen Kreisen. Der junge Prinz wurde von den alten Exzellenzen und Generalen vielfach – wie er es empfand – bevormundet. „Königliche Hoheit sollten …, Königliche Hoheit müssten …“ Noch im Alter hatte er diese „Potsdamesen“, wie er sie nannte, in schlechter Erinnerung. Er blieb immer darauf bedacht, von Royalisten nicht bevormundet zu werden.

Ein nicht militärischer Prinz, der am Musik- und Gesellschaftsleben intensiv teilnahm, der eine Romanze mit einer Hollywood-Schauspielerin hatte, der in Amerika am Fließband arbeitete und sich selbst als Kosmopolit bezeichnete, entsprach nicht den Vorstellungen, die man bei den Anhängern des Hauses, aber auch bei den Hohenzollern selbst vertrat. Nur Kaiser Wilhelm II. stand ganz zu Louis Ferdinand[1]. Er war der Lieblingsenkel und verstand sich auch gut mit Kaiserin Hermine (1887 – 1947), der zweiten Frau Wilhelms II., die der entthronte Monarch Ende 1922 in Doorn geheiratet hatte. Der Kronprinz hatte weiterhin ein gespanntes Verhältnis zu seinem Sohn Louis Ferdinand.

Nachdem er den 75. Geburtstag des Kaisers am 27.01.1934 in Doorn mitgefeiert hatte, reiste er im Auftrag von Ford kreuz und quer durch die USA. Sein Auftrag war das, was man heute Public Relations nennt.

Die Rückkehr ins nationalsozialistische Deutschland fiel ihm nicht leicht. Mit dem ungebundenen Leben war es für den künftigen Chef des Hauses und Prätendenten vorbei. Er hatte sich für diese Rolle entschieden (sie vermutlich schon als Knabe erstrebt) und übernahm jetzt bewusst diese Pflicht. Er empfand sich zwar in der Familie als „Rebell“, aber diese jugendliche Pose trat immer stärker zurück. Die Pflicht rief ihn und bestimmte ihn hinfort immer stärker. Sein unabhängiges Denken behielt er freilich bei und die erstrebte Stellung sollte ihm dann nach dem Tod des Vaters 1951 erlauben, eine in jeder Hinsicht souveräne Persönlichkeit zu werden.

Im Juni 1933 war Louis Ferdinand zum ersten und einzigen Mal zu einem Gespräch bei Hitler. Als das Thema Automobil und Ford angeschnitten wurde, setzte Hitler zu einem gewaltigen Monolog von 40

---

[1] Memoiren 1993, 233

Minuten an. Seine ausgedehnten technischen Kenntnisse, seine sozialpolitischen Ansichten über die Motorisierung blieben nicht ohne Eindruck auf den 25 jährigen Prinzen. Erst die Morde an den SA Führern um Röhm und an Hitlers konservativen Gegnern öffneten im am 30. Juni 1934 die Augen[1]

Der Prinz nahm eine Junggesellenwohnung im Tiergartenviertel und versuchte, sich in dem durch die Nationalsozialisten stark veränderten Deutschland zurechtzufinden. – Wäre er nicht dem Wunsch des Großvaters gefolgt und zurückgekehrt, um sich auf die spätere Rolle des Thronprätendenten vorzubereiten, wäre er wohl im Dienst der Ford-Werke in den Vereinigten Staaten geblieben[2]. – In dem von ihm damals so hochgeschätzten Argentinien hatte er das Fliegen als lebenslange Leidenschaft entdeckt und machte es jetzt zu seinem Beruf. Bei der Deutschen Verkehrsfliegerschule erlangte er 1935 seine Verkehrsfliegererlaubnis.

Im gleichen Jahr wurde die Wehrpflicht wiedereingeführt und der Prinz entschied sich, seine Pflicht bei der neu aufgestellten Luftwaffe zu erfüllen. Auf dem Fliegerhorst Trollenhagen bei Neubrandenburg (Mecklenburg) erhielt er die Grundausbildung und war bis zum Kriegsausbruch dort häufig zu Übungen. Dort ereignete sich folgender Zwischenfall: Im abendlichen Casinogespräch äußerte sich Prinz Louis Ferdinand in fortgeschrittener Stunde abfällig über den Nationalsozialismus. Am nächsten Morgen meldete sich ein nationalsozialistisch gesinnter Offizier, wie sie in der neu aufgestellten Luftwaffe nicht ganz selten waren, beim Adjutanten des Kommandeurs der Luftwaffenschule, Maximilian Fleckenstein, um Oberst Starke Meldung über Prinz Louis Ferdinands Auslassungen zu machen. Fleckenstein erwiderte: „Niemand von den Kameraden hat dergleichen gehört. Alle werden gegen eine solche Aussage Front machen". Die Meldung des empörten Offiziers unterblieb. Der Prinz hörte von der Gefahr, die ihn bedrohte und schenkte Fleckenstein als Zeichen seines Dankes die Totenmaske Friedrichs des Großen[3].

---

1 Memoiren 1993, 213 f und Spiegel-Interview, Erbe und Auftrag 1993, 38
2 Erbe und Auftrag 1973, 5
3 Brigadegeneral der Luftwaffe Schwartz zum Verfasser, 27.01.2000. Fleckenstein, Jahrgang 1913, lebte damals noch.

Bis in die 1980er Jahre steuerte der Prinz sein eigenes Flugzeug. Die in Trollenhagen bewährte Fliegerkameradschaft schätzte er besonders. Das enge Verhältnis zu dem als Erbe vorgesehenen Prinzen Louis Ferdinand (III., 1944 – 1977) beruhte auch auf der gemeinsamen Liebe zum Sportflug.

Von 1935 bis 1938 war der Prinz in der Auslandsabteilung der Lufthansa in Berlin tätig. Auch hier bestand – wie zuletzt bei Ford – seine Tätigkeit darin, Verbindungen zu pflegen und aufzubauen, für die Einhaltung der protokollarischen Formen zu sorgen[1].

4. Prinzessin Kira von Preußen, Großfürstin von Russland

Am 23.12.1937 verlobte sich Prinz Louis Ferdinand mit Großfürstin Kira Kirilovna von Russland (1909 – 1967) im Potsdamer Schloss Cecilienhof. Am 2. Mai 1938 fand in Potsdam die standesamtliche Trauung und im Cecilienhof die Trauung nach russisch-orthodoxem Ritus statt. Ihr folgte am 4. Mai bei Kaiser Wilhelm II. in Haus Doorn die evangelische Trauung durch Hof- und Domprediger Bruno Doehring[2].

Der Vater der Großfürstin, Großfürst Kiril Vladimirovic (1876 – 1938) war seit der Ermordung des Zaren Nikolaus II., der Kaiserin und ihrer Kinder der russische Thronprätendent. Er konnte noch an der Hochzeit seiner 2. Tochter teilnehmen, starb aber im gleichen Jahr. Kiras Mutter war Viktoria Melita Prinzessin von Sachsen-Coburg und Gotha, Prinzessin von Großbritannien und Irland (1876 – 1936). Sie war in erster, geschiedener Ehe mit dem hochbegabten Großherzog Ernst Ludwig von Hessen (Darmstadt) verheiratet. Da die Heirat mit einer Geschiedenen nicht den Vorstellungen Nikolaus II. entsprach, war das Ehepaar mehrere Jahre aus Russland verbannt. Die in Paris geborene Kira hatte einen jüngeren Bruder Großfürst Wladimir[3], der der russische Thronprätendent war und in Frankreich und Spanien lebte. Prinzessin Kira hatte gute Erinnerungen an St. Petersburg und litt nach der Februarrevolution 1917 unter der ständigen Todesdrohung durch die Bolschewiki, besonders in den Verfolgungsjahren in Finnland. Ihre

[1] Memoiren 1993, 235
[2] Memoiren 1993, 252 und 254 f
[3] geboren 1917 auf der Flucht in Finnland, gestorben 1990

Ehe war in jeder Hinsicht standesgemäß und entsprach dem Hausgesetz. Schon insofern kann man die Freude Kaiser Wilhelms II. . über diese Verbindung verstehen.

80 Hochzeit des Prinzen Louis Ferdinand mit Großfürstin Kira von Russland am 2. Mai 1938. Links (in Generalsuniform) Herzog Carl Eduard von Sachsen-Coburg und Gotha (1881 – 1954, regierte 1905 – 1918), der Brautvater Kirill von Russland (1876 – 13.10.1938, seit 1918 Chef des Hauses Romanow), sitzt neben Kronprinzessin Cecilie. Rechts vom Brautpaar sitzt König Ferdinand I. von Bulgarien (1861 – 1948, regierte 1887 – 1918). Hinter Kronprinz Wilhelm Kronprinz Frederik von Dänemark (1899 – 1972, regierte 1947 – 1872) und Kronprinzessin Ingrid.

Dass der präsumtive deutsche Thronfolger die Tochter des russischen Prätendenten – der in den Augen vieler russischer Emigranten ihr Kaiser war – heiratete, bedeutete ein Anknüpfen an die alte preußisch-russische Freundschaft, an die Verbindung der Hohenzollern mit den Romanows. Insbesondere war aber diese hochwillkommene Ehe ein Stück Überwindung der Urkatastrophe 1914. Nicht nur für Wilhelm II. und seine Generation bedeutete diese Hochzeit ein Anknüpfen an alte europäische Normen[1]. Der Boykott des Hauses Hohenzollern war teilweise durchbrochen.

An den Hochzeitsfeierlichkeiten in Potsdam nahmen unter anderen der bis 1918 regierende König Ferdinand I. der Bulgaren (1861 – 1948), Deutschlands Alliierter im Ersten Weltkrieg, und aus der gleichen Dynastie der letztregierende Herzog Karl Eduard von Sachsen-Coburg und Gotha[2] teil. König Frederik IX. und Kronprinzessin Ingrid von Dänemark waren ebenfalls anwesend.

In Doorn war auch das niederländische Thronfolgerpaar Kronprinzessin Juliane und Prinz Bernhard der Niederlande zugegen[3].

Die persönliche Sympathie des Kaisers für Kira und Louis Ferdinand wurde wesentlich durch das dynastische Denken verursacht - ein Charakterzug, der sich bei Prinz Louis Ferdinand im Umgang mit seinen Erben ebenso zeigte. Das kam auch in Geschenken zum Ausdruck wie der Weltreise für das junge Paar[4] und wertvollen Schmuckstücken[5].

Nach Louis Ferdinands eigenen Worten führte er „eine Ehe, die nach irdischen Begriffen vollkommen gewesen war“[6]. Das Ehepaar strahlte vollkommene Harmonie aus. Louis Ferdinand und Kira tausch-

---

[1] Im Grunde steht bis heute noch das Jahr 1914 zwischen den Hohenzollern und dem Haus Windsor. Jedenfalls galt das offenbar für Louis Ferdinand und Elisabeth II.

[2] 1884 – 1954, 1933 – 1945 Präsident des Deutschen Roten Kreuzes

[3] Königin Wilhelmina, die Wilhelm II. . unmittelbar vor dem 09.11.1918 – Mission ihres militärischen Hauptberaters J.B. van Heutsz nach Spa – in die Niederlande eingeladen hatte, traf sich in all den langen Jahren von 1918 bis zur deutschen Invasion 1940 niemals persönlich mit dem Exilierten.

[4] Memoiren 1194, 253 – 274

[5] Insbesondere einem Brilliantenporträt des Kaisers, das von Prinzessin Kira ähnlich einem Orden getragen wurde, und kaiserlichen Schmucknadeln. Versteigerungskatalog Andreas Thies KG, Nürtingen Winter 1997/98.

[6] Memoiren 1993, 344 f

ten einen Blick aus und jeder wusste, was der andere wollte[1]. Sah man das Paar miteinander tanzen, spürte man die tiefe eheliche Liebe, die beide verband

81 Hochzeit in Doorn am 4. Mai 1938

[1] Irmgard Bucerius zum Verfasser, 31.01.1998

82 Hochzeit in Doorn am 4. Mai 1938

Der dem Prinzen persönlich besonders nahe stehende dänische Journalist Henrik Bonde-Henriksen schrieb: „Sie ergänzten einander in dem großen Spiel des Lebens … Und dieses so frisch und natürlich, dass Schwächen und Stärken, die wir ja alle besitzen, bei ihnen zu einer inspirierenden Einheit zusammenschmolzen. Wo immer wir uns auch trafen … sprudelte es von Inspiration und frischem Humor, doch war auch Nachdenkliches bei diesem Paar zu holen. Das schlichte und unsnobistische Wesen vor dem Hintergrund einer hohen Bildung und einem tiefen Respekt vor den Rätseln des Daseins, samt musischer Talente, waren ihr kaiserlich-königliches Erbe und dieses verwalteten sie würdig"[1]. Prinzessin Kira begleitete Louis Ferdinand auch auf Reisen. Bei politischen Gesprächen führte sie eher das Wort als der Prinz und argumentierte ruhig und beherrscht.

Der Ehe entsprossen zwischen 1939 und 1949 sieben Kinder. Wie im Hochadel üblich, oblag ein großer Teil der Kindererziehung nicht den Eltern. Zu Irmgard Bucerius (1907 – 2006), mit der sie zusammen

[1] Schalom Ben-Chorin und andere: SKH Prinz Louis Ferdinand von Preußen zum 75. Geburtstag am 09.11.1982, Moers 1982, 10 f.

das Kinderhilfswerk der „Prinzessin Kira von Preußen-Stiftung" lenkte, sagte sie einmal: „Ich habe keine Kraft, die Kinder zu erziehen. Mein Mann braucht mich ganz". Die Erziehung lag in den frühen Lebensjahren der Kinder weiterhin in der Hand von „Hecki", Fräulein Heckmann, die die Familie auf der Flucht von Cadinen nach Kissingen und dann nach Bremen treu begleitet hatte. Amerikanischen Vorbildern folgend wurde den Kindern außerordentlich viel Freiheit gelassen. Ihre Wünsche wurden weithin erfüllt. Angeordnete Maßnahmen wurden zurückgenommen, wenn die Kinder dagegen Einspruch erhoben[1].

Nach der ausführlichen Hochzeitsreise wohnte die Familie zunächst in der Menzelstraße in Berlin-Gruenewald. Von 1940 bis Januar 1945 wurde das kaiserliche Mustergut Cadinen am Frischen Haff zur geliebten und unvergesslichen Heimat.

An den Gesprächen der Opposition gegen Hitler, der sich Louis Ferdinand angeschlossen hatte, nahm Kira teil. „Sie war bei all diesen Gesprächen im kleineren oder größeren Kreise zugegen. Und ihr gesundes Urteil kam uns oft bei den Diskussionen zustatten"[2].

In schwieriger Zeit, zwischen 1939 und 1949 schenkte Prinzessin Kira ihren sieben Kindern das Leben. Friedrich Wilhelm und Michael wurden 1939 und 1940 in Berlin geboren. Die beiden Töchter Marie Cécile (1942) und Kira (1943 – 2004) in Cadinen. Die beiden jüngeren Söhne Louis Ferdinand (1944 – 1977) und Christian Sigismund (1946) kamen unter ungünstigen Verhältnissen auf dem Hofkammergut Golzow in der Neumark, Zwischenstation auf der Flucht von Cadinen, und in der engen Behausung in Bad Kissingen zur Welt. Prinzessin Xenia (1949 – 1992) schließlich wurde in Bremen geboren.

Anfang 1945 war die Familie von Cadinen beziehungsweise Golzow über Potsdam nach Kissingen geflohen. Erst Ende 1947 gelang die Übersiedlung nach Bremen.

Erst als Prinz Louis Ferdinand nach dem Tod des Kronprinzen am 20.07.1951 an die Spitze des Hauses trat, besserten sich die Lebensumstände der großen Familie. Kein Jahr später, am 15. Juni 1952 gründeten Louis Ferdinand und Kira die „Prinzessin Kira von Preußen-Stiftung für Heimatvertriebene", wie sie ursprünglich hieß. Unter gänz-

---

[1] Gespräch mit Irmgard Bucerius, 31.01.1998

[2] Memoiren 1993, 295

lich anderen Verhältnissen hatten Kaiserin Auguste Viktoria und Kronprinzessin Cecilie in der Not des Ersten Weltkrieges ähnliche Sozialwerke gegründet. Kaiserin Hermine[1] hatte in den 1920er Jahren den „Herminen-Dank" ins Leben gerufen. Die noch heute aktive Prinzessin Kira-Stiftung hat an Lebenskraft die früheren Stiftungen weit in den Schatten gestellt.

Finanzielle Basis der Stiftung waren die erwarteten Erträge von Louis Ferdinands Erinnerungen, die unter den Titel „Als Kaiserenkel durch die Welt" in Berlin und „The Rebel Prince" in den Vereinigten Staaten 1952 erschienen. Nach Irmgard Bucerius, die die Arbeit der Stiftung von Anfang an verantwortete, kam die für damalige Verhältnisse beträchtliche Summe von 190.000 Mark zusammen[2].

Am 17.08.1953 fand das 1. Wohltätigkeitskonzert der Stiftung im Grafensaal der Burg Hohenzollern statt. Die Künstler kamen aus Bremen. In der Einladung zu diesem Konzert war von der geplanten Gründung eines Kinderheims die Rede. Nach dem Konzert kam der Gedanke auf, in einem leer stehenden Stockwerk der Burg ein Jugend-Erholungswerk zu gründen. Insbesondere Kinder aus Berlin (West) verbrachten kostenlose Sommerferien auf der Burg Hohenzollern. Bis 2001 kamen 11.000 Kinder und Jugendliche in den Genuss dieser Freizeiten[3].

Um die Belange ihrer Stiftung kümmerte sich die Prinzessin soweit als möglich. Anfangs wurden auf dem Wohnsitz „Wümmehof" in Bremen-Borgfeld auch Sachspenden gesammelt. Alle Künstler, darunter Wilhelm Kempf, Yehudi Menuhin und Pierre Fournier musizierten kostenlos. Öffentliche Zuschüsse, die für die Jugendarbeit in Berlin vergleichsweise reichlich flossen, wurden nie in Anspruch genommen! Damit erhielt sich die Stiftung die Unabhängigkeit.

Prinzessin Kira engagierte sich in den 1950er Jahren im Bremer amerikanisch-deutschen Klub und wurde 1953 zur Vizepräsidentin des „Kongresses (und der Föderation) europäisch-amerikanischer Vereinigungen" gewählt[4]. Im gleichen Jahr empfing der französische Außen-

---

[1] 1887 – 1947, seit 1922 die zweite Frau Kaiser Wilhelms II.

[2] Gespräch mit dem Verfasser, 31.01.1998

[3] I. Bucerius und Ingrid Bischoff: Festschrift zum 50jährigen Bestehen der Prinzessin Kira von Preußen Stiftung 1952 – 2002, Bremen 2002

[4] Tradition und Leben, Nr. 47 und Nr. 50, 1953

minister Georges Bidault den Vorstand in Paris[1]. 1955 gewährte Papst Pius XII. dem Präsidium des Kongresses der deutsch-amerikanischen Vereinigung eine Audienz und freute sich, Prinzessin Kira wieder zu sehen[2].

Klaus Schlegel, 1949 einer der Gründer der Zeitschrift „Tradition und Leben", aus der sich 1956 die monarchistische Vereinigung „Tradition und Leben e.V." bildete, beobachtete in der 2. Hälfte der 1950er Jahre, „wie diese Frau zuhören konnte voller Aufmerksamkeit, um dann in ihrer ruhigen, bedächtigen Art eine äußerst kluge Lösung eines kritischen Problems vorzuschlagen"[3].

Die damals angesehene, qualifizierte Illustrierte Zeitschrift „Kristall" schrieb 1961 anlässlich eines Interviews über Prinzessin Kira: „Sie wirkt sehr beherrscht. Unter ihrem harten Akzent klingt es deutlich nach unterdrückter Wärme. Ihre gelassene Energie scheint die versonnene, dann wieder lebhafte Noblesse der kräftig hochgewachsenen Prinzessin zu ergänzen"[4].

Für Prinzessin Kira gehörte das ganze Russische Reich von St. Petersburg bis Wladiwostok zu Europa und mithin zu einem Vereinigten Europa. Louis Ferdinands Engagement für eine deutsch-russische, keineswegs für eine deutsch-sowjetische Freundschaft nährte sich wesentlich aus der Erinnerung an seine großfürstliche Gemahlin.

Am 08. September 1967 starb Prinzessin Kira plötzlich und unerwartet. Von den vielen Schicksalsschlägen, die Gott über den Prinzen verhängte, war dies der bitterste. Das Prinzenpaar suchte damals Erholung in St. Briac-sur-mer (Bretagne), einem ihr von Jugend auf vertrauten Wohnsitz ihres Bruders Großfürst Wladimir, Chef des russischen Kaiserhauses[5].

Der Prinz hörte niemals auf, diesen Verlust zu beklagen – übrigens ohne jede Wehleidigkeit und Sentimentalität. Wer ihn näher kannte, erlebte immer wieder Augenblicke, wo er von seiner Frau liebevoll sprach. Seine Frau war „meine Hauptstütze und mein Hauptrückhalt …

---

[1] Tradition und Leben, Nr. 55, 1953

[2] Tradition und Leben, Nr. 79, 1955

[3] Erbe und Auftrag 1982, S. 82

[4] Tradition und Leben Nr. 148, 1961

[5] Am 05.08.1967 hatte sie noch mitgefeiert, als man an die Vollendung der Burg Hohenzollern 1867 erinnerte.

Ich bin dem Schöpfer unaussprechlich dankbar, dass er mich diese einzigartige Frau finden ließ". Er zählte Prinzessin Kira zu den großen Frauen seines Hauses[1]. Nach einer Trauerfeier in Bremen fand die Beisetzung der Urne am 11. Oktober 1967 in der neugeschaffenen orthodoxen Auferstehungskapelle auf der Burg Hohenzollern statt. Die Trauerfarbe war weiß. Prinzessin Kira und ihr Gemahl hatten Ende 1962 an der Beisetzung der frommen Königin Wilhelmina der Niederlande in Delft teilgenommen, bei der ebenfalls weiß vorgeschrieben war.

Mit der Auferstehungskapelle hatte es seine besondere Bewandtnis. Der Erbauer der jetzigen, der 3. Burganlage an dieser Stelle Friedrich Wilhelm IV. und sein Baumeister August Stüler hatten, ausgehend von der Sainte Chapelle in Paris und der Kirche der Marienburg in Westpreußen, offenbar an eine Unterkirche unter der evangelischen Christuskapelle gedacht, die aber nie ausgeführt worden war. Prinz Louis Ferdinand schuf hier eine der Auferstehung Christi von den Toten gewidmete Kapelle, in der zuerst die Urne seiner russisch-orthodoxen Frau beigesetzt wurde. Damit sind alle drei großen christlichen Konfessionen in einmaliger Symbiose auf dieser einzigartigen Burg mit Kapellen vertreten. Neben die ehrwürdige mittelalterliche katholische St. Michaelskapelle traten die evangelische Christus- und darunter die orthodoxe Auferstehungskapelle.

Zu stillem Gebet und Meditation zog sich der Prinz bei seinen regelmäßigen Aufenthalten auf der Burg nahezu täglich allein in die Grabkapelle seiner unvergesslichen Frau zurück.

Die Predigt anlässlich der Urnenbeisetzung in der neuen Kapelle hielt der Bremer Domprediger Pastor Gerhard Tietze. Tietze, der bis 1945 evangelischer Pfarrer in Kulm (Weichsel) war, hat alle sieben Kinder des Paares konfirmiert. Er predigte über den Trauspruch vom 04. Mai 1938 in Doorn: „Nun aber bleibet Glaube, Hoffnung, Liebe, diese drei; aber die Liebe ist die größte unter ihnen"[2]. Tietze führte unter anderem aus: „Wir wollen Gott danken, dass er ihr einen unerschütterlichen Glauben schenkte und damit das getroste, feste und auch fröhliche Herz. Wir wollen nicht übersehen, dass ihre königliche Würde, ihre

---

[1] Memoiren 1993, 344 347

[2] 1. Korinther 13, Vers 13

innere Haltung, ihre hohen Fähigkeiten, ihr warmherziges Wesen und ihre tatkräftige Hilfsbereitschaft mit Verehrung, Freundschaft und Bewunderung ungezählter Menschen beantwortet wurden ... Sie hat an der Seite ihres Mannes in jenem wunderbaren Wechsel von Schenken und Empfangen die Fülle und das Glück ihres Lebens erfahren. Wir wissen, dass es ein besonderes Geschenk Gottes ist, wenn zwei Menschen einander zur Quelle der Freude und der Kraft werden dürfen, wie es in dieser vorbildlichen Ehe gewesen ist“[1].

83 Prinz Louis Ferdinand auf dem Wege zur Auferstehungskapelle (Grablege seiner Gemahlin Prinzessin Kira) über den Hof der Burg Hohenzollern, etwa 1989

Die Auferstehungskapelle, in der inzwischen auch die Urnen seiner Töchter Xenia (1992) und Kira (2004) beigesetzt wurden, ist nicht öffentlich zugänglich. Eine Ausnahme wurde – auf Wunsch des zuständigen Bischof Paul von Stuttgart und Süddeutschland der Russisch-Orthodoxen Auslandskirche – 1979 gemacht. Bei der Jahrestagung des Zollernkreises ging Bischof Paul nach dem orthodoxen Gottesdienst in

[1] Privatdruck der Predigt, Bremen 1967

der Christuskapelle zu einem Gebet für die verstorbene Prinzessin mit den Teilnehmern in die Auferstehungskapelle. Der Prinz erfüllte den Wunsch des Kirchenfürsten eher zögernd.

Eine erneute Eheschließung hat der Witwer mehrfach für ausgeschlossen erklärt. Dennoch gab es kurzfristig einen Heiratsplan. Seinen wohl engsten Freund, den dänischen Journalisten Henrik Bonde-Henriksen, suchte der Prinz ungefähr zehn Jahre nach dem Tod von Prinzessin Kira allein auf. Er erbat seinen Rat, ob er eine Schweizerin der höchsten Gesellschaftsschicht, Tochter eines hohen Offiziers, heiraten solle. Er fragte auch, ob er beim bevorstehenden ersten Staatsbesuch der jungen Königin Margrethe II. von Dänemark vielleicht mit dem Prinzgemahl Prinz Henri den Plan erörtern solle. Freund Bonde winkte ab. Nach wenigen Monaten sagte der Prinz dann seinem Freund: „Das war nichts". Eigene Einsicht, nicht Freundesrat hat nach Meinung von Bonde-Henriksen hier entschieden[1].

Der verwitwete Prinz war nicht verbittert, vielmehr gab es manche fröhliche Stunden, „wenn auch das eigentliche Lebensglück mit dem Heimgang meiner geliebten Lebensgefährtin sein plötzliches Ende fand"[2] Im Nachruf der Tageszeitung „Die Welt" auf Prinz Louis Ferdinand berichtete Peter Bacher am 27.09.1994 von einem Interview auf der Burg Hohenzollern 1990. Der Prinz sagte, er halte mit seiner verstorbenen Frau Zwiesprache in der Auferstehungskapelle: „Ich glaube, dass ihre Seele mir immer ganz nahe ist. Es gibt da eine dauernde Präsenz; irgendwie mag das manchem übersinnlich erscheinen, aber so ist das nun einmal"[3].

5. Widerstand gegen den Nationalsozialismus

Im Frühjahr 1938 – gegen Ende seiner Zeit bei der Lufthansa – lernte Louis Ferdinand Dr. Otto John, Syndikus in der Rechtsabteilung der Lufthansa, kennen und schätzen. Es entstand eine lebenslange Freund-

[1] Offenbar spielten auch die verlangte Verleihung der Prinzessinnen-Würde und der gewünschte Anteil am Erbe eine Rolle. H. Bonde-Henriksen zum Verfasser, 04.02.1999.

[2] Vorwort zur Auflage 1983, Memoiren 1993, 11

[3] Erbe und Auftrag 1995, S. 2

schaft, zu der Louis Ferdinand auch stand, als Otto John allgemein als zwielichtig abgelehnt wurde.

Vorgesetzter von John war Dr. Klaus Bonhoeffer, der wie sein Bruder, der große Theologe Dietrich Bonhoeffer, ein Opfer des Nationalsozialismus wurde.

John weihte den Prinzen über die Pläne der Gruppe um Generaloberst Beck, den preußischen Finanzminister Johannes Popitz und Carl Goerdeler ein. Zu der Gruppe gehörte Hans Oster von der militärischen „Abwehr“, an deren Spitze Admiral Wilhelm Canaris stand[1]

Der damals beim Scherrl Verlag tätige Journalist Heinrich Freiherr v. Massenbach, er bezeichnete sich selbst als Berufs-Monarchisten, der von 1919 an Ernst Pfeiffer und seine Zeitschrift „Der Aufrechte“ unterstützt hatte, sprach Mitte 1939 mit Louis Ferdinand. Der Prinz habe sich, so berichtete Massenbach einem Freund, bisher in anderen Gedankengängen als diese restaurativen Royalisten bewegt, die im Grunde „das alte Deutschland. Das Deutschland, wie es war“ wiederherstellen wollten[2]. „Über das derzeitige System in Deutschland“ sei er „mit uns einer Ansicht und“ habe „auch über die Rolle, die seinem Haus einmal bei dessen Ablösung zufalle, sehr klare Gedanken“[3]

Goerdeler trat schon früh für Prinz Louis Ferdinand als Thronanwärter nach einem Sturz des Nationalsozialismus ein, während seine Freunde um Jakob Kaiser und Hans Oster bis zum Soldatentod seines älteren Bruders (1940) für Prinz Wilhelm plädierten. Fern von dynastischen Regelungen hatte sich dem auch Goerdeler angeschlossen[4].

In seinen Erinnerungen berichtet Prinz Louis Ferdinand von Begegnungen mit Hans v. Dohnanyi, Jakob Kaiser, Joseph Wirmer, Justus Delbrück, Ernst v. Harnack und Dietrich Bonhoeffer. Das ganze wurde als Hauskonzert getarnt: Harnack spielte Querflöte, Prinzessin Kira begleitete ihn auf dem Flügel. Der Prinz erklärte sich zur Zusammenarbeit

---

[1] Friedrich Wilhelm Prinz von Preußen: Das Haus Hohenzollern 1918 – 1945. München 1985, 278

[2] Arno Hoffmann: „Wir sind das alte Deutschland, Das Deutschland, wie es war …“ Der „Bund der Aufrechten“ und der Monarchismus in der Weimarer Republik. Frankfurt am Main 1998

[3] Klaus Schlegel, Freund Massenbachs, in Erbe und Auftrag 1982, 82

[4] Friedrich Wilhelm 1985, 276

bereit, wollte aber nicht illoyal gegenüber dem noch lebenden Kaiser und dem Kronprinzen handeln[1]

Nachdem Prinz Wilhelm gefallen war, sprachen für Louis Ferdinand seine Aufgeschlossenheit für die neue Zeit, seine Freundschaft zum amerikanischen Präsidenten Franklin D. Roosevelt, den er mehrfach privat besucht hatte[2], seine Arbeit am Fließband und sein aufrechter Charakter. Dass er der legitime Erbe war, stand selbstverständlich dahinter.

Es versteht sich, dass der Prinz ein Gegner des Nationalsozialismus war. Bis ins hohe Alter betonte der Prinz immer wieder diese Gegnerschaft und war stolz darauf. Selbstverständlich waren nicht alle Verschwörer für die Monarchie und die verfassungsmäßige Stellung eines Monarchen war umstritten. Aber es muss unterstrichen werden, dass unter den Aktiven vom 20. Juli 1944 viele für eine Monarchie eintraten und in Louis Ferdinand den geeigneten Kandidaten für den Thron sahen. Kaiser Wilhelm II., der am 04. Juni 1941 (kurz vor Beginn des Russlandfeldzugs) in Doorn starb, kam nicht in Frage. Kronprinz Wilhelm fand kaum Unterstützung. In Bayern hatte Kronprinz Rupprecht treue Anhänger in den dortigen Widerstandskreisen. Goerdeler trat zeitweilig für den jüngsten Bruder von Louis Ferdinand Prinz Friedrich (1911 – 1966) ein[3].

Auf der Hochzeitsreise um die Welt hatte das Prinzenpaar bei zahlreichen Gesprächen mit Staatsmännern die Isolierung Deutschlands und die Kriegsgefahr gespürt. „Roosevelt (hatte) den Prinzen gebeten, bei (Reichsaußenminister Joachim von) Ribbentrop zu sondieren, ob Hitler bereit sei, mit ihm, Chamberlain und Mussolini auf den Azoren zusammen zu kommen“. Ribbentrop ging auf den entsprechenden Brief des Prinzen gar nicht erst ein[4]

Vor dem Frankreich Feldzug 1940 hatte Louis Ferdinand auf Vorschlag von Dohnanyi an Generaloberst Beck appelliert, Hitler in die Arme zu fallen. Beck war durch den mutigen Brief des Prinzen tief be-

---

[1] Memoiren 1993, 295 f.
[2] Memoiren 1993, 188 und 218
[3] Friedrich Wilhelm 1985, 277
[4] Friedrich Wilhelm 1985, 279

eindruckt, erwiderte aber, die Befehle seien gegeben, der Angriff sei nicht zu stoppen[1].

Der Prinz schrieb Beck: „Wenn ich gerufen werde, bin ich bereit“[2]. Damit hatte Louis Ferdinand eine Formulierung gefunden, an der er bis zu seinem Lebensende eisern festhielt: Wenn die Deutschen oder für das deutsche Volk repräsentative Persönlichkeiten mich rufen, stehe ich als Monarch zur Verfügung.

Bis zur Kriegserklärung an die Vereinigten Staaten im Dezember 1941 vertrat der amerikanische Journalist Louis P. Lochner, ein guter Freund des Prinzen, die Presseagentur Associated Press in Berlin. In Form eines (nie gedruckten) Interviews stellte er die Beziehungen zwischen Roosevelt und dem Prinzen dar[3]. Diese Ausarbeitung kursierte in den Kreisen des Widerstandes und man bat Lochner, als ein Vertrauensmann des Widerstandes Kontakt zu Roosevelt aufzunehmen und auch die Frage nach der amerikanischen Meinung zur zukünftigen Staatsform Deutschlands aufzuwerfen. – Als Lochner nach seiner Internierung von Ende 1941 bis zum Sommer 1942 endlich in Washington aktiv sein konnte, wollte das Weiße Haus von einem Hinweis auf einen deutschen Widerstand nichts hören. Das Ziel der USA war die bedingungslose Kapitulation. Einer deutschen Opposition entgegen zu kommen, kam nicht in Frage. Der Versuch, über die Beziehungen des Prinzen den amerikanischen Präsidenten und die hohen, in Washington entscheidenden Leute auf den Widerstand aufmerksam zu machen, traf auf taube Ohren.

Otto John schreibt dazu: „Louis Ferdinand hatte sich von Anfang an aus sittlicher Empörung dem Widerstand angeschlossen. Der Plan der Restauration des Hauses Hohenzollern war nicht von ihm, sondern von Beck, Popitz, Goerdeler und anderen Honoratioren aufgebracht worden. Und diesen hatten sich Leuschner, Jakob Kaiser und andere namhafte Vertreter der Arbeiterschaft unter der Bedingung eines Plebiszits angeschlossen. Jedenfalls hat der Prinz und seine Familie, wie wir alle die Jahre hindurch seinen Kopf riskiert“[4].

---

1 Otto John: Zweimal kam ich heim. Düsseldorf 1969, 71 f

2 Friedrich Wilhelm 1985, 280

3 Memoiren 1993, 296

4 Otto John: Zweimal kam ich heim. Düsseldorf und Wien 1969, 80

Im Juli 1942 besuchte Goerdeler auf seinen Wunsch das Prinzenpaar, bei dem auch Otto John zu Besuch war, in Cadinen. Da das Auto des Prinzen beschlagnahmt war, fuhren Louis Ferdinand und Kira ihm mit der Bahn nach Braunsberg entgegen und mit der Haffuferbahn zurück nach Cadinen. Um den Besuch zu verschleiern, ging man vom Bahnhof zum schlichten Schloss zu Fuß. Der wie stets zuversichtliche Goerdeler hoffte mit Hilfe der Armeeführer des Ostheeres Hitler stürzen zu können. Der Prinz war von Goerdeler beeindruckt und sah in ihm den geeigneten Reichskanzler[1].

Diente diese Unterredung mehr dem Aufbau gegenseitigen Vertrauens und dem Informationsaustausch, war die Begegnung mit Karl Goerdeler, Ewald v. Kleist-Schmenzin, Joseph Wirmer, Jakob Kaiser und Otto John im Hause Bonhoeffer im März 1943 von größerem Gewicht.

Alle Teilnehmer appellierten an den Prinzen, er solle „als rechtmäßiger Kronprätendent das Signal für die jetzt noch unentschlossen zögernden Armeeführer und Generale geben". Der Prinz erklärte sich einverstanden, wollte aber aus Gründen der Legitimität den Kronprinzen nicht übergehen. Noch am gleichen Abend sprach der Prinz mit seinem Vater im Cecilienhof. Der Kronprinz riet dringend von einem solchen Hervortreten ab. Am nächsten Tag kam es zu einem Gespräch mit Carl Goerdeler, der weder bei der Heeresgruppe Mitte an der Ostfront noch beim Ersatzheer[2] die Möglichkeit einer Schilderhebung gegen sah[3].

Gerhard Ritter, Carl Goerdeler nahe stehend, aber kein Freund der monarchischen Staatsform, meinte in seinem wichtigen Buch von 1954: Karl Goerdeler und die deutsche Widerstandsbewegung[4], der Kronprinz habe seinen Sohn mit Erfolg gewarnt und setzte hinzu: „Die politische Rolle des Prinzen war damit für immer erledigt"[5]. Erfreulicherweise hat Louis Ferdinands Sohn Prinz Friedrich Wilhelm in seiner Disser-

---

[1] Memoiren 1993, 298 – 300; Otto John 1969, 96 f.

[2] Das Ersatzheer wurde dann am 20. Juli 1944 tatsächlich der Mittelpunkt des Aufstandes.

[3] Memoiren 1993, 300 f

[4] Stuttgart 1954, 292

[5] Gerhard Ritter, Karl Goerdeler und die deutsche Widerstandsbewegung. Stuttgart 1954, 292

tation: Das Haus Hohenzollern 1918 – 1945 die bereitwillig von vielen Historikern übernommene These vom Rückzieher Louis Ferdinands widerlegt. Das politisch korrekte republikanische Denken heutiger Historiker und die damaligen Überlegungen differieren.

Tatsächlich kam der Prinz im Juni 1943 zu einer weiteren Besprechung mit Otto John, dessen Bruder Hans und Albrecht Haushofer nach Berlin. Wichtiger Gesprächspartner war Juan Terasa, ein spanischer Studienfreund, jetzt im spanischen Außenministerium tätig, der Chancen für einen günstigen Frieden sah, wenn den Alliierten dank Hitler Sturz die Invasion in Europa erspart bleibe[1]. John hatte auch Oberst Graf v. Stauffenberg über den ihm bislang nicht persönlich bekannten Prinzen und seine politische Einstellung informiert. „Pläne à la Goerdeler“ wollte Stauffenberg nicht machen. „Es gelte, zu allererst eine andere Situation zu schaffen“[2] – das heißt Hitler zu beseitigen.

Am 20. Juli 1944 war Prinz Louis Ferdinand zum ersten und letzten Mal in Königsberg (Preußen) und besichtigte die Krönungs- und Schlosskirche mit den Tafeln für die Ritter des Schwarzen Adler-Ordens und das Schloss. Der Prinz besuchte den nicht mehr im aktiven Dienst stehenden Generalfeldmarschall Georg v. Küchler. Nach dem Zusammenbruch der Heergruppe Mitte war die Rote Armee inzwischen bis an die Grenze Ostpreußens vorgedrungen. Im Führerhauptquartier bei Rastenburg konnte man bei Ostwind den Kampflärm hören. Angesichts dieser Lage riet Küchler dem Prinzen auf dessen Frage, seine Familie von Cadinen fortzuschaffen.

Die Nachricht vom Attentat löste bei allen Deutschen eine ungeheure Erregung aus und niemand, der diesen Tag bewusst erlebt hat, wird ihn je vergessen.

Am 02. August wurde der Prinz in Cadinen sieben Stunden durch zwei Gestapobeamte verhört. Ein konkreter Verdacht lag nicht vor und die beiden sollten nur allgemein erkunden, zu wem der Prinz Kontakt hatte und ihn warnen[3]. Keiner der Mitverschworenen hat den Prinzen trotz Folter verraten.

---

[1] Memoiren 1993, 301 f, Otto John 1969, 134

[2] Otto John 1969, 146

[3] Memoiren 1993, 305-307

Vielleicht hat auch Eugen Gerstenmaier recht. Er gehörte zum Kreisauer Kreis, hatte aber auch gute Beziehungen zu Popitz. An den Gesprächen über eine Monarchie für Deutschland nahm er teil. Er meinte, die Gestapo habe angesichts des Umfangs der Verschwörung kein Interesse daran gehabt, mit dem Prinzen als Angeklagten noch weitere Kreise ins Verderben zu ziehen. Gerstenmaier war 1956 – 1969 Bundestagspräsident und mit Louis Ferdinand befreundet[1]. Otto John konnte am 21. Juli 1944 nach Spanien fliehen.

Carl Goerdeler hat nach seiner Verurteilung zum Tode in der Haft eine „Art von politischem Testament" (Gerhard Ritter) verfasst, die September-Denkschrift. Er schreibt: „Mir erscheint für unser Volk die erbliche Monarchie als beste Staatsführung. Unser wetterwendisches, unpolitisches Volk bedarf des Ballastes im Staatsschiff. Der Monarch soll nicht regieren, sondern über die Verfassung wachen und den Staat repräsentieren. Das Hohenzollernhaus und die Wittelsbacher könnten würdige Monarchen stellen, z.B. den Kronprinzen Sohn Prinz Friedrich"[2]. Dass Goerdeler in der Todeszelle Prinz Louis Ferdinand nicht nannte, war selbstverständlich. Da Prinz Friedrich (1911 – 1966) es 1939 – gewiss aus Gegnerschaft zum Nationalsozialismus – vorgezogen hatte, in England zu bleiben, gab es seitdem keinerlei Verbindung zu ihm, so dass er hier ohne Gefahr genannt werden konnte. Goerdeler kannte Prinz Friedrich nicht[3].

Prinz Louis Ferdinand hat stets bedauert, dass man – nicht nur die Auflagen der Alliierten waren da entscheidend – nach 1945 die Gedanken und Pläne des Widerstandes zu wenig berücksichtigt hat. Die Überlebenden des 20. Juli wurden weithin ins Abseits gestellt oder gar missachtet. Insofern ist das Erbe des Widerstandes und insbesondere des 20. Juli 1944 – die einzige politisch Erfolg versprechende Widerstandshandlung gegen den Nationalsozialismus – nicht ausreichend beachtet, sondern eher missachtet worden.

Waren schon die Pläne des Reichskanzlers Heinrich Brüning, 1932 den Übergang zu einer neuen Monarchie unter den Hohenzollern zu

---

[1] Eugen Gerstenmaier in: SKH Prinz Louis Ferdinand zum 75. Geburtstag, Moers 1982, 26

[2] Gerhard Ritter 1954, 558

[3] W. Stribrny: Begegnung mit einem historischen Dokument. Anstöße. Berichte aus der Arbeit der Evangelischen Akademie Hofgeismar, 1965, S. 29-31

suchen, von der Geschichtswissenschaft als ärgerlich beiseite geschoben worden, so gilt das gleiche für monarchische Pläne im Zusammenhang des 20. Juli.

Viele der Verschworenen des Widerstandes sahen in der Monarchie eine Möglichkeit, dem zukünftigen modernen Deutschland Stabilität und Geschichtsverbundenheit zu sichern. Vollkommen zu Recht war Louis Ferdinand stolz darauf, sein Leben für den Widerstand riskiert zu haben.

1994 hat Otto John (1909 – 1997) im Berliner Tagespiegel über „Louis Ferdinand und den Widerstand gegen Hitler“ noch einmal berichtet. John bestätigt, dass er den Prinzen in die Widerstandskreise einführte. Insbesondere betont er, der Prinz habe wichtige Kontakte vermittelt. „Diese Verbindungen … hätten dem Widerstand im Falle eines erfolgreichen Umsturzversuchs gegen Hitler für Friedensverhandlungen dienen können. … So hatte die Widerstandsgruppe um Stauffenberg unter anderem einen Draht zur amerikanischen Botschaft in der spanischen Hauptstadt … In die Geschichte geht er nun nicht nur als Repräsentant des Hauses Hohenzollern ein, sondern auch als einer derer, die den Widerstand gegen Hitler wagten“[1].

Hatte man zuvor in der Sowjetzone/DDR Prinz Louis Ferdinand und seine Beteiligung am „antifaschistischen“ Widerstand totgeschwiegen, so konnte immerhin am 2. September 1989, also kurz vor der unblutigen deutschen Revolution 1989, die Tageszeitung der Ost-CDU „Neue Zeit“ einen Artikel von Wolfgang Haase über das Thema bringen. Dort wird betont, dass der Prinz auch nach der Warnung seines Vaters vom März 1943 dem Widerstand treu blieb. Bei dem Interview im Berliner Haus des Prinzen unterstrich der anwesende Prinz Friedrich Wilhelm, dass sein Vater „nicht nur peripher beteiligt, sondern mittendrin“ war. Hier findet sich auch Hitler wutschnaubende Bemerkung am 20.07.1944: „hinter allem steckt sowieso der Kronprinz[2].

Zu Recht wies der Prinz Attacken britischer Journalisten, er habe nicht aktiv gegen den Nationalsozialismus gehandelt und wäre besser ins Exil gegangen, energisch zurück[3]. Offenbar waren die Interviewer

---

[1] Berliner Tagespiegel, 09.10.1994. Erbe und Auftrag 1995, 4

[2] Preußische Mitteilungen 95, Dezember 1989, 3

[3] Financial Times, London, 02.07.1988, deutsch in: Erbe und Auftrag 1988, 54

schlecht vorbereitet und hatten von der historischen Situation keine Ahnung.

Bei den von Prinz Louis Ferdinand ins Leben gerufenen Jahrestagungen des Zollernkreises, die fast stets auf der Burg Hohenzollern stattfanden, konnte man auf die Begrüßungsworte des Burgherren stets gespannt sein. 30 Jahre nach dem 20. Juli sagte er zur Einleitung des Vortrages von General Dr. Hans Speidel: „Die deutsche Widerstandsbewegung hatte mit Ausnahme der Kommunisten sämtliche politische Richtungen und Schichten unseres Volkes in sich vereinigt, um die verlorene innere Freiheit wiederzuerlangen und den Rechtsstaat wieder erstehen zu lassen“. Der Prinz verknüpfte dann den 20. Juli 1944 mit dem 17. Juni 1953. Nicht nur weil das vorjährige Zollernkreistreffen 20 Jahre nach dem Volksaufstand in der Sowjetzone stattfand, sondern weil in der deutschen Geschichte (wie wir heute sagen können) zwischen 1918 und 1989 eigentlich nur die gescheiterten Erhebungen vom 20. Juli und 17. Juni Hoffnungstage sind, die in die Zukunft weisen.

Menschen haben ihr Leben für die Freiheit eingesetzt und verloren. Charakteristisch für das Denken des Prinzen ist sein Aufruf zur Verteidigung der persönlichen Freiheit. „Wir müssen sie mit Zähnen und Klauen gegen alle inneren und äußeren Bedrohungen, von welcher Seite sie auch kommen mögen, verteidigen“[1].

Als einer der letzten Überlebenden des 20. Juli sah der Prinz in dem seit 1945 vorsätzlich übersehenen Planen und Denken der Widerstandskreise eine ernste Anfrage an die Bonner Republik. Menschen seiner und der älteren Generation beurteilte der Prinz nach ihrer Einstellung zum Nationalsozialismus. Es war alles andere als ein Zufall, dass nach Graf Hardenberg auch sein zweiter Generalbevollmächtigter Dr. Ernst Carl Freiherr v. Gersdorff (1902 -1977)[2] als Breslauer Rechtsanwalt zum Widerstand gehörte. Bei manchen politischen Unterschieden verband diese Erfahrung in der Tiefe.

---

[1] Erbe und Auftrag 1974, 114

[2] Er war Bruder von Oberst Rudolf Christoph v. Gersdorff, der 1943 plante, sich während einem Aufenthalt Hitlers im Berliner Zeughaus mit diesem in die Luft zu sprengen.

6. Schwere Jahre 1939 – 1951

Wenn der Prinz und seine wachsende Familie die Jahre von 1939 bis 1944 vergleichsweise glimpflich überstanden – wurden doch aufgrund von Hitlers Hass auf die Hohenzollern die Prinzen aus der Wehrmacht entfernt –, so erlebten er und Prinzessin Kira Flucht, Vertreibung, Zusammenbruch, das Elend 1945 und der schweren Nachkriegsjahre desto härter. Geklagt wurde nie. Immerhin waren 95 Prozent des Besitzes der Dynastie verloren gegangen. Erst als Kronprinz Wilhelm am 20. Juli 1951 starb und Louis Ferdinand das Erbe antrat, trat ein grundlegender Wandel ein.

Im Sommer 1939 wollte sich Louis Ferdinand in dem Krongut Schildberg, nordwestlich Soldin in der Neumark, in die Gutsverwaltung einarbeiten, als der Krieg ausbrach. Im Polenfeldzug flog er Transportflugzeuge bis Brest Litowsk, sah das zerstörte Warschau und andere Kriegsverwüstungen[1]. 1940 wurde er nach Rahmel, zwischen Gdingen und Neustadt (Westpreußen) versetzt, wo er junge Piloten im Blindflug ausbildete. Prinzessin Kira lebte mit den Söhnen Friedrich Wilhelm und Michael indessen in Zoppot. Die Familie zog dann nach Cadinen am Frischen Haff bei Elbing, als der Prinz zum Fliegerhorst Klützow, einem Vorort von Stargard (bei Stettin) versetzt wurde[2].

Der Soldatentod seines älteren Bruders Prinz Wilhelm am 26. Mai 1940 im Feldlazarett Nivelles (drei Tage nach seiner schweren Verwundung) veränderte Louis Ferdinands Leben grundlegend. Der ältere, ihm längst entfremdete Bruder, zu dem er seit den Bonner Studententagen kaum mehr Kontakt hatte, war nun nicht mehr der Konkurrent, Abgesehen von Kaiser Wilhelm II. zog man im preußischen Königshaus und in seiner treuen Anhängerschaft Prinz Wilhelm seinem Bruder Louis Ferdinand bei weitem vor, entsprach er doch ganz dem gewohnten Bild eines preußischen Prinzen. Zur Beisetzung des Prinzen im Antikentempel an der Seite seiner Großmutter Kaiserin Auguste Viktoria, unweit vom Neuen Palais in Potsdam, erschienen 50.000 Menschen. Sie folgten einer kleinen Traueranzeige, die das Kronprinzenpaar im „Be-

---

[1] Otto John: Zweimal kam ich heim, Düsseldorf 1969, 71
[2] Memoiren 1993, 278-281

rliner Lokalanzeiger“ veröffentlichen konnte[1]. Prinz Louis Ferdinand und den anderen Prinzen aus vormals regierenden Häusern wurde von Hitler drei Tage später der Fronteinsatz verboten. Hitler der die eigentliche Gefahr für seine Macht von der Seite der alten Eliten erwartete (zu Recht, wie sich am 20.07.1944 erwies), wollte ähnliche Kundgebungen des Volkes hinfort vermeiden.

Der Tod seines innig geliebten Großvaters, den er zeitlebens verteidigte und auf dessen Rehabilitation in der Wissenschaft er hoffte, am 04. Juni 1941 in Doorn erschütterte ihn. An der Beisetzung nahm er teil und erschien dabei wohl das letzte Mal in der Öffentlichkeit in der (für heutige Maßstäbe) eleganten Luftwaffen Uniform (mit Stahlhelm).

Um den Einsatz in der Etappe zu beenden und seinen Sohn zu seiner Entlastung heranzuziehen, beantragte der Kronprinz die Freistellung seines Sohnes, die Ende 1941 ausgesprochen wurde. Am 21.07.1944 erfolgte (ohne Zusammenhang mit dem Attentat) seine Entlassung aus dem Reserveoffizierkorps der Luftwaffe[2]. Der Prinz ging zu seiner Familie in das schlichte kleine Schloss Cadinen. Vermutlich waren die Jahre 1942 - 1944 – trotz aller Ängste, die Krieg und Totalitarismus verursachten – die glücklichsten Jahre im Leben von Louis Ferdinand und Kira. Cadinen liegt am Fuß der Elbinger Höhe in reizvoller Lage unweit des Frischen Haffs. Kaiser Wilhelm II. hatte das Gut 1898 erworben und den dazu gehörenden Ort zu einem Musterdorf umgestaltet. Das sieht man heute noch. Schulhaus und Altersheim könnten in einem Berliner noblen Stadtteil stehen. Die schmucken Arbeiterhäuser hatten vor 1914 alle Wasser und Elektrizität. In jedem Zimmer befand sich ein Kachelofen. Der Stil der Bauten in Backstein mit Verblendflächen entspricht dem gefälligen Geschmack der glücklichen Jahre vor 1914. – Die 1920 fertig gestellte Kirche, ein prachtvoller Bau, in dessen Innerem Cadiner Majolika dominierte[3], wurde 1961 – obgleich kaum beschädigt – von Polen aus Hass auf die Hohenzollern vernichtet (obg-

---

[1] Prinz Friedrich Wilhelm 1985, 380 f

[2] Die Entlassung der Prinzen aus dem aktiven Dienst hatte Hitler am 29.05.1943 verfügt.

[3] Der Kaiser hatte dort eine erfolgreiche Majolika Fabrik gegründet.

leich Cadinen damals keine Kirche hatte). Dort spielte der Prinz gerne die Orgel[1].

Der Prinz lebte in Cadinen wie ein Gutsherr. Er besuchte die Menschen in ihren Häusern und erkundigte sich nach ihrem Wohl und Wehe. Die Männer zogen die Mützen vor ihm und verbeugten sich. Oft ritt er über die Felder, anfangs in Luftwaffen Uniform, ab 1942 nur in Zivil. Pferde spielten schon damals eine große Rolle (heute ist Cadinen ein imponierendes Gestüt) und Prinz Louis Ferdinand ritt bis ins hohe Alter. Der Prinz war auch Jagdherr; seine letzte Jagd fand noch im Januar 1945 statt. Er war persönlich kein Jäger und nahm auch später nicht an Jagden teil. Da das Auto für militärische Zwecke beschlagnahmt war, war man auf die Haffuferbahn von Elbing nach Tolkemit und Braunsberg angewiesen. Der Prinz ließ sich am Bahnhof Cadinen von seinem Kutscher abholen und lud oft kriegsbeschädigte Cadiner ein, mit ihm ins Dorf zu fahren. Der heute vernachlässigte Schlosspark war in wunderbarem Zustand. – Besondere Ereignisse im Dorfleben waren die Taufen der in Cadinen geborenen Prinzessinnen Marie Cécile und Kira. Zur Taufe kam Hofprediger Professor Dr. Bruno Doehring aus Berlin und das ganze Dorf zog durch die prachtvolle Allee zur schmucken Kirche[2]. Da man schon im Sommer 1944 mit einem sowjetischen Einfall in Ostdeutschland konkret rechnen musste[3], übersiedelte Prinzessin Kira mit den Kindern auf das Hofkammergut Golzow (nordwestlich Soldin in der Neumark). Dort wurde am 25.08.1944 der später als Erbe vorgesehene Prinz Louis Ferdinand (III.) geboren. Louis Ferdinand (II.) pendelte zwischen Cadinen und Golzow.

Am 25. Januar 1945 kam der bittere Abschied. Am 23. Januar hatte die Rote Armee bereits Elbing erreicht. Eine halbe Stunde vor dem Erscheinen der sowjetischen Panzer flüchtete der Prinz im Pferdeschlitten über das Eis des Frischen Haffs, die Frische Nehrung und die Danziger Nehrung nach Danzig. Durch Pommern ging es dann mit der Reichs-

---

[1] Der vom Kaiser 1920 gestiftete dreiflügelige Schnitzaltar, der Passion Christi gewidmet, befindet sich – korrekt beschriftet – heute in der Nordwestecke der Elbinger Nikolaikirche.

[2] Gespräch mit Frau Gerda Engel, Bad Kreuznach, die die Kriegsjahre in Cadinen verlebte, 28.05.2002.

[3] Das ganze Leben war durch die Furcht davor belastet, wie sich der Verfasser erinnert, der im Spätsommer in einem Kinderheim an der pommerschen Küste war.

bahn nach Potsdam, wo ihn Kira mit den fünf Kindern erwartete. Hier war aber, angesichts der Frontlage, auch kein Bleiben. Cadinen blieb mit Potsdam für den Prinzen zeitlebens die Heimat. Für Potsdam sprach die Verwurzelung von Geburt an, für Cadinen die innige Gemeinschaft mit der geliebten Gattin. In seinen allerletzten Lebensjahren konnte der Prinz nicht mehr wie zuvor unendliche Terminverpflichtungen wahrnehmen. Aber die Berliner Veranstaltung des Bundes der Vertriebenen zum „Tag der Heimat“ besuchte er bis zuletzt[1].

Im Juni 1973 war er wieder zum ersten – und letzten Mal in Cadinen, dem „verlorenen Paradies“. Fünf seiner sieben Kinder begleiteten ihn. In seinen Erinnerungen beschreibt er die bewegenden Empfindungen, die ihn erschütterten. Ständige Albträume, die ihn bis daher gequält hatten, ließen freilich nach diesem Augenschein nach[2].

Die sonst so vorzüglich arbeitende „Generalverwaltung des vormals regierenden Preußischen Königshauses“ war im Zusammenbruch 1945 den katastrophalen Umständen begreiflicherweise nicht gewachsen. Jedenfalls hatte man westlich von Potsdam nicht an Fluchtquartiere gedacht. So folgte Prinz Louis Ferdinand mit Frau und Kindern seiner Mutter nach Bad Kissingen. In der Villa des Kaiserarztes Dr. Sotier standen für ihn freilich nur zwei bescheidene Dachkammern zur Verfügung. Dort hauste man elf Monate und erlebte auch den Einmarsch der Amerikaner.

Der Prinz spielte in dieser Zeit auf dem Flügel von Dr. Sotier und in all dem Elend, über das er selbstverständlich weder damals, noch später je klagte, begann er zu komponieren. Eduard Mörikes Gedicht: „Frühling lässt sein blaues Band“ war die erste von zahlreichen Liedvertonungen[3]. Trotz schrecklicher Wohnverhältnisse gab es neben der Musik noch einen weiteren Lichtpunkt. Der Prinz lernte den amerikanischen Offizier Merle A. Potter kennen, der wegen seiner Deutschfreundlichkeit später abgesetzt, aber dafür Berater von General Lucius D. Clay wurde. Potters Versetzung verschlechterte die Lage der prinzlichen Familie, die nunmehr zugewiesene Wohnung war eine Zumutung.

---

[1] Vgl. oben Teil II, Interview, S. 198

[2] Memoiren 1993, 359 f

[3] Memoiren 1993, 322

Potter, selber Journalist, sorgte dafür, dass der Prinz seinen ersten Zeitungsartikel verfasste. Er erschien Weihnachten 1945 auf der ersten Seite des „Bavarian", einer Zeitung für die amerikanischen Soldaten in Bayern. Er befasste sich mit den „Four Freedoms", die zuerst Franklin D. Roosevelt formuliert hatte[1]. Gemeint sind damit: Meinungsfreiheit, Glaubensfreiheit, Freiheit von Not, Freiheit vor Furcht. Damit schlug der Prinz in der Katastrophe von 1945, die doch für ihn und seine Frau auch die Befreiung von Nationalsozialismus bedeutete, ein Thema an, das für sein weiteres Leben bestimmend wurde: die persönliche Freiheit. In seinem Buch, dessen 1. Auflage 1952 unter der eher leichtgewichtigen Überschrift „Als Kaiserenkel durch die Welt" erschien, lautete der Schlusssatz: „die persönliche Freiheit muss auf der ganzen Erde verteidigt werden, damit das menschliche Leben seinen göttlichen Sinn behält"[2].

Zum 65. Geburtstag des Prinzen 1972 erschien in der „Pommerschen Zeitung" eine ausführliche Würdigung, verbunden mit einem Interview. Verfasser waren der Geschäftsführer der Pommerschen Landsmannschaft Wilhelm Hoffmann und der Pommernsprecher Philipp v. Bismarck. Louis Ferdinand führte aus: „Die vier Freiheiten bedeuten für das deutsche Volk das Recht auf freie Wahlen und das Recht auf Selbstbestimmung"[3]. Das waren zwar Forderungen, wie sie seit 1949 erhoben worden, aber in den Zeiten der „Entspannungspolitik" hörte man dergleichen in Bonn ungern.

Ebenso politisch inkorrekt waren seine Ausführungen bei der Eröffnung der Zollernkreis-Jahrestagung 1973, zwanzig Jahre nach dem Volksaufstand vom 17. Juni 1953, der ersten großen Erhebung gegen den Kommunismus: „Wir … wollen uns geloben, dass wir mit Zähnen und Klauen unsere persönliche Freiheit verteidigen werden, ganz gleich von welcher Seite sie auch bedroht wird. Hiermit können wir auch am besten den Menschen jenseits des Eisernen Vorhangs dienen bis zu dem Tage, an dem sie mit Gottes Hilfe auch in den Genuss dieses köstlichen Lebensgutes gelangen können"[4].

---

1 Memoiren 1993, 318 f

2 Seite 410. Dieser Satz fehlt in späteren Auflagen.

3 Erbe und Auftrag 1977, 5

4 Erbe und Auftrag 1973, 118

Als die Jahrestagung des Zollernkreises 1980 sich mit dem deutsch-amerikanischen Verhältnis beschäftigte, war es weder populär noch politisch opportun zu betonen, dass „Amerika uns in den letzten Jahren die Freiheit bewahrt hat. Ohne die Vereinigten Staaten von Amerika könnten wir uns an dieser Stätte nicht versammeln“[1]. Hier zeigte sich die Unabhängigkeit seiner Persönlichkeit.

Anlässlich seines 80. Geburtstags sagte er zum Abschluss eines Interviews: „Mein Wunsch, meine Hoffnung ist die Wiedervereinigung in Freiheit und Frieden. Mein Hauptanliegen an diesem 80. Geburtstag ist ein freies und vereintes Europa. Die Freiheit steht für mich über allem“[2]. So führt eine gerade Linie von den ersten öffentlichen politischen Äußerungen des Prinzen 1945 bis zu seinem Bekenntnis zur Freiheit am Lebensende.

Wie nun verhielt sich der präsumtive Erbe in den Jahren zwischen dem Zusammenbruch 1945 und dem Tod des Kronprinzen am 20. Juli 1951? Es waren auch in Bezug auf die erstrebte Stellung an der Spitze des Hauses keine einfachen Jahre. Das Vater-Sohn Verhältnis zum Kronprinzen blieb gespannt und viele Anhänger des Hauses misstrauten Louis Ferdinand.

Als am 21. August 1946 die Amerikaner die Särge Friedrich Wilhelms I. und Friedrichs des Großen, die ihnen 1945 im Eichsfeld in die Hände gefallen waren, in der Marburger Elisabethkirche vorläufig beisetzen ließen, waren Kronprinz und Kronprinzessin, Louis Ferdinand und Kira anwesend. Niemand konnte ahnen, dass der weitere Weg der Königssärge das Leben des Prinzen prägte und ihm die Möglichkeit zu politischem Hervortreten verschaffte – bis zur Rückkehr nach Potsdam 1991!

Von Ende 1945 bis zum Erscheinen der amerikanischen Ausgabe „The Rebel Prince“ und der deutschen „Als Kaiserenkel durch die Welt“, gleichzeitig 1952, arbeitete der Prinz an seinen Erinnerungen. Potter in Kissingen hatte sie angeregt. Louis Lochner beriet ihn bei der amerikanischen Ausgabe, der Berliner Publizist und Herausgeber des „Tagesspiegel“ Erik Reger bei der deutschen[3].

---

[1] Erbe und Auftrag 1980, 147

[2] Erbe und Auftrag 1987, 53

[3] sie erschien in Regers Argon Verlag in Berlin

Anfang Dezember 1947 war es endlich möglich, der Misere in Bad Kissingen zu entrinnen und nach Bremen überzusiedeln. Kronprinz Wilhelm hatte seinen Sohn als Kommanditisten bei der Bremer Fordvertretung, Inhaber: vom Lehn, eingekauft. Im Wirtschaftsteil der Tageszeitung war zu lesen: „Kaufmann Prinz Louis Ferdinand von Preußen ist als Kommanditist eingetreten". Es ist zweifelhaft, ob der Prinz das Geschäft je betreten hat, jedenfalls hat er dort nicht gearbeitet. Die Berufsbezeichnung „Kaufmann" wird er gewiss als peinlich empfunden haben. Das Unternehmen lief nicht gut und ging nach der Währungsreform in Konkurs. Ein eigenes Auto hatte der Prinz nicht und fuhr zuerst in Bremen-Oberneuland (im Haus Koenenkamp, bis die Besitzer aus Argentinien zurückkehrten), dann in Borgfeld, wo der Wümmehof später erworben werden konnte, mit dem Fahrrad. Außer der Apanage, die ihm sein Haus zahlte, hatte er keine Einkünfte[1]. Der Umzug nach Borgfeld in das geräumige Haus in ländlicher Umgebung mit Bauern als Nachbarn fand 1950 statt.

Als die Kommunisten Anfang 1948 hörten, dass sich der Prinz in Bremen niedergelassen hatte, stellte die nicht einflusslose KPD Fraktion in der Bürgerschaft den Antrag, Louis Ferdinand und seine Familie unverzüglich aus Bremen auszuweisen. Wohnungsbausenator Theil, ein alter sächsischer Sozialdemokrat, erwiderte „unter Berufung auf die alten bremischen Werte der Weltoffenheit und Toleranz": man könne einer achtköpfigen Vertriebenenfamilie, „wer immer sie auch sei", das Gastrecht nicht verwehren. Der Antrag wurde niedergestimmt[2].

Im Zusammenhang mit der Ford-Vertretung konnte der Prinz Ende 1948 eine zweimonatige Reise in die USA antreten. Louis Ferdinand hatte den Eindruck, dass die Amerikaner Deutschland weniger kritisch sähen als die Sowjets, Briten und Franzosen. Dazu wird wesentlich die Haltung der Berliner bei der damaligen Blockade der Stadt durch die Sowjetunion beigetragen haben. Der Prinz sprach nicht nur mit Henry Ford II. und Louis Lochner, sondern auch mit Paul Hoffmann, dem Verantwortlichen für den Marshall Plan. Hoffmann setzte sich dabei

---

[1] Gespräch mit Irmgard Bucerius, 31.01.1998

[2] Rede des Prinzen bei der Bremer Eiswette, 21.01.1984. Preußische Mitteilungen Nr. 61, 1984

für den Wiederaufbau Deutschlands ein und sah in Berlin das „Symbol der freiheitlichen Gesinnung der Deutschen“[1].

Im amerikanischen Geheimdienst hat man 1947/48 im besetzten Deutschland die Möglichkeit für eine parlamentarische Monarchie auszuloten versucht.

In Bergisch Neukirchen (ostwärts Köln) hatten die Amerikaner den nationalen Publizisten Franz Sontag (1883 – 1961) zum Bürgermeister seiner Heimatgemeinde eingesetzt[2]. Mit dem 5. Kaisersohn Prinz Oskar verband ihn eine – nicht spannungsfreie – Freundschaft[3]. Sontags Gesprächspartner war 1947/48 der amerikanische Oberst Dixon, von Geburt Kanadier. Am 26.09.1947 schlug Generaloberst a.D. Rudolf Schmidt auf Dixons Frage: „Sagen Sie, meine Herren, wie würde man sich in Deutschland zur Wiedereinführung der Monarchie stellen?“ und zugleich den Kronprinzen Wilhelm ablehnte, Prinz Louis Ferdinand vor. „Er gilt als klug und gewandt, kennt Amerika, denn er war ja bei Ford“. Sontag empfahl Prinz Oskar einzuschalten[4]. Prinz Oskar hatte dann am 09.10.1947 bei Sontag ein Gespräch mit Oberst Dixon, der darüber sofort an Außenminister Marshall berichten wollte. Dixon sprach von einem Komitee in Washington, dem Vertreter und Angehörige entthronter europäischer Dynastien angehörten – Deutschland fehle da noch. „Aber bis zum Jahre 52 wird alles vorüber sein!“ Zuerst müsse die Presse für die Monarchie gewonnen werden. „Das wird von unserer Seite aus geschehen, da wir uns darauf verstehen“[5]. Es wurde überlegt, Kronprinz Wilhelm zu einem Gespräch nach Bergisch Neukirchen zu holen. Am 04. 01. 1948 meinte Dixon: „Es wird sich vieles bei Ihnen ändern, und sie werden auch wieder zur Monarchie kommen.“

---

[1] Briefe für Tradition und Leben Nr. 1, Mai 1949. Memoiren 1993, 326-330

[2] Sontag hatte im 1. Weltkrieg vom alldeutschen Standpunkt aus unter dem Pseudonym Junius Alter eine Broschüre gegen den Reichskanzler Bethmann Hohlweg geschrieben. Er beteiligte sich später am Kapp Putsch. Als entschiedener Gegner Hitlers hielt er sich nach 1933 zurück.

[3] Nachruf von Klaus Schlegel: Tradition und Leben 152, Dezember 1961

[4] Gesprächsnotiz Sontags. Nachlass Sontag im Bundesarchiv Koblenz. Der Verfasser besitzt eine Kopie des Nachlasses.

[5] Gespräch vom 09.10.1947, Nachlass Sontag

Im Auftrag des Kronprinzen war dann dessen Generalbevollmächtigter Graf Carl Hans v. Hardenberg (1891 -1958, Mitverschworener des 20. Juli 1944) bei Dixon. Hardenberg hatte dem Kronprinzen zuvor gesagt: der Best geeignete aus den fürstlichen Häusern käme in Frage; das Legitimitätsprinzip könne nicht ausschlaggebend sein. Hardenberg, der bis zu seinem Tode 1958 auch Generalbevollmächtigter des Prinzen Louis Ferdinand werden sollte, sagte über ihn: „sehr klug und auch ehrgeizig, gewandt und aufgeschlossen, aber leider nicht ohne persönliche Schwächen". Hardenberg hätte Wittelsbacher oder Welfen vorgezogen. – Im anschließenden Gespräch mit Dixon empfahl dieser Hardenberg und Sontag die Parteien, besonders die SPD zu gewinnen und mit dem Erzbischof von Köln Kardinal Joseph Frings darüber zu sprechen. – Hardenberg und Sontag, überlegten voller Tatendrang, welche Persönlichkeit zur Leitung eines Büros mit 10 bis 12 ehrenamtlichen Mitarbeitern zur Vorbereitung einer Monarchie geeignet sei. Nachdem schon Kurt Hiller in der „Welt" vom 22.11.1947 für die Monarchie geworben hatte, brachen Anfang 1948 eine amerikanische und eine kanadische Zeitung eine Lanze für die Hohenzollern als deutsche Monarchen[1]. Dixon sprach auch mit Nuntius Pabiani, der meinte, auch an der Kurie glaube man, dass in der verfahrenen Lage in Deutschland und auch in anderen Ländern die Monarchie der Ausweg sei.[2]

1948 schien sich Dixons Begeisterung für die monarchische Lösung abzukühlen. Jedenfalls wollte er keine Verbindung zu General Lucius D. Clay, dem amerikanischen Militärgouverneur in Deutschland, und zum State Department in Washington herstellen. Ende November 1948 verließ Dixon Bergisch Neukirchen[3]. Dixon fand keinen Nachfolger. Offenbar bestand 1947/48 ein gewisses Interesse des amerikanischen Geheimdienstes an einer Monarchie in Deutschland, das aber bald erkaltete (Die Amerikaner haben sich nirgendwo in Europa ernsthaft für die Monarchie eingesetzt: sonst wäre die Entwicklung auf dem Balkan nach 1990 anders gelaufen. Auch in den Vielvölkerstaaten Afghanistan und Irak haben sie die Chancen der Monarchie nicht erkannt).

---

[1] Dixon zu Sontag, 13.01.1948. Nachlass Sontag

[2] Dixon zu Sontag, 24.02.1948. Nachlass Sontag

[3] Aufzeichnung Sontags, 30.11.1948. Nachlass Sontag

Franz Sontag, Graf Hardenberg und der Publizist Reinhard Wulle verfolgten die monarchischen Pläne weiter. Bei einer Besprechung mit Prinz in Holzminden am 13.12.1948 äußerte sich Hardenberg erneut negativ über Louis Ferdinand: „Das Schlimme sei nur, das Prinz Louis Ferdinand von einem maßlosen Ehrgeiz besessen sei, der nur den einen Gedanken kenne, auf den Thron zu kommen, ganz gleich mit welchen Mitteln. Er versuche dabei, sich besonders auf seine von früher her bestehenden amerikanischen Beziehungen zu stützen, insbesondere die dortige Presse für sich einzunehmen und werde jeden bis aufs Blut bekämpfen, der es unternehmen würde, ihm die Thronfolge etwa streitig zu machen." Der kluge und gewandte Prinz sei „durch und durch Autokrat, um nicht zu sagen Russe". Er bestünde auf der Primogenitur[1].

Franz Sontag und der ähnlich eingestellte Publizist Reinhard Wulle (1882 – 1950) trafen sich am 15.12.1948 und Wulle berichtete von einem Besuch beim Kronprinzen Wilhelm in Hechingen. Weit deutlicher als Hardenberg lehnte der Kronprinz seinen Sohn Louis Ferdinand als gänzlich ungeeignet ab. „Mit großer Offenheit und unter dem stärksten Ausdrücken habe der Kronprinz die Schwächen des Prinzen herausgestellt". Er selbst wolle für zwei oder drei Jahre die Krone übernehmen „und dass man in dieser Zeit abwarten könne, wie der Prinz sich entwickeln werde". – Wulle berichtete anschließend Prinz Louis Ferdinand in Bremen von dem Urteil seines Vaters über ihn, was den Prinzen begreiflicherweise aufbrachte (Gespräch Sontag – Wulle, 15.12.1948. Nachlass Sontag).

Der bei den Hohenzollern gewohnte Vater – Sohn Gegensatz bestand also auch hier. In seinen öffentlichen Äußerungen hat der Prinz stets mit Hochachtung und Liebe von seinem Vater gesprochen[2]. Sein dynastisches Denken verbot es ihm, die Konflikte mit dem Vater auch nur gesprächsweise zu erwähnen.

In Bonn, dem Tagungsort des Parlamentarischen Rates, im Hotel Königshof fand am 05. Februar 1949 eine Besprechung über eine mögliche Monarchie zwischen Hardenberg, Wulle, Sontag und anderen statt, die aber keine Folgen hatte[3].

---

[1] Holzminden, 13.12.1948, Notizen Sontags in dessen Nachlass

[2] Memoiren 1993, 334 f.

[3] 05.02.1949. Protokoll und Teilnehmerliste, Nachlass Sontag

Aus Misstrauen gegen seinen Sohn Louis Ferdinand, dessen Nachfolge unvermeidlich war, hatte Kronprinz Wilhelm in seinem Testament einschneidende Bestimmungen festgelegt, die den Nachfolger insbesondere finanziell an die Kette legen sollten. Der vom Kronprinzen eingesetzte „Rat der Testamentsvollstrecker“, zu dem unter anderem Fürst Friedrich von Hohenzollern und sein eigener Generalbevollmächtigter Graf Hardenberg, sowie ein Vertreter der Hausbank „Berliner Handelsgesellschaft/Frankfurter Bank“ gehörten, hatte alle wirtschaftlichen und finanziellen Schritte zu entscheiden. Nach etwa fünfundzwanzig Jahren (um 1976) hat der Prinz das Gremium verabschiedet. Sein unbezweifelbares Ansehen erlaubt ihm das. Der Kronprinz hatte ausdrücklich festgelegt, dass das Hausvermögen auch zur Unterstützung von Bestrebungen zur Wiederherstellung der Monarchie verwandt werden solle[1].

[1] Dr. E. C. v. Gersdorff, 2. Generalbevollmächtigter, zum Verfasser

II. Chef des Hauses Hohenzollern

1. Die Burg Hohenzollern als Zentrum der preußisch-deutschen Tradition

Der Tod des Kronprinzen Wilhelm und die vergleichsweise schlichte Trauerfeier, lediglich im engen Bereich der Burg Hohenzollern, wurde von der Presse als das Ende einer Epoche gesehen. Das war nicht ganz falsch. Die Hoffnung mancher Zeitgenossen trog, nun wären die Hohenzollern aus dem öffentlichen Leben verschwunden und nur noch Privatleute. Die junge Generation des preußischen Königshauses – und Prinz Louis Ferdinand wirkte mit Ausnahme der allerletzten Jahre stets weit jünger als er war - musste sich auf die neue Lage einstellen.

Die Beisetzung des Kronprinzen war am 10. Oktober 1951 Anlass für eine Debatte im 1. Deutschen Bundestag. Der Sozialdemokrat Ludwig Bergstraesser kritisierte als Republikaner den monarchistischen Leserbrief eines Bonner Ministerialrats, die Teilnahme der beiden Bundesminister der Deutschen Partei Heinrich Hellwege und Hans-Christoph Seebohm an der Hochzeit des Prinzen Ernst August von Hannover mit Prinzessin Ortrud von Schleswig-Holstein in Hannover am 04.09.1951 (300.000 Menschen standen in den Straßen von Hannover Spalier) – sowie insbesondere die Teilnahme von Bundeswohnungsbauminister Eberhard Wildermuth (FDP) an der Trauerfeier für Kronprinz Wilhelm am 26. Juli 1951. Das sei „hochdumm" gewesen; zumal es sich bei Kronprinz Wilhelm um einen „Privatmann" gehandelt habe. Hellwege und Seebohm hätten „zumindest geschmacklos" gehandelt. Hans Joachim v. Merkatz (1905 – 1982), Deutsche Partei, legte als Jurist dar, dass Monarchie und Demokratie durchaus vereinbar seien. „Als Abgeordneter dieses Hauses erkläre ich, dass ich von ganzem Herzen Monarchist bin". Der monarchische Gedanke sei mit dem Geist des Grundgesetzes vereinbar. Die Demokratie in der Monarchie sei dauerhafter als eine republikanische Demokratie[1]. Merkatz, der 1955 – 1962 Bundesminister war und bis kurz vor seinem Tod im öffentlichen Leen stand, ist von dieser Meinung nie abgerückt. – E. Wilder-

[1] Tradition und Leben 31, November 1951

muth war vor 1933 aktiver Stahlhelmer und erhielt im 2. Weltkrieg das Ritterkreuz[1].

Bis 1951/52 befand sich die Burg Hohenzollern in dem Zustand von 1865. In diesem Jahr war der Bau der 3. Burg an dieser Stelle, von König Friedrich Wilhelm IV. als Bauherrn und August Stüler als Architekt geschaffen, vollendet worden[2]. Wer die alte Burg vor der gründlichen Umgestaltung durch Prinz Louis Ferdinand kannte, wird ihre majestätische Lage und vielleicht auch die Architektur bestaunt haben, empfand sie aber im Inneren als verstaubt. Wie unter einer Käseglocke war das mittlere 19. Jahrhundert konserviert worden[3]. Abgesehen von gelegentlichen Abstechern Wilhelms II., anlässlich der Hofjagd beim König von Württemberg in Bebenhausen, gab es so gut wie keine Besuche von Angehörigen des Hauses. Anlässlich einer Hochzeit bei den schwäbischen Hohenzollern in Sigmaringen war Prinz Louis Ferdinand 1943 kurz auf der Stammburg.

Als 1945 in den östlichen und mittleren Provinzen Preußens aller Landbesitz verloren ging, blieb als einziges Schloss die Burg Hohenzollern übrig. Aufgrund des bis heute gültigen Vertrages von 1846 mit den schwäbischen Hohenzollern gehören Grund und Boden dem Fürstenhaus, das mit einem Drittel am Bauwerk beteiligt ist. Alle Veränderungen werden vom Fürsten von Hohenzollern mitgetragen, der auch ein Drittel der Kosten übernimmt.

Beim Tod seines Vaters beschloss der Prinz, die Burg zum Brennpunkt der preußisch-deutschen Traditionspflege umzugestalten. Schon am 05. Mai 1952 wurde die ehemalige Schlossküche als museale „Schatzkammer“ eingeweiht. Nicht nur die preußische Königskrone, wie sie Wilhelm II. 1889 gestalten ließ, und Schnupftabakdosen Friedrichs des Großen, sondern viele dynastische Erinnerungsstücke wurden

---

[1] Er hatte seine Teilnahme an der Beisetzung des Kronprinzen gegen Adenauers Widerstand durchgesetzt. Erbe und Auftrag 1977, 74

[2] Lediglich über dem Ausgang des Grafensaals hatte Kaiser Wilhelm II. am 09.11.1893, 25 Jahre vor dem Ende seines Kaiser- und Königtums, seine Anwesenheit in Stein hauen lassen. W. Stribrny: Kaiser Wilhelm II. und die Burg Hohenzollern, Zeitschrift für Religions- und Geistesgeschichte 13, 1971, 129 – 134

[3] Rolf Bothe, der verdienstvolle Verfasser des grundlegenden Werkes: Burg Hohenzollern – von der mittelalterlichen Burg zum national-dynastischen Denkmal im 19. Jahrhundert, Berlin 1979, lehnte im Gespräch mit dem Verfasser alle Veränderungen durch Louis Ferdinand ab und wollte den Zustand von 1865 einfrieren.

inzwischen von Millionen von Besuchern bestaunt. Die Schatzkammer ist ein gewisser Ersatz für das Hohenzollern-Museum, das bis zum II. Weltkrieg im von Bomben und der SED zerstörten Berliner Schloss Monbijou zu sehen war[1].

Am 31. Juli 1953 zerschnitt der Kriminelle Falck (alias Delmonte) mit einem Bolzenschneider die Gitter vor einem der Fenster der Schatzkammer und stahl die Tabatieren[2]. Zwar wurden der Dieb gefasst und die Tabatieren gefunden, aber sie waren so stark beschädigt, dass ein böser Verlust zu beklagen war.

Im Sommer 1952 wurde der bisherige Burggarten in eine Gartenanlage zur Bewirtung von Gästen umgestaltet. Der gepflasterte Burghof wurde asphaltiert und durch Streifen von Pflastersteinen gegliedert. Die Brunnenanlage mit Eisengussbaldachin[3] wurde abgebrochen. Die ihn krönende Statue des Bauherrn König Friedrich Wilhelm IV. fand ihren würdigen Platz am Chorhaupt der St. Michaelskapelle.

Die Michaelskapelle, der einzige erhaltene Teil der spätmittelalterlichen 2. Burg (mit den romanischen Reliefplatten von der 1423 zerstörten 1. Burg) wurde erneuert[4]. Der Prinz arbeitete mit dem Landeskonservator von Hohenzollern Walter Genzmer (1890 – 1983) vertrauensvoll zusammen[5].

Der 14. September 1952 war für die Burg ein großer Tag. Die Särge Friedrich Wilhelms I. und Friedrichs des Großen kamen auf Initiative des Prinzen Louis Ferdinand auf die Burg und fanden ihren Platz bis zum 16. August 1991 in der evangelischen Christuskapelle[6]

Auf Wunsch des Kronprinzen wurde er im Offiziersgärtlein der Burg (der südöstlichen Bastion) beigesetzt. Als Prinzessin Oskar, geb. Gräfin Ina Marie v. Bassewitz hier 1973 beigesetzt wurde, war der Friedhof belegt. Der Künstler Helmut Uhrig hat die Grabplatten und

---

[1] Thomas Kemper: Schloss Monbijou. Von der königlichen Residenz zum Hohenzollern-Museum, Berlin 2005

[2] Tradition und Leben 37, 1952 und 53, 1953

[3] Vergleiche Bothe 1979, 185 – 187

[4] Dabei verschwand zum bleibenden Bedauern des Prinzen die letzthin auf Schinkel zurückgehende blaue Deckendekoration mit goldenen Sternen wie in der Christuskapelle.

[5] Erbe und Auftrag 1983 20 f.

[6] siehe nächstes Kapitel

Urnen (für Louis Ferdinands Brüder Hubertus und Friedrich) ungewöhnlich stilvoll geschaffen.

Durch die ein- oder zweimal im Jahr seit 1953 stattfindenden Konzerte im Grafensaal (1. Konzert am 17.08.1953) wurde die Burg ein künstlerischer und gesellschaftlicher Mittelpunkt. Von diesen Wohltätigkeitskonzerten lebt die Prinzessin Kira von Preußen-Stiftung.

Angeregt von Irmgard Bucerius, wurde im so genannten Wehrhaus der Burg Raum für das Kinderhilfswerk der Stiftung geschaffen. Seitdem pulsiert in den Sommermonaten junges Leben auf der uralten Burg.

In der Potsdamer Garnisonkirche hatten Fahnen des 1. Garderegiments, Standarten der Garde du Corps sowie die Fahnen des Grenadier-Regiments König Friedrich der Große (3. Ostpreußisches) Nr. 4 aus Rastenburg über den königlichen Särgen gewacht. Im Juni 1954 und im April 1957 kamen sie mit Zustimmung des Bundespräsidenten Theodor Heuß auf die Burg[1]. Aus konservatorischen Gründen wurden die Fahnen 1982 an das Wehrgeschichtliche Museum in Rastatt abgegeben und in den nächsten Jahren dank der Initiative der ehemaligen Königlich Preußischen Kadetten (Hans Giese war der Motor) durch Kopien ersetzt[2]. Diese Fahnen blieben 1991 auf der Burg und zeugen heute noch von den Jahren, in denen die Königssärge in der Christuskapelle standen.

Ein besonderer Glücksfall war es, dass der Sammler Freiherr Edwin v. Campe (Hannover) seine Kollektion von zweihundert Porträtstichen Friedrichs des Großen Anfang 1958 dem Prinzen für die Burg Hohenzollern stiftete. Die Kunsthistorikerin Anrea M. Kluxen hat dargestellt, dass diese zeitgenössischen Graphiken überall in Europa auf den Jahrmärkten guten Absatz fanden: der König war ein Vorbild für Gerechtigkeit und Glaubensfreiheit[3].

Als Mitglied (seit dem 17.09.1951) und Vorsitzender des Kuratoriums der Berliner Kaiser-Wilhelm-Gedächtnis-Kirche erwarb sich Prinz Louis Ferdinand große Verdienste um den 1961 vollendeten Wiederaufbau des zentralen Gotteshauses von Berlin (West). Von die-

---

[1] Tradition und Leben 97, Mai 1957

[2] Erbe und Auftrag 1983, 20

[3] Bild eines Königs. Friedrich der Große in der Graphik. Limburg 1986

sem Einsatz zeugen die beiden großen geschmiedeten Tore auf der Burg. Das eine Tor, seit 08. Juni 1960 auf der Michaelsbastei, öffnete im alten Turm der Berliner Kirche den Zugang zur Ahnenhalle und wurde aus dem Eisenhandel erworben. Das 2. Tor, das Aposteltor, bildet heute den Zugang zur Christuskapelle; es wurde dem Prinzen von der Kirche geschenkt[1].

Eine erfreuliche Fügung war die Aufstellung der monumentalen Hohenzollernstatuen vom Großen Kurfürsten bis zu Kaiser Wilhelm I., die 1884 – 1886 für die Ruhmeshalle im (auch damals) überdachten Innenhof des Berliner Zeughauses geschaffen worden waren[2]. Nachdem sie im Krieg in ein Depot im Westen Berlins ausgelagert worden waren, hatte der Berliner Senator für Volksbildung Tiburtius die Idee, sie auf den Bastionen der Burg Hohenzollern aufzustellen. Am 04. November 1960 trafen die Standbilder auf der Burg Hohenzollern ein. Da sie eigentlich nach Ost-Berlin gehörten, mussten sie von Berlin auf dem Luftweg nach Westdeutschland gebracht werden. Auf der 855 m über dem Meeresspiegel gelegenen Burg wirken die Standbilder unter offenem Himmel hervorragend – weit besser als an ihrem ursprünglichen Ort im Hof des Zeughauses.

Damit waren die großen Veränderungen auf der Burg abgeschlossen und der Burgherr hatte selbst das Empfinden, dass das Baudenkmal jetzt keine neue Ausschmückung mehr vertragen konnte[3].

Die Feier zum Gedenken an die erste Erwähnung der Zollern im Jahre 1061 am 12. Juli 1961 führte die lebenden Hohenzollern aus der schwäbischen und preußischen Linie auf der gemeinsamen, neu belebten und veränderten Stammburg zusammen. Der Bonner Preußen-Historiker Professor Dr. Dr. h.c. Walther Hubatsch hielt im Grafensaal den Festvortrag: „Hohenzollern in der Geschichte“[4].

Am 250. Geburtstag Friedrichs des Großen, am 24. Januar 1962 fand die 1. Feierstunde der Bundeswehr zu Ehren des genialen Hohenzollern statt. Der damalige Kommandierende General Lechler und General Dr. Günter Kießling hatten die Idee, auf die der Prinz bereitwillig einging. Die Durchführung mit Lesungen aus den Werken des Königs

[1] Tradition und Leben Nr. 113 f, 1960
[2] Monika Arndt: Die Ruhmeshalle im Berliner Zeughaus, Berlin 1985
[3] Gespräch mit dem Verfasser
[4] 2. Auflage, Frankfurt/Main 1971

und von ihm komponierter Musik lag beim Verteidigungskreiskommando Tübingen. Wer einmal an einer dieser Feiern (1991 war die letzte) auf der winterlichen Burg teilnahm, wird die besondere Atmosphäre und das anschließende fröhliche Beisammensein auf Einladung des Prinzen in der Burgschenke nicht vergessen. Abordnungen der alliieren Streitkräfte nahmen gewöhnlich teil. Die große öffentliche Feier für den König fand dann im Sommer (14.07.1961) statt. Bundesrats- und zugleich Bundesvertriebenenminister Dr. Hans-Joachim v. Merkatz hielt die Festrede.

1967 entstand in der Krypta unter der Christuskapelle die orthodoxe Auferstehungskapelle. Zunächst für Prinzessin Kira bestimmt, wurde sie dann für die Beisetzung des Prinzen selbst und für die Urnen seiner Töchter Xenia (1992) und Kira (2004) benutzt[1].

Die häufige Erwähnung der Burg in den Medien, ihre Lage in einem der wohlhabendsten Gebiete der Erde und die Reiselust aller Volksschichten, führten zu einem nicht abreißenden Strom von interessierten Besuchern. Waren es 1962 rund 400.000 Besucher im Jahr[2], so waren es zehn Jahre später bis zu 700.000 Menschen, die jährlich zur Zollernburg kamen[3]. Diese Zahl ist später nur um ein Geringes überschritten worden. Nach dem Schloss Neuschwanstein Königs Ludwig II. von Bayern, den Potsdamer Schlössern und Herrenchiemsee stand die Burg Hohenzollern in Deutschland an führender Stelle, was die Besucherzahl betraf. Die Burg trug ihre hohen Kosten durch die Eintrittsgelder selbst.

Selbstverständlich war die Anwesenheit des Burgherrn, markiert durch die von Friedrich Wilhelm IV. speziell für die Burg Hohenzollern entworfene Fahne des Burgherren auf dem Fahnenturm der Burg, eine Attraktion. Der Prätendent empfing angemeldete Gruppen und sprach gerne mit Besuchern, die ihn oft mit Applaus begrüßten. Sonst eher vornehm zurückhaltend in der Öffentlichkeit war er hier auf „seiner“ Burg gern zu Gesprächen bereit.

Durch den Zusammenbruch 1918 blieb Prinz Louis Ferdinand das Kadettenkorps (ein von Friedrich Wilhelm I. begründetes Militärgym-

---

[1] Vergleiche oben Teil II, Interview, S. 205
[2] Tradition und Leben 157, Mai 1962
[3] Erbe und Auftrag 1976, 6

nasium mit Abitur; mit dem Schulabschluss und dem gleichzeitigen Offiziersexamen wurden die Kadetten ab Anfang 1914 Leutnant) erspart. Das Königlich Preußische Kadettenkorps, zuletzt acht Vorkorps und die Hauptkadettenanstalt in Berlin-Lichterfelde, musste aufgrund der Bestimmungen des Friedensdiktats von Versailles 1920 aufgelöst werden. Bis 1983 trafen sich die Kadetten zu ihrem Bundeskadettentag, der Prinz als Schirmherr war „Ehrenkadett". 1969 und 1973 fand der Kadettentag auf der Burg Hohenzollern statt. Ein Musikkorps und eine Ehrenkompanie der Bundeswehr zogen auf und Prinz Louis Ferdinand schritt die Ehrenkompanie ab[1]. Prinz Louis Ferdinand hat bei beiden Gelegenheiten zur politischen Lage Stellung bezogen. In der Schatzkammer der Burg liegt seit 1969 das Gedenkbuch für die in beiden Weltkriegen gefallenen Kadetten. Ein Gedenkstein an der Schlossmauer zwischen Neuer Bastei und Fuchsloch Bastei erinnert an die treuen Kadetten[2]

Die Burg Hohenzollern liegt in der erdbebenreichsten Gegend Deutschlands. Ursache dafür ist der Zollerngraben ein geologischer Grabenbruch tief im Erdinneren. Die Gebirgsbildung ist hier noch nicht zur Ruhe gekommen. Der Burgberg stellt nicht, wie viele meinen, einen erloschenen Vulkan dar, sondern ist ein der Steilstufe der Schwäbischen Alb vorgelagerter Weißjuraberg, der davon zeugt, dass in geologisch früheren Zeiten der Albtrauf vor der heutigen Linie lag. Kleinere Erdbeben werden nicht einmal in der Lokalpresse erwähnt[3]. Am 23. Januar 1970 und besonders am 03. September 1978 war die Burg in höchster Gefahr. Es entstanden gewaltige Schäden, die dem Besucher nur teilweise sichtbar waren. Wer abgelegene Zimmer, Bodenräume und Türme aufsuchte, erkannte, dass die Existenz der Burg buchstäblich auf der Kippe stand. Die Wiederaufbauarbeiten nach 1978 waren am 09.11.1987 beendet und kosteten viele Millionen. Alle Zinnen und Türme wurden wieder hergestellt. Die Burg wurde in sich durch Stahlstreben derart gefestigt, dass sie nach heutiger Erkenntnis entweder erdbebensicher ist oder als ganzes in sich zusammenstürzt. Louis Ferdinands jüngster Sohn Prinz Christian Sigismund, der mit seiner Familie

[1] Erbe und Auftrag 1970, 27 f und Preußische Mitteilungen 14, 1973

[2] Karl Hermann Freiherr von Brand/Helmut Ecker: Kadetten. Aus 300 Jahren deutscher Kadettenkorps. Band I. München 1981

[3] Der Verfasser hat auf der Burg in einer Vollmondnacht ein solches erlebt.

auf dem Wümmehof lebt und seinen Vater in dessen letzten Lebensjahren ständig begleitete, sagte einmal: „Mein Vater hat die 4. Burg Hohenzollern gebaut".

Um die 10 Millionen Mark für seinen Anteil des Wiederaufbaus (das Fürstliche Haus trug das dritte Drittel) zu finanzieren, entschloss sich der Prinz „blutenden Herzens" Watteaus „Einschiffung zur Liebesinsel" aus der Sammlung Friedrichs des Großen und Dauerleihgabe im Schloss Charlottenburg an die heutige Stiftung Preußische Schlösser und Gärten zu verkaufen[1]. In der Öffentlichkeit gab es dazu eine unerfreuliche Begleitmusik. Zwar war der Prinz Journalisten gegenüber stets aufgeschlossen, aber erlebte doch auch manche Enttäuschung. Solange es Prinzen von Preußen gibt, sind sie keine Privatleute.

In der Geschichte der Burg Hohenzollern war die Feier zum 200. Todestag Friedrichs des Großen am 17. August 1986 ein Höhepunkt. Niemals vorher und nachher hatte sich derart viele internationale Prominenz auf der Burg eingefunden[2]. – Dass auf den Tag fünf Jahre später die Särge der beiden Könige nach Potsdam zurückkehren würden, hätten sich 1986 nur ganz wenige Teilnehmer vorstellen können. Sehr wohl aber diejenigen, die wie der Prätendent unentwegt und ständig von der Wiedervereinigung sprachen und sich für fundamentale Änderungen der Lage offen hielten. – Am 16. August 1991 sorgte die Bundeswehr nach einem Gottesdienst in einem militärischen Kondukt für die Fahrt der Särge von der Burg zum Bahnhof Hechingen.

Die Beisetzung der Urne mit den sterblichen Überresten des Prinzen in der Auferstehungskapelle an der Seite der unvergesslichen und stets geliebten Prinzessin Kira, zuvor der Gottesdienst im engsten Familienkreis, gehalten von Militärdekan Graf Ruprecht zu Castell-Rüdenhausen, bildeten 1994 das Ende eines Abschnitts der Dynastie-Geschichte.

Nach der Weltenwende, der unblutigen Revolution von 1989/90 gelang es – wider alle Hoffnung – nicht, in Berlin, Potsdam oder Mitteldeutschland etwas von dem umfangreichen Besitz des Hauses rückerstattet zu bekommen.

Bis zuletzt hoffte der Prinz auf die Rückgabe von Haus Doorn, dem Exilsitz Kaiser Wilhelms II. . in den Niederlanden. Hier war Wilhelm

[1] Memoiren 1993, 378 f.

[2] Siehe nächster Abschnitt

II. am 04. Juni 1941 gestorben. Nach dem 2. Weltkrieg haben die Niederländer Kronprinz Wilhelm wegen seiner angeblichen nationalsozialistischen Aktivitäten enteignet. Das Schlösschen mit seinem 36 Hektar großen Park ist vom Kaiser mit einmaligen Kunstwerken aus den Berliner und Potsdamer Schlössern ausgestattet worden, deren Wert unschätzbar ist.

Zum 20. Todestag des Kaisers waren Louis Ferdinand und Kira in Doorn und trafen sich am Tag danach, dem 05. Juni 1961 mit Königin Juliana und Prinz Bernhard im Haus des Bürgermeisters von Doorn und Kaiserfreundes Baron Nagell[1].

Der langjährige niederländische Außenminister (1952 – 1971) und spätere NATO Generalsekretär (1971 – 1984) Joseph Luns, ein Verehrer der Hohenzollern, wollte Doorn dem Kaiserhaus zurückgeben. Das Kabinett stimmte zu, aber Königin Juliana verweigerte ihren Konsens, weil sie auf die antideutschen Gefühle breiter Kreise meinte Rücksicht nehmen zu müssen.

Immerhin wurden um diese Zeit Möbel, Kunstwerke und anderes Inventar, das sich im vom Kaiser erbauten Torhaus von Doorn befand, zurückgegeben. Ein großer Teil diente der Ausstattung des in Berlin am Halensee 1962/63 erbauten Hauses Monbijou. Die Stiftung Haus Doorn arbeitet mit Verlusten; viele Niederländer stehen Doorn distanziert gegenüber. Prinz Louis Ferdinand empfand es als ein schmerzendes Unrecht, dass ihm Doorn vorenthalten wurde. Hätte er Doorn zurückbekommen, wollte er dort jährlich für einige Wochen wohnen, was den stockenden Besuch dort nach seiner Meinung belebt hätte[2].

Auch heute ist die Burg Hohenzollern (neben der kleinen Prinzeninsel im Plöner See) der einzige wesentliche Immobilienbesitz des Kaiser- und Königshauses.

---

[1] Tradition und Leben 146, Juni 1961. Vom 30. April bis 03. Mai 1962 nahm das Prinzenpaar mit seinen älteren vier Kindern an der Silberhochzeit der Königin in Amsterdam mit vielen gekrönten Häuptern teil.

[2] Bemerkungen zum Verfasser

2. Feiern für Friedrich den Großen (1952, 1962, 1986 und 1991)

1951 nach der Beisetzung seines Vaters sagte der nunmehrige Chef des Hauses seiner Familie: „Unsere Stammburg, die wir all diese Jahre vernachlässigt haben, soll aus ihrem Dornröschenschlaf erwachen und zu einem lebendigen Mittelpunkt unseres Hauses und aller Deutschen gemacht werden“[1]. Das war gewiss keine spontane Idee, sondern längst vorher durchdacht worden. Da Prinz Louis Ferdinand die vorläufige Beisetzung der Könige in Marburg als „völlig unangemessen“ empfand[2], war es eine ältere Überlegung, die Särge auf die Burg Hohenzollern zu überführen. 1740 war Friedrich Wilhelm I. in der von ihm erbauten Hof- und Garnisonkirche in Potsdam beigesetzt worden. Sein ältester Sohn und Nachfolger hatte schon 1744 auf der Terrasse von Sanssouci eine Gruft für sich anlegen lassen. Entgegen seinem Persönlichen Testament wurde Friedrich der Große 1786 neben einem Vater in der Garnisonkirche bestattet – Wegen der Luftgefahr wurden die Särge der beiden Könige am 20.03.1943 in einen Bunker nach Potsdam-Eiche gebracht und von dort im März 1945 in das Eichsfelder Kalibergwerk Bernterode[3]. Die einrückenden amerikanischen Truppen brachten die Särge im Mai 1945 nach Marburg (Lahn). Auch weil die Burg Hohenzollern, wo sich Kronprinz Wilhelm aufhielt, in der französischen Zone lag, entschieden die Amerikaner, dass die Särge in die Marburger Elisabethkirche überführt werden sollten. In Anwesenheit des Kronprinzenpaares und des Prinzenpaares Louis Ferdinand fand am 21.08.1946 dort die Beisetzung statt. Der zuständige Pfarrer Hans Schimmelpfeng (1902 – 1971), ein Preuße, hielt eine würdige Ansprache.

Damit gewann die Burg eine besondere Würde. Die wichtigsten Ereignisse dort von historisch-politscher Bedeutung ab 1952 hängen mit Friedrich dem Großen zusammen. Ohne die Initiative des Prinzen, die Särge von Marburg auf den Zollern zu bringen, hätte das Preußi-

[1] Memoiren 1993, 378 f.

[2] Memoiren 1993, 386

[3] Das heute stillgelegte Bergwerk dient unter dem neuen Namen „Schacht Preußen I.“ heute gewerblichen Zwecken.

sche Königs- und Deutsche Kaiserhaus eine weit geringere Rolle im öffentlichen Leben gespielt.

Auch in Marburg waren die Gräber der Könige in der ehrwürdigen Elisabethkirche fast täglich mit Blumen geschmückt. Und es gab Menschen genug (besonders Vertriebene und Studenten), die die Könige dort gern behalten hätten.

Louis Ferdinand wandte sich an den amerikanischen Hochkommissar John J. McCloy, der keine Bedenken hatte, den Wunsch zu erfüllen. Die hessische Landesregierung unter Georg August Zinn war ebenso einverstanden, legte die Angelegenheit aber der Bundesregierung in Bonn vor. Das Kabinett Adenauer stimmte im Februar 1952 zu. Die Zustimmung Adenauers hatte vermutlich auch mit einer vertraulichen Unterredung zwischen dem neuen Bundeskanzler und Prinz Louis Ferdinand unter vier Augen im Palais Schaumburg zu tun. Otto John, der Freund des Prinzen, inzwischen erster Präsident des Bundesamtes für Verfassungsschutz, erfuhr, dass Adenauer zugetragen worden sei, der Prinz und Otto John diffamierten den Bundeskanzler als amerikahörig. Im Gespräch konnte Louis Ferdinand Adenauer überzeugen, dass er seine antisowjetische Politik als langjähriger Bewunderer Amerikas unterstütze. „Adenauers trockene Antwort war, das hätte er von einem Hohenzollern auch nicht anders erwartet“[1].

Pfarrer Dr. Hans Schimmelpfeng (1902 – 1971) von der Marburger Elisabethkirche setzte alle Hebel in Bewegung, um die Särge in Marburg zu behalten. Der Bevollmächtigte der Evangelischen Kirche in Bonn, der spätere Militärbischof Hermann Kunst intervenierte deshalb sogar bei Bundespräsident Heuß; doch der schwäbische Republikaner mochte darauf nicht eingehen. – Schimmelpfeng und sein Kirchenvorstand sahen in dem Bonner Beschluss eine resignative Haltung zur Wiedervereinigung. Marburger Studenten erklärten bei Fackelschein vor der nächtlichen Kirche: „Potsdam liegt noch in Deutschland und in keiner Stunde wollen wir die Zuversicht trüben lassen, dass der Tag nicht mehr fern ist, an dem die beiden preußischen Könige wieder dort ihre Heimstatt finden. Unzählige Menschen sehen in der Überführung der Toten auf Burg Hohenzollern einen Akt der Resignation“[2].

---

[1] John 1969, 247

[2] Hans Bentzien: Die Heimkehr der Preußenkönige, Berlin 1991, 46 – 48

Am 28. August 1952 früh um 6 Uhr verließen die Särge Marburg. Prinz Louis Ferdinand, Prinz Oskar von Preußen (der die Organisation übernommen hatte) und Landgräfin Margarethe von Hessen, die jüngste Schwester Kaiser Wilhelms II. (1872 – 1954), waren erschienen. Ein Beerdigungsunternehmen überführte die Särge „in aller Stille". War das würdig? Jedenfalls wurde unliebsames Aufsehen vermieden – gewiss im Sinne der Bundesregierung. Umso überzeugender war die Anteilnahme der Öffentlichkeit bei der Feierstunde, zu der Prinz Louis Ferdinand am 14. September 1952 auf die Zollernburg eingeladen hatte. Der aus Berlin stammende, schon 1954 verstorbene Bundestagspräsident Hermann Ehlers kam als überzeugter Preuße, Bundesratspräsident Reinhold Maier erschien als Ministerpräsident des nagelneuen Bundeslandes Baden-Württemberg (alias Südweststaat). Bundesinnenminister Robert Lehr und der Staatssekretär des Bundespresseamts Julius v. Eckardt vertraten prominent die Bundesregierung. Die Generale Adolf Heusinger und Hans Speidel kamen vom Amt Blank, aus dem das Bundesverteidigungsministerium hervorging. Die anwesenden Bundestagsabgeordneten H. J. v. Merkatz und Eugen Gerstenmaier fühlten sich dem Haus Hohenzollern besonders verbunden. Die nahe Universität Tübingen war durch ihren Rektor, den führenden evangelischen Theologen Helmut Thielicke und den preußisch gesinnten Pädagogen Eduard Spranger vertreten. Reichskanzler a. D. Heinrich Brüning war als Preuße und Monarchist geladen. Ernst Jünger, Ritter des Ordens „Pour le mérite", und Reinhold Schneider repräsentierten eine Epoche deutscher Literatur. Wie die anwesende Kronprinzessin war Louis Ferdinand meloman, wie er von sich selbst sagte. Das Stuttgarter Kammerorchester unter Karl Münchinger, mit dem sich der Prinz persönlich anfreundete, musizierte und sollte hinfort fast jährlich (zu den Konzerten der Prinzessin Kira von Preußen-Stiftung) wiederkehren.

Vor der Ansprache des Hof- und Oberdompredigers Professor Dr. Bruno Doehring (Berlin) erklang Johann Sebastian Bachs „Musikalisches Opfer" nach einem von König Friedrich vorgegebenen Thema. Danach spielte Professor Scheck als Flötist mit Münchingers Orchester ein Flötenkonzert Friedrichs des Großen. In seiner Gedächtnisrede arbeitete Doehring überzeugend den Gottesglauben Friedrichs des Großen und seine Wertschätzung des christlichen Bekenntnisses bei seinen Preußen heraus. Das an die Ansprache (im Grafensaal) anschließende bewegende Gebet an den Särgen in der Christuskapelle schloss mit dem Choral von Leuthen: „Nun danket alle Gott“[1]. Entscheidend war, dass Prinz Louis Ferdinand von einem vorübergehenden Aufenthalt der Särge der Ahnherren auf der Burg sprach und fest zusagte, dass die sterblichen Überreste der Könige „an dem Tag, an dem Deutschland in Freiheit vereint ist - so Gott will – nach Potsdam zurückkommen werden.“ Sein unerschütterlicher Glaube an die Wiedervereinigung Deutschlands (für die er täglich betete) wurde mehr als deutlich. – Insofern waren alle Marburger Bedenken unnötig.

Zehn Jahre später galt es, an den 250. Geburtstag des großen Monarchen zu denken. Am 24.01.1962 selbst fand die erste vorbildliche Feier der Bundeswehr zu Ehren des Königs statt (heute ist dergleichen kaum denkbar!). Zum 14. Juli 1962, also bei angenehmen Temperaturen im hohen Mittelgebirge, lud Prinz Louis Ferdinand auf die Burg. Bundestagspräsident Eugen Gerstenmaier und Bundesminister (für Vertriebene und Angelegenheiten des Bundesrats) H. J. v. Merkatz kamen aus Bonn. Ministerpräsident Kurt Georg Kiesinger erschien aus Stuttgart und beanspruchte einen protokollarischen Aufwand, wie ihn vorher und nachher niemand vom Prinzen verlangt hatte[2]. Der königliche Vetter und enge Freund König Frederik IX. von Dänemark ließ sich durch seinen Botschafter vertreten. Die Gelehrten Eduard Spranger und Walther Hubatsch waren wieder auf der Burg. Häufiger Gast in jenen Jahren war der Erfinder der Frischzellen Therapie Professor Dr. Paul Niehaus (außerehelicher Sohn des späteren Kaisers Friedrich III. und einer Baslerin, geboren 1882). Die entstehende Stiftung Preußischer Kulturbesitz war durch deren Kurator Hans Georg Wormitt vertreten (erst 1957 wurde sie fest etabliert). Dem Kuratorium Unteilbares Deutschland, nach dem 17. Juni 1953 als „Volksbewegung“ für die Wiedervereinigung Deutschlands gegründet, fühlte sich der Prinz eng verbunden und lud dessen Geschäftsführer Wilhelm Wolfgang Schütz ein. Ernst Jünger kam aus dem nahen Wilfingen. Zwei Ansprachen wurden gehalten. Merkatz brachte die Grüße Konrad Adenauers, der bis 1963 Bundeskanzler war (Kiesinger wurde sein Nachfolger). Professor Dr. Hans

[1] Tradition und Leben 41, September 1952

[2] Bemerkung zum Verfasser

Rothfels (Tübingen, 1891 – 1976) sprach zum Thema: „Friedrich der Große und der Staat“[1].

Der Staatpräsident von Malawi (vormals das britische Njassaland) Hastings Banda kam am 06. November 1981 auf die Burg Hohenzollern. Der Besuch hatte insofern mit Friedrich dem Großen zu tun, als der Präsident im König ein Vorbild sah. Durch eigenes Studium und deutsche Berater wie Dr. rer. agr.Uwe Otzen war Banda auf Preußen und seine Könige aufmerksam geworden. Dann lernte er Prinz Burchard von Preußen (Sohn des Prinzen Oskar, lebte 1917 – 1988) kennen, der für die Münchner Rückversicherungs-Gesellschaft in aller Herren Länder – oft als erster Deutscher nach 1939 – unterwegs war. Als Hastings Banda Anfang 1981 vom deutschen Botschafter in Malawi, im Auftrag von Prinz Burchard, eine Kopie der Porzellanbüste Friedrichs des Großen von Schadow überreicht wurde, sagte er, er wolle sein Land, das er seit 1963 regierte, nach den preußischen Grundsätzen Fleiß, Disziplin und Unbestechlichkeit aufbauen[2]. – Im November 1981 wurde er zunächst in Bonn empfangen. Beim Abendessen mit Bundeskanzler Helmut Schmidt lobte der Gast die Könige von Preußen. Schmidt meinte entgegnen zu müssen, es seien nicht alle bedeutend gewesen.

Gerne wäre Banda länger als nur wenige Stunden auf der Burg Hohenzollern bei Prinz Louis Ferdinand, auch über Nacht gewesen. Das wusste man in Bonn zu verhindern. Hier zeigte sich das bis zur Ära Kohl immer wieder zu beobachtende Misstrauen gegen die Präsenz der Hohenzollern in der Politik. Man war sich der republikanischen Staatsform nicht so sicher, wie man behauptete. Im Charlottenburger Schloss befasste sich der Präsident mit den Räumen und Kunstwerken, die auf den großen König zurückgehen. Seinen kurzen Besuch auf der Burg bezeichnete er als: „die höchste Ehre meines Deutschland-Besuchs“. Auf Prinz Louis Ferdinand wirkte der autoritäre Herrscher als sein Gast: Liebenswürdig, hoch gebildet, geschichts- und traditionsbewusst[3]. Jedenfalls hatte Banda einen Besuch auf der Burg durchgesetzt, den ihm die Bundesregierung überhaupt ausreden wollte.

---

[1] Tradition und Leben 159, Juli 1962
[2] Erbe und Auftrag 1981, 68
[3] Erbe und Auftrag 1982, 10

Die Ehrung Friedrichs des Großen an seinem 200. Todestag, dem 17. August 1986 war ein einmaliger Höhepunkt – auch im Leben des Prinzen, des Hauses und der Burg Hohenzollern. Niemals seit 1918 hat Deutschland einem Monarchen solche Ehre erwiesen. Am Vorabend hatte Bundespräsident Richard v. Weizsäcker im Schloss Charlottenburg die große Ausstellung über den König mit einer Rede eröffnet. Im Neuen Palais in Potsdam lief gleichzeitig die vorzügliche Ausstellung „Friedrich II. und die Kunst verantwortlich Hans-Joachim Giersberg). Erstmals folgte ein Bundeskanzler, nämlich Helmut Kohl, einer Einladung des Prätendenten. Erstmals ließ ein Bundespräsident einen Kranz niederlegen. Erstmals nahm ein ehemaliger Bundespräsident (Karl Carstens) an einer Feier auf der Burg Hohenzollern teil. Monarchie und Demokratie repräsentieren hier zusammen.

Die Spitze der Bundeswehr mit Generalinspekteur Altenburg und dem Inspekteur des Heeres Hans-Henning v. Sandrart war noch nie auf der Burg erschienen (dazu hohe Offiziere aus den Vereinigten Staaten, Großbritannien und Frankreich). Zunächst schmückte in der Frühe des Tages Prinz Louis Ferdinand den Sarg mit 200 weißen Rosen in der Form eines Kreuzes. In Vertretung des Bundespräsidenten legte Ministerpräsident Lothar Späth (in seiner Eigenschaft als amtierender Präsident des Bundesrats) dessen Kranz nieder. Dann folgten nach dem Protokoll Bundestagspräsident Jenninger und Bundeskanzler Kohl. Für Baden-Württemberg Lothar Späth und für Berlin der Senator für Justiz und Bundesangelegenheiten Rupert Scholz erwiesen dann ihre Reverenz. Bei dem Festakt im Grafensaal erklang zunächst sechsstimmig das *Ricercare* nach einem Thema Friedrichs des Großen von J. S. Bach und dann das Flötenkonzert Nr. 3 in c. Dur von König Friedrich (mit dem Solisten Robert Dohn).

Auf Wunsch des Prinzen hatte Professor Dr. Pierre Bertaux, Philosoph und Germanist an der Pariser Sorbonne den Vortrag übernommen. Der Verehrer Friedrichs des Großen hatte im Wissenschaftlichen Beirat der Preußen-Ausstellung 1981 stets gegen die Bezeichnung „Friedrich II." polemisiert. Tragischerweise war der 1907 geborene Bertaux am 13. August von einem jähen Tod ereilt worden. Das von ihm verfasste Manuskript wurde von Professor Dr. Manfred Schlenke (Mannheim, wissenschaftlicher Leiter der Preußenausstellung in Berlin 1981) verlesen. Er führte unter anderem aus: „Heute sagen die Historiker, Preußen als Haupttatsache der deutschen Geschichte, ja der Weltgeschichte überhaupt, habe 1740 mit der Thronbesteigung Friedrichs II. angefangen". – Nach Friedrich hat Gott die Menschen „doch so klug gemacht, wie nötig ist, um auf Erden richtig zu leben". Friedrich der Große sei noch heute aktuell. „Viele seiner Ansichten sind gegenwärtig genauso lebendig wie vor zweihundert Jahren". Prinz Louis Ferdinand hatte zuvor bei seiner Begrüßung unter anderem den britischen, den französischen, den israelischen und den argentinischen Botschafter begrüßt. Repräsentanten wichtiger befreundeter Länder waren noch nie in solcher Zahl seit 1914 Gäste des Kaiser- und Königshauses. Außenminister Hans-Dietrich Genscher und die führende Sozialdemokratische Bundestagsabgeordnete Herta Däubler-Gmelin hatten kurzfristig absagen müssen. Ein bewährter Freund des Prinzen Johann Baptist Gradl (1904 – 1988) war als Präsident des Kuratoriums Unteilbares Deutschland gekommen.

Zum Abschluss der Feier hörte man Friedrichs des Großen Sinfonie für Streichorchester und Cembalo. Als am Ende das „Air" von Johann Sebastian Bach erklang, „konnte man sich in eine andere Welt versetzt fühlen".

Bundeskanzler Helmut Kohl und seine preußisch geprägte Gattin Hannelore Kohl hatten ihren Urlaub unterbrochen, blieben für viele Stunden und gingen als letzte. Der Prinz hatte den Bundeskanzler wenig zuvor im Hause der Kammersängerin Edda Moser in Salzburg kennen gelernt.

Die glanzvolle Veranstaltung vom 17. August 1986 war dem unermüdlichen Wirken des Prinzen Louis Ferdinand für eine gerechte Würdigung Preußens zu verdanken. Eine wichtige Rolle spielte aber auch die Preußen-Ausstellung in Berlin (West) 1981, die in beiden Teilen des getrennten Landes eine Hinwendung zu Preußen brachte[1].

Schon manches Jahr vor der friedlichen Revolution von 1989 hatte der Prinz im privaten Gespräch geäußert, er wolle nach der Zerstörung der Potsdamer Garnisonkirche (durch die SED 1968) nach der Wiedervereinigung König Friedrichs letzten Willen, auf der Terrasse von Sanssouci beigesetzt zu werden, erfüllen. Befürchtungen, dass dort allerlei

---

[1] Preußische Mitteilungen 77, Dezember 1986 und Erbe und Auftrag 1986, 65 – 67. Beide Artikel vom Verfasser

Unfug getrieben werde und man eine ständige Wache benötige, wies er als zu negatives Urteil über die deutschen Zeitgenossen zurück.

Im Auftrag von Erich Honecker erschien eines Tages Ende 1986 der führende Ost-Berliner Fernsehjournalist Hans Bentzien auf der Burg Hohenzollern und wünschte den gar nicht anwesenden Prinzen Louis Ferdinand im Auftrag des SED-Chefs zu sprechen. Bentzien, 1927 in Pommern geboren, war in jungen Jahren von 1961 – 1966 Kulturminister der DDR. Wegen „schwerer politischer Fehlern" abgesetzt, konnte er sich aber als Autor in Funk und Fernsehen behaupten.

Am 24. Januar 1987, dem 275. Geburtstag Friedrichs des Großen kam Hans Bentzien dann zum Gespräch mit dem Prinzen auf die Burg Hohenzollern und schlug im Auftrag Erich Honeckers vor, die Königssärge nach Potsdam zurück zu bringen und Friedrich den Großen (so hatte Honecker ihn wenige Jahre zuvor genannt) auf der Terrasse von Sanssouci beizusetzen.

Der vom Prinzen selbstverständlich unterrichtete Helmut Kohl riet von einer solchen Aktion (die im Rahmen der 750 Jahrfeier der ersten Erwähnung Berlins den SED-Staat aufwerten sollte) energisch ab. Von einer Heimkehr der Könige „in Freiheit und Friede" konnte unter totalitären Verhältnissen keine Rede sein. Wie die auf nachfolgender Seite 296 abgedruckte Kopie des Schreibens von Bentzien an Erich Honecker vom 12. April 1987 (oder 1988) zeigt, war Bentzien sich nicht darüber klar, dass der Prinz vorläufig abgelehnt hatte und mit einer baldigen Wiedervereinigung rechnete. Das Dokument aus dem Berliner Bundesarchiv[1] ist von Erich Honecker am 18. April 1988 (oder verschrieben 1987) abgezeichnet worden mit der Bemerkung: „An die Mitgl(ieder) und Kand(idaten) des P(olit) B(üros)". Bentzien brachte auch eine Einladung Honeckers zum Besuch von Potsdam, seiner Heimatstadt, die der Prinz seit Anfang 1945 nicht mehr gesehen hatte. Über die Fahrt dorthin am 03.10.1987 berichtete Louis Ferdinand in seinem Buch: „Im Strom der Geschichte. Die Heimkehr nach Potsdam"[2].

---

[1] Stiftung Archiv der Parteien und Massenorganisationen der DDR

[2] Memoiren 1993, 374 – 377

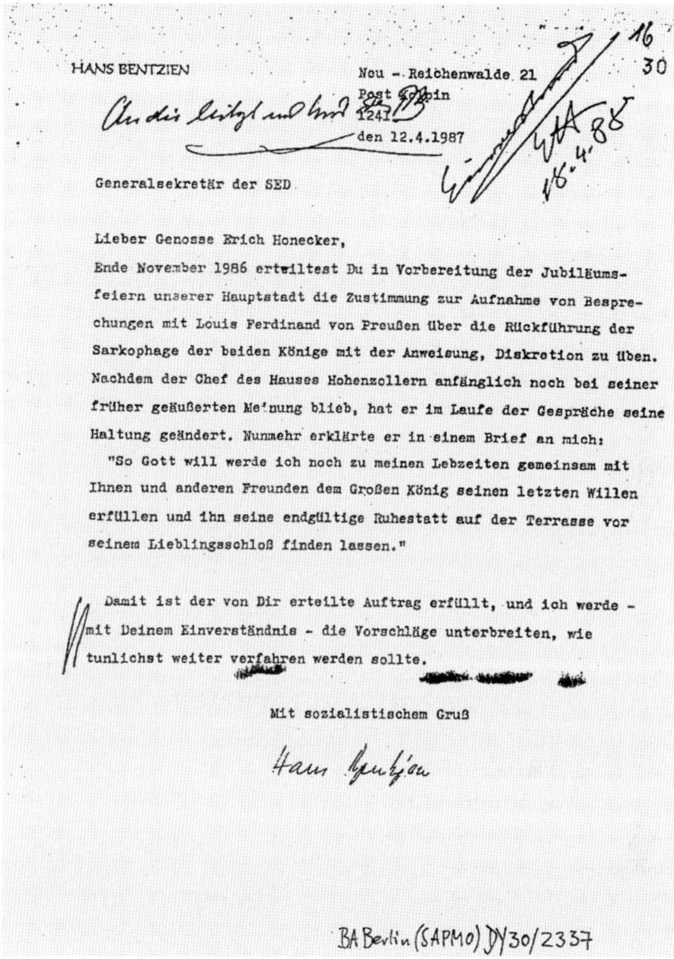

HANS BENTZIEN

Neu - Reichenwalde 21
Post [illegible]
1241
den 12.4.1987

Generalsekretär der SED

Lieber Genosse Erich Honecker,

Ende November 1986 erteiltest Du in Vorbereitung der Jubiläumsfeiern unserer Hauptstadt die Zustimmung zur Aufnahme von Besprechungen mit Louis Ferdinand von Preußen über die Rückführung der Sarkophage der beiden Könige mit der Anweisung, Diskretion zu üben. Nachdem der Chef des Hauses Hohenzollern anfänglich noch bei seiner früher geäußerten Meinung blieb, hat er im Laufe der Gespräche seine Haltung geändert. Nunmehr erklärte er in einem Brief an mich:

"So Gott will werde ich noch zu meinen Lebzeiten gemeinsam mit Ihnen und anderen Freunden dem Großen König seinen letzten Willen erfüllen und ihn seine endgültige Ruhestatt auf der Terrasse vor seinem Lieblingsschloß finden lassen."

Damit ist der von Dir erteilte Auftrag erfüllt, und ich werde - mit Deinem Einverständnis - die Vorschläge unterbreiten, wie tunlichst weiter verfahren werden sollte.

Mit sozialistischem Gruß

Hans Bentzien

BA Berlin (SAPMO) DY30/2337

84 Hans Bentzien, Brief an Erich Honecker

Hans Bentzien hatte alles denkbar geschickt arrangiert, so dass der Prinz beglückt von dort zurückkehrte. Auch bei dem Empfang zum 80. Geburtstag, 09. November 1987 im Berliner Haus Monbijou, war Bentzien zugegen, hielt sich aber geschickt im Hintergrund.

Was dem kritischen Kenner der Alltagsverhältnisse in Mitteldeutschland seit 1985 deutlich war, nämlich dass dieser Staat, der niemals in dieser Form und getrennt vom übrigen Deutschland von der Mehrheit seiner Bürger akzeptiert worden war, seinem Ende entgegen geht, wurde dann 1989 offenkundig. In Freiheit und Frieden setzte sich der Ruf der sächsischen Demonstranten (nicht wie am 17. Juni 1953 von Preußen, sondern von Sachsen ging die Bewegung 1989 aus): „Wir sind ein Volk" durch.

Im Mai 1990 erklärte der Generalbevollmächtigte des Prinzen Job Ferdinand v. Strantz der Tageszeitung „Die Welt", der Prinz habe sich klar und eindeutig für die Rückführung entschieden[1].

Am 10. Juli 1990 sagte der Prinz selbst der „Berliner Morgenpost", er habe die „felsenfeste Absicht" 1991 die Särge nach Potsdam zurück zu bringen. Es habe sich nunmehr „durch den lieben Gott" die Möglichkeit eröffnet, das Testament Friedrichs des Großen zu erfüllen und ihn in die von ihm selbst ausgesuchte und vorbereitete Grabstätte umzubetten. Im Mausoleum Kaiser Friedrichs III. neben der Friedenskirche solle Friedrich Wilhelm I. beigesetzt werden[2]. Dabei dachte er selbstverständlich, dass dieses neue Provisorium für den Bürger- und Soldatenkönig bis zum geplanten Wiederaufbau der Hof- und Garnisonkirche bestehen sollte.

Für die Rekonstruktion dieses Gotteshauses wurde dann der erste Schritt mit der Überführung des Glockenspiels der Potsdamer Garnisonkirche von Iserlohn nach Potsdam im Juli 1990 getan. Die Traditionsgemeinschaft Potsdamer Glockenspiel um Oberstleutnant Max Klaar hatte zwischen 1984 und 1987 die Mittel für den Nachguss der Glocken gesammelt. Louis Ferdinand war „zutiefst bewegt" über diese Heimkehr[3].

Am 15. August 1991 hielt Wehrbereichsdekan (gleichzeitig Ordensdekan des Johanniterordens) Ruprecht Graf zu Castell-Rüdenhausen einen Lob und Dankgottesdienst in der Christuskapelle der Burg Hohenzollern für die Familie. Er forderte als Theologe unser aller Einbin-

---

1 29.05.1990, Preußische Mitteilungen 99, August 1990

2 Erbe und Auftrag 1990, 61

3 Preußische Mitteilungen 104, Juni 1991

dung in die Geschichte, Bekenntnis zur Geschichte und Distanz zum Zeitgeist. Christus ist die Mitte der Geschichte[1].

Nachdem die Bundeswehr die Särge von der Burg zum Bahnhof Hechingen feierlich überführt hatte, brachte ein Sonderzug die Särge und einige Mitglieder des Hauses, den Prinzen an der Spitze, zum Bahnhof Potsdam-Wildpark West. Zu dem Zug gehörte auch der Salonwagen des Kronprinzen Wilhelm, mit dem der Prinz als Kind oft durch das ausgedehnte Deutsche Reich gereist war.

Das Medienspektakel um die Überführung der Särge zeigte, wie politisch alles ist, was die Hohenzollern jenseits von geselligen Festen und künstlerischen Ereignissen tun. Die 1968er, die damals die Medien beherrschten, luden ihre Geschichtsferne, ihre Verachtung Preußens und Deutschlands und ihren abgrundtiefen Ärger über die Wiedervereinigung hier ab. Dazu kam die Abscheu, ja der Hass auf die einmaligen Erfolge Helmut Kohls, der auf persönlicher Einladung Prinz Louis Ferdinands an der Beisetzung des Königs zu mitternächtlicher Stunde in Sanssouci teilnehmen wollte[2].

Louis Ferdinand hatte sich gewünscht, die Heimkehr der Könige solle „in Würde und Ruhe" von statten gehen. Das ist wider Erwarten der künstlich aufgestachelten Öffentlichkeit – auch so geschehen. Es geschah deshalb, weil 100.000 meist schlichte Menschen gekommen waren, um als Preußen oder Freunde Preußens ihren geliebten und verehrten Königen die Ehre zu erweisen. Die seltsame, durch die Jahrhunderte gehende Anhänglichkeit des Volkes an die Hohenzollern wurde jedem Teilnehmer mehr als deutlich.

Die Medien, besonders das Fernsehen lieben gewalttätige Auseinandersetzungen. Statt den angekündigten 5.000 – 10.000 Demonstranten erschienen 250 – 300. Sie trugen rote Banner mit den Buchstaben PDS (Partei des Demokratischen Sozialismus, Nachfolgeorganisation der SED) oder wollten als Homosexuelle (vergeblich) provozieren. Wer die Särge der Könige vom Wildpark bis Sanssouci begleitete, wer am Staatsakt im Schlosstheater des Neuen Palais und am anschließenden Empfang teilnehmen durfte, wer sich dann vor Schloss Sanssouci mit zigtau-

---

[1] Hans Bentzien: Die Heimkehr der Preußenkönige, Berlin 1991, 85 – 87

[2] Presse- und Informationsamt des Landes Brandenburg, Herausgeber: 17. August 1991. Rückkehr der Könige. Potsdam 1991, S. 22 – 31

senden anderen in den Menschenzug einordnete, der zum Katafalk im Ehrenhof von Sanssouci schritt, um dem genialen König zu huldigen (sechs Stabsoffiziere der Bundeswehr lösten sich – freiwillig – als Wache ab) wird dies Ereignis nie vergessen. Dank sei Prinz Louis Ferdinand, der sich gegen viele Widerstände durchsetzte.

In seinem Erinnerungswerk[1] hat der Prinz noch selbst den letzten großen Höhepunkt seines Lebens im Detail geschildert. Dem Prinzen gelang es beim Festakt mit seinen wenigen Sätzen, denen man die innere Bewegung anmerkte, seine Empfindungen auf die Versammlung zu übertragen[2].

85 Gartengrab Friedrichs des Großen

Helmut Kohl hatte sich in das Defilee vor dem Sarg des Königs eingereiht und nahm „als Privatmann“, wie immer wieder politisch korrekt betont wurde, an der Beisetzung zur Mitternacht des 17.08.1991, dem 205 Todestag, seitwärts vor dem Schloss Sanssouci teil. Noch erfreulicher wäre es gewesen, er hätte auch in seiner Eigenschaft als Bundeskanzler mit dem Bundespräsidenten kommen können (wie in vergleichbaren Republiken selbstverständlich). Aber dafür waren die Be-

[1] Memoiren 1993, 388 – 404

[2] Die einzelnen Ansprachen: Presse- und Informationsamt des Landes Brandenburg 1991, 7 – 20. Preußische Mitteilungen 1991, Nr. 107. Erbe und Auftrag 1991, 49 f.

denken in Bonn gegen Preußen und die Monarchie immer noch zu groß.

Am Rande sei erwähnt, dass der einzige wichtige internationale Gast der amerikanische Botschafter im wiedervereinten Deutschland, Vernon Walters war. Prinz Louis Ferdinand kannte ihn schon lange und lud ihn ein. Walters hatte Anfang 1989 zum krassen Unverständnis der deutschen Politiker und Journalisten erklärt, die Wiedervereinigung Deutschlands stehe bevor und er warte auf dieses demnächst eintretende Ereignis. – Der Prinz befand sich am 17. August in der höchsten Sicherheitsstufe (die Kaiserzeit kannte dergleichen nicht im Entferntesten) und machte insofern überraschende Erfahrungen.

Es gab keinerlei „Brimborium", wie die Journalisten unkten. Wer den Prinzen kannte, wusste, dass dergleichen zu seiner Person ganz und gar nicht passte. Es bestand nicht der geringste Anlass, einen Vergleich zu ziehen zum 21. März 1933, dem „Tag von Potsdam". Vernon Walters hat zu Recht das wiedervereinigte Deutschland als „das kleinste Deutschland, das es je gab", bezeichnet.

Der persönliche Plan des Prinzen wurde voll realisiert. Er hat seinen Dank an Gott und viele Mithelfende deutlich geäußert. Das Zusammenwachsen Deutschlands, Geschichts- und Traditionsbewusstsein wurden belebt. Die letzte große Anstrengung, die den 84 jährigen strapazierte, trug Früchte.

Und trägt sie heute noch. Die Grabstätte Friedrichs des Großen auf der Terrasse von Sanssouci wird täglich von überraschend Vielen aufgesucht. Nirgendwo in Mitteleuropa schmücken mehr Blumen eine Erinnerungs- oder Grabstätte. Seit 1991 liegen hier ständig Kartoffeln – als Dank dafür, dass der König diese jedem Preußen unverzichtbare Grundnahrung gegen Widerstände eingeführt hat. Die Verehrung des Königs geschieht täglich in „Würde und Ruhe".

III. Prätendent

Neben der historisch-politischen Rolle, die dem Repräsentanten der preußischen Dynastie zufällt und die Prinz Louis Ferdinand voll ausgefüllt hat, steht die tagespolitische Aufgabe. Sie kann keine parteipolitische sein und darf nicht an sensationellen Schlagzeilen orientiert sein. Es kommt vielmehr darauf an, wesentliche Fragen, die Deutschland als Ganzes und Preußen betreffen, anzusprechen und immer wieder zur Diskussion zu stellen. In der Geschichte hat es immer Monarchien und Republiken gegeben und den Wechsel von einer Staatsform zur anderen. In allen Ländern gibt es Monarchisten und Republikaner. Der Prätendent steht bereit, falls ein Wechsel von der Republik zur Monarchie gewünscht wird.

Spätestens seit dem Verzicht seines älteren Bruders (1933) strebte Louis Ferdinand die Rolle des Oberhauptes der Hohenzollern an und wollte den damit verbundenen Anspruch auf den Thron realisieren. An dem Ziel, deutscher Monarch zu werden, hat der Prätendent bis zum Tod unbeirrt und unbeirrbar festgehalten. Er hat gesagt, dass man als Prätendent immer so tun müsse, als ob man herrsche – und doch sei es – noch – keine Realität[1].

1. Einsatz für die Wiedervereinigung Deutschlands und für Berlin

Die Wiedervereinigung schien vor dem Mauerbau in Berlin am 13. August 1961 auf der Tagesordnung der Politik zu stehen und ein erreichbares Ziel zu sein. Der Einsatz für die deutsche Einheit und für Berlin ist den Hohenzollern auf den Leib geschrieben. Das 1945 von den Siegermächten festgelegte Deutschland in den Grenzen von 1937 war das Kaiserreich von 1871 abzüglich der Annektionen aufgrund des Versailler Friedensdiktats. Seit der März Revolution 1848 standen die Könige von Preußen für die deutsche Einheit. Wer Hohenzollern sagt, denkt an Preußen und die deutsche Einheit. Berlin, von den Hohenzollern 1442 zur Residenz gewählt, wurde dadurch die Hauptstadt der

[1] Siehe oben Teil II, Interview, S. 184

Mark Brandenburg. Die Residenz des Königs wurde zur Hauptstadt Preußens. Weil Berlin die Residenz des Königs von Preußen und Sitz der preußischen Zentralbehörden war, wurde es 1871 Kaiserstadt und Reichshauptstadt.

Die deutsche Einheit bewegte seit der Katastrophe von 1945 und der gleichzeitig einsetzenden Teilung unseres Vaterlandes den Prinzen bis in die Tiefen seiner Seele. Beim Treffen des Semper Talis Bundes[1] 1959 auf der Burg Hohenzollern sagte er, dass die Wiedervereinigung in Gottes Hand liege, „der ehrlich gemeinte heiße Gebete um die Wiedervereinigung nicht unerhört lassen werde“[2]. Tatsächlich hat der Prinz bis 1990 jeden Tag für die Wiedervereinigung gebetet. Wer sonst kann das von sich sagen?

Schon bei ihrer Reise im Herbst 1952 in die USA sprachen Louis Ferdinand und Kira mehrfach über die deutsche Teilung[3].

Das 1954 gegründete „Kuratorium Unteilbares Deutschland“ hat der Prinz von Anbeginn an unterstützt. Er nahm zwar nicht regelmäßig, aber doch häufig an den Jahrestagungen teil. In den späten fünfziger und sechziger Jahren war das Brandenburger Tor als Abzeichen das Symbol der deutschen Einheit. Das Prinzenpaar und seine beiden älteren Töchter verkauften die Plaketten für das Kuratorium im März 1959 in Bremen[4]. Der Prinz und seine Familie trugen das Abzeichen viele Jahre, besonders als nach 1961 das Interesse an der deutschen Einheit nachließ. Schließlich war das Brandenburger Tor von Friedrich Wilhelm II. als „Friedenstor“ errichtet worden.

Bei der 900 Jahrfeier des Hauses Hohenzollern 1961 sprach der Prinz – in Anwesenheit von 17 jungen Berlinern, die dank der Prinzessin Kira Stiftung dort eine Freizeit genossen, über die deutsche Einheit: „Möge der Tag kommen, an dem mit Gottes Hilfe und durch weitschauende Staatsmänner unser Volk auf friedlichem Wege wieder zusammenfinden wird“[5].

---

[1] Verein ehemaliger Angehöriger des 1. Garde Regiments zu Fuß und seiner militärischen Nachfolge-Einheiten

[2] Tradition und Leben, 122 Juni 1959

[3] Tradition und Leben 45, Januar 1953

[4] Tradition und Leben 119, März 1959

[5] Tradition und Leben 147. Juli 1961

Bei einer Fernsehdiskussion mit zwei Politikern im März 1962 bezeichnete der Prinz die Wiedervereinigung Deutschland als die vordringlichste Aufgabe und betonte seine Verbundenheit mit Berlin und den preußischen Ostprovinzen jenseits von Oder und Neiße[1].

Seit dem Herbst 1951 begann der Prätendent in Berlin aktiv zu werden. Zu Bonn fand er nie ein engeres Verhältnis. Aber Berlin war ihm Heimat. Hier nahm er am öffentlichen Leben intensiv teil. Im Westteil der Stadt hatte man immer wieder Gelegenheit ihm zu begegnen. Eine wichtige Funktion übernahm der Prinz am 17.09.1951: Er wurde einstimmig in das Kuratorium der Berliner Kaiser Wilhelm Gedächtnis-Kirche gewählt. Der Vorschlag ging von dem im Kirchenkampf gegen den Nationalsozialismus bewährten Generalsuperintendenten Günther Jacob aus[2]. Der Prinz identifizierte sich mit dem 1961 vollendeten heutigen Bau der Kirche: der Kombination der Turmruine mit dem modernen Bauwerk des Architekten Egon Eiermann.

Als im erhaltenen Saal des Hotels Esplanade am Potsdamer Platz im Mai 1952 ein Konzert mit Kompositionen des Prinzen stattfand, riefen die Menschen auf der Straße, die in den überfüllten Saal nicht hinein konnten, Louis Ferdinand zu: „Hierbleiben" und „Wiederkommen"[3]. Diesen Ruf hörte der Prinz gern und folgte ihm.

In seinen Erinnerungen weist Prinz Louis Ferdinand auf zwei Männer hin, die ihn bewogen, Berlin wieder zu seinem Hauptwohnsitz zu machen: Erik Reger vom „Tagesspiegel" und den populären sozialdemokratischen Kreuzberger Bezirksbürgermeister Willy Kreßmann[4]. Berlin wurde sein Hauptwohnsitz am 20. Juli 1954. Zehn Jahre nach dem Attentat nahm der Prinz an der Feier in der Bendlerstraße (heute Stauffenbergstraße) teil. Für den Abend hatten sich Prinzessin Kira und er zum Essen mit seinem Freund Otto John verabredet. Der Präsident des Bundesamtes für Verfassungsschutz erschien nicht. Er war nach Ost-Berlin entführt worden.

---

[1] Sendung „Hand aufs Herz", Norddeutsches Fernsehen. Tradition und Leben 155, März 1962

[2] Tradition und Leben 31, November

[3] Tradition und Leben 37, Mai 1952

[4] Memoiren 1993, 341 f.

Außer Reger und Kreßmann muss noch der Schriftsteller und Theaterleiter Horst Behrend (1913 – 1979)[1] erwähnt werden als jemand, der die Rückkehr des Prinzen mit herbeiführte. Behrend, begeisterter Preuße und Royalist, Freund von Hans Joachim Schoeps, hatte die Idee, die Hohenzollern als „die älteste Berliner Familie“ zu bezeichnen[2].

Ab Januar 1952 hatte das Prinzenpaar eine Mietwohnung in der Zehlendorfer Riemeisterstraße bezogen. 1961, als nach dem Mauerbau viele Menschen Berlin verließen, setzte der Prinz ein deutliches Zeichen, indem er am Halensee das Haus Monbijou erbaute. Der außen schlichte, innen aber für vornehme Repräsentation ideale Bau erinnert an das von der SED 1959 vernichtete Schloss Monbijou in Berlin, von dem ein Stein den Grundstein bildet[3]. Neben dem Bremer Wümmehof und der Burg Hohenzollern war Haus Monbijou der Wohnsitz des Prinzen. Hier gab er Empfänge, fast stets mit einem Konzert verbunden, und hier wurden alle runden Geburtstage gefeiert.

Der Wiederaufbau der Kaiser Wilhelm Gedächtnis-Kirche im Zentrum von Berlin (West) bewegte die Öffentlichkeit durch viele Jahre. Die Mehrheit der Berliner wünschte sich eine Rekonstruktion des alten Baus. Egon Eiermann war gegen den Erhalt der Turmruine, die die Berliner auf jeden Fall wollten. Der Prinz wies Eiermann darauf hin, dass er die einmalige Chance habe, das Zentrum einer Weltstadt zu gestalten, wenn er den Turmstumpf akzeptiere. Am 25.03.1957 fiel die Entscheidung im Kuratorium der Kirche. Auch Egon Eiermann war einverstanden[4]. Am 17. Dezember 1961 wurde die Kirche von dem überzeugten Preußen Bischof Otto Dibelius eingeweiht. Den größten Eindruck machten die Glasfenster, die für Stille und Kontemplation sorgen. Prinz Louis Ferdinand war zu Gabriel Loire nach Chartres gefahren und setzte sich dafür ein, dass das tiefe Blau der Fenster von Chartres nach Berlin gelangte. – Nach dem Tod von Prinzessin Kira sorgte Pfarrer Günter Pohl dafür, dass eines der Wabenfenster hinter dem Altar mit einem K zu Ehren der Prinzessin Kira geschmückt wurde.

---

[1] Kellertheater: „Die Vaganten“
[2] Erbe und Auftrag 1980, 4
[3] Memoiren 1993, 342 f.
[4] Tradition und Leben 96, April 1957 und Erbe und Auftrag 1984, 25

Prinz Louis Ferdinand komponierte das Glockenspiel der Kirche, dessen Melodie bis heute erklingt. – Am 3. Dezember

1965 heiratete Louis Ferdinands älteste Tochter Prinzessin Marie Cécile in der Kaiser-Wilhelm-Gedächtnis Kirche Herzog Friedrich August von Oldenburg. Der Regierende Bürgermeister Willy Brandt ermöglichte es, die Brautserenade im Charlottenburger Schloss zu feiern.

Nachdem 1895 die alte Kirche in Anwesenheit des Kaiserpaares eingeweiht worden war, hat man von 1901 bis 1906 an der Gedenkhalle unter dem Turm der Kirche gearbeitet. Sie stellt in Mosaiken den Zug der Hohenzollern zum Sakrament des Altars, dem Abendmahl dar. Im Krieg beschädigt, wurde das Kunstwerk zunächst nur gesichert, aber 1987 gründlich restauriert[1]. In einer zurückhaltend vorgetragenen freien Rede fand der Prinz eindrucksvolle Worte zur Eröffnung der Gedenkhalle am 06. Januar 1987: „An dieser Stätte wollen wir uns zu unserer Geschichte bekennen und auch auf sie stolz sein, wie jedes andere Volk auch. Aber an diesem Ort soll uns auch bewusst werden, dass unser Schicksal in Gottes Hand steht. Ihn wollen wir in dieser Stunde bitten, dass er die deutsche Hauptstadt Berlin schützen und bewahren und dass er uns ein in Freiheit und Frieden wiedervereinigte Vaterland in nicht allzu ferner Zukunft schenken möge“[2]. Die Gedenkhalle der Kaiser Wilhelm-Gedächtniskirche ist vermutlich die am meisten besuchte Erinnerungsstätte an Preußen, das Kaiserreich und die Hohenzollern.

Die Haltung des Prinzen zur deutschen Einheit entbehrt nicht der Visionen, die viele bis zum Zeitpunkt ihres Eintretens als Utopien bezeichnet hätten. Zum Beispiel die Auflösung der Blöcke in Ost und West. In seinem leidenschaftlichen Bemühen, die deutsche Spaltung zu überwinden, neigte er zeitweilig dazu, eine deutsche Föderation in einer neutralen Stellung zwischen Ostblock und NATO vorzuschlagen. Diese Gedanken fanden ihren Niederschlag in dem Schlusskapitel seiner Erinnerungen in der Auflage von 1968: „Der Ansatzpunkt für deutsche Politik“[3]. In späteren Auflagen ist dieses Kapitel ersatzlos entfallen. Er hatte sich von diesem Standpunkt gelöst. – Schon beim Treffen der Veteranen der Königlich Preußischen Garde am 08. Oktober 1966 in

[1] Siehe Vera Frowein-Zieroff: Die Kaiser Wilhelm Gedächtniskirche, Entstehung und Bedeutung, Berlin 1982, 244 – 312

[2] Preußische Mitteilungen 80, Juni 1987

[3] Die Geschichte meines Lebens, Memoiren 1968, 348 – 353

Mölln sagte der Prinz als Schirmherr: Die beiden Blöcke in Ost und West bröckeln „und werden sich eines Tages ganz auflösen“[1]. In seinen Erinnerungen schrieb er 1968, die deutsche Teilung werde sich zum großen Erstaunen aller, die sie für unabänderlich halten, „eines Tages in Schall und Rauch auflösen“. An gleicher Stelle schreibt er sehr persönlich: „Meine Frau und ich haben seit jeher an die Wiedergeburt Deutschlands und seiner Reichshauptstadt geglaubt. Und wenn man eines Tages von uns sagen würde, wir hätten im Rahmen unserer Kräfte ein wenig an ihr mitgeholfen, so wäre das die schönste Bestätigung für die Berechtigung und den Sinn unseres Lebens“[2]. Unzählige hat das Prinzenpaar ermutigt, für die deutsche Einheit einzutreten. Insofern hat das Leben des Paares seinen Sinn gehabt[3].

Am 01. September 1969 – dreißig Jahre nach dem Ausbruch des Zweiten Weltkrieges – sagte der Prinz beim Kadettentag auf der Burg Hohenzollern geradezu visionär: „Aber es kann durchaus der Moment kommen, wo die Welt plötzlich ganz anders und sehr viel hoffnungsvoller und zukunftsträchtiger aussieht als jetzt“, zumal im Osten Millionen Menschen die Veränderung wünschen[4].

Der Prinz machte in seinem Buch 1968 den Vorschlag, dass die westalliierten und sowjetischen Truppen Deutschland verlassen und die beiden Teile Deutschlands bei Weiterexistenz ihrer Armeen eine Konföderation in völliger Neutralität bilden. Ein Hoher Kommissar der Vereinten Nationen sollte mögliche Spannungen schlichten. Die Dauer dieses Zustandes hinge von der weiteren Entwicklung der Welt ab. Eine Annäherung der Weltmächte könnte auch die Rückkehr der Vertriebenen (um mit den dort heute Wohnenden zusammenzuleben) in die preußischen Ostprovinzen ermöglichen[5]. Der vom Prinzen selbst als weder neu noch originell bezeichnete Vorschlag einer neutralen Konföderation in der Mitte Europas, wurde von niemandem aufgegriffen. In späteren Auflagen des Buches kommt er nicht mehr vor. Die Sowjetunion wurde schwächer und in Deutschland begann unter Helmut Kohl eine neue aktive Deutschlandpolitik.

---

[1] Erbe und Auftrag 1968, 4 – 6
[2] Die Geschichte meines Lebens, Göttingen 1968. Memoiren 1968, 348
[3] siehe oben S. 215
[4] Erbe und Auftrag 1970, 27 f.
[5] Memoiren 1968, 352 – 354

Am Ende der Amtszeit von Bundespräsident Heinrich Lübke (1959 – 1969) brachte zunächst die Illustrierte „Quick“ den Vorschlag, Louis Ferdinand zum Bundespräsidenten zu wählen[1]. Wie er der „Quick“ erklärte, könne es für die deutsche Politik nur ein Ziel geben: die Wiedervereinigung. Dafür wäre sogar – es war die Zeit der großen Koalition – eine Allparteienregierung möglich[2].

Zum hundertjährigen Gedenken an die deutsche Einigung traf sich der Zollernkreis am 16. Januar 1971 in der Berliner Kongresshalle. In der Magazin Sendung „Panorama“ vom 18.01.1971 interviewte der Fernsehjournalist Peter Merseburger den Prinzen. „Es sind hundert Jahre oder jedenfalls ein großer Teil dieser Jahre, auf die wir stolz sein können. Ich wünsche dem deutschen Volk, dass es wieder zusammenfindet, aber dass außerdem alle Europäer zusammen kommen und zwar in einer höheren übernationalen Ordnung“[3].

Anlässlich seines 65. Geburtstages erklärte er: „Ich identifiziere mich nicht mit Bonn und halte diese Lösung nur für ein Provisorium. Ich identifiziere mich nur mit Berlin“[4]. In Berlin erschien Prinz Louis Ferdinand bei vielen Anlässen, die mit der Geschichte seines Hauses zu tun hatten. So konnte man ihn oft am 09. März, dem Todestag Kaiser Wilhelms I. im Mausoleum im Charlottenburger Schlosspark erleben. Am zweihundertsten Geburtstag der Königin Luise, dem 10. März 1976 fand in seiner Gegenwart eine gottesdienstliche Feier in der Charlottenburger Luisenkirche statt. In Berlin hielt er auch zu Politikern aller Parteien Kontakt und nahm am öffentlichen Leben teil[5].

Der 70. Geburtstag wurde am 09.11.1977 in Berlin gefeiert. Bundespräsident Scheel, Bundestagspräsident Karl Carstens und Außenminister Hans-Dietrich Genscher sandten Telegramme[6]. Dass er jetzt von den Repräsentanten der Bonner Republik wahrgenommen wurde, hing gewiss neben seiner überzeugenden Pflege preußisch-deutscher Überlieferungen mit seinem Engagement für Deutschland als Ganzes zu-

---

[1] siehe unten Teil III, S. 354
[2] Erbe und Auftrag 1968, 124
[3] Erbe und Auftrag 1971, 69
[4] Pommersche Zeitung, 11.11.1972. Erbe und Auftrag 1973, 5
[5] Erbe und Auftrag 1976, 144
[6] Erbe und Auftrag 1977, 165

sammen[1]. Zwanzig Jahre nach dem 17. Juni 1953 bei der Tagung des Zollernkreises auf der Burg Hohenzollern 1973 warnte der Prinz vor marxistischen Utopien, die damals viel Jugendliche und Ältere faszinierten. Er meinte, die Theorie müsse „an ihrer Verwirklichung jenseits von Mauer und Zonengrenze gemessen werden". In das Gedenken an die Opfer des 17. Juni 1953 bezog er die Sowjetsoldaten mit ein, „die sich weigerten, auf unsere Landsleute zu schießen und diese Haltung mit dem Erschießungstod bezahlten"[2]. Wer wusste schon davon und erwähnte das öffentlich? In die Zeit der Entspannungspolitik wollte das gar nicht hinein passen.

Mit dem offiziellen Berlin gab es auch Enttäuschungen. Bei der Eröffnung der großen Ausstellung „Preußen – Versuch einer Bilanz" am 15. August 1981 wurde der Prinz – obgleich er ohne Zweifel einer der wichtigsten Leihgeber war – nicht erwähnt. Es wurde von vielen als peinlich empfunden, dass insbesondere der Regierende Bürgermeister Richard von Weizsäcker es für opportun hielt, die lebenden Hohenzollern zu übergehen. Die Idee zu der Ausstellung ging auf die Regierungserklärung des 1977 berufenen Regierenden Bürgermeisters Dietrich Stobbe (SPD) zurück, die der Prinz sofort begrüßt hatte. Tagespolitischen Größen, die mir Preußen nichts im Sinn hatten, wurde hingegen feierlich für ihr Erscheinen gedankt. Louis Ferdinand ging darüber souverän hinweg und sagte zu einem Vertrauten: „Hauptsache, wir waren da"[3].

Als man ohne private Einladung sozusagen „touristisch" nach Mitteldeutschland reisen durfte, fuhr der Prinz vom 16. bis 22.08.1971 mit den Eisenbahnfreunden aus Hameln, die den Salonwagen des Kronprinzen damals als Vereinsheim nutzten, nach Sachsen. Der Prinz nahm am Jahreskongress des „Verbandes Modelleisenbahn Europa" in Dresden teil. Er wurde entweder „Exzellenz" oder „Kaiserliche Hoheit" von den staatlichen Repräsentanten angeredet. Auf dem Elbedampfer spielte die Kapelle „Alte Kameraden" und die Menschen sangen zu dem Marsch: „Wir wollen unseren alten Kaiser Wilhelm wieder haben"[4].

---

[1] Erbe und Auftrag 1977, 165

[2] Erbe und Auftrag 1973, 118

[3] Günther W. Zwanzig, Oberbürgermeister von Weißenburg in Bayern; in: SKH Prinz Louis Ferdinand von Preußen zum 75. Geburtstag am 9. November 1982, Moers, 77

[4] Erbe und Auftrag 1971, 126 f.

Anfang 1977 war er mit den Eisenbahnern in Jena und Weimar. Er freute sich, dass junge Thüringer das Gespräch mit ihm suchten. Gegen resignatives Gerede von der Sprachlosigkeit und Entfremdung in Deutschland sagte er: „Wer da behauptet, dass sich die Deutschen im Westen mit den Deutschen im Osten im Falle der Wiedervereinigung nichts mehr zu sagen haben, irrt sich gewaltig". Um die Zusammengehörigkeit zu stärken, müsse man möglichst oft über die Zonengrenze fahren[1].

Die Distanz des Prinzen zur Entspannungspolitik wurde deutlich, als er bei der Jahrestagung des Zollernkreises 1982 sagte: „Viele Politiker in Bonn sprechen heute von Sicherheitspartnerschaft. Diese Theorie beruht darauf, dass beide Weltmächte … einfach gleichgesetzt werden. Ich kann diesen Standpunkt nur als pervers bezeichnen"[2].

Eine seiner bedeutendsten Ansprachen hielt der Prinz am 21. Januar 1984 bei der Bremer „Eiswette", einem Traditionsessen der in Bremen wirkenden Reeder, Kapitäne und sonstiger mit der Schiffart verbundener Herren. Zum Schluss der für ihn ungewöhnlich langen Ausführungen sagte Louis Ferdinand: es kommt der Tag, „an dem auch das große, so liebenswerte und leidgeprüfte russische Volk und alle anderen osteuropäischen Völker ihre innere Freiheit wieder finden werden. Das wird auch der Tag der Wiedervereinigung unseres Vaterlandes sein, das mit allen anderen europäischen Völkern die Vereinigten Staaten von Europa bilden wird. – Ich bitte Sie nun, mit in den Ruf einzustimmen: Unser deutsches Vaterland und seine Freie Hansestadt Bremen, sie leben hoch"[3].

Gorbatschows Perestroika Politik brachte dann – wider den eigentlichen Willen ihrer Erfinder, die damit die Sowjetunion retten wollten – den Tag der inneren Freiheit für Russland näher. In einem Interview, das er der Financial Times (London) am 02. Juli 1988 gewährte, äußerte er nüchterne Zweifel, ob der Kommunismus reformierbar sei. Für das deutsch-russische Verhältnis wünschte er sich, dass es ein ähnlich gutes Zusammenspiel auf vielen Gebieten geben möge, wie es vor 1914 auf der Tagesordnung stand[4].

---

[1] Erbe und Auftrag 1977, 166 f.

[2] Erbe und Auftrag 1982, 84

[3] Preußische Mitteilungen 1984, 2

[4] Erbe und Auftrag 1988, 53

1982 löste Helmut Kohl Bundeskanzler Helmut Schmidt ab. Der Prinz registrierte schnell die Wende in der Ost- und Deutschlandpolitik und wurde zu einem Anhänger Helmut Kohls. Zu keinem anderen Bundeskanzler hatte der Prinz mehr Vertrauen als zu Kohl. Es entwickelte sich ein persönliches Verhältnis, ja eine Freundschaft, die bis zum Tode des Prinzen währte.

Beim letzten Treffen der Königlich Preußischen Kadetten in Goslar, vom 06. bis 08. September 1983, sagte er mit Wärme und geradezu begeistert: „Wir Heimatvertriebenen danken unserem Bundeskanzler Helmut Kohl, dass er Herrn Andropow (dem kurzzeitigen Nachfolger des 1982 verstorbenen Breschnew) geantwortet hat: Die Heimatvertriebenen sind keine Revanchisten, sondern Patrioten. Und wir alle sind ihm von Herzen dankbar, dass er vom sowjetischen Diktator das Selbstbestimmungsrecht für das deutsche Volk und das Recht auf Wiedervereinigung gefordert hat. Keiner seiner Vorgänger hat ähnliches in Moskau zu sagen gewagt“[1].

Für seine früheren Neutralisierungsgedanken war jetzt kein Platz mehr. Es ging für ihn nunmehr ausschließlich um die Wiedervereinigung in Freiheit und Frieden (die Reihenfolge war ihm zu Recht entscheidend wichtig). Eine Neutralisierung würde Deutschland „zu einer Beute der kommunistischen Weltrevolution“ machen[2].

In einem langen Pressegespräch anlässlich seines 80. Geburtstages mit der monarchistischen Zeitschrift „Erbe und Auftrag“ wiederholte Louis Ferdinand: „Mein Wunsch, meine Hoffnung ist die Wiedervereinigung in Freiheit und Frieden. Mein Hauptanliegen an diesem 80. Geburtstag ist ein freies und vereintes Europa. Die Freiheit steht für mich über allem“[3].

Im Jahr vor der Weltenwende von 1989 konnte er sich freilich eine Wiedervereinigung zu seinen Lebzeiten nicht mehr vorstellen. Der Prinz hatte die Hoffnung, dass aber durchaus später bei der ersehnten Wiedervereinigung die Monarchie zurückkehren könne[4].

---

[1] Erbe und Auftrag 1984, 21

[2] Rede bei der Bremer Eiswette, 21.01.1984, Preußische Mitteilungen 1984, 2

[3] Erbe und Auftrag 1987, 52

[4] Gespräch mit der Financial Times, erschienen 02.07.1988. Deutsche Übersetzung: Erbe und Auftrag 1988, 53

Die Teilung Deutschlands und Europas blieb für ihn „das zentrale politische Problem unserer Zeit". Auf der Burg Hohenzollern rief er bei der Zollernkreistagung 1987 aus: „Der Grundakkord Einigkeit und Recht und Freiheit möge unser aller Herzen erfüllen. Dieser Dreiklang möge alle Deutschen, im Westen und besonders auch im Osten, bewegen"[1]. Zu dieser Bewegung sollte es bald kommen.

Seinen 75. Geburtstag 1982 und den 80. Geburtstag 1987 feierte der Prinz bewusst in Berlin. Die Anteilnahme der Öffentlichkeit und der Berliner Bevölkerung war trotz des privaten Charakters groß. Der Regierende Bürgermeister Richard v. Weizsäcker hatte bei der Eröffnung der Preußen-Ausstellung 1981 den größten Leihgeber Prinz Louis Ferdinand ostentativ nicht erwähnt, was unangenehm auffiel. Sozusagen zum Ausgleich gab Weizsäcker am Vorabend des Geburtstages am 07. November 1982 ein Essen für den Prinzen im Schloss Charlottenburg.

Mit Hunderten von Berliner Bürgern und einer Handvoll Potsdamer Rentnern kam Außenminister Hans-Dietrich Genscher ins Haus Monbijou. Bundespräsident Karl Carstens schickte ein mehrseitiges persönliches Handschreiben. Der neue Bundeskanzler Helmut Kohl, Willy Brandt und Franz Josef Strauß schickten Telegramme. Der Verleger Carl Gustav Schmidt-Freytag gab eine Festschrift mit Beiträgen von Schalom Ben.Chorin, Herbert Czaja, Eugen Gerstenmaier, Otto von Habsburg, Kurt Kluxen, Werner Knopp, Klaus Mehnert, Karl Münchinger und anderen in seinem Steiger Verlag heraus[2]. Der Prinz zeigte sich „zutiefst gerührt über dieses einmalige Dokument der Zustimmung". Die anwesenden Redakteure des Zweiten Deutschen Fernsehens hingegen weigerten sich ausdrücklich, die Festschrift zu erwähnen. Sie wollten alles Politische vermeiden und meinten, sich auf ein gesellschaftliches Ereignis beschränken zu sollen[3].

Eine ebenso große Überraschung für den Prinzen war die Festschrift zu seinem 80. Geburtstag. Sie enthält die Vorträge von den ersten achtzehn Jahrestagungen des Zollernkreises (meist auf der Burg Hohenzollern gehalten) und wurde im Auftrag von Zollernkreis und Preußeninstitut von Wolfgang Lühdorff und Wolfgang Stribrny, der auch als He-

---

[1] Preußische Mitteilungen 1987, 83

[2] SKH Prinz Louis Ferdinand zum 75. Geburtstag am 09. November 1982, Moers 1982, 83

[3] Erbe und Auftrag 1983, 6

rausgeber fungierte, übergeben[1]. „Wie 1982 zeigte sich auch diesmal, dass die Journalisten vom Fernsehen und von den Familien-Illustrierten sich für diese Festschrift nicht im Geringsten interessierten. Die politische Bedeutung des Prätendenten und sein Ansehen in der Wissenschaft wurden bewusst ausgeblendet“[2].

86 Berlin, 9. November 1987. Überreichung der Festschrift zum 80. Geburtstag durch den Verfasser

Wohl zwanzigmal im Jahr fuhr der Prinz damals mit den Interzonenzügen nach Berlin und wurde von den Schaffnern der Reichsbahn und den Schlafwagen- und Speisewagen-Mitarbeitern der Ostberliner „Mitropa“ mit „Kaiserliche Hoheit“ angeredet[3].

Anfang Juni 1989 war Prinz Louis Ferdinand, begleitet vom Staatssekretär für Kirchenfragen Kurt Löffler, im thüringischen Saalfeld am

---

[1] Louis Ferdinand Prinz von Preußen: Erbe und Auftrag. Festschrift zum 80. Geburtstag. München: Langen Müller, 1987)

[2] Preußische Mitteilungen 1988, Nr. 84

[3] Interview mit der „Berliner Illustrierten Zeitung“, 06.08.1989. Preußische Mitteilungen 1989, Nr. 95

Denkmal für den dort 1806 gefallenen „großen" – wie er ihn gern nannte – Prinzen Louis Ferdinand[1]. Der junge Saalfelder Ingenieur Jürgen Tauchen hatte den Mut, den Sicherheitskordon zu überlisten und dem Prinzen seine Verehrung als preußischer Monarchist zu bezeugen.

Am 09.11.1989, seinem 82. Geburtstag, konnte er sich – wie Millionen Deutsche – der Freudentränen nicht enthalten. „Es gab wieder Anlass zu neuer Hoffnung, dass die positiven Kräfte in unserem Land gewinnen"[2], war sein Kommentar[3].

87 Überreichung der Festschrift am 9.11.1987 an Prinzessin Donata

Der 126. Psalm: „Wenn der Herr die Gefangenen Zions erlösen wird, so werden wir sein wie die Träumenden … Der Herr hat Großes an uns getan, des sind wir fröhlich … Die mit Tränen säen, werden mit Freuden ernten", gab auch sein Empfinden wieder[4].

Der größten deutschen Tageszeitung „Bild" sagte er: „Der Schöpfer hat sich eingeschaltet. Er hat unsere Landsleute in Mitteldeutschland, die Menschen in Polen, Ungarn und Rumänien zu ihrer Selbstbefreiung

[1] Erbe und Auftrag 1989, 40
[2] Erbe und Auftrag 1990, 8
[3] siehe oben Teil II, Interview, S. 138
[4] wie er dem Verfasser sagte

animiert ... Ich möchte nun, dass es ein freies und vereintes Deutschland in einem freien und vereinten Europa gibt"[1].

In einem Leserbrief an die „Bunte" Illustrierte schrieb Louis Ferdinand am 01. Februar 1990: „In vorbildlicher Selbstdisziplin haben unsere tapferen Landsleute in Mitteldeutschland eine friedliche Revolution, die wohl einzige in der gesamten Weltgeschichte vollzogen. Ich bin meinem Schöpfer dankbar, dass ich diesen Tag noch erleben durfte"[2].

88 Prinz Louis Ferdinand und sein Generalbevollmächtigter Job F. von Strantz auf dem Wümmehof (Bremen-Borgfeld)

Ähnlich äußerte er sich am 29. September 1990 bei der letzten Jahrestagung des Zollernkreises in seiner Anwesenheit auf der Burg Hohenzollern: Seit der Jahrestagung 1989 „ist die Weltgeschichte in atemberaubende Bewegung geraten. Mittel- und Osteuropa einschließlich Russlands befinden sich in vollem Auf- und Umbruch. Am 09. November haben unsere mitteldeutschen Landsleute mit einer fabelhaften, völlig unblutigen Revolution die kommunistische 40jährige Zwangsherrschaft abgeworfen. Die Berliner Schandmauer und der Eiserne Vorhang fielen in sich zusammen". Zu dem wenige Tage später bevors-

[1] Erbe und Auftrag 1990, 26

[2] Preußische Mitteilungen 10.90, Nr. 98

tehenden offiziellen Tag der Wiedervereinigung, dem 03. Oktober 1990 sagte er: „Das wird ein Tag unbeschreiblicher Freude und größten Glücks für uns alle sein“. Außerordentlich schmerzlich berührte ihn nur „der endgültige Verlust unserer ostdeutschen Heimat … Bundeskanzler Helmut Kohl hat sich verzweifelt gegen die Zahlung dieses viel zu hohen Preises gewehrt“[1].

Helmut Kohl galt fortan zu Recht Louis Ferdinands besondere Bewunderung und Freundschaft. Diese Freundschaft beruhte durchaus auf Gegenseitigkeit. Nach dem Durchbruch in den Verhandlungen mit Gorbatschow am Rand des Kaukasus am 15. Juli 1990 freute sich Helmut Kohl besonders über die Glückwünsche des Prinzen[2]. In jenen Tagen verglich der Prinz öfter im Gespräch Bismarck mit Helmut Kohl und zog den Bundeskanzler dem Eisernen Kanzler vor. Im langen Interview mit dem „Spiegel“ 1993 bekannte er sich auch öffentlich zu seiner Beurteilung: „Ich sage heute, dass Helmut Kohl sogar Bismarck übertrifft. Der Bundeskanzler hat sein Ziel ohne einen Schuss erreicht, der Eiserne Kanzler hat immerhin drei Kriege geführt“[3].

Auch dem Publizisten Peter Bacher sagte er, dass Kohl Bismarck übertraf. „Dass es keinen deutschen Alleingang gab, dass die Wiedervereinigung international in Verträge eingebettet und abgesichert war – das ist schon genial zu nennen“[4].

Wie viele Zeitgenossen hat auch Prinz Louis Ferdinand die wesentlich durch die tapferen Sachsen mit ihren Demonstrationen in Leipzig, Dresden, Chemnitz, Plauen und anderswo herbeigeführte friedliche Revolution und die Wiedervereinigung Deutschlands und Europas in Freiheit und Frieden als das größte politische Ereignis seines Lebens betrachtet. Er, der unermüdlich für die Wiedervereinigung eintrat und sie erwartete[5], konnte sich bestätigt fühlen. Sein Leben hatte seinen Sinn erfüllt. Zwar konnte das Kaiserreich von 1871, an dem er sich stets orientierte, nicht wiederhergestellt werden, aber es gab wieder ein

---

[1] Preußische Mitteilungen 101, 1990

[2] Horst Teltschik: 329 Tage. Innenansichten der Einigung. Berlin 1991, 343

[3] Spiegel Special 2, 1993, 17

[4] Nachruf von P. Bacher in „Die Welt“, 27.09.1994. Gespräch auf der Burg 1990. Erbe und Auftrag 1995, 3

[5] Nur 1988 meinte er, das Ereignis werde wohl nicht mehr zu seinen Lebzeiten eintreten.

einiges Deutschland. Freilich ohne die preußischen Ostprovinzen, deren Verlust er beklagte. Wenn auch Berlin noch nicht zu seinen Lebzeiten deutsche Hauptstadt wurde, so war ihm doch bewusst, dass das neue Deutschland preußischer und geschichtsbewusster war als die alte Bonner Republik, der er innerlich distanziert gegenüber stand (die Republik von Pankow, wie die Sowjetzone – DDR lange genannt wurde, verschwand ohnehin ruhmlos). Die 30jährige Epoche der Weltkriege (1914 – 1945) und die 45 Jahre Kalter Krieg (1945 – 1990) waren beendet.

2. Vertriebene und Preußische Ostprovinzen

Nach der Mark Brandenburg mit Potsdam und Berlin blieb für den Prinzen bis zuletzt Westpreußen mit Danzig, Zoppot und Cadinen Heimat. Die Flucht im Januar 1945 wurde zur Vertreibung, weil eine Rückkehr von Stalin und seinesgleichen verhindert wurde. „Die Vertreibung aus Westpreußen zählt natürlich zu den schmerzlichsten Ereignissen meines Lebens. Aber dieses Ereignis wurde noch weit übertroffen in seiner Schmerzlichkeit durch den Tod meiner Frau (1967) und meines Sohnes“[1].

Die bedrückenden Zustände, die die wachsende Familie nach dem Zusammenbruch in Bad Kissingen erdulden musste, haben gewiss die Solidarität mit den unvergleichlich hart betroffenen Vertriebenen verstärkt. Nachdem der Prinz Chef des Hauses geworden war, hat er sich (vermutlich hatte er das zuvor schon geplant) sogleich mit den Vertriebenen solidarisiert, indem er an deren Kundgebungen und Veranstaltungen teilnahm. Das blieb so bis 1994. „Ich gehe eigentlich zu keinen Veranstaltungen mehr, nur noch zum Tag der Heimat in Berlin“[2]. Sich zu den Vertriebenen zu stellen, war nie „politisch korrekt“. Die souveräne Persönlichkeit des Prinzen scherte sich nicht darum, dass die Vertriebenen – insbesondere in den elektronischen Medien – beständig geschmäht und als Revanchisten verdächtigt wurden.

---

[1] Louis Ferdinand 1977. Interview mit Henrik Bonde-Henriksen für die Berliner Morgenpost, 07.11.1982. Preußische Mitteilungen 55, 1982

[2] So sagte er zum Verfasser in einem der letzten Gespräche. - Zum Tag der Heimat mit der zentralen Kundgebung in Berlin lädt der Bund der Vertriebenen ein.

Im Sommer 1951 wurde die schwerbeschädigte Kirche St. Marien in Lübeck mit einer würdigen Gedächtnisstätte zum Gedenken an die Vertreibung der Deutschen aus dem östlichen Mitteleuropa wieder eingeweiht. Der Prinz und Prinzessin Kira nahmen am gleichzeitigen „Ostkirchentag" (Treffen der evangelischen Christen aus den Vertreibungsgebieten), dem Festakt mit Bundeskanzler Konrad Adenauer im Stadttheater und der Kundgebung auf dem Marktplatz mit 15.000 Menschen teil[1]. Im Herbst 1951 hielt der Prinz vermutlich seine erste öffentliche Ansprache in der neuen Funktion an der Spitze der Hohenzollern. Anlass war ein Heimatabend der vertriebenen Königsberger in Delmenhorst (zwischen Bremen und Oldenburg). „Meine Frau und ich fühlen uns sehr wohl im Kreise der Heimatvertriebenen, zu denen wir uns zählen". Seit der Königsberger Krönung vor 250 Jahren trage seine Familie den Namen Preußen „mit Stolz". Cadinen und seine Begegnung mit Königsberg am 20. Juli 1944 erwähnte er. Am Ende ließ er die preußische Heimat und das deutsche Vaterland hochleben[2].

Auf seiner Reise in die Vereinigten Staaten im Herbst 1952 sprach der Prinz im Zusammenhang der Vorstellung der amerikanischen Ausgabe seiner Memoiren in New York, Washington, Detroit, Milwaukee, St. Louis und Chikago auch über die Lage der Vertriebenen, Prinzessin Kira stellte vor 500 Menschen im Chikagoer Germania Club ihre Stiftung zugunsten der Vertriebenen vor. Bilder Wilhelms I., Wilhelms II. und Bismarcks schmückten den Saal[3]. Im In- und Ausland, so in einem Aufsatz in der Kopenhagener Berlingske Tidende, Anfang 1955 solidarisierte sich der Prinz mit den Millionen Vertriebenen[4]. Pfingsten 1955 nahm Louis Ferdinand mit seinen beiden ältesten Söhnen an den Feierlichkeiten zum 700 jährigen Bestehen von Königsberg (Preußen) in der Patenstadt Duisburg teil. Vor 50.000 Teilnehmern begrüßte Ostpreußensprecher Gille im Stadion unter Beifall Prinz Louis Ferdinand. Auch bekannte Gille sich zu Preußen[5].

Hechingen hatte mit Oels in Schlesien eine Patenschaft veranlasst durch die gemeinsamen Beziehungen zu Kronprinz Wilhelm (in Oels

---

[1] Tradition und Leben 28/29, August/September 1951

[2] Tradition und Leben, 31, November 1951

[3] Tradition und Leben 43, November 1952

[4] Tradition und Leben 69, 1955

[5] Tradition und Leben 74, 1955

Schlossherr bis 1945). In Erinnerung daran, dass Oels 1255 deutsches Stadtrecht erhielt, fand im Rahmen der Feierlichkeiten ein Wohltätigkeitskonzert für die vertriebenen Oelser auf der Burg Hohenzollern statt. Der Prinz sagte in seinem Grußwort den Oelsern: „Möge unser Glaube immer fester und stärker werden, damit wir alle mit Gottes Hilfe in unsere geliebte preußische Heimat zurückkehren können“[1].

In Bremen ergab sich eine besondere Verbindung zu den Vertriebenen aus Kulm an der Weichsel, der für die Geschichte des Ordenslandes im Mittelalter wichtigen Stadt. Das hatte seine Ursache darin, dass Domprediger Gerhard Tietze, der alle Kinder des Prinzenpaares konfirmierte, bis 1945 in Kulm amtierte[2]. Beim Kulmer Treffen im Herbst 1955 betonte der Prinz, zwar bestehe Preußen nicht mehr als Staat, „aber als menschliche und geistige Kraft lebt Preußen weiter“. Dienst an der Allgemeinheit, Pflichterfüllung und Toleranz sind für ihn die „preußische Idee“. – Er ging dann auf die Vertreibung ein. „Jeder von uns ist behaftet mit dieser klaffenden Herzenswunde, die nie vernarben kann“. Ein Verzicht auf die Heimat komme nicht in Frage, auf sie habe man ein von Gott gegebenes Recht. „Wir alle haben den felsenfesten Glauben, dass wir in unsere Heimat als freie Menschen zurückkehren werden.“ Gott entscheide und höre unsere Gebete. „Wenn unser Glaube stark genug ist, wird er sie erhören … Gott schütze unsere geliebte preußische Heimat und das ganze deutsche Vaterland“[3]. Im ersten „Spiegel“-Interview vom 10. April 1957 sprach der Prinz – ganz auf der Linie der damaligen Bundesregierung – über die Grenzen von 1937. Die Oder-Neiße Linie sei nicht endgültig. Er hoffte, was sich dann dreißig Jahre später als richtig herausstellte, auf einen grundlegenden Wandel in der Sowjetunion. Im Interesse seines Hauses und der Pensionäre unter den ehemaligen Angestellten, für die das Haus zahle, hoffte er beispielsweise auf die Rückgabe des Waldbesitzes[4].

Näher zu einer Rückkehr vertriebener Deutscher in die preußischen Ostprovinzen nahm der Prinz 1962 im „Stern“ Stellung. „Wir können dort zusammenleben. Die Gebiete sind doch sehr entvölkert“. Grenzen

---

[1] Tradition und Leben 76, August 1955

[2] siehe oben Teil III, S. 270

[3] Tradition und Leben 79, 1955

[4] Tradition und Leben 97, 1957

könnten im Rahmen einer europäischen Lösung überwunden werden[1]. Zur Zeit des Kalten Krieges war kaum jemand bereit, auf solche langfristigen Perspektiven einzugehen. Dafür war das politische Denken zu kurzatmig. Im nationalstaatlichen Denken und angesichts relativ klarer Sprachgrenzen im Westen Europas war für die breite Öffentlichkeit ein Miteinander von Menschen verschiedener Sprachen auf dem gleichen Territorium weder vorstellbar noch wünschenswert.

In der Ausgabe seiner Erinnerungen von 1968 beschloss der Prinz sein Buch mit dem später gestrichenen Kapitel: „Der Ansatzpunkt für deutsche Politik"[2]. Gegen Schluss des Kapitels schreibt er, dass er die Hoffnung auf die Rückkehr in die alte Heimat nicht aufgebe, „zwar mehr für uns Ältere, aber doch für die Jüngeren"[3]. Der Prinz schöpfte diese Hoffnung damals aufgrund der „Entspannung" zwischen Moskau und Washington, die zu einer weltweiten Annäherung führen könne. Das erwies sich dann weithin als Illusion. Nach dem Zerfall der Sowjetunion und dem Zwei plus Vier-Abkommen wäre zwar langfristig eine Freizügigkeit denkbar und eine Übersiedlung nach Pommern, Schlesien, Ost- und Westpreußen sowie in die Neumark möglich, aber schon allein die Überalterung und die abnehmende Kinderzahl machen eine solche Übersiedelung zu einem nicht ins Gewicht fallenden Randphänomen.

Prinz Louis Ferdinand, der das gesamtdeutsche Engagement der Sozialdemokraten und nicht zuletzt eine Persönlichkeit wie Willy Brandt geschätzt hatte, ging zur Neuen Ostpolitik der Regierung Brandt/Scheel schnell auf Distanz. Insbesondere lehnte er eine Anerkennung der Oder-Neiße Linie angesichts der Teilung Deutschlands und Europas als sinnlos ab[4]. Ebenso dachte der Präsident des Bundes der Vertriebenen und Bundestagsabgeordneter der SPD, Reinhold Rehs (12.10.1901 – 04.12.1971). Der überzeugte Preuße Rehs war einer der Einladenden zur 1. Jahrestagung des Zollernkreises am 05.07.1969. Der aus Königsberg stammende Rehs hatte den Prinzen zu Europa Kongressen der Vertriebenen nach Saarbrücken und Vaduz geladen.

---

[1] Tradition und Leben 160, 1962

[2] siehe oben Teil III, S. 318

[3] Memoiren 1968, 354

[4] Gespräch mit Kurt Strehl und dem Verfasser, 05.10.1968. SKH Prinz Louis Ferdinand von Preußen zum 75. Geburtstag am 09. November 1982, Moers 1982, 72

In ungewöhnlicher Schärfe betonte der Prinz beim Treffen der nach Baden-Württemberg vertriebenen Danziger am 10. Mai 1970, es sei „absolut nichts gewonnen", sollte von der Regierung Brandt die Oder-Neiße Linie als endgültige polnische Westgrenze anerkannt werden. „Niemand kann von uns verlangen, auf unser Selbstbestimmungsrecht und das Recht auf Heimat ohne die geringste Gegenleistung zu verzichten". Er hoffe, wenn auch die heutige Situation die Grenzen und Demarkationslinien zu verhärten scheine, auf ein Europa ohne Grenzen. Die Anwesenden sollten den Schöpfer um „ein starkes, geduldiges und mutiges Herz" bitten, „damit unser aller Wunsch, die Rückkehr in die alte Heimat doch eines Tages in Erfüllung geht"[1].

Dank seinem Freund Henrik Bonde-Henriksen konnte der Prinz wiederum in der Kopenhagener Zeitung „Berlingske Tidende" einen fast visionären Artikel veröffentlichen: „Warum noch Grenzen?" Während der Moskauer Vertrag vom 12. August 1970 die Anerkennung der Oder-Neiße Linie und des Eisernen Vorhangs postuliert, wünsche sich besonders die junge Generation „ein vereintes Europa ohne Staatsgrenzen". Niemand denkt „nicht einmal im Traum" an gewaltsame Grenzveränderungen. Die Vertriebenen hätten in der Charta der Vertriebenen 1950 erklärt: „Wir verzichten auf Rache und Vergeltung"[2].

Prinz Louis Ferdinand stellte sich im preußischen und deutschen Interesse gegen die „neue Ostpolitik". Auch die Entstehung des Zollernkreises hat mit dieser politischen Situation, in der die preußischen Patrioten enger zusammenrückten, zu tun. Bei der Gründung des Zollernkreises auf der Burg Hohenzollern sagte am Abend des 05. Juli 1969 Reinhold Rehs: der Prinz habe sich bisher im öffentlichen Leben zurückgehalten. Wie diese Zusammenkunft beweise, "steht er heute in der geistigen Auseinandersetzung an erster Stelle"[3].

Anlässlich des 100 jährigen Gedenkens an den 18. Januar 1871 hatte sich der Zollernkreis vorgenommen – angesichts der allgemeinen Geschichtslosigkeit und der Vergesslichkeit selbst in Berlin (das doch an diesem Datum zur deutschen Hauptstadt wurde) eine Tagung in Berlin durchzuführen. Den Vortragssaal in der (alten) Berliner Kongresshalle

[1] Erbe und Auftrag 1970, 75
[2] Erbe und Auftrag 1971, 4
[3] Erbe und Auftrag 1969, 128

im Tiergarten zu füllen und die Tagung ordnungsgemäß durchzuführen, war nur mit Hilfe von Reinhold Rehs und seinen Ostpreußen zu schaffen. Aufforderungen, sich doch schonen zu wollen, wies er nach einem Herzinfarkt und wenige Monate vor seinem Tod am 04.12.1971 mit dem Satz (in der liebenswerten ostpreußischen Mundart) zurück: „Aber Mannche, einer muss es doch tun“[1].

Die Pommern zeichneten sich stets durch besondere Königstreue aus. Zum 09. November 1972 schrieb vermutlich der Geschäftsführer der Landsmannschaft, Wilhelm Hoffmann, dem Prinzen seit langem verbunden, gewiss in Absprache mit dem Pommernsprecher Philipp v. Bismarck (Unternehmer und Abgeordneter der CDU im Bundestag und dann im Europaparlament) einen Artikel: „Ein Freund der Betroffenen.“ Man dankte der Kaiserlichen Hoheit „für seine immer wieder zum Ausdruck gebrachte Verbundenheit mit den Vertriebenen und Flüchtlingen“. „Zu gegebener Zeit könnte es in Deutschland wichtig sein, eine derart repräsentative, in der Welt angesehene Persönlichkeit wie den Chef des Hauses Hohenzollern in die Öffentlichkeit hineinzurufen“[2]. An der Landsmannschaft Pommern schätzte der Prinz das Nachdenken über eine Zusammenarbeit mit den heute in Hinterpommern lebenden Polen, das ständige Gesprächsangebot dieser Landsmannschaft an die polnische Seite, die damalige Zukunftsvorstellung von einem Miteinanderleben von Deutschen und Polen[3]. Auch soll erwähnt werden, dass Prinz Louis Ferdinand in den 1970er Jahren an einer offiziellen Reise teilnahm, zu der der Ministerpräsident von Schleswig-Holstein Gerhard Stoltenberg Pommern und Schleswig-Holsteiner in den amerikanischen Bundesstaat Wisconsin geladen hatte, wo sich um 1840 viele Pommern niedergelassen hatten, die ihre Tradition bis heute pflegen.

Als das vergleichsweise nicht allzu schwierig möglich war, fuhr der Prinz 1974 nach Posen und Westpreußen, begleitet von seinen Söhnen Louis Ferdinand und Christian Sigismund, sowie den in Cadinen geborenen Töchtern Marie Cécile und Kira. Insbesondere die Begegnung

---

[1] Erbe und Auftrag 1972, 14

[2] Erbe und Auftrag 1973, 2

[3] Pommernsprecher Philipp v. Bismarck sprach zweimal mit dem Verfasser über eine Zusammenarbeit der preußischen Vertriebenen Landsmannschaften, mit dem Ziel Preußen herauszustellen; doch daraus wurde nichts.

mit Cadinen war tief bewegend[1]. Anscheinend war dies die einzige Reise des Prinzen in die preußischen Provinzen jenseits von Oder und Lausitzer Neiße.

Das Preußenjahr 1981 hatte darin seine Ursache, dass der neue Berliner Regierende Bürgermeister, Dietrich Stobbe, ein geborener Ostpreuße 1977 in seiner Regierungserklärung nach dem Vorbild der Stuttgarter Staufer–Ausstellung für 1981 eine Preußen-Ausstellung in Berlin (West) angekündigt hatte (sie wurde dann 1981 von Richard v. Weizsäcker eröffnet, der an die Stelle des Sozialdemokraten Stobbe getreten war). Im Preußenjahr 1981 verlieh der Bund der Vertriebenen seine höchste Auszeichnung die Plakette „für Verdienste um den Deutschen Osten und das Selbstbestimmungsrecht" am 12. September 1981 an Prinz Louis Ferdinand[2]. In seiner Dankesrede im Namen der drei Ausgezeichneten sagte der Prinz, dass „wir preußischen Vertriebenen besonders unter der Quarantäne gelitten (haben), die nach dem Zusammenbruch des Hitlerreichs über unsere geschichtliche Vergangenheit verhängt wurde". Plötzlich sei dank der Ausstellungsidee von Dietrich Stobbe alles anders. „Die Renaissance grenzt ans Wunderbare … Wir Heimatvertriebenen empfinden das als teilweise Wiedergutmachung an dem Unrecht, das uns zugefügt wurde"[3].

Im Rahmen der friedlichen Revolution von 1989 und des „Zwei plus Vier-Vertrages" von 1990 bedauerte Louis Ferdinand zutiefst, wie oben dargelegt[4], dass für die Wiedervereinigung mit der Anerkennung der Oder-Neiße Linie ein viel zu hoher Preis gezahlt wurde. – Bremer Schülern sagte er dazu, spätestens ihre Generation werde in einem Europa ohne Grenzen leben[5].

1993 überreichte Herbert Hupka (1915 – 2006), Bundesvorsitzender der Landsmannschaft Schlesien, dem Prinzen auf dem Bremer Wümmehof (aus gesundheitlichen Gründen musste dieser Ort gewählt werden) den Schlesierschild, die höchste Auszeichnung der Landsmannschaft Schlesien. Hupka, ein ausgesprochener „homme des lettres", be-

---

[1] Memoiren 1993, 358 f.

[2] Zusammen mit dem Völkerrechtler Professor Dr. Dieter Blumenwitz und dem langjährigen sudetendeutschen Sprecher Staatsminister a.D. Hans Schütz.

[3] Erbe und Auftrag 1981, 82 f.

[4] Siehe oben Teil III, S. 327

[5] Erbe und Auftrag 1990, 41

zeichnete den Prinzen als „einen vorbildlichen Patrioten, Demokraten monarchischer Tradition und Europäer". Er dankte ihm für seine Identifikation mit Schlesien und den Schlesiern[1].

Anfang 1993 fand auch das letzte Spiegel-Interview auf dem Wümmehof statt. Dabei äußerte der Prinz: „Den Verlust Schlesiens und der anderen deutschen Ostprovinzen empfinde ich sehr schmerzlich, keinesfalls nur, weil zwei Drittel unserer Besitzungen östlich von Oder und Neiße lagen. Aber ich glaube, in einem vereinten Europa wird alles wieder zusammenkommen"[2].

Prinz Louis Ferdinand bezeichnete sich selbst als Optimist. Wie sonst hätte er für die Hohenzollern und Preußen eintreten und den Thronanspruch unentwegt verfechten können? Sein Vertrauen in die Zukunft beruhte auf seinem Gottvertrauen. So konnte er auch den Vertriebenen stets Mut zusprechen und gegen die Verzichtspolitik Stellung beziehen. Weil er an ein einiges Europa ohne Grenzen glaubte, konnte er an eine gemeinsame deutsch-polnische Zukunft für die preußischen Ostprovinzen glauben.

3. Vereinigte Staaten von Europa

Der ungewohnte, vom Prinzen Louis Ferdinand aber häufig gebrauchte Begriff geht auf seine nordamerikanischen Erfahrungen zurück. Gemeint ist damit die Einigung Europas – nicht die Verschmelzung zu einer neuen Nation, sondern der Zusammenschluss freier Völker und Länder. Dabei geht der am Kaiserreich von 1871 orientierte Blick des Prinzen weit über den Eisernen Vorhang und reicht bis Wladiwostock, dem russischen Pazifikhafen.

Das Scheitern der Europäischen Verteidigungsgemeinschaft an der französischen Nationalversammlung 1954 entmutigte ihn nicht. Er setzte darauf, dass sich die Jugend Europas einigen wird[3].

In das denkbar unruhige Jahr 1968 mit der „Studentenrevolution" fiel auch die Umfrage der Illustrierten „Quick": Wen wünschen Sie als Bundespräsidenten? In dem Interview nach dem überzeugenden Er-

---

[1] Erbe und Auftrag 1993, 9

[2] Spiegel Special 2/1993, 18

[3] Artikel in Berlingske Tidende. Tradition und Leben 69, 1955

gebnis für ihn sagte der Prinz: „Ich habe volles Verständnis für die aufbegehrende Jugend. Gesetzesübertretungen und chaotische Zustände billige ich jedoch nicht". Er fährt dann fort, die Jugend brauche ein Ideal. Das seien eigentlich die „Vereinigten Staaten von Europa", „aber genau das hat man unseren jungen Leuten versaut"[1]. Gemeint waren damit die kleinlichen Streitigkeiten der Politiker und die Haltung mancher Funktionäre.

Von seiner gesamtdeutschen und gesamteuropäischen Warte aus hat sich Louis Ferdinand stets für neue Entwicklungen nach dem erhofften Ende der Blöcke bereitgehalten. So sagte er – dreißig Jahre nach Ausbruch des Zweiten Weltkrieges – beim Kadettentag auf der Burg Hohenzollern am 01.09.1969 zum Schluss: „Gebe Gott, dass dieser Zeitpunkt, an dem unser Volk und vor allem unser altes Europa nicht mehr geteilt ist, bald erreicht wird"[2].

Den Vorschlag, bei der 2. Jahrestagung des Zollernkreises den Präsidenten der Paneuropaunion Erzherzog Otto von Österreich (Dr. Otto von Habsburg) auf der Burg Hohenzollern als Referenten sprechen zu lassen, fand der Prinz überzeugend. Der Erzherzog referierte über „Europa in der weltgeschichtlichen Entwicklung". Der Prinz begrüßte seinen hochgeschätzten Vetter als „die personifizierte Europa-Idee"[3].

Ähnlich wie 1955 in der gleichen Zeitschrift, schrieb der Prinz am 14. Oktober 1970 in der Kopenhagener Berlingske Tidende, dass die Jugend sich ein Europa ohne Grenzen wünsche[4].

In der kurzen Stellungnahme, die der Prinz am 18. Januar 1971 in der Magazin-Sendung „Panorama" zum sonst kaum beachteten Gedenken an die maßstabsetzende Einigung Deutschlands 1871 abgeben konnte, sagte er: „Ich wünsche dem deutschen Volk, dass es wieder zusammenfindet, aber dass außerdem alle Europäer zusammenkommen – und zwar in einer höheren übernationalen Ordnung"[5].

---

[1] Erbe und Auftrag 1968, 124
[2] Erbe und Auftrag 1970, 28
[3] Erbe und Auftrag 1970, 98
[4] Erbe und Auftrag 1971, 2
[5] Erbe und Auftrag, 1971, 69

Anlässlich eines Besuchs bei seiner verwitwet in Amarillo (Texas) lebenden Schwester Cecilie (1917 – 1975) äußerte er seine Hoffnung auf die Vereinigten Staaten von Europa[1].

1975 unternahm Louis Ferdinand mit den Hamelner Eisenbahnfreunden seine erste Russlandreise. Sie führte über die Transsibirische Eisenbahn bis nach Nachodka am Stillen Ozean[2]. Wladiwostok war damals eine der vielen für Touristen verbotenen Städte. Wie alle Reisenden durch das eigentliche Sibirien fühlte sich auch der Prinz niemals in Asien, sondern immer in einem russisch geprägten Teil Europas (zumal der Ural nur für die Theorie eine Grenze darstellt). Zumindest seit dieser Reise sprach der Prinz von Europa als von Gibraltar bis Wladiwostok reichend. Die Frage, ob Russland nicht innerhalb seiner Ausdehnung eine besondere Rolle spielt und die Russen gar nicht mit dem übrigen Europa gleichgesetzt werden wollen, blieb dabei außen vor. Richtig ist es, wenn der Burgherr zur Eröffnung der Zollernkreistagung 1975 der Versammlung sagte, dass es „dem Haus Romanow und dem russischen Volk" gelang, „diese ungeheure Landmasse europäisch zu besiedeln. Die dort herrschende Ideologie hat mit dieser welthistorischen Leistung überhaupt nichts zu tun"[3].

Gegen Schluss seiner bedeutenden Rede bei der Bremer „Eiswette" 1984 unterstrich er, dass alle europäischen Völker die „Vereinigten Staaten von Europa" bilden würden, wenn die Freiheit für den Osten kommt[4].

Selbstverständlich setzte er sich im weltpolitischen Umbruch von 1989/90 für Europa ein. So sagte er 1990 der Bremer Schülerzeitung „Enfant terrible": „Die Vereinigten Staaten von Europa sollten für alle das Fernziel sein, selbstverständlich unter Einbeziehung Osteuropas und Russlands"[5]. Bei der Jahrestagung des Zollernkreises am 29. September 1990, also unmittelbar vor dem 03. Oktober äußerte er zur schmerzlichen Abtretung der preußischen Ostprovinzen:[6] „Dass dieses völlig anachronistisch ist, weiß jeder normale Mensch. Aber es gibt

---

[1] Interview im Amarillo Globe, 17.06.1971. Erbe und Auftrag 1971, 111
[2] Memoiren 1993, 348 – 353
[3] 26.07.1975, Erbe und Auftrag 1975, 110
[4] Preußische Mitteilungen 61, 1984
[5] Erbe und Auftrag 1990, 41
[6] Vergleiche oben Teil III, S. 327

auch einen Trost. Die Geschichte wird diese ungeheuerliche Ungerechtigkeit beseitigen. Sicherlich wird Polen eines Tages einem vereinten Europa angehören wollen". Europa von Gibraltar bis Wladiwostok „wird überhaupt keine Grenzen mehr kennen. Aus diesem Grunde werde ich mir die Freude und Dankbarkeit meinem Schöpfer gegenüber am 03. Oktober nicht verderben lassen in der Zuversicht und dem unerschütterlichen Glauben an Gottes Allmacht"[1].

Eine letzte große Rede – aus dem Stehgreif – hielt Prinz Louis Ferdinand am 8. April 1993 im Pommern-Zentrum in Lübeck-Travemünde. Unter der Leitung von Hartmut ler hatte die Frühjahrstagung der „Senioren-Akademie Lübecker Bucht" das Thema „Preußen - Brücke zum Osten". Prinz Louis Ferdinand hatte die Schirmherrschaft übernommen. Als zu Beginn der bis zum 09. April gehenden Tagung Pastor Gerhard Engel, der Vorsitzende der Senioren-Akademie den Prinzen um sein Wort bat, sprach der Prinz (ohne Stichworte) druckreif zum Thema Preußen und Russland. Er kam selbstverständlich auf seine Gemahlin zu sprechen, auf seine Sibirien-Reise und besonders auf Russlands Anteil an der Weltenwende 1989/90. Sein Europa der Zukunft reichte von Gibraltar bis Wladiwostok und gipfelte in einem Bekenntnis zur deutsch-russischen Freundschaft. – Wer den Prinzen schon oft hören durfte, konnte nur staunen, wie großartig der 85 jährige fast eine halbe Stunde referiert hatte. Was Fontane von seinem „Stechlin" sagt: „wie er zuletzt war, war er eigentlich", schien auch hier zu gelten (leider gibt es keine Tonbandaufzeichnung, kein Protokoll über diese großartige Rede). Der Verfasser sprach anschließend über „die preußisch-russischen Beziehungen", wobei er Russland und Nordamerika als Weltmächte (oder mögliche Weltmächte) nicht in ein vereintes Europa eingebunden sehen wollte. – Prinz Louis Ferdinand sagte ihm anschließend, Prinzessin Kira hätte dieser Meinung entschieden widersprochen[2].

Was der Prinz fast visionär voraussagte, den Zusammenbruch des Kommunismus, die deutsche Einheit, die europäische Einigung, ist noch zu seinen Lebzeiten eingetreten. Alle kopfschüttelnden Skeptiker und angeblichen Realisten hatten sich getäuscht. Durch die Zeitenwen-

---

[1] Preußische Mitteilungen 101, 1990

[2] Knapper Hinweis auf die Prinzenrede: Erbe und Auftrag 1994, 62

de 1989/90 wurde Prinz Louis Ferdinand – wie wenige – bestätigt. Nur der Verlust der preußischen Ostprovinzen schmerzte tief.

4. Monarchie für Deutschland

Wie oben[1] geschildert, gab es schon früh Überlegungen, mit oder ohne amerikanische Billigung Deutschland zu einer parlamentarischen Monarchie umzugestalten. Am 18. Januar 1951, dem Tag an dem dreihundert Jahre zuvor das Königreich Preußen mit der Krönung Friedrichs I. in Königsberg seinen Weg begann, hielt der Inhaber des Lehrstuhls für Religions- und Geistesgeschichte an der Universität Erlangen, Hans-Joachim Schoeps (1909 – 1980) seine viel beachtete Rede „Die Ehre Preußens" (Stuttgart 1951). Sie endete mit einem eindeutigen Bekenntnis zur Monarchie. Nach der Beisetzung des Kronprinzen gab es am 10. Oktober 1951 eine Debatte im Bundestag über die Monarchie[2].

Vom 05. bis 06. Januar 1952 lud Hans-Joachim Schoeps einen Kreis von achtzehn Freunden und Bekannten nach Marburg (Lahn), um mit ihnen zu überlegen, wie man zu einer Monarchie mit Prinz Louis Ferdinand an der Spitze gelangen könnte. Es war eine vertrauliche Zusammenkunft, an Geheimbündelei aber war nicht gedacht. Vielmehr war der Präsident des neuen Bundesamtes für Verfassungsschutz Otto John informiert. So gut wie alle setzten sich für den Prinzen als Monarchen ein. Hans-Joachim v. Merkatz meinte, eine Monarchie käme nur für das ganze Deutschland in Frage; freilich erwartete er die Wiedervereinigung in naher Zukunft. Die Wahl des Prinzen zum Bundespräsidenten hielt er für einen Umweg. Am 6. Januar fragte Schoeps direkt, wie man den monarchischen Gedanken verbreiten und Louis Ferdinands Anspruch auf die deutsche Krone geltend machen könne. Werner Hiltmann, Geschäftsführer des Bonner Johanniter-Krankenhauses, schlug vor, das Arbeitsprogramm mit dem Prinzen abzusprechen, Arbeitskreise zu bilden und eine Zentralkartei aller monarchisch Gesinnten anzulegen. Er teilte auch mit, dass der Prinz ein solches Vorgehen billigen würde. Schoeps schlug vor, dass der Prinz an die

---

[1] siehe oben Teil III, S. 284
[2] siehe oben Teil III, S. 288

Spitze einer überparteilichen Organisation tritt, etwa als Präsident des Deutschen Roten Kreuzes oder im Rahmen der Vertriebenen. Damit solle erreicht werden, dass Louis Ferdinand stärker in das öffentliche Bewusstsein rückt – mit den von ihm inaugurierten Konzerten allein könne es nicht gelingen, in der Politik wahrgenommen zu werden. Der Bundestagsabgeordnete v. Merkatz, neben Schoeps die beherrschende Figur der Tagung, meinte nunmehr, man könne einen Prinz-Präsidenten anstreben. – Werner Hiltmann erklärte sich bereit, die Büroarbeiten zu übernehmen. „Bund für deutsche Erneuerung“ ist sein Vorschlag. Merkatz, Direktoriumsmitglied der Deutschen Partei, wollte mit dem Präsidium des Roten Kreuzes sprechen. „Die jetzt schon vorhandenen Anwärter auf die Stellung würden bei einer Kandidatur (des Prinzen) vermutlich freiwillig ausscheiden“. Grüße an die Tagung hatten Chefredakteur Erik Reger vom Berliner „Tagesspiegel“, Botschafter Otto v. Hentig und der sozialdemokratische Bundestagsabgeordnete Bromme geschickt, ferner der Rechtshistoriker Ernst Rudolf Huber. Huber hatte seinem Freund Schoeps ein Gutachten gesandt, wonach das Grundgesetz (trotz Artikel 20 und 28) eine Monarchie für das wiedervereinigte Deutschland nicht verbiete. Entscheidend sei, wie sich das Bundesverfassungsgericht dazu stelle. Ein Plebiszit über die Staatsform des einigen Deutschland sei unverzichtbar, wenn auch in den Augen von Royalisten dergleichen undenkbar sei[1].

1953 erschien die Schrift von H.-J. Schoeps: „Kommt die Monarchie?“ Am Schluss der Broschüre wird Prinz Louis Ferdinand als Monarch empfohlen[2].

Vom 03. bis 04. Januar 1953 lud Schoeps nach Eltville (Rheingau) zu einer 2. Konferenz ein. Man nannte sich „Arbeitskreis zum Studium mitteleuropäischer Fragen“. Staatssekretär a.D. Hans Joachim v. Rohr, ein Referent des Bundestagspräsidenten Hermann Ehlers, der persönliche Referent des Bundesarbeitsministers Storch, Regierungsrat v. Cramer aus dem Kanzleramt Adenauers, der Geschäftsführer der neuen Partei Block der Heimatvertriebenen und Entrechteten (BHE) Zernath waren erschienen, dazu die meisten der in Marburg Versammelten. Der bald darauf verstorbene Erik Reger vom Berliner Tagesspiegel schlug

[1] Nachlass Franz Sontag
[2] Ulm 1953, 68

vor, eine Partei mit dem einen Programmpunkt „Monarchie" zu gründen. Darauf konnte man sich nicht einigen.

Beschlossen wurde, dass sich Schoeps und Merkatz Anfang März 1953 bei Professor Dr. Friedrich Kreppel[1] treffen sollten, um ein „Monarchistisches Manifest" auszuarbeiten. Ein „Volksbund für Monarchie" sollte die geplante Neuausrichtung der deutschen Politik stützen. Der erste Präsident des Bundesamtes für Verfassungsschutz Otto John, seit den gemeinsamen Tagen bei der Lufthansa und im Widerstand lebenslanger Freund des Prinzen und Prätendenten, sollte das Manifest prüfen[2]. Man vertraute auf den evangelischen Flügel der CDU um Ehlers (verstorben 1954) und Gerstenmaier. Bei der SPD hatte man nur Kontakt zu einer Randfigur: dem Berlin- Kreuzberger Bezirksbürgermeister Willy Kreßmann, Freund von Louis Ferdinand. Dann erfuhr der „Spiegel" von der Sache und enthüllte die Pläne am 03. März 1953. Die Presse stürzte sich mit entschiedener Ablehnung auf Schoeps und seine Freunde, so dass viele seiner Sympathisanten zurückschreckten. Nicht so Hans-Joachim Schoeps, der sein Leben lang der veröffentlichten Meinung widerstrebte. Mitte 1954 teilte Schoeps dem Prinzen mit, dass er im Herbst des Jahres einen „Volksbund für Krone und Reich" gründen wolle[3]. Als Gründungstermin war angeblich der 01.10.1954 vorgesehen. Dem Präsidium sollten neben Kreppel und Merkatz, Friedrich Holzapfel, zuvor bundesdeutscher Gesandter in Bern, und Hans Schlange-Schöningen (1886 -1960, Reichsminister im Kabinett Brüning, 1950 -1955 Vertreter der Bundesrepublik in London, seit 1953 als Botschafter) angehören. H. v. Massenbach sollte die Chefredaktion der geplanten Zeitschrift übernehmen, Prinz Louis Ferdinand zum Bundespräsidenten vorgeschlagen werden[4].

Wie konkret die Pläne waren, ist nicht ganz klar. Jedenfalls berichtete die Presse Mitte 1954 ausführlich über den geplanten Volksbund für

---

[1] Damals beim Evangelischen Hilfswerk in Stuttgart, später Rektor der Pädagogischen Hochschule Kaiserslautern; Weggefährte von Schoeps seit den Tagen der Bündischen Jugend.

[2] Am 20. Juli 1954 wurde er nach Ost-Berlin verschleppt, wie O. John es darstellte. Der Prinz verteidigte seinen Freund stets gegen den Vorwurf, er sei freiwillig zu den Kommunisten gegangen.

[3] Der Spiegel, 04.08.1954

[4] Der Spiegel, 04.08.1954

Krone und Reich. Wer an Schoeps deshalb schrieb, bekam die Mitteilung, die Sache müsse noch reifen. Einstweilen möge man die Zeitschrift „Tradition und Leben" bestellen (der alte Name „Briefe für Tradition und Leben" wurde 1954 verkürzt zu „Tradition und Leben") oder der kurze Zeit bestehenden preußisch-monarchistischen Arbeitsgemeinschaft für deutsche Tradition in Lübeck beitreten[1]. Die Popularität und die Gewissheit einer Wiederwahl von Theodor Heuß zum Bundespräsidenten 1954 wirkten für Schoeps und seine Freunde als eine gewisse Bremse für ihre Bestrebungen. Man musste erkennen, dass sich die Westdeutschen zusehends an die erfolgreiche Bonner Republik gewöhnten. Die Zahl der Monarchisten, Anfang der 1950er Jahre vermutlich die Mehrheit der Deutschen, begann zu sinken.

Ende 1954 war der Generalbevollmächtigte des Prinzen Louis Ferdinand, Graf Carl Hans v. Hardenberg bei Franz Sontag und fragte ihn nach den Aussichten einer monarchistischen Bewegung, wenn eine bis zwei Millionen Mark dafür zur Verfügung stünden. Woher das Geld kommen sollte (vielleicht aus dem Hause Hohenzollern?) und ob es wirklich vorhanden war, wird nicht klar[2].

Sontag erfuhr in Bonn, dass Fabian v. Schlabrendorff, mit Hardenberg befreundet, die Schlüsselfigur sei und über sechs bis sieben Millionen Mark verfüge[3]. Doch Anfang Februar erwies sich, wie Sontag Hardenberg und im Durchschlag Schlabrendorff wissen ließ, die ganze Sache als Wunschtraum. Sontag kreidete Schlabrendorff das Scheitern an. Sontag erinnerte Schlabrendorff an die folgenlose Besprechung am 05.02.1949 im Bonner „Königshof" und an die Marburger Zusammenkunft[4].

Schlabrendorff war 1954 in Washington bei John Foster Dulles (1888-1959, Außenminister 1953-1959) und fragte ihn, wieweit das State Departement eine monarchische Bewegung in Deutschland unterstützen könne. Dulles meinte, es gebe im Kongress ein großes Geschrei,

---

[1] Für den ganzen Komplex: Joachim Selzam: Monarchistische Strömungen in der Bundesrepublik Deutschland. Diss. Erlangen-Nürnberg 1994, 47 f; der Verfasser erhielt ein solches Rundschreiben von Schoeps).

[2] Notiz Sontag, 21.12.1954, Nachlass Sontag

[3] F. von Schlabrendorff: Begegnungen in fünf Jahrzehnten, Tübingen 1979, 241 – 253

[4] An der nahm Sontag teil, Schlabrendorff nicht. Sontag an Hardenberg, 05.02. und an Schlabrendorff, 07.02.1955. Nachlass Sontag.

wenn dergleichen bekannt würde, weshalb eine solche Hilfe nicht möglich sei. Er empfahl, eine der nichtstaatlichen amerikanischen Stiftungen einzuschalten. Schlabrendorff sagte zu Sontag und August Heinrichsbauer in Bonn: „An sich habe das State Departement gegen eine etwaige Wiederherstellung der Monarchie in Deutschland nichts einzuwenden, weil es sich hier um eine innerdeutsche Angelegenheit handele, vorausgesetzt, dass dadurch die demokratische Grundlage des Staates nicht bedroht werde". General Clay, jetzt in der Wirtschaft tätig, habe sich im Gespräch mit Schlabrendorff als aufgeschlossen für die monarchische Idee gezeigt und geäußert: „Wir sind Amerikaner und sehen alle Fragen zunächst vom wirtschaftlichen Standpunkt"[1].

Auch nach Ansicht der Amerikaner war die Frage des Prätendenten entscheidend. In diesem Punkt dachten Sontag, Heinrichsbauer und Schlabrendorff anders als der Kreis um Schoeps. Sie lehnten Louis Ferdinand ab, hatten aber keinen anderen Bewerber. Dennoch entwarf Sontag ein Organisationsmodell für einen „Volksbund Krone und Reich". Als für ein leitendes Amt geeignete ältere Staatsmänner hielt er Reichskanzler a.D. Heinrich Brüning (lehrte damals in Köln Politische Wissenschaft, Ende 1954 hatten Sontag und Hardenberg in getrennten Begegnungen mit ihm gesprochen), Staatsekretär a.D. v. Rohr, Reichsminister v. Keudell, Hermann Rauschning, Staatsminister a.D. v. Rheinbaben. Bei aktiven Politikern dachte man an Fürst Bismarck und Dr. Dresbach (CDU), Erich Mende, Achenbach, Lothar Steuer und Prinz Hubertus zu Loewenstein (alle FDP), v. Merkatz (Deutsche Partei), v. Kessel, Reinhold v. Thadden-Trieglaff und Martin Niemöller (!).

Da man Prinz Louis Ferdinand „infolge seiner sehr umstrittenen und anfechtbaren Persönlichkeit" ablehnte, schlug Fabian v. Schlabrendorff Markgraf Berthold von Baden[2] vor. Ob Markgraf Berthold überhaupt gefragt wurde, ist zweifelhaft. Jedenfalls verlief diese Initiative wie die Planung von 1947 bis 1949 im Sande.

Hätten sich die Herren ernsthaft mit Louis Ferdinand unterhalten, wären sie vielleicht anderen Sinnes geworden. Dann wäre es vielleicht aussichtsreich gewesen, in Zusammenarbeit mit Hans-Joachim Schoeps

[1] Aufzeichnung Sontags über das Gespräch am 04.04.1955, Nachlass Sontag.

[2] 1906 – 1963, Sohn des Reichskanzlers Prinz Max von Baden, Chef des Hauses Baden. Nachlass Sontag.

und seinem im Altersdurchschnitt jüngeren Kreis die Zeit vor der Wiederwahl von Theodor Heuß zu nutzen. Vermutlich hatte Sontag recht, als er Graf Hardenberg (der sich übrigens, obgleich sein Generalbevollmächtigter, nicht für Louis Ferdinand stark machte) am 17. März 1955 schrieb: „Es scheint mir der richtige Augenblick zum Start gegeben und so günstig zu sein, wie es bisher niemals der Fall war“[1].

Keine altgedienten Politiker, keine Publizisten, keine Intellektuellen, sondern schlichte Bürger standen hinter der „Volksbewegung für Kaiser und Reich“. Der Lehrer Walter Hannemann und der Diplom Kaufmann Wilhelm Werth in Wetter (Ruhr) hatten seit Herbst 1954 miteinander Kontakt und gründeten am 18. Januar 1955 (also am Gedenktag der Kaiserproklamation 1871) ihre „Volksbewegung“ und gleichzeitig die unregelmäßig erscheinende Zeitung „Kaiser und Reich“. „Kaiser und Reich“ wurde in der Druckerei von Werths Schwiegervater in Wetter dann und solange gedruckt, wie Geld vorhanden war. Das Blatt erschien in hoher Auflage und schaffte es, vielerorts sogar an Zeitungskiosken angeboten zu werden. Die Mitarbeiter der kleinen örtlichen Gruppen waren ausgesprochen schlichte Idealisten[2].

Nach Erscheinen der Nr. 2 von „Kaiser und Reich“ sprach sich Heinrich Freiherr v. mit seiner Zeitschrift „Tradition und Leben“ gegen die „Volksbewegung“ aus[3]. Die Voraussetzungen für eine Volksbewegung fehlten. „Man kann nicht Massen mobilisieren, um sie auf der Stelle treten zu lassen“. Mit Hans-Joachim Schoeps wolle man die Monarchie erst im Zusammenhang der Wiedervereinigung[4]. Im November 1957 wurde in Nr. 11 von „Kaiser und Reich“ von Wilhelm Werth die Stiftung eines „Grünen Kreuzes“ am schwarzweißroten Band bekannt gemacht. Es sollte denjenigen verliehen werden, die sich um die Monarchie und die Wiedervereinigung verdient gemacht hatten[5]. Es gelang dem Vorsitzenden Werth nicht, die Monarchisten um sich zu sammeln. Die einzige ernsthafte monarchistische Gruppierung um die Zeitschrift „Tradition und Leben“ stellte sich gegen ihn[6]. Prinz

---

[1] Nachlass Sontag

[2] Gespräch mit W. Werth; eigene Kenntnisse.

[3] Ebenso gegen die neu gegründete, unbedeutende Monarchistische Partei.

[4] Tradition und Leben 78, Oktober 1955

[5] Tradition und Leben 104, Dezember 1957

[6] Tradition und Leben 119, März 1959

Louis Ferdinand empfing Hannemann und Werth „einmal und nie wieder", wie sich der Prinz ausdrückte[1]. Bald war die Episode zu Ende.

Auch die in Deutschland nunmehr aufkommende Demoskopie, an der Spitze das Institut von Elisabeth Noelle-Neumann in Allensbach (am Bodensee) befasste sich mit der Anhängerschaft der Monarchie. Prinz Louis Ferdinand hatte mehrfach solche Umfragen veranlasst. Im Juni 1956 sprachen sich 26 Prozent der Befragten für die Wiedereinführung der Monarchie aus[2]. Etwas mehr als 10 Prozent waren regelmäßig und über ganz Deutschland verteilt in jenen Jahrzehnten und auch später für die Monarchie. Das ist insofern überraschend, als für den Gedanken praktisch in der Öffentlichkeit nicht geworben wurde und Monarchisten im Allgemeinen als vorgestrig galten und lächerlich gemacht wurden.

Andererseits war Prinz Louis Ferdinand demoskopisch eine Größe. Bei 62 Prozent der Befragten war er bekannt. Ein Prozentsatz, den – abgesehen von Tagesgrößen – kaum jemand erreicht[3]. Die Londoner „Times" schrieb nach der Friedrich-Feier 1962[4], ein ungenannter CDU Politiker habe gesagt, bei einem Volksentscheid stimmten 80 Prozent für die Monarchie[5].

In seiner Ausgabe vom 10. April 1957 brachte der „Spiegel" ein Interview mit dem Chef des Hauses Hohenzollern. Da Kaiser Wilhelm II. und Kronprinz Wilhelm lediglich für ihre Person auf die Krone verzichtet hätten, bestünde – so Louis Ferdinand – ein legitimer Anspruch. Es sei Angelegenheit des deutschen Volkes, über die Staatform zu entscheiden. Einem Ruf des Volkes werde er sich nicht verschließen, wenn „die freiheitlichen Institutionen durch eine solche Lösung garantiert, ja vielleicht gestärkt würden". Die Wiedervereinigung sei die Voraussetzung für die Rückkehr der Monarchie[6].

Die damals angesehene, ausgesprochen kultivierte Illustrierte „Kristall" sprach mit dem Prinzen aus Anlass der Feierlichkeiten zum 900 jährigen Gedenken an die erste Erwähnung der Zollern. Zwei Sätze sei-

---

1 Äußerung H. v. Massenbachs zum Verfasser
2 Frankfurter Allgemeine Zeitung, 12.01.2005, Seite 37
3 Erbe und Auftrag 1968, 122
4 siehe oben Teil III, S. 298
5 Tradition und Leben 160, August 1962
6 Tradition und Leben 97, Mai 1957

en aus dem Interview zitiert: „Als parlamentarischer Monarch würde ich versuchen, einen ausgleichenden Faktor zu bilden und Menschen aus allen Kreisen heranzuziehen, die gewillt sind, die Freiheit als das höchste Ideal zu verwirklichen. Und die soziale Gerechtigkeit … Parteilichkeit kann ich mir nicht leisten“[1].

Aus Anlass der 900 Jahrfeier des Hauses Hohenzollern brachte die „Neue Deutsche Wochenschau“ in ihrer Ausgabe vom 02. Juni 1961 ein Interview mit Prinz Louis Ferdinand, aufgenommen auf der Burg Hohenzollern. Der Prinz halte, so hieß es dort, eine Monarchie in Deutschland für „nicht unmöglich“. Das Volk entscheide, sein Haus hielte sich bereit. Die Überparteilichkeit und Dauerhaftigkeit der Monarchie garantierte am besten die persönliche Freiheit. – In einer distanzierenden Kritik schrieb die eher konservative Wochenzeitschrift „Christ und Welt“ (gegründet von Eugen Gerstenmaier), der Prinz sei leicht nervös gewesen. Sein Auftritt habe im Kino Gelächter ausgelöst. Das Blatt meinte, so zerstöre man den letzten Respekt vor den Hohenzollern und Preußen[2].

Die Wochenschau als Institution wurde dann schnell durch das Fernsehen abgelöst. Im Fernsehen waren die Hohenzollern viele Jahre – gewiss absichtlich – nicht zu sehen. Am 01. März 1962 wirkte der Prinz im Berliner Norddeutschen regionalen Fernsehen bei der Sendung „Hand aufs Herz“ mit. Mit ihm wurden ein sozialdemokratischer und ein christlichdemokratischer Politiker interviewt. Der Prinz wiederholte: über die Staatsform habe das Volk zu entscheiden, sein Haus werde sich der Aufgabe nicht entziehen[3].

Im Vorfeld der Neuwahl des Bundespräsidenten 1969 hatte die damals weit verbreitete, in München erscheinende Illustrierte „Quick“, Hauptkonkurrentin des „Stern“, in ihrer Ausgabe Nr. 39 vom 26. September 1968 Prinz Louis Ferdinand neben 11 Parteipolitikern als Kandidaten für das höchste Amt vorgeschlagen. Der Prinz lag bei den Lesern mit 39,8 Prozent weit vorn. – Die Bild-Zeitung fragte daraufhin am 02.11.1968: „Deutsche, wollt ihr wirklich einen Prinzen?“ 55,6 Pro-

---

[1] Tradition und Leben 148, August 1961; siehe auch oben Teil II, Interview, S. 140

[2] Tradition und Leben 146, Juni 1961. Auch in Göttingen wurde bei der Wochenschau gelacht.

[3] Tradition und Leben 155, März 1962

zent wollten Louis Ferdinand[1]. Der vorher nicht informierte Prinz war über beide Rundfragen völlig überrascht.

1966 hatte der aus der Bukowina stammende Publizist Gregor v. Rezzori eine Fernsehsendung „Erben des Ruhmes. Die Hohenzollern gestern und heute" gedreht. Sie wurde erst nach der Wahl von Gustav Heinemann zum Bundespräsidenten am 08.01.1969 gezeigt. Warum? Es bestanden beim Fernsehen gewiss grundsätzliche Bedenken, indirekt für die Monarchie zu werben. Auch muss man den unruhigen Zeitgeist jener Jahre der „Studentenrevolution" bedenken. Rezzori hat keine faire Sendung produziert. Der himmelweite Unterschied zwischen dem preußischen Rechtsstaat und dem totalitären Nationalsozialismus war ihm unbekannt. Die Bilder vom zerstörten Berlin 1945 wurden als „das Ende Preußens" dokumentiert. Die Deutsch Nationale Volkspartei wurde mit Preußen gleichgesetzt und über diese Partei wurden Hitler und der Zweite Weltkrieg Preußen angelastet. Der Prinz wurde nach einer monarchistischen Bewegung gefragt, wies den Ausdruck zurück und sprach von einem „Unterstrom, der sich aus verschiedenen Motiven nährt". – Es passte gut ins Bild, dass man in Berlin Dr. Arnold fand, der eine eigene von W. Werth unabhängige Gruppe „Kaiser und Reich" in Berlin gegründet hatte und sich in der Sendung zur rechtsradikalen NPD bekannte. Er musste freilich zugeben, keine Beziehungen zu den Hohenzollern zu haben. Zum Schluss wurden Bilder von der Trauung der ältesten Tochter des Prinzenpaares mit Herzog Friedrich August von Oldenburg am 03.12.1965 in der Berliner Kaiser Wilhelm-Gedächtniskirche gezeigt. Die Schaulustigen wurden als „Unzeitgemäße" und die Monarchie als „Fetisch" verhöhnt[2].

Am 05. Juli 1969 wurde auf Einladung von Prinz Louis Ferdinand auf der Burg Hohenzollern in Zusammenarbeit mit dem Vorstand der 1956 gegründeten Arbeitsgemeinschaft zur Förderung des monarchischen Gedankens „Tradition und Leben" der „Zollernkreis" gegründet. Redner war Hans-Joachim Schoeps mit dem Thema: „Preußen-

---

[1] siehe nächstes Kapitel

[2] Erbe und Auftrag 1969, 37 f.

Geschichte und Gegenwart". Der Prinz, der Schoeps gut kannte[1], begrüßte ihn treffend als „Verkörperung der Zivilcourage".

89 Empfang der Gäste bei der 1. Jahrestagung des Zollernkreises 1969. Vorn links: Prinz Louis Ferdinand (junior), Fürst Friedrich Wilhelm von Hohenzollern und Prinz Louis Ferdinand

Für Schoeps bleibt Preußen „doch ein Sinn- und Leitbild für zukünftige Ordnungen auch über Leerstrecken hinweg. Preußen ist ohne seine Könige undenkbar. Der Königsgedanke ist nicht zu ersetzen. Wenn wir auch nicht wissen, wann der Anspruch auf die deutsche Kaiserkrone und die preußische Königskrone realisiert werden kann, halten wir doch an Prinz Louis Ferdinand als unserem Prätendenten fest". Schoeps bekannte sich zum Erbe des 20. Juli 1944, das wenig geachtet werde. In der jetzigen Krise spüre man, dass es im heutigen Staat an einer Idee fehle. Der aktuelle Kampf gegen die Anarchie müsse mit Reformen gekoppelt werden[2]. Der Zollernkreis als preußische Gruppie-

---

[1] So nahm er im November 1968 an der Tagung der von Schoeps geprägten „Gesellschaft für Geistesgeschichte" in der Evangelischen Akademie Hofgeismar und am 30.01.1969 an der Feier zu Schoeps 60. Geburtstag in Erlangen teil.

[2] Erbe und Auftrag 1969, 127 f.

rung war und ist keine royalistische Vereinigung; er umfasst demokratische Republikaner und demokratische Monarchisten[1].

Anlässlich seines 65. Geburtstages am 09.11.1972 sagte er zu seiner Rolle als Thronanwärter: „Das Unbefriedigende an dem Job ist, man muss immer so tun als ob. Ja, es wird erwartet, dass man sich immer so verhält, als wäre man wirklich der Thronanwärter, als hätten wir noch immer Monarchie“[2]. Er sei fast ohne Privatsphäre. Er betrachte es aber als „eine Verpflichtung, die Tradition fortzusetzen und das Haus Preußen zu repräsentieren … Ich habe mich immer auf dieses Amt vorbereitet“. Sein Vorbild wäre der Bürgerkönig Frederik IX. von Dänemark, sein Vetter. „Ich wäre ein Bürgerkaiser geworden“. Über eine Rückkehr zur Monarchie – nach der Wiedervereinigung – könne er sich nur freuen[3].

Am 08. Juli 1980 starb Hans-Joachim Schoeps in Erlangen. Der Prinz hat seine großen Verdienste stets anerkannt. Er habe die Fahne Preußens durch Jahrzehnte hochgehalten und sich unentwegt auf Vortragsreisen und in Büchern für das Königtum der Hohenzollern eingesetzt (Worte des Prinzen bei der 10. Jahrestagung 1979 des Zollernkreises 15.09.1979. Der Prinz gedachte der ersten Jahrestagung mit Schoeps als Referenten. Auch wünschte er dem erkrankten Schoeps baldige Wiederherstellung)[4].

1976 entstand beim IX. Kongress der Unione Monarchica Italiana in Rom und nach einem Vortrag des Verfassers über den „Monarchischen Gedanken in Europa“ die Idee, eine „Internationale Monarchisten Union“ zu gründen. Die Idee ist nach einigen guten internationalen Ansätzen versandet. Der Motor war der Italiener Professor Guiseppe Loy Puddu. Im Rahmen der Jahrestagung 1979 hat er Prinz Louis Ferdinand für die italienische Zeitschrift „Monarchia Oggi“ interviewt. Der Prinz betonte die Überparteilichkeit, Kontinuität und Legitimität der Monarchie und betrachtete sie als Garantin der Freiheit[5].

Bei den demoskopischen Umfragen ergaben sich seit den späten 1970er Jahren recht verschiedene Werte. Nach Ereignissen, die die

---

[1] Erbe und Auftrag 1970, 110. Zitat aus: Die Welt, 13.06.1970

[2] siehe oben Teil II, Interview, S. 187

[3] Bild am Sonntag, 05.11.1972. Erbe und Auftrag 1973, 3 f.

[4], Erbe und Auftrag 1979, 188

[5] Erbe und Auftrag 1980, 31

Monarchie ins Rampenlicht stellten, stieg die Anhängerschaft enorm – ein Beweis dafür, dass man bei entsprechender Werbung durchaus eine breite Zustimmung auch heute gewinnen kann. Nach einer Allensbacher Umfrage vom Oktober 1977 waren nur 7 % für die Monarchie. Vor dem Besuch der Königin Elisabeth II. 1978 waren laut Umfrage des Wickert Institutes in Illereichen 11 % für die Monarchie, danach 17 % Erbe und Auftrag 1978, 104. – Die „Bunte" Illustrierte fragte nach der Umbettung der Könige 1991 ihre Leser: „Wäre ein König nicht doch besser für das wiedervereinigte deutsche Vaterland als bloß ein Bundespräsident?" 59,9 % der sich beteiligenden Leser bejahten[1].

Der junge Journalist Harald Schmautz, der der Zeitschrift Erbe und Auftrag ein modernes Gesicht gegeben hatte, führte zum 80. Geburtstag des Prinzen 1987 mit ihm ein ausführliches Gespräch. „Ich arbeite dafür, unser Haus mit der Zeit in Übereinstimmung zu bringen. Das ist mein eigentliches Hauptanliegen. Den Realitäten muss ich ins Auge sehen, ohne den Fernblick zu verlieren ... Man muss einen langen Atem haben und in Generationen denken." Ein Monarch müsse für alle da sein, auch für die Republikaner. Abgesehen von den Grünen bestünden Kontakte zu allen Parteien. So hatte der Prinz 1973 mit dem damaligen Vorsitzenden der Jungsozialisten Wolfgang Roth „einen intensiven Gedankenaustausch"[2].

Das hohe Ansehen des Hauses führte Louis Ferdinand teilweise darauf zurück, weil „wir völlig harmlos sind"[3]. Er meinte damit, dass viele deshalb gern mit ihm Kontakt hätten, weil kein militantes Werben für die Monarchie von ihm ausging. Seine zurückhaltende Art, sein vornehmes Auftreten, seine Ausstrahlung machten ihn für viele sympathisch. Manche seiner Freunde schätzen ihn als Menschen, ohne dabei in irgendeiner Weise monarchisch zu denken.

1989/90 zur Zeitenwende ist es nicht gelungen, den Königsgedanken ins öffentliche Gespräch zu bringen. Trotz allen Entwürfen und Vorschlägen zu Artikeln so wie vieler einschlägiger Leserbriefe: niemand war bereit, dergleichen zu drucken. Die notwendige Geschwindigkeit des politischen Einheitsprozesses schien solche Entwicklung

---

[1] Erbe und Auftrag 1991, 60

[2] Erbe und Auftrag 1987, 49 – 51

[3] Financial Times, 02.07.1988. Erbe und Auftrag 1988, 53

nicht zu gestatten, zumal die Parteien nicht bereit waren, das höchste Amt ihrem Machtstreben zu entziehen. Es gelang nicht, die Monarchie der Öffentlichkeit als eine Möglichkeit nahe zu bringen. Das lag nicht an Prinz Louis Ferdinand. Der „Berliner Illustrierten Zeitung" erklärte er im August 1989, er würde nicht kneifen, wenn das deutsche Volk nach der Wiedervereinigung frei den Wunsch nach der Monarchie äußern würde[1].

Der größten deutschen Tageszeitung „Bild" sagte der Prinz am 11. April 1990, dass das Interesse an der Monarchie immer mehr zunehme. „Mir schreiben immer mehr junge Leute"[2].

„Wenn wir lang genug diskutieren, melden sich vielleicht sogar die Monarchisten wieder zu Wort" schrieb die Frankfurter Allgemeine am 13. März 1990[3]. Als sie das zu tun versuchten, bot ihnen auch diese Zeitung die kalte Schulter. An Verständnis und Interesse mangelte es in den Redaktionsstuben vielleicht auch angesichts der äußerst gespannten internationalen Lage.

Der Prinz und sein jüngster Sohn Prinz Christian Sigismund versicherten im Februar 1991 „Bild am Sonntag", dass die Monarchie dann kommen solle, wenn die Folgen der Teilung überwunden sind[4].

Im Zusammenhang der Rückführung der Königssärge zeigte sich an den negativen bis hasserfüllten Kommentaren vieler Medien, wie tief der negative Preußen-Mythos in intellektuellen Kreisen verankert ist. Eine einsame Ausnahme bildete die Zeitschrift der Ludwig-Frank-Stiftung[5] „Europa Brücke": „Das deutsche Volk wird zu entscheiden haben, wenn die Folgen des Krieges und der Teilung überwunden sind, ob Deutschland eine parlamentarisch-konstitutionelle Monarchie werden oder Republik bleiben soll"[6].

Sein letztes großes Presse-Interview gab Louis Ferdinand 1993 dem „Spiegel". Es zeichnete sich auch dadurch aus, dass der Prinz – was selten vorkommt – den Spiegel Redakteuren energisch und deutlich wi-

---

[1] Preußische Mitteilungen 95, 1989
[2] Erbe und Auftrag 1990, 39
[3] Erbe und Auftrag 1990, 25
[4] Erbe und Auftrag 1991, 60
[5] Genannt nach dem Fraktionsvorsitzenden der SPD im Reichstag, der schon 1914 als einziger Reichstagsabgeordneter fiel.
[6] Erbe und Auftrag 1991, 65

dersprach. Als sie dem Prinzen vorschlugen, auf seine „nostalgischen Illusionen" über die Wiederherstellung der Monarchie zu verzichten, sagte er: „Nein, das mache ich nicht". Als Wolfgang Malanowski und Peter Zolling vom Unsegen sprachen, den die Monarchie in Deutschland gestiftet habe, erwiderte er: „Den Unsegen nehme ich Ihnen nicht ab; so sehe ich das absolut nicht". Der Prinz bezeichnete den Thronverzicht 1918 als „einen historischen Betriebsunfall"[1] – also als eine Störung des normalen Ablaufs, der schnell korrigiert werden müsse, um eine ungestörte politische Arbeit zu ermöglichen!

Prinz Louis Ferdinand war durch und durch Prätendent. Sein Hauptziel war die Wiedereinführung der monarchischen Staatsform. Für sein Ziel hat er unbeirrt und zäh, vornehm und unaufdringlich geworben. Er blieb stets überparteilich und fair. Seine Anhänger hat er ermutigt. Von seinem Haus erwartete er die Aufrechterhaltung des Anspruchs auf den preußischen und deutschen Thron[2].

5. Bundespräsident?

Louis Ferdinand hatte Kontakt zu allen Bundespräsidenten von Theodor Heuß bis Roman Herzog. Es wurden freundliche Gespräche geführt und man bezeugte sich gegenseitig Respekt. Eine Ausnahme bildete Gustav Heinemann (Bundespräsident 1969 – 1974). Mit dem engagierten Republikaner und Hohenzollernfeind gab es keinerlei Kontakt. Karl Carstens (Bundespräsident 1979 – 1984) schätzte der Prinz am höchsten ein[3]. Er nahm auch – freilich als Alt-Bundespräsident – 1986 die Einladung zur Feier am 200. Todestag Friedrichs des Großen auf der Burg Hohenzollern an[4].

Bei der von Hans-Joachim Schoeps einberufenen Marburger Tagung vom 05. bis 06.01.1952 machte der Bundestagsabgeordnete der Deutschen Partei Hans Joachim v. Merkatz die Bemerkung, die Wahl des Prinzen zum Bundespräsidenten sei als Umweg zur Monarchie möglich[5]. 1953 fand eine 2. Zusammenkunft des Kreises in Eltville statt.

---

[1] Spiegel Special 2, 1993

[2] Vergleiche Äußerungen des Verfassers, Erbe und Auftrag 1982, 55 und 1994, 62

[3] Bemerkung zum Verfasser

[4] siehe oben Teil III, S. 306

[5] Sontag-Nachlass. Siehe auch oben Teil III, S. 340 f.

Dabei ging es auch um die Bundespräsidentenwahl 1954. Die Wiederwahl von Heuß, der sich großes Ansehen erworben hatte, stand 1954 schon vor der Bundesversammlung fest.

Ohne dass das entsprechende Mitglied der Bundesversammlung bekannt wurde, wurde 1954 eine Stimme für Prinz Louis Ferdinand abgegeben[1].

Die Nachfolge von Heuß gestaltete sich schwierig. Ehe dann Heinrich Lübke nominiert und gewählt wurde, dachte Bundeskanzler Adenauer daran, selbst Bundespräsident zu werden. Das Hin und Her um die höchste Würde irritierte die Öffentlichkeit. Die Presse stellte den Vorzug der Monarchie mit der Kontinuität der Erbfolge und der sorgfältigen Vorbereitung des Thronerben heraus. Das wiederholt sich eigentlich bei jeder Wahl zum Bundespräsidenten. Gewöhnlich wird auch jeder neue Bundespräsident gefragt, ob er ein Ersatz-Monarch sei.

1958/59 gab es – nunmehr der politischen Öffentlichkeit durchaus bewusst – eine Anhänglichkeit und ein Interesse bei vielen Millionen Deutschen für die Monarchie. Eine Gruppe aus Baden bot dem Prinzen – vor seiner Abreise in die Vereinigten Staaten im Herbst 1958 – an, für das Amt des Bundespräsidenten zu kandidieren. Als er Mitte November zurückkehrte, lagen keine ernsthaften Vorschläge vor[2]. Im März 1959 hatte sich daran nichts geändert, das amtliche Bonn schwieg. Bitten und Anregungen von Nicht-Politikern doch zu kandidieren, häuften sich beim Prinzen „zu Stapeln". Der Prinz hatte sich entschlossen, eine auf ihn fallende Wahl anzunehmen. „Er würde also jene Bedenken, die er sicher ebenso gründlich durchdacht hatte wie viele seiner Anhänger, bewusst zurückstellen, aus Pflichtgefühl gegen das Volk". Als die Sozialdemokraten den langjährigen Vizepräsidenten des Bundestages Carlo Schmid (1896 – 1979) aufstellten, erklärte der Prinz, er sei nicht bereit, als Kandidat der regierenden Koalition zu kandidieren[3]. Weder waren CDU/CSU, FDP und DP willens, den Prinzen aufzustellen, noch war die SPD zum Verzicht auf ihren Kandidaten bereit.

Grundsätzlich zeigte sich schon hier, dass die Parteien auch das höchste Amt in ihr Machtstreben einbeziehen, um einen der ihren da-

---

[1] Außerdem eine für Prinz Ernst August von Hannover, 1914 – 1987, Sohn der Kaisertochter Viktoria Luise.

[2] Tradition und Leben 115, 1958

[3] Tradition und Leben 119, März 1959

mit auszuzeichnen. Nur in einer tiefen Staatskrise kann man sich vorstellen, dass eine unparteiische Persönlichkeit von den größeren Parteien einhellig nominiert wird. Anders sähe es bei einer Volkswahl aus, die das Grundgesetz nach den Erfahrungen in der Weimarer Republik gerade nicht vorsieht.

Vermutlich war es 1959, dass Politiker der Freien Demokratischen Partei aus Schleswig-Holstein sich an den Prinzen wandten, um ihn als Kandidaten aufzustellen[1].

Nach der zehnjährigen Amtsperiode von Heinrich Lübke (1959 bis 1969) stand eine echte Wahl an, die aufgrund neuer Mehrheiten in der Bundesversammlung durchaus offen war.

Die Illustrierte „Quick“ hatte sich für ihre Ausgabe Nr. 39 vom 26. September 1968 – ohne dass Prinz Louis Ferdinand das Geringste ahnte – eine besondere Aktion ausgedacht. „Der beste, der würdigste Mann muss Bundespräsident werden. Egal, welches Parteibuch der hat. Egal, ob er überhaupt eines hat.“ Neben 11 bekannten Parteipolitikern war Prinz Louis Ferdinand der zwölfte zur Auswahl stehende Mann. Die erstaunlich hohe Zahl von 12.000 Lesern meldete sich, über 5.000 sprachen sich für den Hohenzollern aus. Wie in der Ausgabe vom 06. November 1968 die „Quick“ bekannt gab, hatten 39,8 % der Quick-Leser den Prinzen gewünscht. 16,2 % waren für Carlo Schmid (SPD), 10,4 % für den populären Ludwig Erhard (Bundeskanzler 1963 – 1966), 7 % für das CDU Mitglied Richard v. Weizsäcker (bisher eher in der evangelischen Kirche hervorgetreten), 6,8 % für Gustav Heinemann (SPD), der dann von der Mehrheit der Bundesversammlung in Berlin gewählt wurde. Für Gerhard Schröder, langjähriger Außenminister, der schließlich für die CDU kandidierte, sprachen sich 4,7 % aus. Für Bundestagspräsident Eugen Gerstenmaier von der CDU votierten 4,2 %. Der Bundeskanzler der regierenden Großen Koalition Kurt Georg Kiesinger (CDU) kam auf 3,4 %, sein Außenminister Willy Brandt (SPD) auf 2,8 %. Schließlich votierten 2,6 % der Quick-Leser für Georg August Zinn (SPD), den hessischen Ministerpräsidenten, 1,2 % für Franz Josef Strauß (CSU), den Bundesfinanzminister und 1 % für Georg Leber, sozialdemokratischer Bundesverkehrsminister. – Als häufigstes Motiv für das Votum zugunsten von Louis Ferdinand wurde angege-

[1] Prinz Louis Ferdinand zum Verfasser – ohne Zeitangabe

ben: „Der Bundespräsident sollte wirtschaftlich und geistig unabhängig sein". Das Blatt sprach von einer „ermutigenden Sympathiekundgebung".

In Berlin sei der Prinz volkstümlich. Sein Einsatz im Rahmen des 20. Juli 1944 wurde erwähnt. Sein Satz aus der aktuellen Debatte um die Notstandsgesetze zitiert: „Ich würde mit Willy Brandt auf die Barrikaden gehen, wenn die Notstandsgesetze missbraucht werden". Seine in der Quick abgedruckte Stellungnahme zur aufbegehrenden Jugend von 1968, dem fehlenden Ideal, das er in der Europa-Idee sieht, wurde zitiert[1].

Zu einer möglichen Wahl sagte der überraschte Prinz, der sich „keine Hoffnung" gemacht hatte: „Falls ich in das Amt gerufen würde, würde ich auf den mir zustehenden Anspruch auf die deutsche Kaiserkrone nicht verzichten". Seine Amtsführung würde dem Grundgesetz folgen. „Ich würde jedoch von dem Vorzug, parteipolitisch und wirtschaftlich unabhängig zu sein, in dem Sinne Gebrauch machen, dass ich unabdingbare Naturrechte des deutschen Volkes – Selbstbestimmung und Wiederherstellung der deutschen Einheit – fordern würde. Meine Amtsführung wäre auch musischer. Die Bonner Regierung ist ausgesprochen amusisch".

Der Historiker Golo Mann, von der Quick befragt, kommentierte: die Menschen wollen keine Parteipolitiker. Es gebe in Deutschland (etwa in Bayern und Niedersachsen) viele heimliche Monarchisten, die ihre Meinung nicht zu bekennen wagten. Die Hohenzollern aber hätten „demokratische Überlieferungen nun wirklich nicht aufzuweisen". Louis Ferdinand als Bundespräsident wäre gefährlich, weil er als „ein Symbol preußischer, gesamtdeutscher, kaiserreichlicher Wiederherstellungswünsche erscheinen" würde[2]. Dass das Königreich Preußen der erste moderne Rechtsstaat auf dem Kontinent war, dass Preußen der erste Staat der Glaubensfreiheit und das erste große Land mit der allgemeinen Schulpflicht war, dass das Kaiserreich von 1871 die erste Großmacht mit dem demokratischen Wahlrecht und der erste Sozialstaat war, hat G. Mann nicht gewusst oder nicht bedacht.

---

[1] siehe oben Teil III, S. 337

[2] Erbe und Auftrag 1968, 124 – 127

Die mit 2,5 Millionen Lesern größte deutsche Tageszeitung „Bild" griff die Sache auf. Unter der Überschrift: „Deutsche, wollt ihr wirklich einen Prinzen?" stellte sie – politisch korrekt – nicht den Prinzen zur Wahl, sondern den von der SPD nominierten Heinemann und die derzeitigen beiden CDU Kandidaten Schröder und Weizsäcker. Zwar räumte „Bild" die Möglichkeit ein, einen anderen Kandidaten zu nominieren. Aber die drei Genannten wurden empfohlen, der Prinz als „liebenswürdig, ehrenwert" abqualifiziert. Von 22.178 Lesern, die sich beteiligten, stimmten 12.324 oder 55,6 % für Louis Ferdinand. Heinemann erhielt 14,3 %, Erhard 13,3 %, Weizsäcker 6,1 und Schröder, der dann von der CDU aufgestellt wurde, 2,9 %[1].

Die Öffentlichkeit griff beide Rundfragen mit ihren für die ganz überwiegende Mehrheit der Kommentatoren ärgerlichen Ergebnissen kaum auf. Der „Spiegel" sammelte Informationen und hatte ein langes telefonisches Gespräch mit dem Verfasser, aber wagte nicht das heiße Eisen anzufassen[2].

Der zwar preußisch eingestellte, aber dem Prinzen – aus welchen Gründen auch immer – nicht gewogene Publizist Walter Görlitz meinte in der „Welt" vom 04.02.1969, Louis Ferdinand sei „politisch gewiss ganz unfixierbar". Man habe nach dem Gefühl gefragt. Er sei der „Kandidat des Herzens"[3]. Der Prinz hatte sehr wohl immer wieder und auch gegenüber der „Quick" politisch Farbe bekannt und so sprachen sich seine Unterstützer nicht nur mit dem Herzen, sondern auch mit dem Verstand für ihn aus.

Jahre später, anlässlich seines 65. Geburtstages 1972, sagte der Prinz der „Pommerschen Zeitung": er hätte sich über das Ergebnis der Rundfrage „sehr gefreut. Die Menschen, die sich für mich entschieden haben, schrieben an die Zeitungen, dieser Mann sei politisch und wirtschaftlich völlig unabhängig, also sei er als Bundespräsident ein guter Repräsentant." Eine Voraussetzung für seine Wahl ins höchste Amt sah der Prinz in einer Volkswahl wie bei den Reichspräsidentenwahlen 1925

---

[1] Erbe und Auftrag 1968, 128

[2] Er schrieb dem Verfasser und verwies auf einen Artikel „Die Hohenzollern als Memoirenschreiber" in der Ausgabe vom 16.12.1968, S. 76 – 78. Über dieses Thema war nie gesprochen worden.

[3] Erbe und Auftrag 1969, 62

und 1932[1]. Die Pommersche Zeitung wies darauf hin, dass der Prinz auch von Sozialdemokraten als mögliches Staatoberhaupt ins Gespräch gebracht wurde. Im Übrigen wisse jeder Deutsche: „zu gegebener Zeit könnte es in Deutschland wichtig sein, eine derart repräsentative Persönlichkeit … in die Öffentlichkeit hineinzurufen“[2]. Der hohe Respekt, den sich Louis Ferdinand im Laufe der Jahre erworben hatte, zeigte sich insbesondere beim jähen Tod seines gleichnamigen Sohnes.

Der Tod seines dritten Sohnes Louis Ferdinand am 11. Juli 1977 an den Folgen eines Wehrdienstunfalls war einer der großen vom Schöpfer über den Prinzen verhängten Schicksalsschläge. Nach dem Verzicht seiner älteren Brüder für sich und ihre Nachkommen auf die etwaigen Thronrechte[3] war der jüngere Prinz Louis Ferdinand[4] der Erbe seines Vaters als zukünftiger Prätendent.

Der erste Prinz von Preußen, der als einfacher Wehrpflichtiger seinen Dienst in der Bundeswehr leistete, war als Fähnrich beim Verladen seines Panzers schwer verletzt worden. Er starb nach qualvollen Wochen. Der noch zum Leutnant der Reserve beförderte Prinz hatte im Dienst für Volk und Vaterland nicht nur seine Pflicht erfüllt, sondern auch sein Leben hingegeben.

Bundespräsident Walter Scheel (geboren 1919, im Amt 1974 – 1979) kondolierte. Das wäre nach 1918 ebenso unmöglich gewesen wie Scheels Glückwunsch zum 09.11.1977, dem 70. Geburtstag des Prinzen.

Der Präsident des Bundes der Vertriebenen Herbert Czaja (1914–1997. 1970–1994 Präsident des Vertriebenen Dachverbandes) kannte und schätzte den Prinzen seit der Zollernkreistagung 1970. Erzherzog Otto von Österreich war dem aus Österreichisch-Schlesien stammenden Czaja besonders verbunden. 1987 schrieb Czaja in der Zeitschrift Paneuropa, Heft IV: „Ich meine sogar, dass Prinz Louis Ferdinand oder Dr. Otto von Habsburg nicht schlechter als manche Bundespräsi-

---

[1] Erbe und Auftrag 1973, 4. 1932 gab es eine Initiative, den Kronprinzen Wilhelm anstelle Hindenburgs und Hitlers kandidieren zu lassen. W. Stribrny: Der Versuch einer Kandidatur des Kronprinzen Wilhelm bei der Reichspräsidentenwahl 1932. Geschichte in der Gegenwart. Festschrift für Kurt Kluxen, Paderborn 1972, 199 – 210)

[2] Erbe und Auftrag 1973, 2 f. Preußische Mitteilungen 10, 1973

[3] In den Jahren 1966 und 1967

[4] oder Louis Ferdinand III., wie ihn sein Vater nannte

denten gewesen wären und die Kontinuität Deutschlands und Österreichs auch persönlich und im Erbe gewahrt hätten"[1].

Die Publizistin Brigitte Seebacher-Brandt (3. Ehefrau des Alt-Bundeskanzlers Willy Brandt, der 1992 starb) meinte 1993 etwas rätselhaft, Louis Ferdinand sei als Staatsoberhaupt möglich. „Aber das ginge nicht"[2]. Die damalige Redakteurin der Berliner Stimme, Mitgliederzeitschrift der Berliner SPD, Brigitte Seebacher, war die einzige Berliner Journalistin, die sich 1977 gegen die für 1981 geplante Preußenausstellung wandte.

Bundespräsident Roman Herzog kondolierte zum Tod von Prinz Louis Ferdinand dessen viertem Sohn Prinz Christian Sigismund[3].

Der Prinz, wäre er Bundespräsident geworden, hätte sich wiederwählen lassen und in diesen zehn Jahren vielleicht den Übergang zur Monarchie vollendet. Dieser Wunsch wäre bei einer Wahl des Präsidenten „durch das ganze deutsche Volk", wie es Artikel 43 der Weimarer Reichsverfassung volltönend vorschrieb, möglicherweise zu realisieren gewesen. Die Bundesversammlung nach dem Bonner Grundgesetz würde sich nur in einer ungewöhnlich ernsten Staatskrise zur Wahl eines preußischen Prinzen entschließen. Sonst wird dieses Amt stets an einen altgedienten Parteigänger gehen.

Die Umfrage von 1968, mitten in revolutionären Zeiten, bewies, welches Ansehen der Prinz mehr erworben als geerbt hatte.

6. Der Prätendent und seine Anhänger

Zwischen einem Thronprätendenten und seiner Klientel besteht eine naturgegebene Spannung. Bei einem schwachen Prätendenten können seine Anhänger ihn womöglich in ihrem Sinne beeinflussen, aber ihre Ausgangsposition ist von vornherein schwach. Ein starker Thronprätendent wird seine eigene Politik machen und auf die Monarchisten wenig Rücksicht nehmen, sie vielleicht kaum anhören. Prinz Louis Ferdinand war ein idealer Prätendent. Um unabhängig zu bleiben, wahrte

---

[1] Erbe und Auftrag 1988, 22

[2] Erbe und Auftrag 1994, 14

[3] Prinz Christian Sigismund war vom Vater für die Zeit bis zur Volljährigkeit des Prinzen Georg Friedrich als Repräsentant des Hauses bestimmt. Siehe auch Schlusskapitel „Was bleibt?".

er stets einen gewissen Abstand zu seinen prononcierten Anhängern, andererseits redete er ihnen nicht herein, sondern ließ ihnen großen Spielraum.

In seinen Potsdamer Jugendjahren gewann der Prinz deutlichen Abstand gegenüber den monarchistischen Kreisen, mit denen seine Eltern vorwiegend gesellschaftlichen Umgang hatten. Die alten Exzellenzen und Offiziere gaben Ratschläge, warnten, mahnten. Der Prinz empfand das als Einmischung und erinnerte sich auch später ungern an die „Potsdamesen", wie er diese Kreise nannte. Ihrerseits hatten die Monarchisten erhebliche Einwände gegen diesen unpreußischen Prinzen.

Tradition und Leben, die von dem Journalisten Heinrich Freiherrn v. Massenbach begründete monarchistische Zeitschrift, hat schon in ihrer Nr. 1, Mai 1949, für Louis Ferdinand als den kommenden Mann Stellung bezogen mit dem Artikel: „Ein Tag in Bremen-Oberneuland – Kaisers Enkel in Amerika". – Im Dezember 1952 äußerte sich Massenbach deutlich. Der Prinz „ist oft Wege gegangen, die seinem engeren Kreis neu und fremd schienen". Seine ausgedehnten Reisen hätten „das Urteil von mancher Bindung und Verbindlichkeit befreit". Der Prinz betone, dass die Stärke der Krone in der Überparteilichkeit liege. Das sei „eine Einsicht, zu der jeder Monarchist kommen muss, auch wenn er über manche Begebenheit anderer Ansicht ist". Der Prinz distanziere sich von etlichen konservativen Positionen. „Unsere Treue muss diese Kritik entgegennehmen. Es ist keine Treue, wenn sie das nicht anhören kann". Es gebe immer Konservative, die am Regenten herumnörgeln und ihn schroff ablehnen, wenn er nicht ihrer Ansicht entspricht[1].

Aus der Zeitschrift entwickelte sich 1956 „Tradition und Leben e.V., Arbeitsgemeinschaft zur Förderung des monarchischen Gedankens". Der Verein besteht bis heute und gibt seit 1968 die Zweimonatszeitschrift „Erbe und Auftrag" heraus. Tradition und Leben hat von Anfang an – ohne Wenn und Aber – im Chef des Hauses Hohenzollern den Prätendenten gesehen. – Am 12. Oktober 1962 starb der Vereinsvorsitzende Freiherr v. Massenbach einen jähen Tod. Der Prinz nahm an der Beisetzung teil und fragte nach der Zukunft des Vereins. Die in Massenbachs Privatbesitz befindliche alte Zeitschrift „Tradition und Leben" erschien, herausgegeben von der Witwe, bis zur Nr. 169, 1964.

---

[1] Tradition und Leben 44, 1952

Um der wirtschaftlichen Lage Massenbachs aufzuhelfen, hatte ihn der Prinz in seinen letzten Lebensjahren mit dem Aufbau seines Hausarchivs auf der Burg Hohenzollern betraut. Sein Nachfolger wurde in dieser Funktion der wichtigste Mitarbeiter der Zeitschrift, der Münchner Historiker Dr. Anton Ritthaler mit seiner Frau.

Seit 1964 gab es bei Tradition und Leben e.V. einen aktiven Vorstand, der aus Generalmajor a.D. Hans Voigt (1896 – 1969), in Frankfurt (Main), Zahnarzt Kurt Strehl (1913 – 1987) aus Sürth bei Köln und dem frisch promovierten Wolfgang Stribrny (geb. 1935), Studienleiter an der Evangelischen Akademie Hofgeismar (bei Kassel) bestand. General Voigt gelang es, ein gutes Verhältnis zu Prinz Louis Ferdinand und Prinzessin Kira sowie dem Chef der Generalverwaltung des vormals regierenden Preußischen Königshauses Dr. Ernst Carl v. Gersdorff (1902 – 1977) aufzubauen.

In Hofgeismar tagte alljährlich die Gesellschaft für Geistesgeschichte, deren Vorsitzender Professor Dr. Hans-Joachim Schoeps war. Um Schoeps sammelten sich Intellektuelle und Studenten, von denen viele Royalisten waren. Von 1969 bis Mitte der 1970er Jahre nahm der Prinz häufig an den Hofgeismarer Tagungen teil.

1966 tauchte der Gedanke auf, nach dem Muster des damals bestehenden Marienburgkreises um Prinz Ernst August von Hannover (1914 – 1987) und die Marienburg bei Nordstemmen, auf der Burg Hohenzollern Tagungen zu veranstalten und daraus einen „Hohenzollernkreis" erwachsen zu lassen. Nicht zufällig reiften diese Pläne im Krisenjahr 1968. Sowjetische Panzer rückten in Prag ein und beendeten den „Prager Frühling" und den „Sozialismus mit menschlichem Antlitz", in Deutschland beherrschten studentische Demonstranten die Straßen, die „Studenten-Revolution" brach aus.

Am 05. Oktober 1968 lud Prinz Louis Ferdinand K. Strehl und W. Stribrny zu einer Besprechung mit ihm und Dr. v. Gersdorff nach Bremen. H. Voigt konnte wegen seiner schweren Erkrankung nicht teilnehmen. Der Gedanke eines jährlichen Treffens der Freunde Preußens und seiner Tradition auf der Burg Hohenzollern wurde dem Prinzen vorgetragen und von ihm, der vorher eingehend informiert worden war, ohne Umschweife gebilligt.

Das Ziel war, die preußische Tradition in einem solchen Kreis wach zu halten. „Eine gewisse Wirkung in die Öffentlichkeit hinein könnte sich mit der Zeit einstellen". Natürlich wurde bei dieser Gelegenheit auch die Umfrage der Illustrierten „Quick" erörtert[1].

Wie vorgeschlagen wurde dann Hans-Joachim Schoeps der Referent des ersten Treffens am 05. Juli 1969 mit dem Thema „Preußen-Geschichte und Gegenwart"[2]. Der Prinz, der mit seinem Stilempfinden, seinem politischen Sensorium und seiner Frömmigkeit die Tagung prägte (gehörte doch zu jeder Jahrestagung am darauf folgenden Sonntag ein ökumenischer Gottesdienst) schlug 1969 vor, den Kreis nach dem volkstümlichen Namen seiner Burg, nämlich „Zollern", „Zollernkreis" zu nennen.

Im Einladungsschreiben zum 05. und 06. Juni 1969 hieß es: „In der allgemeinen Orientierungs- und Ratlosigkeit der Gegenwart ist es notwendig, einen Gesprächskreis von Anhängern der preußisch-deutschen Tradition zu gründen, in dem die Überlieferung des freiheitlichen Rechtsstaates Preußen kritisch bedacht und für die Gegenwart nutzbar gemacht werden kann". Der Prinz begrüßte die 150 Teilnehmer und freute sich, dass viele Vertreter des Geisteslebens sich zusammengefunden hätten. „Die intellektuelle Auseinandersetzung wird auch in Zukunft in meinem Haus eine Freistatt haben". Schoeps begrüßte er als die „Verkörperung der Zivilcourage".

Schoeps trat für Preußen, die Monarchie und Louis Ferdinand als Prätendenten ein. Der große Rhetoriker bekannte sich zum 20. Juli 1944, dessen Erbe wenig gewahrt werde. Dem westdeutschen Staat fehle eine Staatsidee. Der Kampf gegen die Anarchie sei mit Reformen zu koppeln[3].

Die jährlichen Tagungen auf der Burg Hohenzollern wurden jeweils in der 1968 gegründeten monarchistischen Zweimonatsschrift mit dem verpflichtenden Namen „Erbe und Auftrag", herausgegeben von Tradition und Leben e. V., publiziert. Ab 1985 dokumentierten die „Preußischen Mitteilungen", Zeitschrift des Zollernkreises und des (als rechtliche und finanzielle Basis) aus ihm hervorgegangenen Preußeninstituts e.V. die Tagungen.

---

[1] siehe oben Teil III, S. 351

[2] SKH Prinz Louis Ferdinand von Preußen zum 75. Geburtstag am 09. November 1982. Moers 1982. Beitrag des Verfassers, 70 – 73

[3] Erbe und Auftrag 1969, 127 f. Louis Ferdinand Prinz von Preußen. Festschrift zum 80. Geburtstag. München 1987, 9 – 15. Vgl. auch oben S. 344 f.

90 Zollernkreistagung 1981 mit Schalom Ben-Chorin (Jerusalem

Bei der 2. Jahrestagung am 06. Juni 1970 sprach Erzherzog Otto von Österreich (Dr. Otto v. Habsburg). Seine Rede zu dem Thema „Europa in der weltpolitischen Verantwortung“ war ein Bekenntnis zu Europa. In der Diskussion engagierte sich besonders Bundestagspräsident a.D. Eugen Gerstenmaier (1906 – 1986). Häufiger Teilnehmer war auch Bundesminister a.D. Johann Baptist Gradl, Präsident des Kuratoriums Unteilbares Deutschland (1904 – 1988). 350 Teilnehmer waren gekommen, mehr fasste der Grafensaal auf der Burg nicht; oft mussten hundert Absagen gegeben werden. „Die Welt“ berichtete, dass die Tagung weder „exklusiv“ noch „erzkonservativ“ sei. Der Sprecher des Zollernkreises W. Stribrny bekannte sich im Gespräch mit der Zeitung „ohne Scheu zur Monarchie“. Der Artikel schloss beruhigend: „Also keine Verschwörung zum Sturz der Republik, kein Signal zum Stopp des fahrenden Zuges Bundesrepublik“.

91 Prinz Louis Ferdinand, Prinz Christian und der Verfasser bei der Jahrestagung 1980 des Zollernkreises

Am 18. Januar 1871 wurde Kaiser Wilhelm I. zum Deutschen Kaiser ausgerufen. Es war die Geburtsstunde der deutschen Einheit. Dieser Tag setzt bis heute Maßstäbe und prägt bis heute, den meisten Deutschen unbewusst, unser Deutschlandbild. Da vorauszusehen war, dass das offizielle Deutschland diesen Tag kaum oder gar nicht würdigen würde (die Fernsehansprache von Bundespräsident Dr. Gustav Heinemann soll mit Stillschweigen übergangen werden), beschlossen der Prinz und die Verantwortlichen des jungen Zollernkreises, am Sonnabend, 16. Januar 1971 in Berlin zu tagen. Tatsächlich war es in Berlin die einzige nennenswerte Veranstaltung im Zusammenhang mit dem 18. Januar 1971. Und das war immerhin der Tag, an dem Berlin als Residenz des Königs von Preußen und nunmehrigen Deutschen Kaisers Reichshauptstadt wurde! Trotz der brodelnden Situation in Berlin (West) konnte die Veranstaltung in der „Kongresshalle" im Tiergarten reibungslos verlaufen. Die Berliner Behörden haben sich vor und während der Tagung vorzüglich kooperativ gezeigt. Der Bismarckforscher Professor Dr. Walter Bußmann sprach zum Thema „Bismarck und die Reichsgründung". Beim abendlichen Empfang ergriff der Erlanger Theologe Professor Dr. Bernhard Klaus das Wort. Er dankte dem Regierenden Bürgermeister Klaus Schütz für die Förderung des Treffens. Er bekannte, der „Zollernkreis“ schare sich nicht nur um eine Idee, sondern sehr bewusst um Prinz Louis Ferdinand, „der selbst in bewundernswerter Weise Grenzen niederzulegen weiß, Grenzen der Standesrücksichten, Grenzen politischer, religiöser oder ideologischer Gebundenheiten. Ihm darin beizustehen, ihm dafür auch unsere Stimme zu leihen und ihm zur Seite zu stehen ist ein Anliegen, zu dem wir uns der Öffentlichkeit gegenüber in aller Offenheit bekennen“[1].

Aufgrund einer Großen Anfrage der FDP fand am 21. Januar 1971 im Berliner Abgeordnetenhaus eine Debatte statt, in der die Teilnehmerliste der Tagung vom 16. Januar nach Rechtsradikalen durchforscht wurde. Unter den 400 Teilnehmern soll es einige (ohne Wissen der Verantwortlichen) gegeben haben. Der Zollernkreis wurde ausdrücklich vom Vorwurf des rechten Radikalismus ausgenommen[2]. Das Parlament hätte sich besser mit dem Verschweigen des Jubiläums durch das offizielle Berlin beschäftigen sollen!

Ebenfalls von Vorurteilen belastet, zeigte sich Peter Merseburger in seinem „kritischen“ Fernsehmagazin „Panorama“ vom 18. Januar 1971. Er vermutete „Adel und Großbürgertum“ bei der Tagung, gab aber immerhin Prinz Louis Ferdinand Gelegenheit, sich zur deutschen Geschichte, sowie zur deutschen und europäischen Einheit zu bekennen[3].

„Tradition und Leben“ führte in der Bundeshauptstadt Bonn und zwar in der Beethovenhalle die einzige Veranstaltung durch, die in Bonn zum hundertsten Gedenken an die Reichsgründung stattfand. Es sprach der Erlanger Historiker Professor Dr. Kurt Kluxen. Spontan bildeten sich nach 1971 örtliche Gesprächskreise des Zollernkreises, zuerst in Freiburg (Breisgau). Von Flensburg bis Konstanz und von Aachen bis Berlin sammelten sich überzeugte Preußen. Leider ließ sich nach der Wiedervereinigung und nach einem zweimaligen gesundheitsbedingten Wechsel der Verantwortung diese Ausdehnung nicht aufrechterhalten.

Über die Tagung auf der Zollernburg am 03. Juni 1972, bei der der Prinz mit seinem Sohn Prinz Louis Ferdinand (III.) die Gäste begrüßte,

---

[1] Erbe und Auftrag 1971, 50 und 85
[2] Erbe und Auftrag 1971, 67 f.
[3] Erbe und Auftrag 1971, 69

schrieb der „Schwarzwälder Bote“: „Botschafter waren gekommen, hohe Offiziere und Generäle der Bundeswehr und der NATO-Partner, Professoren, viele Bundes- und Landtagsabgeordnete. Auch Presse und Rundfunk waren mit vielen zum Teil prominenten Persönlichkeiten vertreten“[1]. Referent war der Publizist Klaus Mehnert (1906 – 1984): mit dem Thema „Nach Chinas Rückkehr in die Weltpolitik“.

Der Prinz hatte zwar betont, er sei nicht ein Mann wie sein Vetter Erzherzog Otto, um an vielen Orten aufzutreten und zu reden, nahm aber doch in Münster (Westfalen) an einem Regionaltreffen des Zollernkreises teil. Das ging auf die persönliche Freundschaft des Prinzen zu dem Journalisten und Fliegerkameraden Friedrich Wilhelm Zöllner-Krumme zurück. Der Prinz trug sich ins Goldene Buch der Stadt ein, nachdem ihn der Oberbürgermeister begrüßt hatte.[2] Zöllner-Krumme, der dann in Celle das Verkehrsamt leitete, hat später dort einen ähnlichen Empfang durch den Oberstadtdirektor der Stadt Celle, Dr. Ulrich v. Witten arrangiert.

Bei der Burgtagung 1973, bei der der Philosoph Ernst Topitsch (Graz) über die entzauberte Utopie des Marxismus sprach, recherchierten zwar „Spiegel“ und „Stern“, brachten aber dann nichts. Man hatte sich zum Totschweigen entschlossen. Anders die Magazin Sendung „Kennzeichen D“ im 1. Fernsehen mit Hanns Werner Schwarze. Unter dem Titel „Des Kaisers letzte Garde“ wurde der Zollernkreis als Plusquamperfekt disqualifiziert. „Ernst gemeint, aber nicht ernst zu nehmen“. Zum Schluss der Sendung ertönte ein Käuzchenruf – der Totenvogel sollte offenbar das baldige Ende dieser Vorgestrigen ankündigen. „Von Blut und Eisen. Dreiklassenwahlrecht, Junkertum, Soldatenbütteln, kurz von dem, was die Welt an Preußen stets abscheulich fand, ist hier nicht die Rede … Denkmalpfleger mögen keine Flecken“. Sieht man von diesen Kommentaren ab, kamen der Prinz, der Referent, die Teilnehmer und die Burg gut ins Bild. Im Gegensatz zur Ankündigung vor der Sendung wurde Preußens Gloria nicht gezeigt, dafür aber, dank dem Autor Manfred Rexin, Information geboten[3].

---

[1] Ausgabe vom 05.06.1972, Erbe und Auftrag 1972, 107
[2] Erbe und Auftrag 1972, 140 f.
[3] Erbe und Auftrag 1974, 9 – 11

Sprach in der Fernsehsendung Eugen Gerstenmaier, über Preußen, so äußerte der Fraktionsvorsitzende der SPD im Bundestag Herbert Wehner (1906 – 1990) in seiner sarkastischen Art zum Zollernkreis: „Das ist noch nicht das Schlechteste“[1].

Der Prinz ließ sich über die Arbeit des Zollernkreises informieren, nahm die adlige Haltung des Geltenlassens anderer ein und ermutigte. In zwei krisenhaften Situationen, die wie üblich auch mit Personalfragen verbunden waren, hat er freilich 1974 und 1979 eingegriffen – zugunsten einer rationalen Lösung. Die Arbeit für die Monarchie und Preußen schätzte er, wie er in einem Grußwort zum 25 jährigen Bestehen von „Tradition und Leben“ 1974 schrieb. Der Verein sei „niemals der Versuchung erlegen, seinen Blick ausschließlich rückwärts zu richten“. Er betonte, dass Traditionspflege nur einen Sinn haben könne, wenn sie sich mit Gegenwart und Zukunft auseinandersetzt. „Das ist bisher erstaunlich gut gelungen“[2].

Während der Jahrestagung 1979 auf der Burg Hohenzollern, gab der Prinz dem italienischen Monarchistenblatt „Monarchia Oggi“ ein Interview. Trotz der Ablehnung durch die Medien spiele auch die Stimme derjenigen, die etwa zu den Tagungen auf die Hohenzollernburg kommen, eine Rolle. Den jungen europäischen Monarchisten empfahl er, „dass sie auf ihrem Standpunkt fest bestehen und sich frei dazu bekennen und schließlich für den europäischen Gedanken eintreten“ sollten[3].

Bei der spannungsreichen Jahrestagung 1980 mit Schalom Ben-Chorin aus Jerusalem ging es um das deutsch-jüdische Verhältnis. Zum Beginn der Tagung sagte der Prinz: „Unser Kreis, der in der Gegenwart steht, für geschichtliche Fragen offen ist, ist besonders geeignet, sich mit dem deutsch-jüdischen Verhältnis zu befassen“[4].

Ein natürlicher Höhepunkt im Leben des Prinzen war sein 80. Geburtstag. Eingedenk der Feier für Friedrich den Großen am 17.08.1986 und der Anwesenheit von Helmut Kohl, meinte er: „Auf dem Zollern besteht zwischen Monarchisten und Republikanern kein Gegensatz. Es hat eine Symbiose stattgefunden“[5].

---

[1] Erbe und Auftrag 1974, 11
[2] Erbe und Auftrag 1974, 58
[3] Erbe und Auftrag 1980, 31
[4] Erbe und Auftrag 1981, 73
[5] Erbe und Auftrag 1987, 50 f.

Am Geburtstag selbst, dem 09.11.1987 wurde dem Prinzen in Berlin von Dipl. Ing. Wolfgang Lühdorff (Quickborn) vom Vorstand des Preußeninstituts und W. Stribrny (Flensburg) als dem Sprecher des Zollernkreises als Geschenk eine Festschrift überreicht: „Louis Ferdinand Prinz von Preußen. Erbe und Auftrag. Festschrift zum 80. Geburtstag“[1]. Der Band enthält die Reden der Jahrestagungen 1969 - 1986 des Zollernkreises und ein Schlusswort von Professor Dr. Kurt Kluxen (Erlangen): Plädoyer für die Könige von Preußen.

Im Haus Monbijou zeigte sich wiederum, dass die zahlreichen Journalisten der verschiedenen Medien sich nicht für die Festschrift, sondern lediglich für das gesellschaftliche Ereignis interessierten. „Die politische Bedeutung des Prätendenten und sein Ansehen in der Wissenschaft wurden bewusst ausgeblendet“[2].

Anlässlich des 80. Geburtstages schlug Wolfgang Lühdorff vor, einen „Prinz Louis Ferdinand Preis“ des Preußeninstitutes zu stiften, der alle zwei Jahre am 09. November vergeben werden sollte. Bestimmt war er, für jüngere Wissenschaftler und Künstler, „deren Arbeiten sich mit Preußen befassen und aus preußischen Geist entstanden sind“. Erste Preisträgerin wurde 1988 Dr. Andrea Kluxen in Würdigung ihres Buches: „Bild eines Königs. Friedrich der Große in der Graphik“[3]. 2. Preisträgerin wurde Dr. Margarete Jarchow, eine Hanseatin mit Preußenherz. Für ihr Buch, in dessen Mittelpunkt die „Königliche Porzellan Manufaktur“ steht: „Berliner Porzellan im 20. Jahrhundert“[4] wurde ihr der Preis vom Prinzen am 28.11.1990 überreicht. Die Tochter des langjährigen ersten Präsidenten des Preußeninstituts Edgar Jarchow sagte bei diesem Anlass: „Preußens Erbe ist für mich wie ein Magnet“[5]. Im Hinblick auf die Jahrtausendfeier Potsdams 1993[6] entschloss man sich, den Preis an die Stadt Potsdam zu verleihen in Form des Bildes: „Friede-Te Deum“, das Friedrich den Großen 1763 in der Charlottenburger Schlosskapelle zeigt. Für die Stadt nahmen Bürgermeister Erwin Motz-

---

[1] Verlag Langen Müller, München 1987

[2] Preußische Mitteilungen 1988, Nr. 84

[3] Limburg, 1986

[4] Berlin, 1988

[5] Preußische Mitteilungen 102, 1991

[6] Der Prinz begrüßte in diesem Jahr seine Gäste mit der Potsdamer Parole von 1993: „Potstausend“.

kus und der verdiente Museumsdirektor Hartmut Knitter den Preis am 24.11.1992 im Haus Monbijou entgegen[1]. Am 11. Mai 1994 verlieh der Prinz letztmalig seinen Preis[2].

Unmittelbar vor dem 03. Oktober fand 1990 auf der Burg Hohenzollern die letzte Jahrestagung mit Prinz Louis Ferdinand statt. Der in Berlin als Preuße aufgewachsene, vor 1939 nach Frankreich übergesiedelte Professor Dr. Pierre Paul Sagave (Paris, 1913 - 2006) sprach aktuell zum Thema: „Vom Fall der Mauer über Deutschlands Vereinigung zum europäischen Gleichgewicht“. Prinz Louis Ferdinand empfing besonders die jungen Leute, die aus Berlin und Mitteldeutschland gekommen waren. – Aus gesundheitlichen Gründen konnte er an den folgenden Jahrestagungen nicht mehr teilnehmen.

Es soll noch darauf hingewiesen werden, dass nicht alle Freunde des Prinzen in ihm den Prätendenten sahen. Darüber ist er sich vielleicht selbst nicht immer klar gewesen. Wenn man die bei Seite lässt, die einfach nur damit sich brüsten wollten, den Kaiserenkel gut zu kennen, gab es eine ganze Reihe, die ihn als Menschen von Niveau und Stil schätzten, aber beileibe nicht in ihm den Thronprätendenten sahen.

Louis Ferdinand war der ideale Prätendent. Er hat sich unbeirrt stets als Anwärter auf den deutschen und preußischen Thron verstanden. Seinen Anhängern hat er nicht hineingeredet. Er hat sie frei wirken lassen. Gefördert hat er deutlich und entschieden den Zollernkreis. Er blieb stets unabhängig von seinen Gefolgsleuten. Er war eine souveräne Persönlichkeit.

---

[1] Preußische Mitteilungen 114, 1993

[2] siehe unten Teil III, S. 379 ff.

IV. KÜNSTLER

Musik–Enthusiast und Komponist

Riemann Musik-Lexikon schrieb in den 1970er Jahren: „Louis Ferdinand, Prinz von Preußen, geboren 09.11.1907 zu Potsdam; deutscher Komponist, Sohn von Wilhelm, Kronprinz des Deutschen Reichs und von Preußen (einem Sohn Kaiser Wilhelms II.) und der Kronprinzessin Cecilie, Herzogin von Mecklenburg, erhielt ab 1916 Violinunterricht bei Gabriele Wietrowetz, Ulrich Pfeil-Schneider, Eldering und Rudolf Deding sowie ab 1925 Klavierunterricht bei Else Munding. Nach 1945 begann er zu komponieren und schrieb eine kleine Suite für Streichorchester (1962), Kammermusik sowie Klavierlieder im spätromantischen Stil[1], u.a. auf Texte von Eichendorff, Mörike, Edgar Allan Poe und Puschkin, für die die Verarbeitung östlicher Einflüsse (lokrischen Quinte, Mazurkarhytmen, Pendelmotive) charakteristisch sind.“

Der Prinz wuchs in einer von klassischer und romantischer Musik erfüllten Atmosphäre auf. Seine Mutter, die Kronprinzessin, der Louis Ferdinand verbunden war, war eine Musikenthusiastin. Auf eigenen Wunsch begann der neunjährige mit dem Geigenspiel. Im Schulorchester war Louis Ferdinand Erster Geiger und Konzertmeister. Als Berliner Student spielte er begeistert in der Akademischen Orchestervereinigung der Technischen Hochschule Charlottenburg, die selbstverständlich mit öffentlichen Konzerten hervortrat[2].

Hatten seine Eltern bis 1914 ständig Musiker zu Gast– zu Hauskonzerten und zu Mahlzeiten – so änderte sich die Situation durch den Krieg, den Zusammenbruch 1918, das Exil des Vaters (1918 – 1923) auf der damals öden Insel Wieringen in der damaligen Zuider See und die wirtschaftlich bedingte, zeitweilige Übersiedlung der Mutter mit den vier jüngeren Geschwistern nach Oels (Schlesien). Die musikalische Flaute wurde beendet durch den spanischen Militärattaché Oberst Luis Ruiz de Valdivia. Als Vermittler der Beziehungen des jungen Prinzen zu dem von ihm angehimmelten Patenonkel König Alfons XIII. von

---

[1] bisher 4 Bd., Wilhelmshaven 1952-66

[2] Memoiren 1993, 60 – 63; siehe auch Teil II, Interview, S. 148 ff.

Spanien hatte man sich kennen gelernt. Valdivia führte ihn in die Welt der Oper ein[1]. Die vormalige Königliche Oper Unter den Linden, jetzt Staatsoper, gleich neben dem Kronprinzenpalais seiner Kindertage, besuchte er ab 1921 regelmäßig[2].

Auch später nahm der Prinz Musikstunden und spielte auf der Orgel der (inzwischen abgerissenen) Cadiner Kirche[3] und später auf der guten Hausorgel im Adjutantenzimmer der Burg Hohenzollern. Treffen der Verschwörer gegen Hitler wurden oft musikalisch eingeleitet. Prinzessin Kira begleitete Ernst v. Harnack am Flügel[4].

Die Kissinger Zeit 1945 bis 1947 stellte einen Tiefpunkt im Leben des Prinzen und seiner Familie dar. Doch erfuhr der Prinz, dass „materielle Bedrängnis dem künstlerischen Schaffen förderlich ist". Sein Musiklehrer, ein ungarischer Operettenkomponist, forderte ihn auf, Mörikes „Frühling lässt sein blasses Band wieder flattern durch die Lüfte" zu vertonen. Es wurde sein opus 1[5]. Viele Lieder entstanden bis ins hohe Alter. Dem ersten Konzert in Bad Kissingen folgte dann nach der Übersiedlung dorthin ein Konzert in Bremen mit eigenen Werken[6].

Wichtig für die musikalische Entwicklung des Prinzen wurde der Bremer Kapellmeister Curt Koschnick, der die Kompositionen des Prinzen offenbar auch kritisch durchsah[7]. Koschnick schrieb nach dem Konzert im Wümmehof zum Geburtstag des Prinzen 1950 eine kurze Würdigung: Louis Ferdinand als Musiker[8]. Dort heißt es: „Allen diesen Vertonungen eignet eine aus innerstem Nachempfinden entsprungene, stets edle Cantilene, die dem Sänger lässt, was des Sängers ist, nämlich die Möglichkeit zur Entfaltung eines blühenden schönen Gesangstones, weshalb alle Interpreten … schon nach der ersten Durchsicht gern nach den Liedern greifen. Auch die Farbigkeit und Ausdrucksgestaltung des dankbaren Klaviersatzes steigert sich mit jeder Neuschöpfung … Für den Prinzen Louis Ferdinand als Mensch und Künstler spricht sei-

---

[1] siehe oben Teil II, Interview, S. 137 f.
[2] Memoiren 1993, 70 – 74
[3] Memoiren 1993, 289
[4] Memoiren 1993, 295
[5] Memoiren 1993, 322
[6] Tradition und Leben 1, Mai 1949
[7] So die Kasseler Musikwissenschaftlerin Dr. Gudrun Quer zum Verfasser 1977.
[8] Memoiren 1993, 330 f.

ne unbeirrbare geistige Haltung, die alles snobistisch-neuzeitliche sich Gebärdende und rein Konstruktiv-Intellektuelle in der Kunst als „zersetzend und gottlos“ mit fanatischem Eifer ablehnt und bekämpft“. Der Prinz spürte dem Ideal der Spätromantik nach, das nur nach Ansicht mancher Neutöner „restlos ausgeschöpft und überholt“ sei. Er sei „mit heiligem Eifer unablässig bemüht“, ein meisterhafter Komponist zu werden[1].

1951 erschien ein erster Band mit Liedkompositionen im Kölner Orbis Verlag[2]. Der Heinrichshofens Verlag in Wilhelmshaven (früher Magdeburg) wurde dann der Musikverlag des Prinzen.

Noch vor dem Tod des Kronprinzen am 20. Juli 1951, also vor seiner Zeit an der Spitze der Hohenzollern, gab es in der Akademie für Musik und Theater in Hannover ein Konzert mit 300 Besuchern und ein zweites im Juni 1951 während der Reise des Prinzenpaares nach Spanien. Sein alter Freund Valdivia arrangierte flugs in Madrid ein Konzert mit den Prinzenliedern für 800 Zuhörer[3].

Der Tod des Kronprinzen am 20. Juli 1951 veränderte die Stellung des Prinzen grundlegend. Er entfaltete jetzt große künstlerische Aktivität mit Konzerten in vielen deutschen Städten. Das war durchaus ein neuer Akzent in der Geschichte seines Hauses, der er so tief verpflichtet war. Gerade auch die Rolle als Komponist war nicht vorgegeben. Obgleich die von ihm besonders verehrten Ahnen (beide keine direkten Vorfahren) Friedrich der Große und Louis Ferdinand „der Große“ (wie er gern sagte) auch komponierten, musizierten sie doch nie für die Öffentlichkeit. Vieles was der Prinz tat, war von Geschichte und Tradition vorgeprägt – die Rolle als Komponist nicht![4]

Man wird davon ausgehen müssen, dass der Prinz schon in der Wartezeit vor 1951 eine derartige musikalische Aktivität plante. Selbstverständlich sollte sie ihn bekannt machen und seinem Hauptziel, der Wiederherstellung der Monarchie dienen.

Immer wieder betonte er, dass er – wenn er in unserem Land etwas zu sagen hätte – die Musen pflegen würde. Mit Nachdruck hob er die

---

[1] Tradition und Leben, 19. November 1950

[2] Tradition und Leben 31, November 1951

[3] Memoiren 1993, 333

[4] siehe oben Teil II, Interview, S. 147 ff.

musischen Fähigkeiten, wie sie bei zahlreichen Hohenzollern auftreten, hervor.

Zugunsten Not leidender Vertriebener fanden Ende 1951 erfolgreiche Konzerte in Lübeck und Minden mit Liedern des Prinzen statt. Die Bremer Sänger Lieselotte Thomamueller und Caspar Broecheler wurden von Curt Koschnick am Flügel begleitet[1].

Der größte Erfolg stellte sich begreiflicherweise in Berlin ein, im Saal des teilweise zerstörten Hotels Esplanade, unmittelbar an der Grenze zum Ostsektor am Potsdamer Platz gelegen. Das Konzert vom 26. April 1952 musste wegen des starken Andrangs am nächsten Tag wiederholt werden. Die Menschen auf dem Potsdamer Platz riefen: „Hierbleiben" und „Wiederkommen"[2]. Das Konzert im Esplanade, einem Haus, dem schon Kaiser Wilhelm II. verbunden war, bildet den Anfang der neuen Beziehung des Prinzenpaares zu Berlin.

Am 15. Juni 1952 wurde die „Prinzessin Kira Stiftung für Heimatvertriebene" gegründet, deren Wohltätigkeitskonzerte oft mit Liedern des Prinzen bereichert wurden und werden. In den Zielen orientiert an Stiftungen der Hohenzollern vor 1918, ließ sich ein Programm dieser Dimension nicht verwirklichen. Die Rolle des Hauses Preußen blieb bescheidener als ehedem. Umso mehr ist alles anzuerkennen, was erreicht wurde[3].

Im November 1952 fanden Konzerte mit den Liedern des Prinzen im Berliner Titania Palast (zugunsten der Berliner Philharmonie), in der Hamburger Musikhalle (für die Paketaktion zugunsten der in Masuren zurückgebliebenen Ostpreußen) und in Lübeck (für die Prinzessin Kira Stiftung) statt[4].

In Berlin wurden dem Prinzen „Ovationen" zuteil und die „Welt am Sonntag" meinte, Louis Ferdinand habe „in Berlin eine fanatisch anhängliche Musikgemeinde, die zahlreich genug ist, um den 1.800 Sitzplätze fassenden Titaniapalast zu füllen. So herzlich wie der Chef des Hauses Hohenzollern ist hier lange kein Komponist gefeiert worden"[5].

---

[1] Tradition und Leben 12, Dezember 1951

[2] Tradition und Leben 37, Mai 1952. In Memoiren 1993, 333 f. liegt ein Irrtum vor: Das Berliner Konzert fand 1952, nicht 1951 statt.

[3] Vgl. oben Teil III, S. 267 f.

[4] Tradition und Leben 42, Oktober 1952

[5] Tradition und Leben 44, Dezember 1952

Auch in Gelsenkirchen und Münster sowie erneut in Berlin fanden im Frühjahr 1953 Konzerte statt[1]. Aber auch in kleineren Städten wie Göttingen, Bielefeld und Plön, auch auf Schloss Pommersfelden in Franken konnte man Lieder des Prinzen hören. Sie „weisen durchweg eine edle Kantilene, feinstes Nachempfinden der lyrischen Textvorlagen und einen stets interessanten Begleitungspart auf und zeugen von durchaus persönlichem Erfindungs- und Gestaltungsvermögen des prinzlichen Autors“[2]. Dieser Text stammt vermutlich wie der folgende von dem Münchner Historiker Dr. Anton Ritthaler. In einer Rezension der „Sechs Lieder für Gesang und Klavier“, erschienen im Heinrichshofens Verlag und bezeichnenderweise mit der (heraldischen) Kaiserkrone von 1871 geschmückt, schreibt Ritthaler, die Musik des Prinzen sei „von Herzen kommend und zum Herzen dringend“. Sie vermittele „ein echtes, klares Empfinden zwanglos und ungesucht Form“ annehmend. „Ihr hervorstechendstes Merkmal ist Schlichtheit, namentlich in der Führung der Melodie, die oft eingängig wie Volksweisen wirkt … ihre echteste Klangfarbe verknüpft sie mit Richard Strauß, ohne dass dessen Fülle, Pracht und Pathos erstrebt würde … die größte Beliebtheit aber wird sich durch seine innige Wärme und leichte Fasslichkeit das hübsche Lied ‚Dank´ (R. v. Michalewski) erwerben“[3].

Ende 1953 erschien eine erste Langspielplatte mit Liedern Louis Ferdinands und im Hamburger Hotel Atlantic sang der damals auf dem Gipfel seiner Laufbahn stehende Tenor Peter Anders seine Lieder zugunsten der Vertriebenen[4]. Im Januar 1954 fanden dann die letzten großen öffentlichen Konzerte mit Liedern des Prinzen in Düsseldorf und Köln statt. Die „Kölnische Rundschau“ meinte: „Das kultur- und musikgeschichtlich durchaus ernst zu nehmende Salonlied um die Jahrhundertwende hat in Prinz Louis Ferdinand einen späten Vertreter und Nachahmer gefunden“. Wenn Beethoven von dem 1806 gefallenen Louis Ferdinand gesagt habe, sein Klavierspiel sei gar nicht prinzlich, so würde man von den Liedern des jetzigen Louis Ferdinand sagen können: „für einen Prinzen vortrefflich“. In Köln erschienen Altreichs-

[1] Tradition und Leben 47, März 1953
[2] Tradition und Leben 43, November 1952
[3] Tradition und Leben 53, September 1953
[4] Tradition und Leben 56 und 57, Dezember 1953 und Januar 1954

kanzler Heinrich Brüning, Oberbürgermeister Dr. Schwering, Weihbischof Furche (Breslau und Köln, auch als Vertreter von Kardinal Frings), Bundestagsabgeordneter H. J. v. Merkatz. Für sie und etliche Botschafter und Diplomaten gab der Prinz einen Empfang im Domhotel[1].

Selbstverständlich waren nicht alle Kritiken freundlich. Spätromantik war in den Jahrzehnten nach 1950 nicht „modern" und der Prinz nannte gesprächsweise die Kritiken „so la la". Immerhin wurden seine Kompositionen häufig im Rundfunk gespielt. Zugunsten der Prinzessin Kira Stiftung gingen nennenswerte Tantiemen ein.

Das Kölner Konzert stellte einen Schlusspunkt dar. Eine nüchterne Überlegung ergab: die Konzerte erforderten einen hohen organisatorischen Aufwand, wohingegen zu wenig für den guten Zweck erwirtschaftet wurde. Damals waren Konzerte hochsubventioniert und der Erlös der Eintrittskarten deckte nicht die Kosten. Subventionen wollte und konnte der Prinz nicht fordern, obgleich es um Wohltätigkeit ging. Eine Konzertagentur hätte noch höhere Kosten verursacht.

So entschloss man sich, Konzerte nur noch auf der Burg Hohenzollern und nach 1961 im Berliner Haus Monbijou als Burg- und Hauskonzerte zu veranstalten[2].

Vermutlich hatte der Prätendent auch erkannt, dass man mit Musik kaum eine politische Wirkung erzielen kann. So sind ursprünglich gehegte Hoffnungen nicht in Erfüllung gegangen.

Am 14. Juni 1955 fand das erste der bis heute weitergeführten Konzerte der Prinzessin Kira von Preußen-Stiftung im Grafensaal der Burg Hohenzollern statt. Der Saal fasst 300 Teilnehmer und die sind gewöhnlich auch versammelt. Karl Münchinger (gestorben 1990), mit dem sich der Prinz bald anfreundete, bestritt mit seinem Stuttgarter Kammerorchester dieses und die meisten folgenden Konzerte. Neben Bach und Mozart erklang die 2. Sinfonie in g-Dur für Streichorchester und Cembalo von Friedrich dem Großen sowie sein 3. Konzert für Flöte, Streichorchester und Cembalo. Diana Eustrati aus Berlin sang Lieder des Prinzen. Alle Künstler spielten ohne Gage, womit eine bleibende Tradition gestiftet wurde. Auch wurde es Tradition, dass durch-

---

[1] Tradition und Leben 58, Februar 1954

[2] Prinz Louis Ferdinand zum Verfasser

weg neue Kompositionen des Prinzen (meistens Lieder) bei den Burgkonzerten uraufgeführt wurden. – 15 aus Königsberg stammende Jungen, die Ferien auf der Burg Hohenzollern verbrachten, nahmen an dem Konzert der Kira-Stiftung teil[1]. Beim 2. Burgkonzert am 2. Juni 1956 spielte wiederum das Stuttgarter Kammerorchester, der Berliner Tenor Horst Wilhelm sang Lieder des Prinzen. Der gesellschaftliche Rahmen war unter anderem durch die Anwesenheit des Dänischen Botschafters Frants Hvass (als Vertreter des mit dem Prinzen befreundeten Königs Frederik IX.) und des Erfinders der Frischzellentherapie Professor Dr. Paul Niehaus gegeben[2].

1957 komponierte der Prinz seinen wohlklingenden Hohenzollern Marsch. Der Leiter der Stadtkapelle Hechingen Karl Stockmaier hat ihn instrumentiert und vor der kaiserlichen Familie uraufgeführt. „Dem marschmäßigen ersten Teil folgt eine liederartige Hymne, der sich eine gelungene Überleitung im 3. Teil zum Da capo anschließt“[3].

Diesen preußischen Marsch hörten die Teilnehmer der Jahrestagungen auf der Burg Hohenzollern des Öfteren bei der Abendmusik auf Einladung des Prinzen im Burghof mit seiner einmaligen Akustik. Für jeden Freund der Militärmusik ein Genuss!

Ständig erklingt in Berlin das Glockenspiel der Kaiser Wilhelm Gedächtniskirche am Anfang des Kurfürstendamms. Die Tonfolge Es-As-B-C-As-B-Es-C-As-F-G-G-A wurde vom Prinzen 1961 komponiert. Sie stellt das in Berlin ständig präsente Beispiel seines künstlerischen Schaffens dar und wird hoffentlich noch lange erklingen.

Weltberühmte Interpreten wie Yehudi Menuhin (16.09.1961) spielten bei den Konzerten auf der Zollernburg.

1972 hatte Louis Ferdinand für die Kirche in Lilienthal bei Bremen die Weise für das neue Glockenspiel auf Bitten der Gemeinde komponiert. Daraus entstand ein Orchesterstück „Abendgebet“, das bei der Jahrestagung des Zollernkreises 1972 uraufgeführt wurde[4].

In Berlin lernte der Prinz Pilar Lorengar kennen. Die in dem von Louis Ferdinand so geschätzten Spanien geborene Künstlerin (1928 – 1996) und gehörte ab 1958 zum Ensemble der Deutschen Oper in Ber-

[1] Tradition und Leben, Juni 1955
[2] Tradition und Leben 86, Juni 1956
[3] Preußische Mitteilungen 101, Dezember 1990
[4] Erbe und Auftrag 1972, 104

lin. Zu seinem 65. Geburtstag sang sie im Haus Monbijou Lieder von Händel, Gluck, Schubert und Louis Ferdinand[1].

Zu Familienanlässen brachte der Prinz häufig ein ungewöhnliches Geschenk mit, eine neue Komposition. Am Polterabend der Rüdenhäuser Hochzeit, seines präsumtiven Erben Louis Ferdinand mit Donata, der einzigen Tochter des Fürsten Castell-Rüdenhausen, am 23. Mai 1975 wurde der Donata-Walzer gespielt[2]. Zur Taufe der nach dem Tod des Vaters am 30. Juni 1978 geborenen Tochter des Paares von Louis Ferdinand (III.) und Donata, Prinzessin Cornelie Cécile am 18. Juli 1978 in Fischerhude war es ein Wiegenlied („Berceuse") und ein kleines Abendlied[3].

Anlässlich seiner ersten Reise ins Heilige Land 1978, eingeladen von der deutschen evangelischen Gemeinde in Jerusalem, anlässlich der 80 Jahrfeier der Einweihung der Erlöserkirche durch Kaiser Wilhelm II. am Reformationstag 1898, lernte der Prinz die hinfort von ihm besonders geschätzte Sängerin Cilla Großmeier-Abilea kennen. Im Gottesdienst sang sie Mozarts „Ave verum" und das Vaterunser von Carl Krebs[4]. Ein Anlass für die zweite Reise nach Jerusalem war der Wunsch von Cilla Großmeier, Lieder des Prinzen zu singen. 1982 waren dann seine Lieder, gesungen von C. Großmeier, nicht nur beim Konzert im Refektorium neben der Erlöserkirche zu hören, sondern auch im israelischen Rundfunk[5].

Viele Ereignisse, bei denen Louis Ferdinand im Mittelpunkt stand, hingen mit der Geschichte seiner Dynastie zusammen. Persönlich gefreut hat ihn verständlicherweise, wenn sein eigenes Wirken als Künstler anerkannt wurde und Werke von ihm aufgeführt wurden. So zum Beispiel als er nach Trier zum Jubiläum des Auguste Victoria Gymnasiums eingeladen wurde und beim Konzert in der Promotionsaula der alten Trierer Universität „Musik der Hohenzollern" erklang – einschließlich von fünf Liedern des Ehrengastes[6]. Im Preußenjahr 1981 (das im Zusammenhang mit der Berliner Preußen-Ausstellung 1981

---

[1] Erbe und Auftrag 1973, 3
[2] Erbe und Auftrag 1975, 95
[3] Erbe und Auftrag 1978, 124
[4] Memoiren 1993, 364 f.
[5] Memoiren 1993, 367
[6] Juni 1979, Erbe und Auftrag 1979, 117

ausgerufen wurde) gab es auf der Stammburg am 26. September 1981 ein Konzert: „Musik im Hause Preußen". Dabei sang Edda Moser (in ihrem Salzburger Haus lernte der Prinz Helmut und Hannelore Kohl kennen) die von Rosemarie Klotz-Burer gedichteten Lieder „Allen Schmerz hat Gott gezählet" und „Hoffnung". Louis Ferdinand hat diese Texte gern vertont, weil sie seiner Lebenserfahrung entsprachen.

Erwin Schwarz schrieb über den Prinzen im Programmheft zu diesem Konzert: Der Prinz „hat sich längst über die Liebhaberschwelle hinaus zum Komponisten spätromantischer Orchestermusik, vor allem aber zum Komponisten eines beträchtlichen Liedwerks entwickelt", das von „drängender Eigengesetzlichkeit" geprägt wird. „Das sine musica nulla vita (ohne Musik kein Leben) ist für ihn kein Lippenbekenntnis, denn der Musik verdankt er in hellen und dunklen Stunden Ausgleich und Sinnerfahrung".

Anlässlich der 31. Berliner Festwochen fand 1982 im Großen Sendesaal des Senders Freies Berlin ein Konzert mit Liedern des Prinzen nach Texten von Joseph v. Eichendorff[1], Heinrich Danz, Edgar Allen Poe und R. Klotz-Burer statt. Edda Moser wurde am Klavier von Norman Shetler begleitet. Die Westdeutsche Zeitung schrieb am 24. September 1981: „Liedhafte Ansätze und romantische Expressivität durchdringen einander zu wortnaher Textdeutung". Die Melodieführung gelangt „aus schattenhaften Klängen in dramatisch gesteigerte Schlüsse"[2].

Prinz Louis Ferdinands jüngster Sohn, Prinz Christian Sigismund, treuer Begleiter seines Vaters in den letzten zwanzig Jahren seines Lebens bei Reisen und unzähligen repräsentativen Anlässen, hatte 1984 Gräfin Nina zu Reventlow geheiratet. Das Paar lebte mit seinen 1986 und 1988 geborenen Kindern Prinz Christian und Prinzessin Irina auf dem Wümmehof und hatte engen Kontakt zum Vater. Prinzessin Nina dichtet und viele ihrer Lieder wurden vom Prinzen vertont. Diese Lieder wurden auch in einem Konzert in Bad Homburg vor der Höhe, veranstaltet von der dortigen Preußischen Tafelrunde, im Frühjahr 1989 vorgestellt.

---

[1] Von ihm hat der Prinz in frühen Jahren das Gedicht „In Danzig: Dunkle Giebel, hohe Fenster" vertont.

[2] Erbe und Auftrag 1982, 3 f.

92 Verleihung des Prinz Louis Ferdinand Preises am 11. Mai 1994 an das Polizeiorchester Potsdam und seinen Dirigenten Peter Brünsing in Berlin, Haus Monbijou. Rechts Wolfgang Lühdorff

In einer Kritik hieß es: Die Lieder „lehnen sich an die Spätromantik der Jahrhundertwende an, weisen aber durchaus eigene Züge auf". Hiroko Machinura sang nach Texten von Eichendorff, Mörike, Hans Carossa, Manfred Hausmann, Adelbert v. Chamisso und anderen. Die Sängerin wusste „musikalische Kleinodien wirkungsvoll zu gestalten. Einfühlsam sang sie von der Treue und Lebenslust, von Meeressehnsucht und Abendfrieden und brachte das Charakteristische einer russischen Romanze und eines russischen Volksliedes eindrucksvoll zum Klingen". „Morgensonne", „Mutterglück" und „Frühling, Nebel und Oktober" wurden nach Texten von Prinzessin Nina dargeboten[1].

Die letzte Jahrestagung des Zollernkreises unter der Schirmherrschaft des Prinzen auf der Burg Hohenzollern am 29. und 30. September 1990 stand ganz im Zeichen der Wiedervereinigung. Am Abend spielte die Stadtkapelle Hechingen im Burghof den „Hohenzollernmarsch", das „Geistliche Lied" und das „Glockenspiel von Kaiser Wilhelm-Gedächtnis", alle drei Kompositionen des Burgherrn[2].

Zu den Jahrestagungen, die stets am Samstag stattfinden, gehört am folgenden Sonntag ein Gottesdienst. Für den Prinzen galt: „Ein Gottesdienst ohne Musik ist für mich kein Gottesdienst". So freute er sich besonders am Orgelspiel des virtuosen Herbert Rafflenbeul, Stadtorganist von Solingen[3].

„Doch vor allem komponiere ich leidenschaftlich gern, vertone unter anderem Lyrik von Eichendorff oder Stücke meiner Schwiegertochter Nina. Hätte ich einen Wunsch frei, wäre ich Musiker geworden, vielleicht noch lieber als König". Das Interview mit der Bremer Schülerzeitschrift „Enfant Terrible" aus dem Jahre 1990 enthält dieses Bekenntnis[4].

Die künstlerische Kraft verließ den Prinzen auch im hohen Alter nicht[5]. So komponierte er zur Überführung der Särge von der Burg Hohenzollern nach Potsdam am 16./17. August 1991 den Trauermarsch „Friedericus Rex". Er erklang beim Abschied von der Zollernburg, gespielt von der Stadtkapelle Hechingen unter Karl Stockmeier, und bei der Beisetzung in Sanssouci zu mitternächtlicher Stunde vom Polizeiorchester Potsdam unter Peter Brünsing[6].

Obgleich der Prinz genau wusste, dass das Potsdamer Polizeiorchester vor 1989 dem SED Staat gedient hatte, bestanden keinerlei Vorbehalte gegen die nun anders uniformierten Musiker.

Der Prinz und das aus dem Zollernkreis hervorgegangene Preußeninstitut verliehen im zweijährigen Abstand den „Prinz Louis Ferdi-

---

[1] Preußische Mitteilungen 91, 1989
[2] Preußische Mitteilungen 101, 1990
[3] Preußische Mitteilungen 83, 1987
[4] Erbe und Auftrag 1990, 40
[5] siehe oben Teil II, Interview, S. 147 ff.
[6] Memoiren 1993, 397 und 404

nand-Preis“. Am 11. Mai 1994 wurde er (vorläufig letztmalig) im Berliner Haus Monbijou an Peter Brünsing und das Polizeiorchester Potsdam vom Prinzen persönlich überreicht[1].

Eine würdige musikalische Erinnerung an den Prinzen stellt die Ende 1992 produzierte CD „An mein Potsdam“ (Monopol LC 0665) dar. Das von Eva Dobrzinski gedichtete, vom Prinzen komponierte und von der Verfasserin gesungene Lied „An mein Potsdam“ steht im Mittelpunkt. Das Gedicht drückt die Gefühle aus, die auch der Prinz bei der Wiederbegegnung mit der Heimat empfand und gültig in die Sprache der Musik übertrug. Der Hohenzollernmarsch und der Trauermarsch „Friedericus Rex“ zeigen, dass der Künstler Louis Ferdinand in erster Linie Preuße war.

---

[1] Preußische Mitteilungen 123, 1994

V. Christ

Persönlicher Glaube und Stellung zur Kirche

Nicht zufällig beginnt das Vorwort zur Auflage 1983 von Louis Ferdinands Erinnerungen mit dem Psalmwort: „Unser Leben währet siebzig Jahre und wenn´s hochkommt, so sind´s achtzig Jahre und wenn´s köstlich gewesen ist, so ist´s Mühe und Arbeit gewesen; denn es fähret schnell dahin, als flögen wir davon". Prinz Louis Ferdinand zitiert auch den 90. Psalm weiter mit dem Vers: „Lehre uns bedenken, dass wir sterben müssen, auf dass wir klug werden" – oft ein Teil der Begräbnisliturgie. Er schreibt: „Dieser Mahnruf wird mir mit jedem Tag, der vergeht, vernehmlicher"[1]. Als Christ hat der Prinz von Kindesbeinen an gelebt, als Christ ist er gestorben. Sein Glaube war fest gegründet, seine Bindung an die Evangelische Kirche (im Sinne der Altpreußischen Union Friedrich Wilhelm III.) tief verankert.

Eine solche ihnen selbstverständliche Bindung an Kirche und Glaube findet man bei vielen Hocharistokraten, unabhängig von der Konfession. Louis Ferdinands christlicher Glaube war nicht durch Zweifel getrübt und er blieb sein langes Leben über stabil: große Glaubenskrisen scheinen ihm erspart geblieben zu sein.

In seiner evangelischen Kirche sah er manches kritisch, so die einseitige Politisierung. Die Ostdenkschrift der Evangelischen Kirche von 1965, die den Verzicht auf die preußischen Ostprovinzen zumindest nahe legte, lehnte er ab, wie die weitaus meisten vertriebenen Christen. Mit seinem Vetter Prinz Wilhelm Karl von Preußen (1922 – 2007, 1958 – 1999 Herrenmeister des Johanniterordens, 1999 – 2007 Protektor des Johanniterordens in der Nachfolge Kaiser Wilhelms II. Pläne, Prinz Louis Ferdinand zum Protektor des Johanniterordens zu machen, zerschlugen sich) hätte er den Theologen im Hinblick auf deren überspitzte Debatten sagen können: „Macht den Glauben nicht so schwer".

Das tägliche Gebet im stillen Kämmerlein war für ihn lebensnotwendig. Auf seinem Nachttisch lagen die Losungen der Herrnhuter Brüdergemeinde (seit Anfang der 1970er Jahre wurden sie ihm alljährlich von dem CVjM-Bundessekretär Max Hamsch, Kaub am Rhein,

[1] Memoiren 1993, 11

übersandt). – Täglich betete er für die Wiedervereinigung Deutschlands und er betrachtete den 09. November 1989 als eine Gebetserhörung. Ein überzeugendes Denkmal seines Glaubens, seines Betens und seiner vorbildlichen ehelichen Liebe ist die Auferstehungskapelle der Burg Hohenzollern.

August Stülers evangelische Christuskapelle auf der Burg lehnt sich in ihrer Anlage als zweigeschossige Kirche an zwei der bedeutendsten Bauwerken der Gotik an: der Sainte Chapelle in Paris und dem Westchor des Naumburger Doms[1]. Der Raum unter der Christuskirche diente bis 1967 als Abstellraum, obgleich über seinem Eingang ein großes Eisenkreuz angebracht war. Prinz Louis Ferdinand hatte nach dem Tod der Prinzessin und Großfürstin Kira am 08. September 1967 die Idee, die Unterkirche zu einer russisch-orthodoxen Auferstehungskapelle umzugestalten. Schon der Name Auferstehungskapelle ist ein Bekenntnis zum Osterglauben.

Zwar gab es auf der Bastei, dem so genannten Offiziersgärtlein (bis zum 1. Weltkrieg lag auf der Burg stets eine Kompanie des Konstanzer Infanterieregiments 114, deren Offiziere sich dort entspannten), das seit dem Tod des Kronprinzen als Grablege diente, noch einen freien Platz. Dieser jedoch war für Prinzessin Oskar (Ina Marie, geb. Gräfin von Bassewitz 1888 – 1973), Schwägerin des Kronprinzen, Gattin des Herrenmeisters Prinz bestimmt. In der Kapelle wurde neben der Urne von Prinzessin Kira, die Urne der 1992 verstorbenen jüngsten Tochter Prinzessin Xenia und dann 1994 die des Prinzen selbst aufgestellt. Jährlich fand am Todestag zum Gedenken wenigstens einmal ein orthodoxer Gottesdienst (Panachida) statt. So beherbergt die Burg in einzigartiger Weise neben der im Kern mittelalterlichen katholischen St. Michaelskapelle und der evangelischen Christuskapelle auch die orthodoxe Auferstehungskapelle. Das dürfte in der Welt einmalig sein.

Bei seinen über das ganze Jahr zerstreuten zahlreichen Aufenthalten auf der Burg zog sich der Prinz allein und oft für Stunden zum Gebet in diese, der Öffentlichkeit nicht zugängliche Kapelle zurück. Niemand durfte ihn hier stören. Die ständige Verbindung zu seiner Frau hatte auch eine religiöse Dimension. In Erinnerung an sie spürte er „jene tiefe Gläubigkeit, die ihn auch schwere und einsame Tage ertragen ließ“.

---

[1] Rolf Bothe: Burg Hohenzollern, Berlin 1979, 142

An ihrem Grab hielt er mit ihr Zwiesprache. Dem Publizisten Peter Bacher sagte er 1990: „Ich glaube, dass ihre Seele mir immer ganz nahe ist. Es gibt da eine dauernde Präsenz; irgendwie mag das manchem übersinnlich erscheinen, aber so ist das nun einmal". Im gleichen Gespräch sagte er: „Auch, wenn Sie es für komisch halten mögen: Ich bete täglich zu meinem persönlichen Gott und habe erfahren, dass er mich erhört".

Im Gespräch mit Peter Bacher betont er auch seine Glaubensgewissheit und zeigte sich betrübt über den Glaubensverlust bei so vielen Deutschen. „Wenn ich sehe, wie man aus der Liturgie die Romantik vertrieben hat, wenn ich an Pastoren denke, die von Nicaragua reden, statt von Gott, die marxistische Gedanken predigen, statt die Botschaft zu verkünden, wenn sogar zur Weihnachtszeit ein Lied wie „Stille Nacht" oft in Frage gestellt wird, dann wird man schon sehr nachdenklich"[1].

Die Bemerkung über das Ausmerzen der Romantik aus der evangelischen Liturgie bezieht sich auf die von Friedrich Wilhelm III. persönlich ausgearbeitete Liturgie, die er ab 1829 in den damaligen preußischen Provinzialkirchen (der späteren Altpreußischen Union) durchsetzte. Komponist war Dimitri Stepanovic Bortnianskij (1751 – 1825), kaiserlich russischer Kapellmeister und bekannt als Komponist von Kirchenmusik[2]. Louis Ferdinand mit seiner Freundschaft zum russischen Volk, der als Komponist zur Spätromantik zählt, ist in der altpreußischen Liturgie und Bortnianskijs eingängigen Melodien verwurzelt gewesen. Anfang der 1950er Jahre schaffte man in der Altpreußischen Union die alte Liturgie ab und griff auf die Barockmusik zurück. Auf der Burg Hohenzollern wurde bei den Gottesdiensten bis etwa 1980 die altpreußische Agende mit den Melodien Bortnianskijs benutzt (die wenigen evangelischen Gemeinden der Hohenzollernschen Lande gehörten nach 1945 zur Evangelisch-Lutherischen Kirche Württembergs. Der aus Brieg in Schlesien stammende Hechinger Pfarrer Dr. Wilhelm Burkert hielt – zur Freude des Prinzen – an der alten Liturgie fest).

---

[1] Nachruf in der „Welt", 27.09.1994 von Peter Bacher, Erbe und Auftrag 1995, 3

[2] Der Choral aus dem Großen Zapfenstreich wurde 1822 von Bortnianskij komponiert; der Text: „Ich bete an die Macht der Liebe" stammt von Gerhard Tersteegen (1697 – 1767).

Jeden Gast verabschiedete der Prinz mit „Gott befohlen". Das war für ihn ganz und gar keine Leerformel (seine Urgroßtante Großherzogin Luise von Baden, Tochter Kaiser Wilhelms I., 1838 – 1923, wurde im badischen Adel wegen der gleichen Grußformel „Tante Gott befohlen" genannt). Mit den Worten „sehr zum Segen" prostete Louis Ferdinand gern zu. Er dachte dabei an den, der die Erde segnet.

Eine wichtige Rolle im Leben des Prinzen spielte die 1895 vollendete Kaiser Wilhelm-Gedächtniskirche in Berlin. Schon am 17. September 1951 – also wenige Wochen nach dem Tode des Kronprinzen, der seit 1904 Protektor des Kuratoriums war, wurde Louis Ferdinand einstimmig zum Mitglied des Kuratoriums der Stiftung Kaiser Wilhelm-Gedächtniskirche gewählt[1]. Bald darauf übernahm er den Vorsitz. Der Stiftung gehörte die Kirche und das große Grundstück am Auguste-Viktoria-Platz (zur Zeit in Breitscheidplatz umbenannt). Aufgabe der Stiftung war es damals, die im Bombenkrieg zerstörte Kirche wieder aufzubauen, später sie zu erhalten und der Gemeinde für Gottesdienste und Kirchenkonzerte zur Verfügung zu stellen[2].

Ab Herbst 1954 ging es dann intensiv um den Wiederaufbau der Kirche – ein heiß umstrittenes Thema. Die Mehrheit der Berliner wünschte den genauen Wiederaufbau der alten neu-romanischen Kirche. Die Architekten wollten selbstverständlich einen modernen Neubau. Der bis heute überzeugende Kompromiss: Neubau der Kirche und des Gemeindesaals durch Egon Eiermann bei Erhaltung der Turmruine geht zum erheblichen Teil auf Louis Ferdinand zurück. Eine erste Besprechung fand in der beengten Wohnung von Pfarrer Günter Pohl Ende 1954 statt[3]. Pfarrer Pohl, der von 1953 bis zur Emeritierung 1977 (verstorben 1987) an der Gedächtniskirche wirkte, Egon Eiermann, vom Prinzen „Meister" genannt, und Louis Ferdinand haben noch oft miteinander verhandelt und nächtelang gesprochen, ehe 1961 das große Werk vollendet war. Egon Eiermann wurde mühsam davon überzeugt, dass er das westliche Zentrum der Weltstadt Berlin nur dann bleibend prägen könne, wenn er den „hohlen Zahl", die Turmruine akzeptiert.

[1] Tradition und Leben 31, November 1951

[2] Hans Storck: Der Prinz als Protestant. In Schalom Ben-Chorin und andere: SKH Prinz Louis Ferdinand von Preußen zum 75. Geburtstag am 09. November 1982, Moers 1982, 69

[3] Pohl, a. a. O., 46

Der Prinz argumentierte damit, Eiermann dürfe die „einmalige Chance“ nicht verspielen.

Im Rahmen der Internationalen Bauausstellung, die 1957 Millionen Deutsche aus beiden Teilen des geteilten Landes faszinierte, wurde das Berliner Hansa Viertel von den damals führenden Architekten aus aller Welt neu gestaltet und auch die dort gelegene Kaiser Friedrich-Gedächtniskirche modern aufgebaut. Das Altarkreuz aus Bergkristall wurde vom Prinzenpaar gestiftet, das auch an der Einweihung teilnahm und in Berlin ein Wohltätigkeitskonzert zugunsten der neuen Kirche veranstaltete[1].

Der Bischof von Berlin-Brandenburg Otto Dibelius war ein Preuße durch und durch. Am 26. September 1961 kam er zu einem Gottesdienst auf die Burg Hohenzollern. Kurz nach dem Mauerbau am 13. August wurden das Adler- und das Michaelstor der alten Kaiser Wilhelm Gedächtniskirche auf der Burg wieder als Tore eingebaut, das Adlertor an der Christuskapelle, das Michaelstor am Zugang zu den Basteien, nahe der Michaelskapelle[2].

Lang erwartet wurde dann am 17. Dezember 1961 im Westteil der durch die Mauer geteilten Stadt die umstrittene Kirche eingeweiht. Gerade Theologen lehnten den Namen der Kirche ab. Unbeirrt, wie es seine Art war, erinnerte Dibelius an die ehrwürdige Gestalt Kaiser Wilhelms I. Er „betonte, dass in dem Gotteshaus die Dankbarkeit für eine große Zeit der deutschen Nation fortleben solle. Die Kirche wechsle ihre Dankbarkeit nicht mit den Zeitströmungen“[3]. Das Wunderbare an diesem Gotteshaus, dessen Planung und Bau das Prinzenpaar engagiert mit trug, ist der Innenraum. Mitten im brausenden Verkehr entstand ein Ort der Stille und Konzentration, in dem es leicht fällt zu meditieren. Die farbigen Scheiben in den Fensterwaben gehen auf Gabriel Loire zurück und Prinz Louis Ferdinand ist selbst deswegen zu dem Künstler in seinen Wohnort Chartres gefahren. Er hat so dafür gesorgt, dass das Blau von Chartres nach Berlin kam. Nach dem Tod der Prinzessin Kira am 8. September 1967 wurde auf Wunsch der übrigen Kuratoren ein Wabenfenster (links oberhalb des Altars) der Verstorbenen gewid-

[1] Tradition und Leben 99 f., Juli und August 1957
[2] Tradition und Leben 150, Oktober 1961
[3] Tradition und Leben 152, Dezember 1961

met. Es zeigt ein „K“ mit Krone. Wie schon erwähnt, stammt die Melodie des Glockenspiels vom Prinzen.

Um 1980 musste der „hohle Zahn“, die Turmruine renoviert werden. Der Prinz war „Mitstreiter beim Erbitten um Spenden und als Helfer beim Fördern der mehr als 30 Initiativen ‚Rettet die Gedächtniskirche‘´, die 1980 und 1981 zustande kamen“[1]. Die nach Alexander Calder „vielleicht großartigste abstrakte Plastik der Welt“ wurde dadurch bleibend gesichert. Die 1906 fertig gestellte Gedenkhalle im Turm mit ihren damals modernen Mosaiken, die insbesondere den Zug der Hohenzollern von Kurfürst Friedrich I. (1415 – 1440) bis zu den Eltern von Louis Ferdinand zum Kreuz Christi zeigen, wurde 1961 nur provisorisch gesichert und war Wind und Wetter ausgesetzt. 1986 wurden – besonders mit öffentlichen Mitteln - die Turmhalle mit Fenstern und Türen geschützt, sowie die Mosaiken restauriert.

Zur Eröffnung am 06. Januar 1987 sprach der Prinz gewichtige Sätze, die über sein Geschichtsbild und seine Frömmigkeit Auskunft geben. Er sagte unter anderem: Wir wollen Gott „in dieser Stunde bitten, dass er die deutsche Hauptstadt Berlin schütze und bewahre und dass er uns ein in Freiheit und Frieden wiedervereinigtes Vaterland und ein geeintes Europa in nicht allzu ferner Zukunft schenken möge“[2]. Keine drei Jahre später war dieses Gebet – „über alles Bitten und Verstehen“ – erhört worden.

1978 wurde der Prinz zur 80 Jahrfeier der Einweihung der Erlöserkirche in Jerusalem durch Kaiser Wilhelm II. am 31. Oktober 1898, dem Reformationstag, von der deutschen Gemeinde in die Heilige Stadt eingeladen. Dieser Reise folgten zwei weitere, über die der Prinz im Kapitel „Drei Reisen ins Heilige Land“ in seinen Erinnerungen bewegt erzählte[3]. Die drei mit der Pilgerreise des Kaiserpaares 1898 zusammenhängenden Bauten in Jerusalem: die Erlöserkirche unweit der ehrwürdigen Grabes- und Auferstehungskirche, die Benediktinerabtei Dormitio Sanctae Mariae auf dem Berg Zion und die Auguste Viktoria-Stiftung mit der Himmelfahrtskirche auf dem Ölberg prägen bis heute das Stadtbild Jerusalems.

---

[1] Storck in Schalom Ben-Chorin 1982, S. 69
[2] Preußische Mitteilungen 80, Juni 1987
[3] Memoiren 1993, 363 – 373

Im „Schneller-Rundbrief", dem Organ des „Syrischen Waisenhauses", hieß es: „Prinz Louis Ferdinand wurde von vielen Menschen besonders herzlich begrüßt, gerade auch von unseren alten jüdischen Freunden". Christen, Juden und Muslime äußerten sich „anerkennend und im höchsten Maße dankbar über Wilhelm II."[1].

Die 3. Reise ins Heilige Land galt dem Obelisken für Kaiser und Kaiserin Auguste Viktoria hoch über Haifa. Er war nach der Reise von 1898 von den in Haifa siedelnden württembergischen Einwanderern der deutschen Tempelgesellschaft errichtet und von den Briten Ende 1918 gestürzt worden. Professor Dr. Alex Carmel, der sich wissenschaftlich intensiv mit dem deutschen Anteil an der Entwicklung des Heiligen Landes beschäftigt hat, sorgte für die Wiederaufstellung durch die Stadt Haifa. Die Enthüllung des Denkmals am 22. März 1982 bewegte den Prinzen zutiefst. „Dass ausgerechnet in Israel meinem armen und verkannten Großvater jetzt ein Denkmal errichtet wird, hätte ich mir nie träumen lassen"[2].

Eine Folge dieser Reisen war es auch, dass 1981 Schalom Ben-Chorin (Jerusalem) über „das deutsch-jüdische Verhältnis und Israel" und 1985 Alex Carmel (Haifa) über „Die Palästina-Reise Kaiser Wilhelms II." bei den Jahrestagungen des Zollernkreises auf der Burg Hohenzollern sprachen.

Bei zahlreichen Anlässen bezeugte Prinz Louis Ferdinand seinen tiefen Glauben. Oberflächliche Redewendungen gab es bei ihm nicht, wenn er von Gott sprach.

Zu den vertriebenen Schlesiern aus Oels sagte er 1955: „Möge unser Glaube immer fester und stärker werden, damit wir alle mit Gottes Hilfe in unsere geliebte preußische Heimat zurückkehren können"[3]. Beim Treffen des Semper Talis-Bundes, Traditionsvereinigung des 1. Garderegiments zu Fuß und seiner militärischen Nachfolgeeinheiten, hieß es zur deutschen Wiedervereinigung: „Die Entscheidung liegt aber in den Händen unseres Herrgotts, der ehrlich gemeinte heiße Gebete um die Wiedervereinigung nicht unerhört lassen wird"[4].

---

[1] Erbe und Auftrag 1979, 50 f.

[2] 1982 zum Verfasser

[3] Tradition und Leben 76, August 1955

[4] Tradition und Leben 122, Juni 1959

93 Prinz Louis Ferdinand (III.) der jüngere (1944 – 1977) mit Prinzessin Donata, geb. Gräfin Castell-Rüdenhausen (geboren 1950).
Aufnahme 1975/76

Beim Treffen der Westpreußen aus Kulm an der Weichsel mit Domprediger Gerhard Tietze (Bremen) hieß es: über die Rückkehr in die Heimat entscheide Gott. „Wenn unser Glaube stark genug ist, wird er sie (die Gebete) erhören“[1].

Im August 1959 nahm der Prinz am Deutschen Evangelischen Kirchentag in München teil und wurde im gleichen Sommer Mitglied des

[1] Tradition und Leben 79, November 1955

Konvents der zerstreuten evangelischen Ostkirche, dem Zusammenschluss der evangelischen Vertriebenen[1].

94 Hof- und Oberdomprediger Bruno Doehring (1878 – 1961)

Hof- und Oberdomprediger Professor Dr. Bruno Doehring (1878 – 1961) aus Berlin war der letzte Seelsorger Kaiser Wilhelms II. . und er war es auch bis zu seinem Tod 1961 für dessen Enkel. Er hat – bis auf die beiden jüngsten – alle Kinder des Prinzenpaares getauft.

Domprediger Gerhard Tietze, aus Oliva bei Danzig gebürtig und bis zur Vertreibung Pfarrer in Kulm (Weichsel), hat die Kinder im Bremer Dom konfirmiert und hat Prinzessin Marie Cécile 1965 in der Berliner Kaiser Wilhelm-Gedächtniskirche mit Herzog Friedrich August von Oldenburg, sowie Prinz Louis Ferdinand (III.) am 24.05.1975 mit Gräfin Donata zu Castell-Rüdenhausen in der Barockkirche von Rüdenhausen und Prinz Christian Sigismund 1984 in Damp (Schleswig) mit Gräfin Nina zu Reventlow getraut. In der denkbar schwierigen Situation nach dem jähen Tod von Prinzessin und Großfürstin Kira am 08. September 1967 stand Tietze dem Prinzen bei und hielt auch die Traueransprache für die tiefgetroffene Familie.

[1] Tradition und Leben 124 und 125, August und September 1959

Zuletzt stand der Münchner Wehrbereichsdekan und Ordensdekan des Johanniterordens Graf Ruprecht zu Castell-Rüdenhausen (ein entfernter Verwandter von Prinzessin Donata, seit 1991 Herzogin von Oldenburg) dem greisen Prinzen nahe. Mit ihm führte er seelsorgerische Gespräche und legte sogar eine Lebensbeichte ab[1]. Graf Castell hielt auch die Ansprache bei der Familienfeier zur Beisetzung der Urne des Prinzen in der Auferstehungskapelle auf der Burg Hohenzollern.

Die Bibelkenntnis des Prinzen und seine nüchterne Kenntnis und Erkenntnis der Kirche zeigte sich in einer aufschlussreichen Bemerkung zu dem Charlottenburger Superintendenten Dr. Hans Storck (Sprecher der oppositionellen Gruppe in der damals stark nach links politisierten Berliner Synode). „Wissen Sie, was der Berliner Kirche fehlt? Es fehlt an der Kraft die uns bestimmenden Mächte deutlicher zu unterscheiden und die Fähigkeit, das Erkannte der Sache gemäß durchzusetzen“[2]. Im zwölften Kapitel des 1. Briefes an die Korinther spricht Paulus von den verschiedenen Gaben der einzelnen Christen und erwähnt im Vers 10 die Fähigkeit, die Geister zu unterscheiden. Das gilt theologisch und politisch.

Die Wiedervereinigung Deutschlands in Freiheit und Frieden, die friedliche Revolution, die Zeitenwende nicht nur für Mittel- und Osteuropa[3] ergriff den Prinzen existentiell. Die Worte des 126. Psalms: „Wenn der Herr die Gefangenen Zions erlösen wird, so werden wir sein wie die Träumenden. Dann wird unser Mund voll Lachens, und unsere Zunge voll Rühmens sein … Die mit Tränen sähen, werden mit Freuden ernten“[4] entsprachen seinem Empfinden, seinem tiefen Glauben.

---

[1] Graf Castell zum Verfasser 1994

[2] Schalom Ben-Chorin 1982, a.a.O., 69

[3] Das zuerst von Honeckers kurzfristigem Nachfolger Egon Krenz gebrauchte Wort „Wende“ ist viel zu schwach für diesen weltgeschichtlichen Vorgang.

[4] Gespräch mit dem Verfasser, November 1989

WAS BLEIBT?

Prinz Louis Ferdinand verstarb „alt und lebenssatt" (wie Hiob 42, 17) im Alter von 86 Jahren am Sonntag, 25. September 1994 in Bremen.

Bundespräsident Roman Herzog und Bundeskanzler Helmut Kohl richteten an den jüngsten Sohn des Verstorbenen, Prinz Christian Sigismund von Preußen, den nunmehrigen Sprecher des Hauses, folgende Kondolenzschreiben[1]:

„Sehr geehrter Prinz von Preußen,
zum Tode Ihres Vaters spreche ich Ihnen und Ihrem Hause mein aufrichtiges Mitgefühl aus. Prinz Louis Ferdinand hat es auf eine ganz persönliche und unnachahmliche Weise verstanden, waches Interesse an den Entwicklungen unserer Zeit mit der Förderung des Geschichtsbewusstseins zu verbinden. Die Prüfungen, die er sich selbst und die das Schicksal ihm auferlegten, bestand er mit sicherem Urteil und vorbildlicher Haltung. Die Wahrung der Tradition des Hauses Hohenzollern ist ihm dank seiner natürlichen Bescheidenheit in beispielloser Weise gelungen. Unser Land wird ihm stets ein ehrendes Andenken bewahren. In herzlicher Anteilnahme.
Roman Herzog
Bundespräsident"

Bundeskanzler Helmut Kohl schrieb:
„Lieber Prinz Christian Sigismund,
die Nachricht vom Tode Ihres Herrn Vaters hat mich bestürzt und erschüttert. Ihnen und Ihrer ganzen Familie übermittle ich – auch im Namen meiner Frau – meine herzliche Anteilnahme und mein Mitgefühl.

Prinz Louis Ferdinand hat sich durch sein Engagement große Verdienste um unser deutsches Vaterland erworben. Der Tradition seiner Familie verpflichtet, stellte er sich über viele Jahrzehnte den Herausforderungen der Gegenwart. Er war ein Freund und Förderer der Musik

[1] Abgedruckt in „Tradition und Leben" 1994

und der Künste und nahm zugleich regen Anteil an den politischen, wirtschaftlichen und gesellschaftlichen Entwicklungen unseres Landes.

Er war zutiefst davon überzeugt, dass wir Deutschen die Geschichte als Ganzes annehmen müssen. In diesem Sinne hat er seit jeher gewirkt und sich – auch gegenüber der Öffentlichkeit – immer für eine vorurteilsfreie Auseinandersetzung mit unserer Vergangenheit eingesetzt. Die Wiedervereinigung des geteilten Deutschland war ihm stets ein Herzensanliegen, und dass er sie schließlich erleben konnte, erfüllte ihn mit tiefer Genugtuung und großer Freude.

Sein Tod hat nicht nur in Ihrer Familie eine große Lücke hinterlassen: Prinz Louis Ferdinand verkörperte für viele Mitbürger die Tugenden, die mit dem preußischen Namen verbunden sind. Er hat seine Pflicht getan und – wie er es verstand – dem Vaterland gedient. Deutschland hat einen großen Patrioten verloren.

Gern erinnere ich mich unserer anregenden Begegnungen sowie vieler guter, ertragreicher Gespräche. Ich werde ihm ein bleibendes Andenken bewahren. Vielleicht ist es Ihnen Hilfe und Trost zu wissen, dass ich und viele Ihrer Freunde an ihn und Ihre Familie denken.

Ich hoffe, dass die dankbare Erinnerung den großen Schmerz ein wenig zu lindern vermag, und wünsche Ihnen und allen Angehörigen in diesen schweren Tagen von Herzen viel Kraft und Gottes Segen.

Mit stillem Gruß

Ihr Helmut Kohl“[1]

Der Prinz wurde des Öfteren von weniger feinfühlenden Zeitgenossen, die Preußen und den preußischen Staatsgedanken ohnehin für tot hielten, gefragt: „Ist Preußen tot?“ Er pflegte dann kühl zu erwidern: „Sie sehen doch, ich lebe.“ Man sieht daraus, dass er sich mit Preußen voll identifizierte. So wie er das Band der Tradition (diesen Ausdruck gebrauchte er in den 1950er Jahren häufig) von der Vätergeneration übernahm, hat er es an die jüngere Generation weitergegeben.

Preußen im 20. Jahrhundert ist seit der aktiven Teilnahme von Louis Ferdinand an der Verschwörung des 20. Juli 1944 gegen Hitler und den Nationalsozialismus nicht ohne ihn denkbar. Seit 1951 stand er in der Zeit der bitteren Teilung unseres Landes und seiner Hauptstadt Berlin

---

[1] Erbe und Auftrag 1994, 64

an der Spitze des Deutschen Kaiserhauses und Preußischen Königshauses. Er erlebte das Wunder der Einheit in Freiheit und Frieden. Er trug nach Kräften zum Zusammenwachsen der Deutschen bei – wie es am 17. August 1991 mit der Überführung der Särge der beiden großen Preußenkönige von der Burg Hohenzollern nach Potsdam einer breiten Öffentlichkeit deutlich wurde.

An seiner Stellung als Thronprätendent hielt er unbeirrbar fest. Unbezweifelbar war er zugleich ein loyaler Demokrat. Insofern stand er für die Verbindung von Monarchie und Demokratie, dass heißt: für die Staatsform aller zehn europäischen Monarchien von heute.

Prinz Louis Ferdinand war auch insofern ein idealer Prätendent, als er Verbindung zu seinen Anhängern hielt, sie ermutigte, ihnen freien Spielraum ließ, aber sich in keiner Weise von ihnen abhängig machte – wie er überhaupt eine gänzlich unabhängige Persönlichkeit war.

Es war für ihn kein Widerspruch, dass er zwar bewusst in seiner Zeit lebte, zu unzähligen Menschen Kontakt hatte, aber quer zum Zeitgeist handelte und dachte. Das traf für seine Musik, sein christliches Bekenntnis und für seine Haltung zur Tagespolitik zu (mit Ausnahme der aktiven Wiedervereinigungspolitik seit dem 09.11.1989).

Selbstverständlich hielt er in seinem historisch-politischen Verständnis über Preußen und das Kaiserreich von 1871 Abstand zum schwankenden Zeitgeist, wie ihn die meisten Journalisten, Politiker wie Historiker repräsentieren.

Wo er auftrat, zog seine hohe, schlichte und vornehme Erscheinung sofort alle Blicke auf sich. Er strahlte in unnachahmlicher Weise Würde aus. Er hatte es nicht nötig, sich in den Vordergrund zu stellen.

Und wo er stand war Preußen. In ihm war die preußische Tradition lebendig. Viele, die ihm begegneten, nahmen einen tiefen Eindruck mit.

Man kann von ihm mit einem Wort Theodor Fontanes sagen: „Denn wie er ganz zuletzt war, so war er eigentlich“. Das heißt, je älter er wurde, desto selbstgewisser und auch politisch entschiedener wurde er. Trotz schwerer persönlicher Schicksalsschläge, die er mit nur religiös fassbarer Geduld trug, fühlte er sich von Gott bestätigt und angenommen. Seine Haltung wurde mit den Jahren immer deutlicher und zugleich weise.

Es gibt wohl keine andere Familie in der Welt, die wie die Hohenzollern drei Genies hervorgebracht hat (den Großen Kurfürsten, Friedrich

Wilhelm I. und Friedrich den Großen). Dazu tritt vom Mittelalter bis zur Gegenwart eine beispiellose Fülle von überdurchschnittlich begabten Persönlichkeiten, Herrschern und nachgeborenen Prinzen. Von den bedeutenden Frauen, die der Familie geboren wurden oder sich nach ihrer Heirat mit den Hohenzollern identifizierten, ganz zu schweigen. Auch Louis Ferdinand gehört zu den bedeutenden Hohenzollern.

Ohne jeden Zweifel hat Prinz Louis Ferdinand dafür gesorgt, dass sein Haus nach den Zusammenbrüchen 1918 und 1945 unter denkbar erschwerten Umständen eine weithin beachtete und anerkannte Rolle spielt. Er repräsentierte preußisch- deutsche Geschichte und Tradition. Er stand dafür, dass die Verbindung von Monarchie und Demokratie auch für das heutige Deutschland eine Möglichkeit darstellt. Jedes restaurative Denken lag ihm denkbar fern.

Am 08. Oktober 1994, dem Tag des würdigen Trauergottesdienstes im Berliner Dom, sprach die Frankfurter Allgemeine Zeitung von „Kaisertrauer“. Sie erwähnte die „alte, sonderbare, rätselvolle Volkstümlichkeit der Hohenzollern“, die sich beim Trauerdefilee von etwa 20.000 Menschen zeigte[1].

Seine Umgebung nannte ihn „Kaiserliche Hoheit“ und er war von kaiserlicher Hoheit. Prinz Louis Ferdinand war nicht nur eine souveräne Persönlichkeit, er war Souverän. Auch wenn man zukünftig von Preußen im 20. Jahrhundert spricht, steht Louis Ferdinand im Zentrum.

---

[1] Erbe und Auftrag 1995, 5

ANHANG

LITERATURHINWEISE

Ben-Chorin, Schalom und andere: SKH Louis Ferdinand von Preußen zum 75. Geburtstag am 9.11.1982. Moers 1982

Bentzien, Hans: Die Heimkehr der Preußenkönige. Berlin 1991

Bothe, Rolf: Burg Hohenzollern – von der mittelalterlichen Burg zum national-dynastischen Denkmal im 19. Jahrhundert. Berlin 1979

Brand, Karl Hermann Freiherr v. und Ecker, Helmut: Kadetten. Aus 300 Jahren deutscher Kadettenkorps. Band 1, München 1981

Bucerius, Irmgard und Bischof, Ingrid: Festschrift zum 50-jährigen Bestehen der Prinzessin Kira von Preußen-Stiftung. Bremen 2002

Chamier, Daniel: Wilhelm II. Der Deutsche Kaiser. Eine Biographie. Mit einem Geleitwort Seiner Kaiserlichen Hoheit Prinz Louis Ferdinand von Preußen. München-Berlin 1989

Erbe und Auftrag. Zeitschrift zur Förderung des monarchischen Gedankens. Erscheint seit 1968

Friedrich Wilhelm Prinz von Preußen: Das Haus Hohenzollern 1918 – 1945. München 1985

Frowein-Zieroff, Vera: Die Kaiser Wilhelm-Gedächtniskirche. Entstehung und Bedeutung. Berlin 1982

Hoffmann, Arno: „Wir sind das alte Deutschland. Das Deutschland wie es war …“. Der Bund der Aufrechten und der Monarchismus in der Weimarer Republik. Frankfurt/Main 1978

Hubatsch, Walther: Hohenzollern in der Geschichte. 2. Auflage, Frankfurt/Main 1971

John, Otto: Falsch und zu spät. Der 20. Juli 1944. Epilog. München-Berlin 1984

John, Otto: Zweimal kam ich heim. Vom Verschwörer zum Schützer der Verfassung. Düsseldorf-Wien 1969

Kemper, Thomas: Schloss Monbijou. Von der königlichen Residenz zum Hohenzollern-Museum. Berlin 2005

Kluxen, Andrea M.: Bild eines Königs. Friedrich der Große in der Graphik. Limburg 1986

Louis Ferdinand Prinz von Preußen: Im Strom der Geschichte. München 5. Auflage, 1993 (zitiert: Memoiren). Zuerst erschienen unter

dem Titel „Als Kaiserenkel durch die Welt“. Berlin 1952, in späteren Auflagen unter dem Titel „Die Geschichte meines Lebens“. Göttingen 2. Auflage, 1969
Presse- und Informationsamt Brandenburg (Hrsg.): 17. August 1991. Rückkehr der Könige. Potsdam 1991
Preußische Mitteilungen zur Förderung der preußischen Staatsauffassung und des deutschen Geschichts- und Kulturbewusstseins. Zeitschrift, erscheint seit 1970
Ritter, Gerhard: Carl Goerdeler und die deutsche Widerstandsbewegung. Stuttgart 1954
Schlabrendorff, Fabian v.: Begegnungen in fünf Jahrzehnten. Tübingen 1979
Selzam, Joachim : Monarchistische Strömungen in der Bundesrepublik Deutschland. Dissertation. Erlangen-Nürnberg 1994
Stiftung Preußische Schlösser und Gärten (Hrsg.): Cecilie, Deutschlands letzte Kronprinzessin. Potsdam 2004
Stribrny, Wolfgang: Begegnung mit einem historischen Dokument. Anstöße. Berichte aus der Evangelischen Akademie Hofgeismar, 1965, 24 – 31
Stribrny, Wolfgang: Kaiser Wilhelm II. und die Burg Hohenzollern. Zeitschrift für Religions- und Geistesgeschichte 13, 1971, 129 – 134
Stribrny, Wolfgang: Der Versuch einer Kandidatur des Kronprinzen Wilhelm bei der Reichspräsidentenwahl 1932. Geschichte in der Gegenwart. Festschrift für Kurt Kluxen. Paderborn 1972, S. 199 – 210
Stribrny, Wolfgang (Hrsg.): Louis Ferdinand Prinz von Preußen. Festschrift zum 80. Geburtstag. München 1987
Tradition und Leben (ursprünglich: Briefe für Tradition und Leben). Zeitschrift, 1949 – 1964
Teltschik, Horst: 329 Tage. Innenansicht der Einigung. Berlin 1991
Viktoria Luise, Herzogin: Die Kronprinzessin. Hannover 1973

Bildnachweis

Teil I

1, 5-9,11-32,34-40, 42-45,47-57	„Wonschik Media World“
2,3,4,33	Bildarchiv der Landsmannschaft Schlesien e.V. (Königswinter)
10	Deutscher Ostdienst 4/2003, Nachrichtenmagazin des Bundes der Vertriebenen
41	Per Hüskes, Wesel
46	„The Bavarian“, Ausgabe vom 20.12.1945

Teil II

58,61,63,64,66,70,71	„Wonschik Media World“
59,60,69	Per Hüskes, Wesel
62	Deutscher Ostdienst 4/2003, Nachrichtenmagazin des Bundes der Vertriebenen
65	Jürgen Worlitz, Bad Segeberg
67,68	Foto Keidel, Hechingen/www.foto-keidel.de

Teil III

72,73,76-80, 83-85,90-94	Privatsammlung Prof. Dr. Stribrny
74,75	Preußische Mitteilungen 84, 1988
81,82	Per Hüskes, Wesel
86,87	Jürgen Worlitz, Bad Segeberg
88	Irene Lühdorff
89	HERO: SEEGERPRESS, Rominger, Albstadt

Personenregister

VITA
LOUIS FERDINAND PRINZ VON PREUSSEN

9.11.1907	Geburt im Potsdamer Marmorpalais
21.12.1907	Taufe im Potsdamer Marmorpalais
1911 – 1913	in Danzig-Langfuhr
1913/1914	in Zoppot bei Danzig
Mai 1914	Rückkehr nach Potsdam und Berlin
1.8.1914	Ausbruch des Ersten Weltkriegs
22.10.1917	Leutnant im Ersten Garderegiment zu Fuß
9.11.1918	11. Geburtstag. Ende der Monarchie. Der tiefe Einschnitt in der deutschen und preußischen Geschichte verändert sein Leben.
1920 – 1925	Städtisches Realgymnasium in Potsdam
1925	Abitur
1925 – 1929	Studium an der Berliner Friedrich Wilhelms Universität. Zeitweilig Studium an der Rheinischen Friedrich Wilhelms Universität, Bonn. Studienfächer: Nationalökonomie und Philosophie.
1929	Promotion zum Dr. phil. an der Berliner Universität
1930 – Ende 1932 u. 1934	Im Dienst der Ford-Werke in Los Angeles, Buenos Aires und Detroit; zuerst am Fließband, dann im Verkauf
1935	Verkehrsfliegerprüfung, Wehrdienst bei der Luftwaffe
1935 – 1938	Dienst bei der Lufthansa-Auslandsabteilung in Berlin
4.5.1938	Heirat mit Großfürstin Kira von Russland in Doorn
1938 – 1940	Wohnung in Berlin-Grunewald
1938 – 20.7.1944	Aktive Teilnahme am Widerstand gegen den Nationalsozialismus
1939 – 1949	Geburt der sieben Kinder
1939/1940	Kriegseinsatz bei der Luftwaffe
1940 – 1945	in Cadinen am Frischen Haff (Kreis Elbing, Westpreußen)
4.6.1941	Tod Kaiser Wilhelms II. in Doorn
Ende 1941	Entlassung aus der Wehrmacht
20.7.1944	Attentat auf Adolf Hitler, Verhör in Cadinen durch die Gestapo

August 1944 – Januar 1945	Aufenthalt der Familie (der Prinz bleibt in Cadinen) auf dem Hofkammergut Golzow bei Soldin (Neumark). Dort Geburt des Sohnes Prinz Louis Ferdinand am 25.8.1944
Januar 1945	Flucht aus Cadinen bzw. Golzow nach Potsdam; von dort weiter nach Bad Kissingen
April 1945	Einmarsch der Amerikaner in Kissingen
Dezember 47	Übersiedlung nach Bremen
1950	Einzug auf dem Wümmehof in Bremen-Borgfeld
20.7.1951	Kronprinz Wilhelm stirbt in Hechingen. Prinz Louis Ferdinand wird Chef des Kaiser- und Königshauses
1952	Errichtung der Prinzessin Kira von Preußen-Stiftung für Heimatvertriebene
14.9.1952	Überführung der Särge Friedrich Wilhelms I. und Friedrichs des Großen auf die Burg Hohenzollern
1953	1. Wohltätigkeitskonzert auf der Burg Hohenzollern
1961	900 Jahrfeier der ersten Erwähnung der Dynastie
1961	Nach dem Mauerbau am 13. August Bau des Hauses Monbijou in der Berliner Koenigsallee
8.9.1967	Tod der Prinzessin Kira
5.7.1969	1. Tagung des Zollernkreises auf der Burg Hohenzollern
1974	Wiedersehen mit Cadinen
24.5.1975	Heirat des Sohnes Prinz Louis Ferdinand mit Gräfin Donata zu Castell-Rüdenhausen
10.6.1976	Geburt des späteren Erben Prinz Georg Friedrich
11.7.1977	Tod des Sohnes Prinz Louis Ferdinand (III.) an den Folgen eines Wehrdienstunfalls
17.8.1986	200. Geburtstag Friedrichs des Großen Große Anteilnahme der Öffentlichkeit an der Feier auf der Burg Hohenzollern
1987	Wiedersehen mit Potsdam
9.11.1989	Fall der Berliner Mauer; 82. Geburtstag
17.8.1991	Heimkehr der Särge Friedrich Wilhelms I. und Friedrichs des Großen nach Potsdam
25.9.1994	Tod des Prinzen in Bremen

STAMMTAFEL

Paul I. v. Russland (1754 – 1801)
∞ Sophie Dorothea v. Württemberg (1758 – 1828)

Nikolaus v. Russland (1786 - 1855)
∞ Charlotte v. Preußen (1798 – 1860)

Alexander II. v. Russland (1818 – 1881)
∞ Marie v. Hessen (1824 – 1880)

Alexander III. v. Russland (1845 – 1894)
∞ Dagmar v. Dänemark (1847 – 1928)

Nikolaus II. v. Russland (1868 - 1918)
∞ Alix v. Hessen (1872 – 1918)

Wladimir Alexandrowitsch (1847 – 1909)
∞ Marie v. Mecklenburg-Schwerin (1854 – 1920)

Kirill Wladimirowitsch (1876 – 1938)
∞ Viktoria v. Sachsen-Coburg (1876 – 1936)

Maria (1907 – 1951)
∞ Karl v. Leiningen (1898 – 1946)

Kira (1909 – 1967)

Wladimir (1917 – 1990)
∞ Leonida v. Bagration-Muchranski (1914)

Friedrich Wilhelm III. v. Preußen (1770 – 1840)
∞ Luise v. Mecklenburg-Strelitz (1776 – 1810)

Wilhelm I. (1797 – 1888)
∞ Augusta v. Sachsen-Weimar (1811 – 1890)

Friedrich III. (1831 – 1888)
∞ Victoria v. Großbritannien u. Irland (1840 – 1901)

Wilhelm II. (1859 – 1941)
∞ Auguste Viktoria v. Schleswig-Holstein-Sonderburg-Augustenburg (1858 – 1921)

Wilhelm Kronprinz des Deutschen Reiches u.v. Preußen (1882 – 1951)
∞ Cecilie v. Mecklenburg-Schwerin (1886 – 1954)

Wilhelm (1906 – 1940)
∞ Dorothea v. Salviati (1907 – 1972)

Louis Ferdinand (1907 – 1994)
∞ [Kira]

Hubertus (1909 – 1950)
∞ Magdalena v. Reuß (1920)

Friedrich (1911 – 1966)
∞ Brigid Guiness (1920 – 1995)

Alexandrine (1915 – 1980)

Cecilie (1917 – 1975)
∞ C.K. Harris (1918 – 1958)

Friedrich Wilhelm (1939)

Michael (1940)

Marie Cécile (1942)

Louis Ferdinand (1944 – 1977)
∞ Donata zu Castell-Rüdenhausen (1950)

Christian Sigismund (1946)

Xenia (1949 – 1992)

Georg Friedrich Ferdinand (1976)

Cornelie Cécile (1978)

JUTTA ANGELIKA WONSCHIK-STEEGE

Journalistin und Autorin
Geschäftsführerin der Medien- und Marketing-Agentur Wonschik „Media World„ C.P.C.A. GmbH

1955 Geboren in Hamburg
1974 Abitur in Bremen
1974 Studium Handelsfachwirt
1977 Substitutin/Abteilungsleiterin - Stationärer Einzelhandel
1979 PR/Endverbraucher Marketing – Kosmetikindustrie
1980 Verlagsvolontariat/ Fachredakteurin Deutscher Fachverlag, FFM
1984 Redakteurin TV-Sender SAT.1, Hamburg
1990 Selbständigkeit Journalistin/ Gründung GmbH
1992 Gründung Media World Music Company/Rescator Records, HH
2001 Gründung Initiative „SHL-Sterben Hilft Leben"
2006 *Communication Partner Germany* des GDI – Gottlieb Duttweiler Instituts, Rüschlikon/CH

Die Autorin arbeitet seit mehr als 25 Jahren als Journalistin, Autorin, Beraterin, Produzentin für Wirtschaft, Medien, Agenturen und Management. Sie ist Mitglied der C.G. Jung-Gesellschaft, Köln.

Die Wonschik „Media World" ist international tätig in den Geschäftsfeldern Kommunikation, Medien, Marketing, Beratung, Agentur-Dienstleistungen, Film-, Fernseh-, Industriefilm-, Musik- und Multimedia-Produktionen.

Projekte u.a. Event Marketing (1991), Lebensraum Büro (1992), Exklusiv-Portrait über Louis Ferdinand Prinz von Preußen (1993), Büro 2000 (1994), Total Quality Management (1995), Personal- und Unternehmensberatung (1999), Agentur für elektronische Kommunikation (2000), Kreative Kommunikation/Senioren-Marketing *Best Ager 50/60plus* (2005).

Die Autorin ist verheiratet und lebt mit ihrem Mann Dr. Friedrich W. Steege in Remagen.

WOLFGANG STRIBRNY

1935	Geburt in Gelnhausen (Hessen-Nassau)
Ende 1935 bis Februar 1945	in Frankfurt (Oder)
1945 bis 1950	in Lippstadt (Westfalen)
1950	Übersiedlung nach Sobernheim (Nahe, Kreis Kreuznach)
1956	Abitur Sobernheim
1956 – 1962	Studium der Geschichte, Geographie und Politischen Wissenschaft in Freiburg und Göttingen
1963	Promotion zum Dr. phil. und Staatsexamen
1964	Heirat mit Erika, geb. Gilde
1964 – 1974	Studienleiter an der Evangelischen Akademie Hofgeismar (bei Kassel)
1968	Mitbegründer der Zeitschrift „Erbe und Auftrag".
1969	Gründung des Zollernkreises auf der Burg Hohenzollern, Sprecher des Zollernkreises
1973	Mitbegründer der Arbeitsgemeinschaft für Preußische Geschichte e.V.
1974	Berufung an die Pädagogische Hochschule, dann Universität Flensburg
1975	Mitbegründer des Preußeninstituts
1997	Pensionierung als Universitätsprofessor und Umzug nach Bad Sobernheim (Nahe).

Drei Töchter, drei Schwiegersöhne, fünf Enkel